R i ÖVRIGT BLIR

TA VARA PÅ

R FÖRELIGGAN.

DER INGA FÖR-

IGERAS VARE

DELVIS.

8. 5. 86.

Jacpman.

환등기
LATERNA MAGICA

LATERNA MAGICA

환등기

잉마르 베리만 자서전

신건식 옮김

INGMAR
BERGMAN

서문

J.M.G. 르 클레지오

우리는 예술가 잉마르 베리만, 천재적인 영화감독, 「산딸기」, 「고독한 여심」, 「한여름밤의 미소」, 「외침과 속삭임」 같은 작품에는 익숙했다. 그러나 베리만이 어떤 사람인지는 여태 몰랐다.

『환등기』는 독특한 책이다. 내밀한 고백과 가차 없는 풍자가 뒤섞인 창조적 인간의 일기이자 연극과 영화에 바치는 사랑 고백이며, 베리만의 모습과 스스로 되고자 하는 바를 있는 그대로 보여 준다. 타협이나 불필요한 자기연민, 가식적인 겸손, 교묘히 숨긴 허영도 없다.

인간 베리만. 먼저 그의 어린 시절은 60년도 더 지났지만 결코 저버리고 싶지 않다. 병약하고 과민한 작은 소년은 맹금류 둥지에서 태어난 연약한 새끼 새와 같다. 어머니를 열렬히 사랑하고, 종교적 광신자인 냉혹한 아버지의 잔혹함에 시달리고, 세 남매끼리 자리다툼하며 살아남고자 스스로를 단련하고 거짓말을 배워야 했던 아이.

기억 속 장면들은 예술가의 삶처럼 끊임없이 불확실성과 의문을 반영한다. 여행에서 받은 인상, 연극인의 삶 속 순간들, 만남, 실망, 열정은 날마다 기록되고 훨씬 나중에 수집된다. 삶은 긴 소설도 아니고, 더욱이 고속 도로도 아니며, 베리만이 말하듯 인생이란 시간과 장르가 혼합된 오래된 기억이므로 앞뒤가 안 맞는다. 두서없고 종잡기 어려운 추억들. 소년이 영사기로 거듭 돌려 보던 이미지처럼 — 들판에서 졸다가 자꾸 깨다가 사라졌다가 다시 들판에서 졸던 홀레 부인처럼 — 베리만의 기억은 그것을 남겨 둔 곳에서 존속하다가 가장 예상치 못한 순간에 되돌아와 현재와 행동력을, 성숙한 남자가 이룩한 것을 잠식한다. 이지도르 뒤카스[1]는 "나는 회고록을 남기지 않겠다."라고 콧대 높게 선언했다.(전집) 잉마르 베리만은 이 훌륭한 원칙을 적용해 자기 이야기를 하거나 스스로를 내세우려는 유혹에 굴복하지 않는다. 증명할 것도, 자신을 정당화할 필요도 없다. 잡아매지 못할 유별난 운명을 우리에게도 보여 줄 뿐이다. 바로 이것이 진실의 대가다.

그의 인생에서 가장 큰 열정은 여자들이다. 돈 후안처럼 이 여자에서 저 여자로 재빨리 갈아타지만, 정복의 대상은 아니다. 이를테면 현실 속의 신비라고 여긴다. 그 여자들이란 동시대인이 꿈꾸던 여자 배우들이다. 수많은 남자가 욕망하고 수많은 여자가 부러워하던 울라 야콥손, 리브 울만, 비범한 잉리드 튈린, 하리에트 안데르손, 비비 안데르손은 베리만의 영화에서 아름다움, 젊음, 대담함을 상징하고 옛 스웨덴의 이교도적 흔적을 간직한 채 힘과 관능미를 발산하며 청교도적 사회의 엄숙한 지루함과 완전히 대비를 이룬다. 이들은 평생 그를 따라다니거나 둘러쌌으며, 혹은 그를 저버리거나 버리고 떠났다. 그럼에도 베리만은 이 모든 여자를 추억하며 절대 발뺌하지 않는다. 엄격하고 내성적인 여성인 어머니가 그에게 남긴 인상은 결정적이었다. 예컨대, 당시에 용납되지 않았지만 그녀는 다른 사랑 때문에 남편과 자식을 버리려 했다. 이 같은 어머니의 내면은, 잉마르가 아버지보다도 더 두려워한 것이었다. 그는 현관문 앞에서 아버지에게 붙들린 채 바닥에 내동댕이쳐진 어머니가 코피를 쏟고, 놀

1] 인간의 무의식을 예술로 승화해 낸 프랑스의 시인, 로트레아몽(Lautréamont, 1846~1870)의 본명이다.

란 아이가 날카로운 비명을 지르던 장면을 결코 잊지 못했다. 이토록 격렬한 부부싸움의 광경은 그에게 영원히 각인되었다. 또 다른 여성인 외할머니는 달라르나의 여름 별장 보롬스에서 외손자를 맞아 동등하게 대하며, 대화와 토론을 나누고 자유를 가르쳐 준 유일한 사람이었다. 그다음은 남성으로 각성하게 해 준 여자들도 있는데, 청순한 천연의 사랑을 나눈 동갑내기 소녀 메르타는 베리만의 가장 낭만적인 영화 「모니카와의 여름」의 모니카가 되었다. 그리고 억센 몸집의 못생긴 안나와 있을 때는 짐승 같은 애욕이 번개처럼 느닷없이 내리치곤 했다.

베리만의 두 번째 열정, 연극에 대한 무조건적 사랑은 첫 번째 열정과 잘 어울린다. 『환등기』는 영화 제작자의 오랜 무대 예술 경험을 기록한 일지이기도 하므로, 특히 무대 뒤에 자리한 각종 작업, 행정, 무대 미술, 연습, 배우 선발, 제작사와 벌인 끈질긴 논쟁, 자금 문제를 다룬다. 베리만은 몰리에르나 아마도 셰익스피어처럼 연극의 모든 요소에 정통할 텐데, 아닌 게 아니라 프롬프터부터 남들의 부러움을 사던 드라마텐 극장의 대표까지 다 거쳤다. 그러나 그에게 극장 대표라는 자리는 자유를 앗아 가는 명성이라는 덫이자 곧 혐오하게 된 난감한 경험이었다. 스트린드베리를 유일한 스승으로 삼은 그는 여자와 연극을 동일한 열정으로 대했다. 그는 스트린드베리의 희곡이라면 다 사랑하지만 특히 「미스 줄리」를 가장 아끼며, 스스로를 스트린드베리의 후계자라기보다 충복이라고 느낀다. 똑같이 인위적이고 구조화된 세계, 본질적으로 연극은 여성적 화장이다. 한편 그는 열여섯 살 무렵에 이와 기본적으로 정반대되는, 체육적 남성성이 다스리는 히틀러 군대의 악마적 유혹에 빠져 심지어 독일에서 행진하며 '하일(heil)' 구호를 함께 외치기도 했다. 베리만은 극장에서 절

7

대 지루할 새가 없다. 그곳에 있으면 언어, 무대 미술, 의상, 목소리, 발성, 긴장감 속에서 마치 물 만난 고기처럼 활개 치며 획일성, 평범함, 인습, 입에 발린 기독교적 압제와 대적하게 된다. 악마는 언제나 극장 어딘가에 존재하며, 웁살라 목사에게 억압받아 온 아들에겐 악마만이 필요하다. 기존 질서에 맞서 앙갚음하는 매력도 뽐낸다. 연극과 영화만이 아니라 그의 삶 자체가 바로 저항할 수 없는 매혹적인 소란이다. 베리만은 창작 활동 초기부터 윌리엄 포크너의 조언을 받아들였을지 모른다. "사랑하는 것들을 죽여라."

연극, 영화, 여자들. 스트린드베리를 믿는다면 무엇이 실제인지 의심할 수 있다. "나는 내 시보다 더 현실적인 삶이 있는지 의심스러운 순간이 있다." 베리만은 이 생각을 자기 신조로 삼는다. 그런데 '시'는 글로 써야만 한다. 베리만에게 예술이란 글쓰기 없이는 상상할 수 없는 것이다. 요컨대 그는 어떤 조건에서도 즉흥성을 받아들이지 않는다. 그의 영화와 연출은 전부 책의 형태로 존재한다. 베리만은 이런 책자를 손수 쓰고 인쇄하고 제본하여 촬영 전에 배우들에게 나눠 준다. 그는 엄격한 계획을 따르지만, 예기치 못한 기적이 카메라에 포착될 수도 있음을 배제하지 않는다. 신의 은총과도 같은 이런 순간은 잊지 못할 벗, 빅토르 셰스트룀과 함께한 「산딸기」의 촬영 중에 일어났다.

여자들과 함께 사는 법은 사회에서 살아가는 방법과 다르다. 베리만은 도덕관념보다 사회성이 더 없는 사람이며, 스스로 선택한 여성들과 함께할 때만 일자리와 추진력을 얻고 가정을 이룬다. 경이롭고 심오하며 비논리적이지만 나무랄 데 없는 이 책에서 말하듯이, 아마도 그에게 예술이란 거짓말, 시샘, 에로틱한 놀이, 반쯤 비극적인 희극으로 가득 차 있는데, 왜냐하면 그것은 날카로운 지성을 함양하게 하고, 아무것도 정복할 수 없지만 어디에나 가르침이 넘쳐나는 전쟁터와 같기 때문이다.『환등기』를 읽어 보라. 당신은 더 나은 사람으로 바뀔 것이다. 그리고 이 연극인은 얼마나 뛰어난 작가인가!

차례

서문   5

환등기   13

해설   353

환등기

1918년 7월, 내가 태어났을 때 어머니는 스페인 독감에 걸렸고 나는 상태가 나빠 병원에서 긴급 세례를 받았다. 나이가 지긋한 주치의가 어느 날 우리 집에 찾아와서 나를 보더니 말했다. "애가 영양실조로 죽어 가고 있네요." 외할머니는 나를 달라르나에 있는 여름 별장으로 데려가셨다. 그 당시는 하루 종일 기차를 타고 가야 했는데 외할머니는 나에게 물에 적신 스펀지케이크를 먹였다. 우리가 도착했을 때 나는 죽기 직전이었다. 그래도 외할머니는 이웃 마을에서 금발의 살가운 유모를 겨우겨우 구했다. 나는 슬슬 기운을 차렸지만 먹으면 자꾸 게워 내고 배탈도 멈추지 않았다.

게다가 뭔지 모를 질병에 계속 시달리며 과연 내가 살고 싶은지 죽고 싶은지 분간도 할 수 없었다. 의식 깊은 곳에서 나는 그때의 상태를 떠올릴 수 있다. 몸에서 나온 분비물의 악취, 축축하고 쓸리는 옷, 밤에 밝혀 놓은 은은한 불빛, 살짝 열린 옆방 문, 유모의 깊은 한숨, 살금살금 걷는 발소리, 속삭이는 목소리, 물병에 반사된 햇빛. 이 모든 것이 기억나지만 두려움은 전혀 생각나지 않는다. 그건 나중에 찾아왔다.

식당과 마주하던 어둠침침한 뒷마당엔 높은 벽돌담, 간이화장실, 쓰레기통, 살찐 쥐, 먼지떨이걸이가 있었다. 누가 나를 무릎에 앉혀 놓고 이유식을 먹였다. 접시는 빨간색 테두리가 둘린 회색 방수 식탁보 위에 놓여 있었다. 푸른 꽃무늬가 그려진 하얀 바탕의 법랑 접시에는 창문에서 들어오는 희미한 빛이 감돌았다. 나는 고개를 옆으로 돌리고 앞으로 숙이며 그 빛을 여러 각도에서 바라보려 했다. 머리를 움직일 때마다 이유식 접시에 반사된 형상이 바뀌며 새로운 무늬가 생겨났다. 나는 느닷없이 먹던 이유식을 몽땅 토해 버렸다.

아마도 이게 내 첫 번째 기억일 것이다. 우리 가족은 스톡홀름 셰파르가탄 스토르가탄 거리 모퉁이의 아파트 2층에서 살았다.

1920년 가을에 우리는 외스테르말름 구역의 빌라가탄 22번지로 이사했다. 그곳에선 새로 니스를 칠하고 갓 마감한 나무 쪽모이 세공 마룻바닥 냄새가 났다. 아기방에는 햇살처럼 샛노란 코르크 장판이 깔리고 중세 기사의 성곽과 초원의 꽃이 그려진 밝은 롤러 블라인드가 달렸다. 손이 보드랍던 어머니는 짬을 내서 이야기를 들려줬다. 어느 날 아침 아버지는 침대에서 내려오다가 요강에 부딪치자 욕을 내뱉었다. 부엌에 딸린 방에는 노래를 즐겨 부르던 달라르나 출신의 시골 아가씨 두 명이 기거했다. 현관 건너편 이웃집에 살던 동갑내기 소꿉친구는 이름이 티판이었다. 상상력이 넘치고 모든 일에 앞장서는 여자아이였다. 우리는 서로의 몸을 비교하며 흥미로운 차이점도 찾아냈다. 누구한테 들키기도 했지만 별말은 없었다.

여동생이 태어나고 내가 네 살이 되면서 상황이 급변한다. 갑자기 통통하고 괴상하게 생긴 녀석이 주인공이 된다. 나는 어머니의 침대에서 추방당하고, 아버지는 고래고래 울부짖는 포대기를 바라보면서 환하게 웃는다. 시샘의 악귀가 내리친 못이 내 심장에 박혀, 나는 골내고 울고불고하며 방바닥에 똥을 싸지르고 더럽히면서 돌아다닌다. 평소에 죽기 살기로 싸우던 앙숙인 형과 나는 평화 협정을 맺고는 그 아니꼬운 잡것을 해치울 이런저런 방법을 모색한다. 무슨 까닭인지는 몰라도 형은 거사를 감행할 적임자가 나라고 생각한 모양이다. 우쭐해진 나는 형과 함께 딱 맞는 기회를 노린다.

어느 조용하고 화창한 오후, 아파트에 나 혼자 있는 것 같아서 부모님 침실로 몰래 들어간다. 그 녀석이 분홍색 바구니 안에서 자고 있다. 나는 의자를 끌어당겨 그 위에 올라가서 퉁퉁한 얼굴과 침을 질질 흘리는 입을 바라본다. 형은 내가 어떻게 처리해야 할지 명확한 지시를 내렸다. 그런데 나는 지시를 오해했다. 나는 여동생의 목을 쥐어짜듯 잡지 않고 가슴팍을 짓눌러 본다. 여동생이 이내 꽥 비명을 지르며 깨어나기에 입을 손으로 틀어막으니, 그렁그렁한 하늘색 눈동자가 흔들리다가 멍하니 나를 바라본다. 나는 더 잘 움켜쥐려고 한 걸음 앞으로 나섰다가 발을 헛디뎌 바닥에 떨어지고 말았다.

돌이켜 보니 강렬한 쾌감을 가져다준 그 짓은 순식간에 공포로 탈바꿈했다.

허리를 숙여 어린 시절의 사진을 들여다본다. 그러고는 어머니의 얼굴에 돋보기를 대고 다 삭아 버린 감정들을 애써 꿰뚫어 본다. 뭐랄까, 나는 엄마를 사랑했고 사진 속 모습은 매우 매력적이다. 판판하고 넓은 이마 위에 가운데로 가르마를 탄 숱이 많은 머리카락, 매끄러운 달걀형 얼굴, 사근사근하게 관능적인 입매, 매끈하고 짙은 눈썹 아래로 따뜻하고 꾸밈없는 눈길, 작고 야무진 손.

개 목줄에 매인 듯 사랑에 묶인 네 살배기 꼬맹이의 가슴은 엄마만을 바라봤다.

하지만 모자 관계는 순탄하지 않았다. 연신 매달리는 아들 때문에 어머니는 불편해하고 짜증을 냈다. 나는 애정 표현을 하면서도 벌컥 성질을 잘 부렸으므로 이만저만 걱정을 끼친 게 아니었다. 어머니는 쌀쌀맞게 빈정대는 말투로 나를 종종 내쳤다. 나는 분노와 실망감에 울음을 터뜨렸다. 어머니와 형의 관계는 단순한 편이었는데, 엄격하고 매몰차게 키우던 아버지로부터 형을 끊임없이 지켜 내야 했고, 매타작 좀 작작 하라며 시시때때로 언쟁도 벌여야 했기 때문이다.

나는 다정하다가도 불같이 화를 내며 오락가락하는 나의 숭배가 별다른 효험이 없음을 슬슬 깨달았다. 그래서 어머니에게 기쁨을 주고 관심도 받을 법한 행동을 아주 일찍부터 시도해 보았다. 아프기만 하면 동정을 받을 수 있었다. 나는 병을 달고 사는 골골한 아이였기에, 물론 고통스러웠지만 이보다 더 확실하게 애정을 얻어 낼 방법은 없었다. 그러나 간호사 교육을 받은 어머니 앞에서 꾀병을 부렸다가는 금세 들통이 나서 본보기로 벌을 받았다.

어머니의 관심을 끌기 위한 또 다른 방법은 더욱 위험했다. 나는 어머니가 무관심과 냉담함을 못 견딘다는 사실을 알아챘다. 실은 그것들이야말로 어머니의 무기였다. 그래서 나는 열렬한 마음을 다스리는 법을 배우고, 오만함과 무성의한 상냥함을 주성분으로 하는 묘한 게임을 시작했다. 내가 어떻게 행동했는지 전혀 기억나진 않지만 사랑에 빠지면 기발해진다. 상처 입은 내 자존감은 이내 관심을 끌어모을 수 있었다.

세월이 흘러 어머니가 두 번째 심근 경색으로 입원해서 코에 호스를 삽입한 채 병석에 누워 있을 때, 우리는 서로 인생 얘기를 나누었다. 내가 어린 시절에 품었던 열렬한 애착을 고백하자, 어머니는 그 때문에 고민이 많았다고 털어놓았는데 내가 생각하던 것과는 달랐다. 당시 20대 초반이던 어머니는 걱정스러운 마음에 유명한 소아과 의사를 찾아가서 속사정을 토로했고, 엄중한 경고를 받았다는 것이다. 의사는 내가 '건전하지 못한 접근'을 할 때 단호히 거부하라고 조언했다. 대수롭지 않게 호락호락 넘어가 버리면 아이한테 평생 해로울 수 있다는 말이었다.

　나는 이 소아과를 찾아갔던 일을 뚜렷이 기억한다. 만으로 여섯 살이었지만 등교하기를 거부했기 때문이다. 나는 날마다 불안에 휩싸여 엉엉 울면서 교실로 끌려가거나 업혀 가곤 했다. 나는 뭐든 눈에 띄는 족족 거기다 토하면서 균형 감각을 잃거나 까무러쳤다. 마침내 내가 이기는 바람에 등교는 나중으로 미룰 수 있었지만 저명한 소아과 의사를 만나는 일은 피할 수 없었다.

　의사는 턱수염을 덥수룩하게 기르고 옷깃을 높이 치켜세웠으며 시가 냄새를 풍겼다. 내 바지를 내리더니 한 손으로 나의 보잘것없는 물건을 잡고 다른 손의 집게손가락으로 내 사타구니 위에 세모꼴을 그리면서, 모피 가두리 장식을 댄 코트를 입고 베일이 달린 짙은 녹색 벨벳 모자를 쓴 채 내 뒤에 앉아 있던 어머니에게 말했다. "여길 보니 아직도 어린애 같군요."

　진료를 마치고 집에 돌아온 나는 테두리가 빨갛고 주머니에 고양이를 수놓은 빛바랜 노란색 앞치마를 걸친 채 핫초콜릿과 치즈 샌드위치를 먹었다. 그러고 나서는 되찾은 아기 방에 들어갔다. 성홍열에 걸린 형은 다른 곳에서 지냈다.(당연히 형이 죽기를 바랐는데, 당시에 성홍열은 실로 위험한 병이었다.) 나는 장난감 보관함에서 빨간 바퀴와 노란 살이 달린 나무 수레를 꺼내 양옆의 긴 채에 목마를 묶었다. 학교에서 받은 위협은 성공의 즐거운 기억 속에서 희미해져 버렸다.

　1965년 초, 바람이 몹시 불던 어느 겨울날, 어머니는 극장에 전화를 걸어서 아버지가 식도 악성 종양으로 병원에 입원해 수술을 받을 예정이라고 전했다. 나더러 병문안을 오라는 것이었다. 나는 그럴

의향도 시간도 없고, 부자간에 서로 할 말도 없으며, 내가 별로 신경 쓰고 싶은 사람도 아닌 데다, 혹시 임종의 자리가 될지 모르는데 괜히 찾아갔다가는 아버지가 겁먹거나 거북해할 뿐이라고 대답했다. 어머니는 격노하며 고집을 부렸다. 나는 울화가 치밀었고 감정적 강요는 사절하겠노라 말했다. 어머니의 영원한 강요. "엄마를 생각해서 그렇게 해 줄 수 있잖아." 노여워하던 어머니는 왈칵 눈물을 쏟았다. 그렇게 울어 봐야 나에겐 아무것도 먹히지 않는다고 지적했다. 그러고 나서 전화를 끊었다.

그날 저녁, 극장에서 당직을 서던 나는 무대 뒤를 돌아다니며 배우들과 이야기를 나누었고, 눈보라가 몰아치는 바람에 늦게 도착한 관객들을 안으로 들여보냈다. 나머지 시간은 주로 내 사무실에서 독일 작가 페터 바이스(Peter Weiss)의 「수사(Die Ermittlung)」에 어울리는 무대 장치를 어떻게 구현할지 구상했다.

전화벨이 울리더니 교환원 아가씨가, 극장 밑에 베리만 부인이 왔는데 극장 총감독과 얘기하고 싶어 한다고 전했다. 베리만 부인은 한두 명이 아니었으므로 나는 대체 어떤 빌어먹을 베리만 부인이냐고 퉁명스럽게 물었다. 교환원은 살짝 겁에 질려 대답했다. "총감독님 어머님께서 아드님을 지금 당장 만나시고 싶대요."

눈보라를 뚫고 극장까지 찾아온 어머니를 모시러 나갔다. 어머니는 힘이 부치는 데다 심장도 안 좋고 화도 가라앉지 않았으므로 여전히 할딱할딱 가쁜 숨을 몰아쉬었다. 자리를 권하면서 어머니에게 차를 한잔 드시겠냐고 물었지만, 고분고분히 앉아 있다가 갈 생각도 없고 차를 마시고 싶은 마음도 전혀 없다는 대답만이 돌아왔다. 오전에 내가 전화통에 대고 인정머리 없이 내뱉었던 고약하고 막돼먹은 소리를 어디 한번 또 들어 보자는 심산이었다. 대체 내가 무슨 표정으로 제 부모를 업신여기며 뿌리치는지 지켜보겠다는 것이었다.

어머니의 작은 몸집을 감싼 모피 옷에서 녹아내린 눈이 카펫에 검은 얼룩을 만들었다. 얼굴은 매우 창백했고 눈동자는 분노로 이글거렸으며 코는 빨갰다.

껴안고 입맞춤을 하려는데 어머니가 나를 뒤로 밀치더니 따귀를 후려갈겼다.(어머니의 귀싸대기를 올리는 솜씨는 타의 추종을 불허했다. 타격하는 속도가 번개처럼 빨랐는데, 묵직한 결혼반지 두 개를 낀 왼손으로 갈겼으므로 체벌의 강도는 더욱 컸다.) 나는 웃음을 지었고 어머니는 펑펑 울기 시작했다. 어머니는 천연덕스럽게 회의용 탁자 옆 의자에 털썩 주저앉아 오른손으로는 얼굴을 가리고, 왼손으로는 가방 속을 더듬으며 손수건을 찾았다.

나는 그 곁에 앉아서 당연히 아버지를 찾아뵙겠다고, 내가 했던 말도 후회하고 있으며, 용서를 바란다고 어머니에게 진심으로 빌었다.

어머니는 나를 꼭 껴안고서 이제 괜히 꾸물대며 훼방을 놓지 않겠다고 말했다.

그 뒤로 우리는 차를 마시며 새벽 2시까지 도란도란 담소를 나누었다.

어머니가 오신 날은 화요일이었다. 며칠 뒤 일요일 아침, 아버지가 입원한 동안 어머니와 함께 지내던 지인으로부터 전화가 걸려 왔는데 어머니가 많이 편찮으니 나더러 빨리 오라고 했다. 그러면서 어머니 주치의인 난나 스바르츠 교수가 지금 오고 있으며, 어머니는 발작하다가 잠시 가라앉은 상태라고 얘기해 주었다. 나는 스토르가탄 거리 7번지로 서둘러 달려갔다. 교수는 문을 열자마자 어머니가 몇 분 전에 돌아가셨다고 말했다.

놀랍게도 나는 걷잡을 수 없이 울부짖기 시작했다. 이윽고 울음을 멈추자, 늙은 의사는 조용히 서서 내 손을 잡았다. 내가 진정하자 의사는 모든 일이 눈 깜짝할 사이에 벌어졌으며, 이십 분의 간격을 두고 두 차례에 걸쳐 발작이 일어났다고 설명했다.

잠시 후 나는 고요한 아파트에 어머니와 단둘이 남게 되었다.

어머니는 흰색 플란넬 나이트가운과 파란색 니트 잠옷 윗도리를 입고 침대에 누워 있었다. 머리는 살짝 옆으로 돌아갔고 입술은 살짝 벌어졌다. 그늘진 눈가가 해쓱했으며, 여전히 짙은 머리카락은 단정하게 빗질되어 있었다. 아니다. 머리카락은 이제 희끗희끗했고 지난 몇 년 동안 짧게 잘랐다. 하지만 내 기억 속에서 어머니의 머리카락은 여전히 짙었다. 군데군데 새치가 눈에 띄었을지도 모르지만 말이다. 두 손은 가슴에 가지런히 놓여 있었는데, 왼손 집게손가락에는 반창고가 붙어 있었다.

방에 갑자기 환한 초봄 햇살이 가득 찼다. 침대 옆 탁자 위에 놓인 작은 자명종 시계가 부지런히 똑딱거렸다.

나는 어머니가 숨을 쉬느라 가슴팍이 오르락내리락한다고 생각했고, 조용히 숨을 들이쉬는 소리가 들린다고, 눈꺼풀이 파르르 떨린다고, 어머니가 자고 있다가 곧 깨어나리라고 생각했다. 그것은 현실을 상대로 내가 습관적으로 행하는 기만이었다.

나는 그곳에 몇 시간 동안 앉아 있었다. 아침 예배에 맞춰 헤드비그 엘레오노라 교회에서 종소리가 울렸고, 빛이 떠다녔으며, 어딘가에서 피아노 소리가 들렸다. 애도했던 것 같지도, 상념에 잠겼던 것 같지도 않다. 스스로를 관조했거나 연출했다는 생각조차 들지 않는다. 연출이라는 직업병은 한평생 나를 집요하게 따라다니며 나의 가장 심오한 체험을 훔쳐 가거나 잘게 쪼개 놓곤 했다.

어머니 방에서 보냈던 시간은 별로 기억나지 않는다. 가장 또렷이 기억에 남은 것은, 어머니의 왼쪽 집게손가락에 붙어 있던 반창고다.

그날 오후, 나는 입원 중인 아버지를 찾아가서 어머니의 죽음을 알렸다. 아버지는 수술뿐만 아니라 그 이후에 생긴 폐렴도 이겨 냈다. 아버지는 이제 낡은 가운을 입고, 깔끔하게 면도한 채 병실의 파란색 안락의자에 앉아 있었다. 뼈마디가 툭 튀어나온 기다란 손가락을 지팡이 손잡이에 얹은 모습으로, 맑고 평온한 눈을 크게 뜬 채 물끄러미 나를 바라보았다. 소식을 전해 들은 아버지는 고개를 끄덕이며 그냥 혼자 있게 해 달라고 말했다.

우리의 양육은 대부분 죄와 고백, 벌, 용서, 은총이라든가, 자녀와 부모 사이의 인연이나 하느님과 맺는 관계에 포함되는 구체적인 요소, 혹은 그러한 개념들에 바탕을 두고 있었다. 여기에는 우리가 받아들였거나 이해한다고 여겼던 내재된 논리가 들어 있었다. 아마도 이 사실은 우리가 속절없이 나치즘에 넘어가는 데 한몫했을 것이다. 우리는 자유가 뭔지 들어 본 적도 없고, 아예 맛본 적조차 없었다. 위계질서가 공고한 체제 안에서는 모든 문이 닫혀 있다.

따라서 처벌은 명백한 것이었고, 의문의 여지 따위 결코 없었다. 따귀나 엉덩이를 때리듯이 빠르고 간단한 처벌도 있지만, 그것은 세대를 거쳐 극도로 정교하고 세련되게 다듬어지기도 한다.

이를테면 오줌싸개에 가까웠던 나, 에른스트 잉마르가 오줌을 지리면 하루 종일 무릎길이의 빨간색 치마를 입어야 했다. 이런 벌은 천진난만하고 우스꽝스러운 장난처럼 간주되었다.

중죄를 지으면 본보기로 처벌을 받았다. 이는 범죄가 발각되는 순간부터 시작되었다. 범죄자는 제일심에서 자백을 했다. 즉 식모들이나 어머니의 앞에서, 혹은 이런저런 이유로 목사관에서 살던 헤아릴 수 없이 많은 여자 친척들 중 누군가의 앞에서 죄를 자백했던 것이다.

고백의 즉각적인 결과는 따돌림이었다. 아무도 말을 걸거나 대꾸를 하지 않았다. 내가 이해하기로는, 이러면 범죄자가 처벌이든 용서든 갈구하기 마련이었다. 저녁 식사를 마치고 커피를 마신 다음에 당사자들은 아버지 방으로 불려 갔다. 새로이 심문과 자백이 벌어졌다. 그 뒤에 카펫 먼지떨이가 준비되면, 자신이 몇 대를 맞아야 합당한지를 스스로 제시해야 했다. 형벌의 몫이 정해지면 속을 꽉꽉 채운 녹색 베개를 가져와서, 범죄자의 바지와 팬티를 벗겨 내리고 그 위에 엎드리게 한 다음, 목을 단단히 붙들고 매질을 시작했다.

매질이 엄청나게 아팠다고는 할 수 없지만, 그렇게 거행하는 속죄 의식과 그로 인한 굴욕감은 충분히 고통스러웠다. 형은 더욱 호되게 당했다. 어머니는 수차례 형 침대 옆에 앉아서 물에 적신 수건으로, 먼지떨이에 맞아 살갗이 벗겨지고 핏자국이 죽죽 그어진 등을 살살 닦아 주곤 했다. 나는 형이 미울뿐더러 버럭 열불을 내며 날뛸까 봐 두려웠으므로, 형이 그토록 지독하게 벌을 받는 데에 크게 만족했다.

매질이 끝나면 아버지의 손에 입을 맞춰야 했다. 그다음에는 용서를 받고, 드디어 죄의 짐을 땅에 내려놓은 뒤에야 해방감과 은총이 찾아왔다. 저녁도 못 먹고 저녁 독서도 없이 잠자리에 들어야 했지만 그래도 안도감은 상당했다.

또한 '벽장에 가두기' 같은, 저절로 처벌받는 방식도 있었는데, 어둠을 무서워하는 까닭에 한참이든 잠깐이든 일단 벽장에 갇히면 괴로워하는 아이에겐 무척이나 진저리가 나는 벌이었다. 부엌에서 일하던 알마는, 말썽꾸러기 아이들의 발가락을 뜯어 먹는 작은 생물이 바로 그 벽장에 산다고 말했다. 나는 어둠 속에서 무언가가 움직이는 소리를 듣고는 완전히 공포에 질려 버렸다. 어쨌는지는 잘 기억나지 않지만 아마도 발가락을 뜯어 먹히지 않으려고 선반 위에 올라가거나 옷걸이에 매달렸던 듯싶다. 그러나 나름대로 해결책을 찾은 뒤에는 이러한 형태의 처벌에 더는 겁먹지 않게 됐다. 나는 빨강과 초록 불빛이 나오는 손전등을 구석에 미리 숨겨 놓았다. 그 안에 갇히면 손전등을 찾아 벽에다 빛줄기를 쏘았고, 영화관에 있는 양 상상하곤 했다. 언젠가는 벽장문이 열리자 눈을 감고 바닥에 누운 채 의식을 잃은 척했다. 다들 기겁했음에도 어머니만은 꾀병을 의심했는데, 별다른 증거가 나오지 않았으므로 딱히 벌받지 않고 넘어갔다.

다른 징벌로는 영화 관람 금지, 음식 금지, 침대에서 누워만 있기, 방에 가둬 놓기, 산수 시험 추가, 등나무 회초리로 손 맞기, 머리카락 잡아당기기, 부엌일 돕기(아주 재미있을 수도 있음.), 일정 기간 동안 따돌림당하기 따위가 있었다.

이제 나는 부모님의 좌절감을 이해한다. 목사의 가족은 마치 손님에게 내오는 쟁반 위에 담긴 물건처럼 남들의 시선에 노출된 채 살아간다. 집은 항상 열려 있어야 한다. 신도들의 비판과 논평도 꾸준하다. 아버지와 어머니는 둘 다 완벽주의자였지만 이토록 감당하지 못할 압박을 받으며 휘청거릴 수밖에 없었다. 쉬는 날도 없이 일했고 결혼 생활은 뜻대로 풀리지 않았으며 자기 수련은 혹독했다. 두 아들 모두, 스스로를 부단히 단속하는 부모의 성격적 특성을 그대로 물려받았다. 형은 본모습과 반항심을 숨기지 못했다. 아버지는 그걸 꺾는 데 모든 의지력을 쏟았고 사실상 성공을 거둔 셈이었다. 여동생은 양친 모두로부터 소유욕에 가까운 사랑을 듬뿍 받았는데, 그 결과 자포자기하게 되었으며 여리고 신경질적으로 자라났다.

　나는 거짓말쟁이가 되도록 훈련을 받은 덕에 크게 상처받지 않고 빠져나온 것 같다. 나는 진짜 자아와 거의 관련이 없는 외부 인격을 창조했다. 그러나 나의 창조물과 내 진짜 모습을 제대로 분리하는 방법을 몰랐으므로, 어른이 되고 나서 한참 뒤에도 그런 약점은 내 삶과 창의성에 커다란 영향을 미쳤다. 거짓을 살았던 나는 진실을 사랑한다는 사실로 이따금 스스로를 위로해야 했다.

　내가 생전 처음 의식적으로 했던 거짓말은 내 기억 속에 또렷이 남아 있다. 아버지는 병원 목사가 되었고, 우리는 릴얀스코겐 숲과 맞닿은 넓은 공원 가장자리에 자리 잡은 노란색 저택으로 이사했다. 어느 추운 겨울날이었다. 나랑 형 그리고 형의 친구들은 공원 끄트머리에 있는 온실을 향해 눈덩이를 던졌다. 유리창이 여럿 깨졌다. 정원사는 당장 우리를 의심하고 아버지에게 이 사실을 일러바쳤다. 심문이 이어졌다. 형이 실토했고 친구들도 실토했다. 나는 부엌에서 우유 한 잔을 마시고 있었다. 알마는 식탁에서 빵을 구웠다. 김이 서린 창문 너머로 망가진 온실의 박공이 보였다. 바깥에 있던 시리는 부엌으로 들어오면서 지독한 징벌이 어떻게 진행되고 있는지 전했다. 그러고는 나 역시 기물 파손 행위에 가담했는지 물었다. 그런데 난 이미 예비 심문에서 그 가능성을 부인했고, 증거 불충분으로 일단 혐의를 벗은 뒤였다. 시리가 장난스럽게 지나가는 투로 나더러 유리창을 깨뜨려 본 적 있느냐고 떠봤지만, 나를 함정에 빠뜨리려는 속셈임을 곧장 간파하고 차분한 목소리로 말했다. "잠시 동안 서서 구경만 하다가 대충 뭉친 눈덩이 몇 개를 형한테 맞히고 그냥 들어왔어요. 발이 시려서 죽을 뻔했거든요." 그리고 속으로 이런 생각을 했다는 게 똑똑히 기억난다. '거짓말은 이렇게 하는 거군.'

24

결정적인 발견이었다. 몰리에르의 돈 주앙과 비스름하게 합리적인 방식으로 나는 위선자가 되기로 마음먹었다. 그게 매번 잘 먹혔다고 우길 수는 없겠다. 때로는 내 경험이 일천해서, 때로는 누가 뜬금없이 끼어들어서 들키기도 했다.

우리 가족에겐 안나 아주머니라는 엄청난 갑부 후원자가 있었다. 마술을 비롯해 여러 가지 즐길거리가 가득한 어린이 잔치를 벌이고, 언제나 다들 탐낼 만한 비싼 크리스마스 선물을 안겨 주고, 봄마다 유르고르덴에서 열리는 슈만 서커스 공연 첫날에 우리를 데려가기도 했다. 이 행사의 요란한 광경은 나를 흥분의 도가니로 몰아넣었다. 제복 차림의 운전기사가 모는 안나 아주머니의 자동차, 휘황찬란하게 빛나는 거대한 목조 건물의 입구, 비밀스러운 향기, 안나 아주머니의 널따란 모자, 떠들썩하게 울려 퍼지는 오케스트라, 마술 공연 준비, 말 조련장으로 이어지는 통로의 붉은 장막 뒤에서 들려오는 맹수들의 포효. 누군가가 둥근 천장 아래 어두컴컴한 들창에서 사자가 보인다고, 광대들이 무시무시하고 포악하다고 소곤댔는데, 나는 감격에 취해 깜박 잠들었다가 멋진 음악 소리에 깨어났다. 흰 옷을 입은 젊은 여인이 커다란 검은 종마를 타고 나타났다.

나는 그 젊은 여자에게 사로잡혀 사랑에 푹 빠졌다. 내 상상 놀이에 불러들이고는 에스메랄다라고 불렀다.(어쩌면 정말로 그 이름이었을지도 모른다.) 나의 허구 세계는 마침내 몹시 위태롭게도 현실로 발걸음을 내디뎠다. 비밀을 지키겠다고 맹세한 같은 반 짝꿍 니세에게, 부모님이 나를 슈만 서커스단에 팔았으며 곧 학교를 자퇴하고 집을 떠나 세상에서 가장 아름다운 여성으로 간주되는 에스메랄다와 함께 곡예사로 훈련받게 되었노라고 털어놓았기 때문이다. 이튿날 나의 환상은 학교에 널리 퍼지며 멋대로 더럽혀졌다.

담임선생님은 이 문제를 너무 심각하게 받아들였고, 격앙된 마음으로 어머니에게 편지를 썼다. 끔찍한 재판이 벌어졌다. 집에서나 학교에서나 다들 나를 꼼짝 못 하게 몰아붙였고 굴욕과 수모에 시달렸다.

50년이 지난 뒤에 어머니에게 그 서커스 소동이 생각나는지 물어봤다. 기억은 여전히 생생했다. 그래서 나는 그렇게 대담하고 상상력이 기발한 아이를 보면 누군가는 웃거나 예뻐해 줬을 텐데 어째서 아무도 그러지 않았는지를 물었다. 일곱 살짜리 아이가 서커스단에 팔려 가기 위해 집을 떠나고 싶은 까닭이 대체 무엇인지 물어볼 사람도 있었을 터였다. 부모님 모두 내가 거짓말을 잘하고 상상력이 넘쳐서 이미 누차 노심초사했다고, 어머니는 대답했다. 무척 속이 상해서 예의 그 유명한 소아과 의사에게 상담도 받았다는 것이다. 의사는 아이가 상상과 현실을 구별하는 법을 제때 배우는 것이 얼마나 중요한지 강조했다. 이제는 뻔뻔스럽게 노골적으로 거짓말을 하는 아이에게 따끔히 본때를 보여야만 했다.

나는 나대로 맹세를 어긴 옛 친구에게 앙갚음하려고 형의 주머니칼을 들고 학교 운동장을 돌며 니세를 쫓아다녔다. 말리려고 뛰어든 여자 선생님도 죽이려고 했다.

나는 학교에서 정학 처분을 받고 매타작도 호되게 당했다. 그러다 그 배신자 친구가 소아마비에 걸려 죽어서 참 고소했다. 그런 일이 생기면 으레 그렇듯 우리 반은 3주 동안 학교를 쉬었고 차차 모든 일이 잊혔다. 그래도 에스메랄다에게 품은 내 환상은 멈추지 않았다. 우리의 모험은 더더욱 위험해졌고, 우리의 사랑은 열정으로 달아올랐다. 그 와중에 나는 같은 반의 글라디스라는 여자아이와 약혼까지 했다. 그래서 충직한 소꿉동무 티판을 배신하고 말았다.

소피아헴메트 병원에 딸린 공원은 상당히 넓은데 앞쪽은 발할라베겐 거리를 마주 보고 한쪽은 스톡홀름 올림픽 스타디움, 다른 한쪽은 왕립 공과 대학교를 바라보고 있으며 릴얀스코겐 숲 깊숙이 들어와 있었다. 당시에는 건물들이 별로 없어서 언덕이 많은 풍경 위에 드문드문 흩어져 있었다.

나는 이곳을 자유로이 돌아다니며 온갖 것을 체험했다. 공원 안쪽 깊숙한 곳에 자리 잡은 작은 벽돌 건물인 묘지 예배당이 특히 내 관심을 끌었다. 나는 병원과 예배당 사이에서 물건을 실어 나르던 병원 관리인과의 친분 덕택에 좋은 이야기를 많이 들었고 다양한 부패 단계에 있는 주검도 숱하게 볼 수 있었다. 실제로 접근이 금지된 또 다른 건물도 있었는데, 거대한 아궁이 네 개가 굉음을 내며 돌아가는 보일러실이었다. 검은 형체들이 손수레에 실어 온 석탄을 불 속으로 던져 넣었다. 육중한 아르덴산(産) 말들이 끄는 짐수레가 일주일에 몇 차례씩 도착했다. 황마포 두건을 쓴 사내들이 아가리를 떡 벌린 철문으로 자루들을 지어 옮겼다. 이따금씩 피투성이 장기라든가 절단된 팔다리가 비밀리에 운반되어 아궁이에서 불태워지기도 했다.

아버지는 격주로 일요일마다 병원 예배당에서 예배를 집전했는데, 그곳에는 주일용 검정 제복 차림에 풀 먹인 하얀 앞치마를 두르고 단정하게 빗질한 머리에 소피아헴메트 병원의 모자를 쓴 간호사들이 가득했다. 목사관 맞은편에는 평생을 병원에 헌신한 몹시도 늙은 간호사들이 사는 솔헴메트가 있었다. 그들은 규율이 엄격한 수도원의 수녀들처럼 거동했다.

솔헴메트 거주민들은 목사관 안을 똑바로 들여다볼 수 있었고, 실제로 그렇게 했다.

솔직히 말해서 내 어린 시절은 열망과 호기심으로 가득 차 있었다. 상상력과 감각이 무럭무럭 자라났고 지루했던 기억은 없다. 그 나날들은 경이로움, 예상하지 못한 광경, 마법 같은 순간으로 폭발하는 시간이었다. 여전히 나는 유년기의 풍경 속을 헤매며 수없이 마주친 빛, 냄새, 사람, 공간, 순간, 몸짓, 말투, 사물을 재현할 수 있다. 이러한 기억들은, 얘깃거리가 담긴 에피소드는 물론이고 단박에 들어오는 핵심도 없이 되는대로 촬영한 단편 혹은 장편 영화 같다.

어린 시절의 특권이라면 마법과 오트밀 사이를, 한없는 두려움과 작렬하는 기쁨 사이를 거리낌 없이 넘나들 수 있다는 것이다. 경계라고는 금지와 규칙밖에 없었지만 전부 뜬구름 잡는 소리 같았으므로 알아먹지 못하는 게 비일비재했다. 예컨대 나는 시간관념을 제대로 이해하지 못했다. "너도 드디어 시간 지키는 법을 제대로 배워야겠구나. 시계도 받았고 시각을 읽을 줄도 알잖아." 그렇지만 시간은 존재하지 않았다. 나는 학교에도 지각하고, 식사 시간에도 늦었다. 걱정 없이 병원 공원을 돌아다니며 구경하고 상상의 나래를 펼치다 보면 시간이 멈추었다. 그러다가 문득 배가 고플지도 모른다는 느낌이 들면 뱃속이 꼬르륵꼬르륵 야단법석을 피웠다.

상상한 것과 현실이라고 여겨지는 것을 분간하기가 어려웠다. 노력만 한다면 현실을 실제처럼 보이도록 만들 수도 있겠지만, 귀신이나 허깨비 같은 것들은 어찌 그리할 수 있겠는가? 그리고 전설들은 진짜였을까? 신과 천사들은? 예수 그리스도는? 아담과 이브는? 노아의 홍수는? 아브라함과 이삭은 도대체 어땠을까? 정말로 아들의 목을 베려고 했을까? 나는 흥분한 채 귀스타브 도레의 부식 동판화를 응시하며 이삭과 동질감을 느꼈다. 이것은 진짜였다. 아버지가 잉마르의 목을 벨 작정인데, 천사가 너무 늦게 오면 어찌 될지 생각해 보라. 그러면 그들은 울 것이다. 피가 흐르고 잉마르는 핏기 없이 웃음

짓는다. 현실.

　　그리고 시네마토그래프가 왔다.

　　크리스마스를 몇 주 앞둔 때였다. 갑부 안나 아주머니가 부리는 제복 차림의 운전기사 얀손 씨가 벌써 선물을 한가득 들고 와서 늘 그랬듯이 위층으로 올라가는 계단 아래 다용도실에 마련해 둔 크리스마스 선물 바구니에 넣어 두었다. 그중에서도 어느 꾸러미 하나가 가슴 설레도록 내 호기심을 사로잡았다. 네모진 갈색 상자의 포장지에는 '포르스네르스(Forsners)'라고 적혀 있었다. 포르스네르스 상회는 함가탄 거리에 있던 사진 용품 상점이었다. 카메라뿐만 아니라 진짜 시네마토그래프도 팔았다.

　　나는 무엇보다도 시네마토그래프를 가지고 싶었다. 그 전해에 나는 난생처음으로 영화관에 가서 영화를 봤다. 유명한 동화책 『검은 말 이야기(Black Beauty)』가 원작이었으므로 말이 주연인 셈이었다. 스투레 극장에서 상영했고 우리는 관람석 맨 앞줄에 앉았다. 내게는 그게 시작이었다. 나는 결코 사라지지 않을 열병에 걸렸다. 말 없는 그림자들이 희뿌연 얼굴을 나에게 돌리고 좀체 들리지 않는 목소리로 남모를 내 깊은 속마음에 말을 건다. 예순 해가 훌쩍 지났건만 변한 것은 하나도 없다. 열병도 고스란히 남아 있다.

　　그해 늦가을 같은 반 친구네에 놀러 갔다. 시네마토그래프와 영화 몇 편이 제 것이라 했고, 어쨌든 손님이 왔으니 의무감으로 나랑 티판에게 상영해 줬다. 그 친구와 티판이 껴안고 시시덕거리는 동안 나는 그 기계를 돌릴 수 있었다.

　　크리스마스에는 흥청망청 먹고 놀았다. 모든 행사를 단호한 손짓으로 감독한 어머니 덕분이었다. 손님 접대와 식사 대접, 친척 방문, 크리스마스 선물, 교회 행사를 비롯한 이 먹자판 뒤에는 일사불란한 조직이 있었을 것이다.

우리 집에서 크리스마스이브 자체는 그럭저럭 차분하게 지나갔다. 5시에 교회에서 올리는 성탄절 기도를 시작으로 기꺼이 알맞게 식사를 하고, 크리스마스트리에 불을 밝히고, 예수 탄생 이야기를 읽고, 일찍 잠자리에 들었다. 성탄절 새벽에 제때 일어나야 했기 때문인데, 당시에는 정말로 꼭두새벽에도 예배를 봤다. 크리스마스 선물은 안 받았지만 그날 저녁은 즐거웠고, 이런 성탄 축제의 서막이 설레는 가슴을 더욱 들뜨게 했다. 촛불이 하늘거리고 트럼펫이 울리는 성탄절 새벽 예배가 끝나면 아침 식사가 시작되었다. 아버지는 직업적인 의무를 다한 뒤에야 성직복을 벗고 일상복으로 갈아입었다. 아주 유쾌한 기분으로 성경 구절을 활용해 손님들에게 즉흥 연설도 하고 행사에 맞게 작곡한 노래도 부르며 독주인 브렌빈으로 건배도 하고 동료 목사들의 흉내를 내서 모두를 웃기기도 했다. 때때로 나는 아버지의 유쾌하고 경쾌한 성격, 천하태평, 다정함, 상냥함, 무절제를 떠올린다. 어둡고 답답하고 가혹하고 회피하는 겉모습에 쉽게 가려져 버린 이 모든 것을 생각해 본다. 기억을 돌이켜 보니 아버지의 면모를 자주 곡해한 것 같다.

아침 식사를 마친 뒤 모두가 몇 시간 동안 눈을 붙였다. 그래도 안에서 분주하게 일하는 사람들은 있었을 텐데, 서서히 땅거미가 지는 2시 무렵에 오후 커피를 내왔다. 목사관은 즐거운 성탄을 축하하려는 모든 이들을 맞아들였다. 음악가로 활동하는 몇몇 친지는 오후 잔치에서 즉석 연주회도 펼쳤다. 이윽고 성탄절 진수성찬이 절정에 이르는 만찬 시간이 다가왔다. 다들 넓은 부엌에 모여 바깥세상의 계급장은 잠시 내려놓았다. 쟁반에 차려진 모든 음식들이 심지어 싱

크대 공간까지 차지하고 있었다. 식탁에서 크리스마스 선물을 분배했다. 선물 바구니를 들여오자 아버지는 시가와 푼시 술잔을 들고 의식을 거행했다. 선물들을 나눌 때 누가 성경 구절을 낭독하면 손뼉을 치거나 한마디씩 거들었다. 아무 구절도 읊지 않으면 선물도 없었다.

이제 시네마토그래프에 대해 얘기해야겠다. 그건 형이 선물받았다.

나는 곧장 꺼이꺼이 울다가 꾸중을 들었고, 바로 탁자 아래로 숨어 들어가서 더욱 악악댔다. 정 안 되겠으면 그냥 좀 가만히라도 있어 달라고 야단을 맞았고 나는 아기 방으로 뛰쳐 들어갔다. 그러고는 욕을 쏟아 뱉으면서 가출할 생각마저 하다가 결국은 속상한 채로 잠들었다.

파티는 계속됐다.

저녁 늦게 잠에서 깨어났다. 예르트루드는 아래층에서 민요를 불렀고 등불이 밝혀져 있었다. 그리스도 탄생과 목자들의 기도를 그린 투명화[2] 한 폭이 높은 서랍장 위에서 희끄무레하게 빛났다. 흰색 접이식 탁자 위에는 형이 받은 다른 크리스마스 선물들과 함께 구부러진 굴뚝, 멋들어지게 제작된 황동 렌즈, 필름 걸이가 달린 시네마토그래프가 놓여 있었다.

나는 당장 마음을 먹고 형을 깨워서 거래를 제안했다. 양철 장난감 병정 백 개와 시네마토그래프를 맞바꾸자고 흥정을 벌였다. 다그 형은 대군을 거느리고 늘 친구들과 전쟁놀이를 했기 때문에 양쪽 모두 만족할 만한 거래 조건이었다.

시네마토그래프는 내 것이 되었다.

2] transparang. 조명에 비춰 볼 수 있도록 양피지나 유리, 기름종이 등에 그린 그림.

복잡한 기계는 아니었다. 광원은 등유 램프였고, 크랭크는 톱니바퀴와 몰타 십자 모양으로 연결돼 있었다. 판금 케이스 속 뒤쪽의 짧은 공간에는 간단한 반사 거울이 있고, 렌즈 뒤엔 환등 슬라이드를 넣는 슬롯이 있었다. 이 장치에는 보라색 네모난 상자도 있었다. 그 안에는 유리 슬라이드 몇 장과 더불어 세피아 색채의 필름(35밀리미터) 한 장이 들어 있었다. 길이가 약 3미터에 달했고 돌돌 말려 있었다. 뚜껑에 적힌 필름의 제목은 「홀레 부인(Frau Holle)」이었다. 이 '홀레 부인'이 누구인지는 아무도 몰랐다. 그런데 나중에 알고 보니, 그리스나 로마 신화에 비유하자면 사랑의 여신과 엇비슷한, 『그림 동화』나 민담 속 인물이었다.

이튿날 아침, 나는 아기 방의 널찍한 옷장 안에 틀어박혀 설탕 상자 위에 시네마토그래프를 올려놓고는 등유 램프를 켜고 하얀 벽에 빛을 쏘았다. 그다음에 필름을 걸었다.

벽에 초원의 모습이 나타났다. 초원에서는 민속 의상을 입은 듯한 젊은 여자가 졸고 있었다. 그때 크랭크를 돌렸다. 뭐라고 딱히 설명할 길이 없는데, 그때의 내 흥분은 어떤 말로도 감히 표현할 수 없다. 뜨겁게 달궈진 쇠붙이에서 나던 냄새, 옷장 속의 좀약과 먼지에서 풍기던 냄새, 손에 닿던 크랭크의 감촉, 벽에서 덜덜거리던 직사각형 화면에 대한 기억은 지금도 수시로 떠오른다.

크랭크를 돌리자 여자는 잠에서 깨어나 자리에 앉았다. 그러고는 슬슬 일어서더니 양팔을 뻗고 빙빙 돌리다가 오른쪽으로 사라졌다. 계속 크랭크를 돌리자 여자는 다시 그곳에 눕더니 똑같은 동작을 되풀이했다.

여자가 움직였다.

소피아헴메트 목사관에서 보낸 어린 시절이란, 일상의 리듬, 생일 잔치, 교회 축일, 주일, 의무, 놀이, 자유, 규칙적인 생활, 안정감이었다. 겨울엔 멀고 어둑어둑한 등굣길을 오갔고, 봄엔 구슬치기를 하거나 자전거를 탔으며, 가을엔 일요일 저녁마다 모닥불 옆에 앉아서 소리 내어 책을 읽었다.

우리는 잘 몰랐지만 어머니는 격정적인 사랑에 빠졌고 아버지는 심한 우울증에 시달렸다. 어머니가 결혼 생활을 파탄 낼 준비를 하자 아버지는 목숨을 끊겠다고 으름장을 놓았지만, 결국 화해하면서 당시의 표현대로 '아이들을 위해' 계속 함께하기로 결정했다. 우리는 거의 눈치를 못 챘고 사실상 아무것도 알지 못했다.

어느 가을날 저녁, 나는 아기 방에서 영사기를 만지작거리느라 정신없었고, 여동생은 엄마 방에서 잠들었고, 형은 사격 연습을 하러 갔으므로 집에 없었다. 갑자기 아래층에서 격한 말다툼 소리가 들렸다. 어머니는 울고 아버지는 성질을 내며 말했다. 이전에 들어 본 적이 없는 살벌한 소리였다. 나는 층계 쪽으로 살금살금 기어 나와 복도 아래에서 어머니와 아버지가 고함치며 옥신각신하는 모습을 지켜보았다. 어머니가 외투를 잡아끌려고 하자 아버지가 꽉 붙잡았다. 곧이어 어머니가 외투를 놓아 버리고 현관문으로 달려갔다. 아버지가 어머니를 앞질러서 옆으로 떠밀고 문 앞에 섰다. 어머니가 달려들어 몸싸움을 벌였다. 아버지는 어머니에게 얼굴을 맞았고, 어머니는 아버지한테 벽으로 밀쳐지면서 끝내 균형을 잃고 넘어졌다. 나는 큰 소리로 비명을 질렀다. 소란에 잠이 깬 여동생은 계단으로 나오더니 곧장 울음보를 터뜨렸다. 어머니와 아버지는 싸움을 멈췄다.

그다음에 벌어진 일은 기억이 흐릿하다. 어머니는 코피를 흘리며 자기 방 소파에 앉은 채로 여동생을 달래려고 애썼다. 나는 아기 방에서 시네마토그래프를 바라보며 비장하게 무릎까지 꿇고 어머니와 아버지가 다시 사이좋게 지낼 수만 있다면 필름과 시네마토그래프를 전부 바치겠다고 하느님께 약속했다. 기도가 응답을 받았다. 아버지보다 직위가 높은 헤드비그 엘레오노라 교구 목사가 개입했다. 부모님은 화해했고, 갑부 안나 아주머니가 데려가 준 덕에 이탈리아로 긴 휴가 여행을 떠났다. 외할머니가 우리를 돌봐 주러 오셨고, 질서와 더불어 겉으로는 안정감도 되찾았다.

외할머니는 평생을 거의 웁살라에서 살았지만 달라르나에도 멋들어진 여름 별장을 소유하고 있었다. 갓 서른 살에 남편을 여읜 뒤 할머니는 트레드고르스가탄에 있는 호화 아파트를 절반으로 나누어 방 다섯 개와 부엌, 식모 방을 마련했다. 내가 아주 어렸을 적에 외할머니와 거기서 단둘이 함께 살던 엘렌 닐손 양은 세상없는 스몰란드 지방 문화재 같은 사람으로, 요리 솜씨가 훌륭하고 신앙이 독실했으며 우리를 응석받이로 만들었다. 외할머니가 돌아가시자 엘렌은 어머니한테 와서 소임을 다했는데, 사랑과 경외를 동시에 받았다. 일흔다섯 살에 후두암에 걸리자 엘렌은 방을 깨끗이 치우고 유언장을 써 놓은 다음, 어머니가 사 준 2등석 표를 굳이 3등석 표로 바꾸고는 파타홀름에 사는 여동생을 찾아갔다. 그리고 몇 달 뒤 그곳에서 세상을 떠났다. 어린 시절에 우리는 엘렌을 '랄라'라고 불렀는데, 외할머니의 가족 그리고 어머니의 가족과 50년 넘게 함께 살았다.

외할머니와 랄라는 변덕스러운 공생 관계 속에서 수없이 상처를 주고받고 또 화해했지만 이 점은 결코 문제가 되지 않았다. 조용한 트레드고르스가탄의 넓은(아마도 그렇게 크지는 않은) 아파트는 나에게 안정감과 마법을 선사했다. 수많은 시계가 시간을 쟀고 햇빛은 끝없는 녹색 카펫 위를 떠돌았다. 타일 난로에선 불 냄새가 피어오르고 연통은 윙윙대고 뚜껑은 덜거덕거렸다. 때로는 썰매가 종소리를 울리며 길거리를 지나갔다. 대성당에선 예배나 장례식에 맞춰 종을 쳤다. 아침저녁으로 멀리서 구닐라 종소리가 가냘프게 들렸다.

오래된 가구들, 묵직한 커튼들, 어두운 그림들. 길고 어두컴컴한 복도 끝에는, 문짝 아래쪽에 구멍 네 개가 뚫려 있고 벽지는 붉었으며 플러시 천을 씌운 마호가니로 만든 왕좌가 놓인 흥미로운 방이 있었다. 왕좌에는 황동 부속품과 장식이 달려 있었고, 부드러운 카펫으로 덮인 계단 두 칸은 왕좌로 이어졌다. 의자의 육중한 뚜껑을 열면 어둠과 냄새의 구렁이 내려다보였다. 외할머니의 왕좌에 앉으려면 용기가 필요했다.

복도에 있는 높은 철제 난로는 석탄 타는 냄새와 쇠붙이 달궈지는 냄새가 섞인, 특유의 냄새를 내뿜었다. 랄라가 부엌에서 영양가 높은 양배추 수프를 끓일 때면 그 향긋한 냄새가 따스하고 생생하게 집 안 전체로 퍼졌고, 비밀의 방에서 어렴풋하게 풍기는 향기와 결합해 더 진한 냄새를 만들어 냈다.

키가 작은 사람은 코가 바닥에 가까우므로 여름내 둘둘 말아 보관하던 양탄자에서 나는 좀약 냄새를 맡을 수 있었다. 금요일마다 랄라는 낡은 쪽모이 마룻바닥을 왁스와 테레빈유로 닦아 광택을 냈는데 냄새가 지독했다. 옹이구멍이 많고 껄쭉껄쭉한 나무 바닥에서는 물비누 냄새가 났다. 리놀륨 장판은 탈지유와 물을 뒤섞어서 악취가 풍기는 혼합물로 박박 닦았다. 사람들이 돌아다니면 냄새의 교향곡이 울리는 듯하다. 향수 냄새, 분내, 타르 비누 냄새, 지린내, 남자 냄새, 여자 냄새, 땀내, 포마드 냄새, 쓰레기 냄새, 음식 냄새. 대개는 보통의 사람 냄새가 나지만 어떤 냄새는 마음이 놓이고, 어떤 사람의 냄새는 위협적으로 다가온다. 아버지의 이모인 뚱뚱한 엠마 할머니는 대머리가 된 정수리에 특수한 풀로 가발을 붙였다. 그래서 엠마 할머니는 온통 풀 냄새를 풍겼다. 외할머니에게서는 '글리세린과 장미수' 냄새가 났는데 소박하게 약국에서 구입한 일종의 화장수였다. 바닐라처럼 달콤한 냄새가 나던 어머니는 기분이 나빠지면 코밑 솜털이 촉촉해지면서 아주 살짝 쇠붙이 비슷한 냄새를 풍겼다. 나는 젊고 통통한 빨강 머리 절름발이 보모 메리트의 냄새를 가장 좋아했다. 보모의 침대에 누워, 그 품에 안긴 채로 까끌까끌한 보모의 잠옷에 코를 파묻고 있을 때가 제일 좋았다.

빛과 냄새와 소리로 가라앉은 세계. 지금도 나는 가만히 누워서 잠들려고 하면 그 집의 이 방 저 방을 다니며 사소한 것 하나하나를 알아차리고 느낄 수 있다. 외할머니 댁의 고요함 속에서 열리는 내 감각을 느끼며 이 모든 것을 영원히 간직하기로 마음먹었다. 그런데 그건 다 어디로 갔을까? 내 감각에 아로새겨진 인상을 내 자식들 중 누군가가 물려받긴 했을까? 그런 인상, 체험, 통찰은 과연 물려주거나 물려받을 수 있을까?

외할머니 댁에서 보내곤 했던, 짧게는 며칠에서 길게는 몇 달의 나날은 고요함, 규칙성, 질서를 억척스러울 만큼 끈질기게 요구하는 나에게 마침맞았던 듯싶다. 함께 놀 친구를 애타게 기다리지 않고 혼자만의 놀이에서 고독을 누렸다. 외할머니는 검정 옷 위에 파란 줄무늬가 들어간 커다란 앞치마를 두르고 식당 책상에 앉아서, 책을 읽거나 계산을 하거나 강철 펜촉으로 사각사각 편지를 썼다. 부엌에서 일하던 랄라는 혼자 나직이 흥얼거렸다. 나는 인형극장 위로 고개를 숙여 「빨간 모자」의 어두운 숲이나 「신데렐라」의 조명 밝힌 연회장에 육감적으로 막이 오르게끔 했다. 내 놀이는 무대라는 마을을 다스리고, 내 상상력은 거기에 사람들이 모여 살게 했다.

어느 일요일, 목이 아파서 아침 예배는 굳이 안 가도 되었으므로 아파트에 홀로 남는다. 늦겨울이라 햇빛이 커튼들과 그림들 위로 소리 없이 휙 지나간다. 나는 내 머리 위로 우뚝 솟은 거대한 식탁의 불룩한 다리 하나에 등을 기대고 앉는다. 의자들은 식탁을 빙 둘러 놓여 있고, 벽은 때가 탄 황금빛 가죽으로 덮여 묵은 냄새를 풍긴다. 장식장은 내 뒤에 성곽처럼 솟아 있고 유리 물병들과 크리스털 그릇들이 변화무쌍한 빛 속에서 반짝거린다. 왼편의 긴 벽에는 푸른 수면 위로 솟아오른 하얀 집, 빨간 집, 노란 집이 그려진 커다란 그림이 걸려 있다. 그림 속 물 위에는 길쭉한 배들이 떠 있다.

장식이 달린 천장까지 닿을락 말락 하는 식당 시계가 뚱하고 꿍하게 혼잣말을 한다. 내가 앉은 자리에서는 초록색으로 아른거리는 응접실이 보인다. 벽, 양탄자, 가구, 커튼, 녹색 화분에서 자라는 고사리류부터 야자수까지 온통 녹색이다. 양팔이 잘린 하얀 알몸의 여인도 살짝 보이는데, 약간 앞으로 몸을 숙인 채 옅은 미소를 지으며 나를 바라보고 있다.

금장식이 박히고 금빛 밑받침이 달린 배불뚝이 서랍장 위에는 유리 돔 아래에 금박을 입힌 시계가 있다. 시계 문자판에 기대어 피리를 부는 사내아이 옆에는, 짧고 통이 넓은 치마 차림에 큰 모자를 쓴 작은 여자가 바짝 붙어 있다. 둘 다 금박을 입혔다. 시계가 12시를 알리면 소년은 피리를 불고 소녀는 춤을 춘다.

　이제 이글이글 타오르는 햇빛이 크리스털 샹들리에에 닿아 굴절하고, 그림 속 물 위로 솟아오른 집들을 스쳐 지나가며 새하얀 조각상을 어루만진다. 이제 시계 종소리가 울리고, 황금빛 소녀가 춤을 추고, 소년이 피리를 불고, 벌거벗은 여인이 고개를 돌려 나를 응시하며 끄덕인다. 이제 죽음의 신이 어두운 현관에서 리놀륨 바닥 위로 낫을 질질 끌며 다가온다. 웃음을 머금은 누런 해골이, 현관문 유리창을 등진 껑충하고 어둑한 형체가 내게 흘끗 보인다.

　외할머니 얼굴을 보고 싶어서 사진을 뒤적거린다. 철도 교통 감독관이던 외할아버지와, 외할머니에겐 의붓자식인 아들 셋과 함께, 모두 다섯 명이서 찍은 사진이다. 외할아버지는 어린 신부를 뿌듯하게 바라본다. 단정하게 다듬은 검은 턱수염, 금테 코안경, 높이 세운 옷깃, 나무랄 데 없는 예복 차림이다. 차렷 자세로 서 있는 아들들은 불안한 눈빛을 지닌, 허약한 용모의 젊은이들이다. 나는 돋보기를 들고 할머니의 이목구비를 꼼꼼히 살펴본다. 눈빛은 맑지만 날카롭고, 얼굴은 포동포동하고, 턱에서는 고집이 드러나 보이며, 입가는 사진발을 잘 받는 은근한 미소를 지었음에도 단호하다. 숱이 많은 흑갈색 머리카락은 정성을 들여 손질했다. 미인이라고는 할 수 없지만 의지력과 지성, 유머 감각이 물씬 풍긴다.

　이 신혼부부를 보면 유복한 사람들의 자의식이 느껴진다. '우리는 역할을 맡았으니 제 노릇을 다할 작정이다.' 반면에 아들들은 방향 감각을 잃고 억압받고 있거나 어쩌면 반항적인 듯 보인다.

외할아버지는 달라르나 지방에서 아름답기로 손꼽히는 고장인 두프네스에 여름 별장을 지었다. 이곳에선 넓게 펼쳐진 전망 덕에 강과 황무지, 외양간, 산등성이와 그 너머의 푸르른 정경이 한눈에 들어왔다. 집에서 100미터 아래 비탈을 따라 철로가 지나도록 터를 잡은 외할아버지는 기차를 좋아했으므로 베란다에 앉아 열차가 하루 여덟 번, 양방향으로 네 차례씩 제때 지나가는지 시간을 확인했다. 그중 두 번은 화물 열차였다. 강 위로 보이는 철교는 공학적 걸작이자 자부심의 원천이기도 했다. 외할아버지는 종종 나를 무릎에 앉혔다는데, 잘 기억이 안 난다. 나는 외할아버지의 구부러진 작은 손가락을 물려받았고, 어쩌면 증기 기관차에 열광하는 점도 닮았을지 모른다.

앞서 말했듯이 외할머니는 젊은 나이에 남편을 여의었다. 이후 옷도 검정으로 입고 머리도 하얗게 셌다. 자식들이 결혼하여 각자 집을 떠나자 랄라와 단둘이 남겨졌다. 어머니가 언젠가 말하기를, 외할머니는 막내아들 에른스트 말고는 그 누구도 사랑한 적이 없다고 했다. 어머니는 어떻게든 외할머니를 본받아 사랑을 얻으려고 애썼지만 여린 성격 탓에 헛수고가 됐다.

아버지는 외할머니를 뭐든지 마음대로 하려 드는 표독스러운 할망구라고 딱 꼬집어 말했다. 그런 평가를 내린 사람은 물론 한둘이 아니었다.

그럼에도 불구하고 나는 외할머니 곁에서 최고의 어린 시절을 보냈다. 외할머니는 엄격하지만 정이 많았고 내 속을 훤히 들여다보고 마음을 헤아려 줬다. 무엇보다도 우리끼리 치르던 의식에서 기대를 저버린 적이 없었다. 저녁을 먹기 전에 우리는 녹색 소파에 자리를 잡고 한 시간가량 '토론'을 벌였다. 외할머니가 들려준 얘깃거리에는 세상과 삶뿐만 아니라 죽음도 있었는데(당시 나는 죽음에 대해 많이 생각했다.), 내 생각을 말해 달라면서 귀를 기울였고, 내가 시시한 거짓말을 하면 바로 꿰뚫어 보거나 정겹게 놀리며 맞받아쳤다. 외할머니 덕분에 나는 아무런 가식 없이 본연의 나로서 말할 수 있었다.

우리의 '토론'은 언제나 땅거미, 허물없음, 겨울 오후에 둘러싸여 있었다.

외할머니에겐 또 다른 매력이 있었는데, 영화 구경을 즐긴 까닭에 어린이가 볼 만한 영화라면(월요일 아침 《웁살라 신보》 3쪽에 영화 광고가 게재됐다.) 영화관에 가려고 토요일이나 일요일 오후까지 기다리지 않아도 됐다. 우리의 즐거움을 방해하는 게 딱 하나 있었다. 외할머니는 꼴 보기 싫은 덧신을 신었고 러브 신을 싫어했는데, 반면에 나는 그 장면을 좋아했다. 서로 죽고 못 사는 남녀 주인공이 너무 오랫동안 애정 행각을 벌이면 할머니의 덧신이 뽀드득거리기 시작했다. 그 지긋지긋하게 거슬리는 소리가 영화관을 가득 채웠다.

우리는 서로 소리 내어 책을 읽어 주거나 이야기도 지어냈는데, 귀신 이야기와 무서운 이야기를 즐겼으며 일종의 연재만화 비슷한 「노땅들」도 그리곤 했다. 한 사람이 그림을 그리기 시작하면 다른 사람은 그다음 그림을 붙여서 줄거리를 이어 나갔다. 우리는 며칠에 걸쳐 '줄거리'를 그렸는데, 그림이 마흔 개에서 쉰 개까지 나오기도 했다. 그림 사이에는 해설도 넣었다.

트레드고르스가탄에서는 마치 18세기 초엽처럼 생활했다. 타일 난로에 불이 붙으면 우리는 잠자리에서 일어났다. 그때가 7시였다. 얼음처럼 차가운 물을 양철 욕조에 가득 담아 냉수마찰을 하고, 아침 식사로는 귀리죽과 딱딱한 빵에 이것저것을 얹어 샌드위치 비슷한 걸 만들어 먹었다. 아침 기도를 올린 뒤엔 외할머니의 감독을 받으며 수업을 듣거나 숙제를 했다. 오후 1시가 되면 차를 마시며 샌드위치를 곁들였다. 그다음에는 날씨가 어떻든 밖에 나갔다. 무슨 영화가 상영 중인지 살펴보려고 스칸디아, 퓌리스, 뢰다 크바른, 슬롯스, 에다 등 여러 영화관을 돌아다녔다. 저녁은 5시에 먹었다. 그러고는 에른스트 삼촌이 어린 시절부터 간직해 온 오래된 장난감들을 꺼내서 가지고 놀았다. 소리 내어 책을 읽고, 저녁 기도를 올리면 구닐라 종소리가 울렸다. 이제 밤이 되어 시계는 9시를 친다.

쿠션 소파에 누워 침묵의 소리를 듣는다. 가로등 불빛이 천장에 빛과 그림자를 드리우는 광경을 본다. 눈보라가 웁살라 평원을 휩쓸자 등불이 흔들린다. 그림자들이 소용돌이치고 타일 난로가 덜거덕거리며 삐걱댄다.

일요일에는 4시에 저녁을 먹었다. 늙은 선교사들의 거처에서 살던 로텐 할머니가 그때쯤 찾아왔다. 그녀는 스웨덴 최초로 여자 학생들이 다닌 고등학교에서 외할머니와 급우로 만났다. 그 뒤에 중국에 가서 선교사로 활동하다가 미모와 치아, 한쪽 눈을 잃었다.

내가 굉장히 싫어한다는 걸 알면서도 내게 좀 더 단련이 필요하다고 생각한 외할머니는 일요일 저녁 식사 때 나를 로텐 할머니 옆에 앉혔다. 그 옆에 앉으면 코털이 그대로 보였고 콧구멍 안에는 어김없이 싯누런 콧물이 덩어리져 있었다. 게다가 지린내도 났다. 말할 때마다 틀니가 덜거덕거리고, 먹을 때는 접시를 얼굴 가까이에 들이대고 후루룩거렸다. 이따금 뱃속에서 둔탁하게 꾸르륵대는 소리가 들렸다.

그런데 이 불쾌한 인물이 소유한 보물이 하나 있었으니, 저녁을 먹고 커피를 마시고 나면 노란 나무 상자에서 중국 그림자극 무대를 끄집어냈다. 그리고 응접실과 식당 사이 문에 시트를 걸고 불을 끈

다음, 그림자극을 펼쳤다.(솜씨가 보통이 아니어서 동시에 여러 인물을 조종하며 모든 역할을 해냈다. 장막이 느닷없이 빨강이나 파랑으로 물들면 갑자기 붉은빛 악마가 쓱 지나갔고, 조각달이 파란 배경 위로 떠오르자 돌연 모든 것이 녹색으로 바뀌더니 희한한 물고기들이 바다 깊은 곳을 헤엄쳐 다녔다.)

가끔 외삼촌들이 무시무시한 아내를 데리고 찾아왔다. 외삼촌들은 뚱뚱하고 수염을 기르고 목소리가 컸다. 외숙모들은 큰 모자를 쓰고 온갖 오지랖을 떨며 땀내를 풍겼다. 나는 가능한 한 멀찍이 떨어졌다. 귀엽다며 나를 번쩍 들어 올리고 껴안고 뽀뽀하고 치근덕대고 꼬집을 게 뻔했다. 성가시게 막 던지는 사적인 질문도 피하기 어려웠다. '꼬맹이가 이번 주에도 빨간 치마를 입지는 않았겠지? 지난 주에는 바지에 오줌을 엄청 지렸잖아. 이가 흔들거리는지 보게 입 좀 벌려 봐. 어, 저기 하나 있는데 살살 빼야겠다. 우리가 용돈 10외레 줄게. 얘가 눈이 사팔뜨기처럼 됐어. 내 손가락 좀 봐라. 근데 왜 한쪽 눈이 안 따라오는 거야. 애꾸눈 해적 선장처럼 검은 안대라도 차야겠다. 입 다물어라, 이 녀석아, 왜 그렇게 입을 벌리고 돌아다녀. 혹시 성대에 용종이 생긴 건가. 입을 헤벌리고 있으면 멍청해 보인다니까. 할머니보고 수술 좀 시켜 달라고 해. 입 벌리고 돌아다녀 봐야 좋을 거 하나도 없어.'

외삼촌들은 부산스러운 몸가짐에 안절부절못하는 눈빛이었다. 외숙모들은 담배를 피웠다. 시어머니 앞에서는 조마조마해하며 진땀을 흘렸는데, 목소리가 날카롭고 말은 빨랐다. 화장기 있는 얼굴이었다. 다들 엄마 노릇을 했지만 어머니 느낌은 들지 않았다.

하지만 칼 삼촌은 달랐다.

칼 외삼촌은 외할머니네 녹색 소파에 앉아 꾸중을 듣고 있었다. 몸집이 크고 퉁퉁하며 이마가 많이 벗어졌는데, 기분이 떨떠름해서인지 잠시 동안 주름살이 지곤 했다. 머리카락이 빠진 정수리에는 갈색 반점이 여럿 보였고, 목덜미에는 곱슬곱슬한 털이 듬성듬성 삐져나와 있었다. 털북숭이의 귀는 빨갰다. 똥배가 허벅지를 짓눌렀고, 김이 서린 안경은 보랏빛의 푸르스름한 눈동자를 가렸다. 칼 외삼촌은 푸둥푸둥한 양손을 맞잡고 무릎 사이에 끼운 채 앉아 있었다.

외할머니는 커피 테이블 옆 안락의자에 작은 자리를 차지하고 똑바로 앉았다. 오른쪽 집게손가락에 낀 골무로 반들거리는 탁자를 이따금 치면서 자신의 말을 강조하기도 했다. 평소처럼 하얀 옷깃이 달린 검정 옷에 카메오 브로치를 달고 있었다. 늘 그렇듯 흰색과 파란색 줄무늬의 앞치마를 입었고 수북한 백발은 햇빛에 반짝였다. 추운 겨울날이라 타일 난로에서 불이 활활 타올랐고 창문에는 얼음꽃이 그득했다. 유리 돔 아래의 시계가 빠르게 종을 치며 12시를 알리자 양치기 소녀가 양치기 소년 앞에서 춤을 췄다. 썰매가 아치형 출입구를 지났다. 딸랑딸랑 종소리가 울리고 썰매 날이 자갈 포장도로에 긁히며 육중한 말발굽 소리가 메아리쳤다.

나는 옆방 바닥에 앉아 있었다. 칼 외삼촌과 나는 방금 전에 갑부 안나 아주머니한테서 크리스마스 선물로 받은 장난감 기차 레일을 바닥에 깔았다. 그런데 외할머니가 갑자기 문 앞에 나타나더니 무뚝뚝하고 쌀쌀맞은 말투로 칼 외삼촌을 불렀다. 그러자 외삼촌은 한숨을 쉬며 일어서더니 정장 윗도리를 갖춰 입고 배 위로 조끼를 잘 여몄다. 두 사람은 응접실에 자리를 잡았다. 외할머니가 문을 닫기는 했지만 스르르 열렸다. 그 덕분에 나는 마치 관객처럼 무대를 쭉 지켜보는 느낌이 들었다.

외할머니가 말하는 동안, 칼 외삼촌은 두껍고 푸르죽죽한 입술을 삐죽거렸다. 어깨 위에 매달린 커다란 머리통이 점점 더 밑으로 푹 꺼졌다. 외할머니한테는 의붓아들들 가운데 맏아들이다 보니, 실제로 두 사람의 나이 차이는 얼마 나지 않았다.

외할머니는 보호자 노릇을 했다. 칼 외삼촌은 머리가 모자라고 '정신이 온전하지 않아서' 스스로를 돌볼 수가 없었다. 때때로 정신병원에 들어가기도 했지만 대개는 두 중년 여인의 집에서 하숙을 하며 모든 면에서 보살핌을 받았다. 외삼촌은 커다란 개처럼 말도 잘 듣고 붙임성도 좋았는데, 갑자기 도를 넘어서는 짓을 하고 말았다. 어느 날 아침, 팬티도 바지도 입지 않은 채 방에서 뛰쳐나와 혀를 날름거리면서 베다 아주머니에게 입맞춤을 하고 외설적인 말을 쏟아내며 격렬하게 껴안았던 것이다. 아주머니는 결코 당황하지 않고 의사가 권고한 대로 정확한 부위를 침착하게 꼬집었다. 그런 다음 외할머니에게 전화를 걸었다.

잘못을 뉘우친 외삼촌은 이내 울음을 터뜨릴 것 같았다. 그는 에스테르 아주머니랑 베다 아주머니와 함께 일요일마다 선교 교회를 다니는 평화로운 남자였다. 말쑥한 검은 정장 차림에 눈빛이 온화하고 바리톤의 목소리는 듣기 좋아서 목사처럼 설교를 해도 손색이 없을 정도였다. 여러 자질구레한 일을 도맡아 하는 일종의 무보수 교회 관리인이었고, 다과회나 바느질 모임에서도 환영받았는데 숙녀들이 바느질을 하는 동안 기꺼이 책을 낭독해 줬다.

사실 칼 외삼촌은 발명가였다. 도면과 설명서를 들고 왕립 특허청을 수차례 들락거렸지만 큰 성과는 거두지 못했다. 얼추 100건의 특허 신청 가운데 두 가지를 승인받았다. 감자를 모두 똑같은 크기로 만드는 기계와 자동 변기 솔이었다.

외삼촌은 의심이 몹시도 많았다. 특히 최신 발명 아이디어를 누가 훔칠까 봐 안절부절못했다. 그래서 방수포로 감싼 도면을 바지와 속옷 사이에 넣고 다녔다. 방수포가 필요할 수밖에 없었는데 외삼촌은 오줌을 안 참았기 때문이다. 특히 사람이 많이 모인 자리에서는 이따금 자신의 은밀한 열정에 무릎을 꿇고 말았다. 오른발을 의자 다리에 감고 엉거주춤 일어선 다음, 바지와 속옷을 통해 오줌이 물줄기처럼 졸졸 흘러가도록 했다.

외할머니와 에스테르, 베다 아주머니는 그의 약점을 알기에 짧고 날카롭게 '칼'이라고 불러서 그의 욕구에 제동을 걸 수 있었다. 그러나 언젠가 아그다 양은 뜨거운 난로에서 지글지글 끓는 소리를 듣고 경악을 금하지 못했다. 자기 행동을 들킨 외삼촌은 이렇게 외쳤다. "어이쿠, 여기다가 팬케이크 굽는 거예요!"

나는 칼 외삼촌을 경탄의 눈으로 바라보았기에 싱네 아주머니의 주장을 곧이곧대로 믿었다. 아주머니의 말에 따르면, 동생 알베르트가 네 형제 가운데 가장 재능이 많았던 칼을 시샘해서 머리를 망치로 때리는 바람에 불쌍하게도 한평생 정신 지체로 살게 됐다는 것이었다.

나는 내 환등기와 시네마토그래프에 맞게 이런저런 장치를 만들어 주던 외삼촌의 솜씨에 탄복하지 않고는 배길 수 없었다. 슬라이드 넣는 장치와 대물렌즈를 다시 만들고, 오목거울을 장착하고, 서로 맞물려 움직이는 세 개 이상의 유리판을 제작해 손수 색칠도 했다. 이런 식으로 형체들에 맞춰 움직이는 배경을 만들어 냈다. 코가 자라나거나 둥둥 떠다니고, 달빛이 비치는 무덤에서 유령들이 나타나고, 배가 가라앉고, 물에 빠진 어머니는 아이를 머리 위로 들고 있다가 파도에 휩쓸렸다.

외삼촌은 미터당 5외레에 필름 토막을 사서 뜨거운 소다수에 담가 감광 유제를 부식 처리했다. 필름 조각이 마르면 그 위에다가 사인펜으로 직접 움직이는 이미지를 그렸다. 가끔씩은 변형되고 폭발하고 부풀고 쪼그라지는 비구상적 무늬도 그렸다.

집기가 꽉꽉 들어찬 방의 작업대 위에 몸을 구부리고 앉은 외삼촌은 바닥 조명이 있는 반투명 유리판 위에 필름을 놓고, 안경을 이마 위로 밀어 올린 채 오른쪽 눈에는 돋보기를 끼고 있었다. 짧고 구부러진 파이프 담배를 피웠는데, 작업대 위에는 깨끗이 닦아서 담배를 꾹꾹 눌러 담은, 비슷비슷한 모양의 파이프가 줄지어 놓여 있었다. 나는 네모진 필름에서 머뭇거리지 않고 빠르게 자라나는 작은 형상들을 물끄러미 지켜보았다. 외삼촌은 일하는 동안 얘기하다가 파이프를 빨고, 또 말하고 끙끙대다가 뻐끔거렸다.

"여기 서커스 푸들 테디가 앞으로 재주넘기를 하는데, 잘되고 있어. 아주 잘한단 말이야. 근데 무자비한 서커스 감독이 불쌍한 개에게 뒤로 재주넘기를 하라고 강요하는데, 테디는 그걸 할 줄 모르거든. 결국 개는 훈련장에서 머리를 부딪치는 바람에 눈앞에서 별과 해가 빙빙 도는데, 별은 다른 색깔로 해야겠지. 빨강이 좋겠군. 이제 머리에 혹도 생기는데, 그것도 빨갛지. 에스테르 이모랑 베다 이모가 집에 없는 것 같으니까, 식당으로 가서 찬장 왼쪽에 있는 작은 서랍

을 열어 봐. 내가 단것을 못 먹게 하려고 엄마가 숨겨 둔 프랄린 초콜
릿 한 봉지가 있을 거야. 초콜릿 네 개만 가져와. 들키지 않도록 조심
하고."

　임무를 완수해 낸 나는 프랄린 초콜릿 하나를 얻는다. 두툼한
입술 뒤로 나머지를 던져 넣고 질질 흐르는 침 때문에 입가가 번들
거리는 외삼촌은 의자에 기대앉아 실눈을 뜨고 잿빛 겨울의 황혼을
바라본다. "내가 너한테 뭐 좀 보여 줄게. 하지만 엄마한테 이르면 안
돼." 느닷없이 말을 꺼내고는 일어나더니 천장등 아래 테이블로 가
서 불을 켠다. 그러자 식탁보의 동양풍 무늬가 노랗게 빛난다. 외삼
촌은 자리에 앉더니 나에게 맞은편에 앉으라고 권한다. 그런 다음
왼쪽 손목에다가 식탁보 귀퉁이를, 처음엔 차근차근 감더니 점점 더
마구잡이로 칭칭 동여맨다. 마침내 빳빳이 풀을 먹인 소맷부리 높이
에서 손과 손목이 서로 분리되더니, 탁한 액체 몇 방울이 식탁보 위
로 떨어진다.

　"나는 정장 두 벌이 있는데 금요일마다 네 외할머니 댁에 가야
해. 거기서 속옷과 정장을 갈아입으라고 시키거든. 지난 29년 동안
그랬어. 엄마는 내가 아직 어린아이인 양 대하는데, 천부당만부당이
지. 천벌을 받을 거야. 권력자들은 천벌을 받는다니까. 길 건너편 집
에 불난 거 봐 봐!"

　짙은 잿빛 눈구름 사이를 비집고 나온 겨울 햇살이 감라 오가탄
거리 건너편에 자리한 집의 유리창에서 불탄다. 반사된 빛은 벽지 무
늬 위로 샛노란 사각형을 드리우고, 칼 외삼촌의 얼굴 오른쪽 절반
이 그 빛 속에서 불타오른다. 우리가 마주 앉은 테이블 위에는 분리
된 손이 놓여 있다.

　외할머니가 돌아가시자 이제 어머니가 외삼촌의 보호자 노릇을

맡았다. 외삼촌은 스톡홀름으로 이사하여, 예트가탄 근처 링베겐 거리에 살던 자유 교회 종파의 노부인 집에서 작은 방 두 개를 빌려 셋 방살이를 시작했다.

정해진 일과는 그대로 이어져 외삼촌은 금요일마다 목사관에 와서 깨끗한 속옷과 말끔하게 다린 정장으로 갈아입고 우리 가족과 저녁을 먹었다. 외모는 변함이 없었다. 몸집은 한결같이 퉁퉁하고 얼굴도 여전히 불그스름하며, 두꺼운 안경 속 보랏빛을 띤 푸르스름한 눈동자는 여전히 온화했다. 그는 발명품을 들고 끊임없이 특허청에 쳐들어갔고, 일요일에는 선교 교회에서 찬송가를 불렀다. 돈 관리는 어머니에게 맡기고 매주 용돈을 받았다. 외삼촌은 '카린 자매'라고 부르는 어머니가 부질없이 외할머니 흉내를 내려고 하면 이따금 빈정거렸다. "계모 노릇이라도 하려는 거야? 관둬. 넌 착해 빠져서 안 된다니까. 엄마처럼 독하기가 쉽지 않거든."

어느 금요일, 외삼촌의 집주인 아주머니가 찾아와서는 어머니와 단둘이 오랫동안 대화를 나눴다. 집주인이 엉엉 우는 바람에 여러 겹의 벽 너머로 소리가 다 들렸다. 몇 시간 뒤에 집주인은 눈물로 얼굴이 벌겋게 부어오른 채 작별 인사를 했다. 어머니는 부엌에 있는 랄라에게 가서 의자에 털썩 주저앉으며 웃음보를 터뜨렸다. "칼 오빠가 서른 살이나 어린 사람과 약혼했대."

몇 주 뒤에 두 약혼자가 찾아왔다. 아버지와 결혼식 절차를 상의하려던 것인데, 간소하되 루터교회 고교회파(高敎會派) 방식으로 치르길 바랐다. 외삼촌은 넥타이를 매지 않은 캐주얼한 셔츠 위에 체크무늬 블레이저를 걸치고 말끔히 잘 다림질된 플란넬 바지를 입고 있었다. 구닥다리 안경은 신식 뿔테 안경으로 바꾸고, 단추 달린 장화는 간편한 구두로 바꿨다. 말수 없이 차분하고 진지했으며, 횡설수설하거나 잡다한 공상도 전혀 늘어놓지 않았다.

외삼촌은 소피아 교회 관리인으로 취직하고 발명을 관뒀다. "착각이었지."

서른 살이 조금 넘은 약혼녀는 작고 가냘픈 몸집에 어깨뼈가 툭 튀어나왔으며 다리는 가늘고 길었다. 크고 하얀 치아, 갈색이 도는 금발의 올림머리, 길게 잘 빠진 코, 좁은 입, 둥근 턱의 소유자였다. 검은 눈은 반짝반짝 빛났다. 그녀는 주인이 소유물을 아끼듯 약혼자를 대했는데 우두커니 있을 때 외삼촌 무릎에 놓인 손을 보면 참 다부졌다. 그녀는 체육 교사였다.

외삼촌은 이제 평생 보호만 받던 신세에서 벗어날 참이었다. "새어머니는 내 정신 상태를 잘 안다고 생각했겠지만 착각이었지. 권력이 있으니 휘두를 사람이 필요했거든. 우리 여동생은 아무리 애써도 결코 그렇게 될 수가 없어. 착각이야."

약혼녀는 반짝이는 검은 눈으로 말없이 우리 가족을 바라보았다.

몇 달 뒤, 약혼이 깨졌다. 외삼촌은 다시 링베겐의 방으로 이사하고 소피아 교회 관리인 일도 그만뒀는데, 사실 발명은 어쩔 수 없이 포기했던 거라고 어머니에게 털어놓았다. 약혼녀가 방해하는 바람에 고성과 손찌검이 오갔고, 외삼촌 뺨에는 할퀸 자국이 있었다. "내가 발명을 관둘 수 있을 줄 알았는데, 착각이었어."

어머니는 다시 보호자가 됐다. 금요일마다 외삼촌은 목사관에 와서 정장과 속옷을 갈아입고 우리 가족과 함께 저녁을 먹었다. 방뇨 욕구는 더 커졌다.

외삼촌에겐 또 다른 위험한 성향이 있었다. 왕립 도서관이나 시립 도서관에서 온종일 소일하기를 즐겼는데, 거기에 갈 때는 스톡홀름 남부 쇠데르말름 지구의 지하 철도 터널을 통과하는 지름길을 택했다. 알다시피 외삼촌은 크륄보와 인셴 사이에 철길을 놓은 기술자의 아들이었고 기차를 무척 좋아했다. 기차가 천둥 치듯 암벽에 찰싹 달라붙어 터널을 지날 때 울려 퍼지는 굉음에 황홀해했고, 태곳적 바위산의 진동과 먼지 그리고 연기에 취했다.

어느 봄날, 그는 선로 사이에서 온몸이 심하게 훼손당한 채 발견됐다. 외삼촌은 가로등 전구를 쉽게 갈아 끼우도록 돕는 발명품의 설계도가 담긴 방수포 케이스를 바지 속에 차고 있었다.

나는 열두 살 때, 스트린드베리의 「꿈의 연극」 무대 뒤에서 첼레스타를 연주하는 음악가를 따라 극장에 갔다. 온몸을 불사르는 체험이었다. 무대 앞쪽 관람석과 연주석 사이에 숨어서 변호사와 딸의 결혼식 장면을 밤마다 지켜봤다. 그때 처음으로 연기의 마법을 경험했다. 변호사는 엄지와 집게손가락 사이에 머리핀을 쥐고 비틀어 대면서 조각조각 부러뜨렸다. '거기에 머리핀은 없었지만 나는 그것을 보았다!' 장교 역할을 맡은 배우는 무대 뒤에서 입장을 기다리며 뒷짐을 진 채로 몸을 숙여 신발을 바라보거나 나직이 목청을 가다듬는 아주 평범한 사람이었다. 그러나 문을 열고 무대 조명 속으로 들어가는 순간, 탈바꿈했다. 그는 장교가 됐다.

나는 비바람이 몰아치듯 머릿속이 늘 어수선해서 잘 다스려야 했다. 그래서 예기치 못한 일이나 예측할 수 없는 것을 불안하게 여긴다. 이러다 보니 말로 딱 부러지게 정리가 안 되는 것들을 시시콜콜하게 관리하는 일은 나의 생업이 되었다. 나는 중재하고 조직하며 절차를 만든다. 자신의 혼돈을 구체화하거나 그 혼돈에서 겨우겨우 공연을 펼칠 뿐인 감독들도 있다. 나는 그런 아마추어리즘을 혐오한다. 나는 절대로 극에 참여하지 않은 채 번역하고 구체화한다. 가장 중요한 것은, 텍스트의 비밀을 밝히는 열쇠가 되어 주거나 배우가 창의성을 발휘하도록 북돋는 조절된 충동 말고는, 나 자신의 복잡한 문제는 결코 극에 끌어들이지 않는다는 점이다. 야단법석을 피우고 공격성을 드러내거나 감정을 터뜨리기는 싫다. 내 리허설은 목적에 맞게 구비된 공간에서 이뤄지는 수술과도 같다. 그곳은 자제력과 청결, 빛, 침묵이 다스린다. 감독과 배우에게 리허설이란 개인적 치료가 아니며 엄연히 일을 하는 시간이다.

나는 아침 11시에 취기가 덜 깬 상태로 나타나서 개인적인 골칫거리를 토로하는 발테르가 경멸스럽다. 땀내와 향수 냄새를 물씬 풍기며 나를 와락 껴안는 테레사도 질색이다. 하루 종일 무대 계단을 뛰어다녀야 한다는 걸 뻔히 알면서도 하이힐을 신고 나타나는 동성애자 파울이 너무 못마땅해서 두드려 패고 싶다. 머리에 까치집을 짓고 너저분한 옷차림으로 헐떡거리며 가방과 봉지를 잔뜩 짊어진 채, 딱 1분 늦게 허둥지둥 달려오는 바니아도 징글맞다. 제 대본도 안 챙기고 중요한 통화라면서 항상 잇달아 두 통씩 전화를 거는 사라 때문에 짜증이 난다. 우리는 차분하고 반듯하며 정다워야 한다. 그래야만 무한의 세계에 다가갈 수 있다. 또 그래야만 수수께끼를 풀고 반복의 메커니즘을 배울 수 있다. 반복, 살아서 펄떡거리는 반복이다. 밤마다 같은 공연을 되풀이해도 공연은 매번 새로이 태어난다. 그렇다면 공연이 틀에 박혀 버리거나 도저히 봐줄 수 없을 만큼 제멋대로 흘러가지 않도록 하는 데 꼭 필요한 것, 순식간에 템포가 바뀌는 루바토처럼 마침맞는 연기는 어떻게 터득할 수 있을까? 훌륭한 배우라면 다들 비결을 알 터다. 그리고 평범한 배우는 배우면 되는데, 형편없는 배우는 결코 배우지 못한다.

그래서 내가 하는 일이란 원고나 대본, 근무 시간을 관리하는 것이다. 나는 하루하루가 너무 무의미하게 보이지 않도록 힘써야 할 책임이 있다. 나는 결코 혼자만의 시간을 보낼 수 없다. 나는 관찰하고 기록하고 확인하고 점검한다. 나는 배우들의 눈과 귀를 대신한다. 나는 건의하고 부추기고 북돋거나 뿌리친다. 나는 즉흥적이거나 충동적이지 않으며 끼어들지도 않는다. 다만 그렇게 보일 뿐이다. 내가 잠시나마 가면을 벗고 속마음을 죄다 드러낸다면 동료들은 내게 달려들어 나를 찢어발기고 창밖으로 내던질 것이다.

가면은 쓰고 다녀도 가식은 떨지 않는다. 나는 바로바로 또렷하게 직관적으로 말하고, 늘 제자리에 똑바로 있으며, 단지 가면으로 좀 걸러 낼 따름이다. 직무와 무관한 사사로운 것이 비집고 나올 틈은 없다. 마음속 파도는 흘러넘치지 않는다.

뛰어난 재능을 지닌 연상의 여자 배우와 한동안 동거한 적이 있는데, 그녀는 내 청결론을 비웃으며 연극은 불결하고 음탕한 지랄 발광이라고 부르짖었다. 이렇게도 말했다. "잉마르 베리만, 당신한테 따분한 점이 딱 하나 있는데, 바로 건전함에 열정을 쏟는다는 거야. 그런 열정은 집어치우는 편이 낫다고. 그런 건 거짓되고 미심쩍거든. 그것 때문에 생긴 한계를 뛰어넘을 엄두도 못 내잖아. 토마스 만의 파우스트 박사처럼 매독 걸린 창녀를 찾아 나서라니까."

아마도 그 말이 옳았을지도 모른다. 어쩌면 팝아트와 마약에 취한 여파로 뜬구름 잡는 헛소리를 지껄였던 것도 같다. 그런데 잘 모르겠다. 아름답고 총명한 그 여자 배우가 기억도 잃고 이도 다 빠진 채 쉰 살에 정신 병원에서 죽었다는 사실만을 알고 있을 뿐이다. 거리낌 없이 기분 내키는 대로 살다가 거기까지 갔다.

가만 보면 명료하게 표현을 잘하는 예술가들은 위험하다. 대충 넘겨짚는 말을 해도 어쩌다가 느닷없이 유행하기도 하는데, 잘못하면 파국으로 치닫는다. 이고르 스트라빈스키는 조리 있게 표현하기를 즐겨 작품 해석에 관해 다수의 글을 썼는데, 스스로 가슴에 불화산을 품고 있었기에 오히려 절제를 종용했다. 평범한 이들은 그걸 읽고 동의한다는 듯이 고개를 끄덕였다. 화산의 낌새조차 안 보이는 사람들은 지휘봉을 들고 절제를 실천했지만, 가르치는 대로 살지 않았던 스트라빈스키는 마치 차이콥스키처럼 자신만의 「아폴론 뮈자제트(Apollon musagète, 뮤즈를 이끄는 아폴론)」를 지휘했다. 그의 글을 읽었던 우리는 그 곡을 듣고 어안이 벙벙했다.

　때는 1986년이었고, 나는 네 번째로 「꿈의 연극」을 무대에 올릴 참이었다. 잘한 결정 같았다. 같은 해에 「미스 줄리」[3]와 「꿈의 연극」을 상연하게 된 것이다. 왕립 연극 극장의 내 방이 수리되어 다시 거기로 들어갔다. 이제 집에 돌아온 듯했다.

　준비 작업을 하려는 와중에 껄끄러운 문제가 터졌다. 예테보리 출신의 무대 미술가를 고용했는데, 10년 사귄 여자 친구가 젊은 배우와 눈이 맞아서 내빼 버렸다. 무대 미술가는 한여름이 막 지났을 무렵, 위궤양에 걸려 비참한 몰골로 포뢰섬을 찾아왔다.

　일을 하면서 고삐를 조이면 우울증이 불거지지 않으리라는 희망을 품고 날마다 회의를 했다. 무대 미술가는 입술을 달달 떨면서 툭 튀어나온 눈으로 나를 바라보며 속삭였다. "여자 친구가 돌아왔으면 좋겠어요." 나는 그의 마음을 달래 준답시고 나서기보다 일에 매달렸다. 몇 주가 지나자 그는 가슴이 무너져 더는 못 버티겠다며 짐을 싸서 예테보리로 돌아갔다. 그곳에서 돛을 올리고 새 애인과

3] 스웨덴어 원제 「프뢰켄 줄리(Fröken Julie)」는 국내에서 「미스 줄리」와 「율리에 아씨」, 「영양(令孃) 줄리」 등으로 통용되는데 스웨덴어 Julie는 독일어가 아닌 프랑스어처럼 발음하므로 '율리에'보다는 '줄리'가 더 알맞다. 물론 '미스 줄리'는 영어 중역이겠으나 '미스'도 서양식 경칭이므로 무방한 셈이다.

함께 바다로 떠났다.

오랜 친구이자 동료인 마리크 보스에게 부득이 도움을 요청하기로 했다. 마리크는 따뜻한 마음씨로 당장 달려와서 우리 집의 손님용 별채를 거처로 삼았다. 일이 이미 심하게 지체되었지만 우리는 기분 좋게 다시 시작했다. 수년 전에 마리크는 스트린드베리 전통의 창시자인 올로프 몰란데르와 함께 「꿈의 연극」을 상연한 바 있었다.

나는 전에 했던 연출이 그다지 만족스럽지 않았다. 텔레비전 방영판은 기술적 난관에 봉착했다.(당시에는 비디오테이프 편집을 할 수조차 없었다.) 훌륭한 배우들을 두고도 스톡홀름 시립 극장의 소형 무대는 공연을 하기에 몹시도 변변치 못했다. 그리하여 독일 여행은 압도적인 무대 장치를 설치하느라 물거품이 되고 말았다.

이번에는 원작에 손을 대지 않고 작가가 쓴 그대로 상연하고 싶었다. 내 의도는 매우 복잡한 무대 지시 사항을 기술적으로 실현 가능하고 아름다운 해법으로 잘 옮겨 내는 것이기도 했다. 나는 관객이 법률 사무소 뒤뜰의 악취, 파게르비크의 눈 덮인 여름 벌판의 서늘한 아름다움, 스캄순드의 유황 안개와 지옥의 섬광, '자라나는 성' 주변 꽃밭의 화려함, 극장 복도 뒤에 자리한 오래된 극장을 체험하기를 원했다.

시립 극장의 소형 무대는 실용성이 없을뿐더러 비좁고 낡아 빠졌는데, 사실 이렇게 개조하기 전엔 영화관이었다. 이곳은 1940년대 초반에 개관한 뒤로 대대적인 보수 공사를 벌인 적이 없었다. 공간을 확보해서 관객에게 더욱 다가가기 위해 우리는 관람석의 네 열을 빼고 무대를 5미터 넓히기로 결정했다.

그리하여 바깥쪽과 안쪽에 공간이 하나씩 더 생겼다. 관객과 가장 가까운 바깥쪽 공간은 작가의 영역이 될 터였다. 알록달록한 유겐트슈틸 창문 옆에 책상이 있고, 총천연색 전구가 달린 야자나무 그리고 비밀 통로를 숨긴 책장이 있었다. 무대 오른쪽의 소품 더미는 다 부서진 커다란 십자가와 신비한 식료품 저장실의 문 때문에 유독 눈에 띄었다. 구석에는 먼지 속으로 가라앉은 듯 보이는 '추한 에디트'가 피아노 앞에 앉아 있는데, 저 여자 배우는 뛰어난 연기력과 음악 실력으로 극의 흐름에 맞게 반주하는 노련한 피아니스트이기도 하다.

새로이 생겨난 앞쪽 공간은 뒤쪽에 자리 잡은 마법의 공간으로 통한다. 어릴 때 나는 종종 집의 어두운 식당에 서서 반쯤 열린 미닫이문을 통해 응접실을 들여다보았다. 가구와 물건을 비추는 햇빛에 크리스털 샹들리에가 번득이고 카펫 위에 드리워진 그림자가 움직인다. 수족관의 해초처럼 모두 풀빛이었다. 거기서 사람들이 움직이고, 사라지고, 돌아오고, 가만히 있고, 나직이 말했다. 창문의 꽃들은 빛나고 똑딱거리던 시계가 종을 쳤다. 마법의 방이다. 이제 우리는 안쪽 무대에 그런 공간을 재현한 것이었다. 밝은 빛을 쏘는 영사기 열 대가 마련되어, 특수 제작된 스크린 다섯 개를 비추었다. 우리는 어떤 영상을 보여 줄지 감이 안 잡혔지만 궁리할 시간은 충분하다고 여겼다. 무대 바닥은 푸르스름한 잿빛 카펫으로 덮였다. 바깥쪽 공간에도 같은 색조의 천장이 설치됐다. 이를 통해 시립 극장의 소형 무대는, 아직껏 종잡을 수 없었던 음향이 안정되고 극도로 섬세해졌다. 배우들은 거침없이 술술 말할 수 있었고 실내악의 원칙이 확립되었다.

1901년 5월, 아우구스트 스트린드베리는 왕립 연극 극장에서 약간 이국적인 외모의 젊은 미녀와 결혼했다. 서른 살 어린 여자인데 이미 출세 가도를 달리고 있었다. 작가는 칼라플란 광장 근처, 방 다섯 개짜리 신축 아파트에 월세로 들어가면서 가구, 벽지, 그림, 세간살이를 골랐다. 젊은 신부는 나이 든 남편이 온전히 만들어 낸 장식 가득한 방으로 들어간다. 계약 당사자들은 처음부터 정해 놓은 역할을 그대로 재현하기 위해 사랑스럽고 충실하며 명석하게 노력한다. 그러나 얼마 지나지 않아 가면에 슬슬 금이 가면서 면밀히 계획된 전원극 틈새로 전혀 예상하지 못한 드라마가 시작된다. 화가 난 아내는 집을 떠나 군도에 있는 친척네로 간다. 작가는 홀로 고상한 장식에 둘러싸인다. 여름은 한창이고 시내는 텅 비었다. 이제까지 겪어 본 적 없던 고통이 그를 짓누른다.

스트린드베리의 작품 「다마스쿠스까지」에서 '무명씨'는 죽음을 가지고 논다며 '여인'에게 지탄받을 때 이렇게 말한다. "삶을 가지고 노는 것과 마찬가지라니까. 나는 시인이었잖아. 타고난 성격은 침울했지만 결코 뭐든 제대로 진지하게 따지진 못했어. 내 큰 슬픔조차 그랬고. 삶이 과연 내 시보다 더 현실적일지 의심하는 순간이 있거든."

살아가면서 날벼락을 맞아도 나사를 풀거나 죄며 추스르면 되는데 이번에는 상처가 깊고 피가 철철 흘러서 그럴 수도 없다. 고통이 미지의 공간으로 뚫고 들어가 맑은 발원지에서 흐르는 물길을 연다. 그는 울고 있지만 눈물로 눈빛이 맑아진 덕분에, 동시대 인간들과 스스로를 화해적 관대함으로 보게 되었노라고 일기에 적는다. 그는 정말로 새로운 언어를 구사한다.

스트린드베리의 아내 하리에트 보세가 임신을 인정하고 목가적 삶과 타협한 뒤 집으로 돌아오기 전에, 과연 「꿈의 연극」의 상당 부분이 구상되었을지 툭하면 토론이 벌어진다. 극의 전반부는 비길 바

없이 잘 흘러간다. 파악하기 어려운 것은 전혀 없으며 모두 다 욕망과 고통이다. 또 살아 있고 독창적이며 예기치 못한 것이기도 하다. 저절로 연출이 되는 듯하다. 극적인 영감은 변호사의 집에서 정점에 이른다. 결혼 생활의 시작과 환멸, 붕괴가 딱 12분 동안 그려진다.

그런 다음부터는 어려워진다. 스캄순드 뒤에 파게르비크 장면이 이어지는데, 극적 충동은 비틀거리다 넘어지고, 마치 베토벤의 하머클라비어(Hammerklavier) 소나타의 푸가처럼 정확성은 음표의 과잉으로 대체된다. 너무 깔끔하게 표현하면 장면이 죽고, 모조리 연주하면 관객이 싫증을 낸다.

냉정하게, 잃어버린 리듬감을 불러들이는 것이 관건이다. 이게 가능할뿐더러 심지어 더 좋은 결과를 낳는 까닭은, 텍스트가 여전히 탄탄하고 매섭고 흥미로우며 시적 바탕을 흔들림 없이 유지하기 때문이다. 가령 난데없이 들이닥치는 학교 장면은 이채로운 대목이다. 반면에 불운한 석탄 광부들은 진 빠지게 하는 향연이다. 「꿈의 연극」은 더 이상 꿈의 연극이 아니라 작품성이 어정쩡한 시대극이다.

아무튼 가장 까다로운 문제는 여전히 남아 있다. 첫 번째는 핑갈의 동굴이다. 우리가 알다시피 가정은 평온하다. 임신한 젊은 아내는 조각을 하고 양서를 읽는 데 전념한다. 작가는 담배를 끊음으로써 성의를 보인다. 연극과 오페라도 보러 다니고 만찬에 사람들도 부르고 음악의 밤도 준비한다. 「꿈의 연극」이 꽃피었다. 이제 스트린드베리는, 이 극이 딴 데에 정신 팔린 신이 어설프게 감독하는 인생살이의 파노라마로 이루어졌음을 깨닫는다. 그는 여태껏 상황과 무대를 통해 부담 없이 보여 줬던 존재의 분열을 글로 깔끔하게 정리하라는 요구를 느낀다. 인드라의 딸은 작가의 손을 잡고, 불행히도 바다 저 멀리 핑갈의 동굴로 이끈다. 거기서 아름답고 추악한 시를 서로서로 낭송하기 시작한다. 그리하여 가장 끔찍한 시와 가장 아름다운 시가 나란히 꽃을 피운다.

이에 포기하지 않고 작가로 하여금 자기만의 향취를 풍기는 유겐트슈틸 양식의 잡탕을 끓이도록 놔두는 연출자는 거의 해결할 수 없는 문제에 직면한다. 저절로 망가지지 않도록 어떻게 핑갈의 동굴을 형상화할 것인가? 인드라 신을 겨냥한 작가의 엄청난 항의서를 어떻게 처리할 것인가? 대부분은 투덜거리는 소리다. 폭풍과 난파선 그리고 가장 힘든 대목인 파도 위를 걸어가는 예수 그리스도는 어떻게 연출할 것인가?(허세 부리는 연극적 장난질 속의 고요하고 애절한 순간.)

나는 공연 안에서 작은 연극 공연을 시도했다. '시인'은 칸막이, 의자, 축음기를 갖춘 활동 공간을 마련하고, '인드라의 딸'을 동양풍 솔로 감싼 뒤 거울 앞에서 십자가의 가시 면류관을 씌운다. 그러고는 상대 여자 배우에게 원고 몇 장을 넘겨준다. 그들은 놀이에서 진지함으로, 패러디에서 아이러니로, 다시 진지함으로, 아마추어의 즐거움으로, 대단한 연극과 단순하고 순수한 화음으로 미끄러진다. 숭고한 것은 숭고한 대로 남고, 시간을 초월하는 것은 정감 어린 아이러니로 존재감을 드러낸다.

우리는 마침내 해결책을 찾아내서 기뻤다. 도전해 볼 만한 방법이었다.

이어지는 극장 복도 장면은 건조하고 시시하지만 뺄 수는 없다. '바른 생활 사람들'과 벌이는 유희, 문 뒤의 '비밀', '딸'의 영혼을 죽이는 '변호사'는 도입부이므로 쓱 지나갈 뿐 결코 깊이 다뤄지지 않는다. 틀림없이 가볍고 재빠르게 윽박지른다면 이를 넘어설 수 있다.

'바른 생활 사람들'은 열린 문 뒤의 허무와 맞닥뜨려 불안에 사로잡힐 때 필히 위험할 수밖에 없다.

그럼에도 제단의 마지막 장면은 타의 추종을 불허하고, '딸'의 작별 장면은 그야말로 가슴이 미어진다. 이에 앞서 기괴한 일이 불거지는데, '인드라의 딸'이 '인생의 수수께끼에 대한 해답'을 누설한다. 일기에 따르면, 스트린드베리는 극을 마무리 지을 당시, 인도 신화와 철학 논문을 읽었다. 이것저것 읽어서 얻어 낸 열매들을 냄비에 던져 넣고 휘저었는데, 바닥으로 가라앉거나 요리에 풍미를 더하지 못한 채 나머지 텍스트로부터 벗어나 정처 없이 떠도는 한 조각의 인도 전설로 남고 말았다.

마지막 장면은 물론, 활기찬 첫 장면에도 해결할 수 없는 문제가 은밀히 도사리고 있다. 가만 보니 처음에는 아이가 아버지에게 이렇게 말한다. "성이 여전히 땅에서 솟아나고 있어요. 지난해부터 얼마나 많이 솟았는지 아세요?" 늙어 가는 '시인'은 마지막 순간에 다음과 같이 말한다. "아, 이제 존재의 고통을 온전히 느낀다. 인간이라는 게 이렇구나." '시인'은 처음에 아이였다가 마지막에는 노인이 되는데, 그 사이가 인간의 삶이다. 나는 '인드라의 딸'을 여자 배우 셋이서 나눠 맡도록 했다. 다들 제 몫을 했다. 처음은 반짝반짝 빛났고, 마지막은 그야말로 안성맞춤이었다. '인생의 수수께끼'마저 출중한 여자 배우의 인생 경험과 정성이 어우러져 감동적인 이야기가 되었다. 어른이 된 '딸'은 굳세게, 호기심을 가득 안고, 활기차고 명랑하게, 변덕스러우면서도 비극적으로 삶을 헤쳐 나가야 한다.

나는 극을 무대에 올리면서 이토록 고생하고 속이 다 타 버릴 만큼 가까스로 해결책을 찾아낸 적이 없었다. 이전 성과의 기억은 싹 지우면서도 빈대 잡으려고 초가삼간을 다 태우지는 않아야 했다. 새로운 구상에 들어맞는 천의무봉의 해법을 끄집어내야 했다. 그러나 잘 속아 내면서도 윌리엄 포크너의 매서운 조언을 따르는 것이 중요했다. 'Kill your darlings.(사랑하는 것들을 죽여라.)' 「미스 줄리」 연출은 기쁨 가득한 놀이였지만, 「꿈의 연극」 공략은 짐스러운 출정이 되고 말았다.

난생처음 노화가 인간을 위협하는 방해 공작임을 실감했다. 이미지들은 깨지락깨지락 떠오르고, 의사 결정 과정은 질질 늘어지며 유달리 속을 썩였다. 안 되는 일은 여전히 그 꼴로 남아 있어서 숨이 막혔다. 몇 번이고 때려치우고 싶었는데, 원래 내게는 거의 일지 않는 충동이었다.

리허설은 2월 4일 화요일에 시작되었고, 회의에서 실제 상황과 기획, 기법을 논의했다. 이미 우리는 가능한 한 빨리 대본을 숙지해야 한다는 데 합의했다. 책에 코를 박고 한쪽 팔은 가만히 놓아둔 채 중얼중얼 읊는 낡은 방식은, 원체 대본 외우기를 꺼리던 라르스 한 손이 도입한 과정이다. 게으른 배우들은 연습을 하다 보면 대본이 저절로 자라나듯 입에서 나오리라는 막연한 믿음을 가지고 그 복음을 받아들였다. 이로 말미암아 생기는 혼란스러운 상황이야 당연지사였다. 누구는 대사를 아는데 누구는 몰라서 눈짓과 몸짓만을 주고받다 보니 원만하게 굴러가야 할 작업이 여기저기 덜커덩거렸다.

배우의 가장 중요한 임무는, 익히 알려져 있듯이, 상대 배우에게 잘 맞추는 것이다. 어떤 슬기로운 사람이 말했듯이 '너' 없이 '나' 없다.

「꿈의 연극」 작업 일지를 읽어 봐도 딱히 기운이 나지는 않는다. 컨디션이 안 좋다. 불안하고 답답하고 피곤하며, 오른쪽 엉덩이가 아파서 자꾸자꾸 쑤시고, 아침엔 찌뿌둥하다. 툭하면 위경련에다 설사가 나서 식사조차 버겁다. 권태가 축축한 행주처럼 영혼을 감싸고 있다.

하지만 내색하지는 않는다. 업무 중에 사적인 우환을 내비치는 것은 근무 태만과도 같다. 차분한 기분으로 일을 추진해야 한다. 실체가 모호한 창조적 욕망이 자라나더라도 그것에 이끌리면 안 된다. 꼼꼼히 준비해서 더 나은 때가 오기를 기다려야 한다.

리허설에 들어가기 한 달 전쯤, '인드라의 딸' 역할을 맡은 레나 올린이 면담을 요청했다. 당시 극장에 창궐하던 임신을 한 것이다. 초연 날은 "추측하건대" 임신 다섯 달째가 되고, 8월 무렵에 출산할 예정이며, 계획된 가을 공연으로 체류하기는 불가능하다고 했다. 따라서 단원들 모두가 고된 일을 해야 하는 「꿈의 연극」은 아무래도 이듬해 봄엔 무대에 올릴 수 없을 터였다. 우리는 잘해야 마흔 번 남짓 공연을 펼치게 됐다.

상황이 조금 웃기게 돌아갔다. 내 텔레비전 드라마 「리허설이 끝난 뒤」의 줄거리는 '인드라의 딸' 역할을 맡은 젊은 여자 배우(레나 올린)와 「꿈의 연극」을 네 번째로 연출하는 늙은 감독이 만나는 이야기다. 젊은 여자 배우가 아이를 가지는 바람에, 그녀와 함께 일하려고 동분서주하던 감독은 체면을 구긴다. 마지막에 이르러, 여자 배우는 이미 임신 중절을 했다고 밝힌다.

레나 올린은 임신 중절을 할 생각이 없었다. 그녀는 굳세고 멋지고 활기차고 격정적이며, 가끔 무질서해도 안정적으로 잘 굴러가는 상식을 갖춘 여자였다. 기쁘게 아이를 낳을 작정이며, 아무리 어려움이 있더라도 이제 막 경력을 쌓기 시작한 지금이야말로 아이를 가지기엔 적기라는 것이 그녀의 생각이었다. 앞서 말했듯이 감독으로서는 다소 우스꽝스러운 상황이지만, 젊은 예비 엄마는 결코 우스운 존재가 아니다. 레나 올린은 아름답고 기품 있으며, 아이를 낳으려고 경력을 단절한 것이다.

감정은 대부분 주체하기 어렵다. 레나 올린이 날 저버린 것 같았다. 이른바 현실이 내 꿈과 계획을 다 뜯어고쳤다. 그러나 원망은 이내 가라앉았다. 이런 넋두리가 다 무슨 소용인가? 더 길게 보자면 연극에 쏟는 우리의 노력이야 어찌 되든 별로 상관없다. 아이의 탄생은 미혹의 바람결일지언정 값진 의미가 따라온다. 레나 올린은 기뻐했다. 나도 그런 기쁨을 함께했다.

리허설의 지루함은 앞서 언급한 일과 전혀 관련이 없거나 거의 없었다. 몇 주가 흘렀다. 작업 결과는 쭉 그저 그랬다. 게다가 무대 미술가 마리크 보스는 정신이 나갔거나 과로에 지친 모양이었다. 왕립 연극 극장의 남성 의상부는 수년 동안 무능한 멍청이들로 '구성' 되어 있었다. 마리크는 조용하고 완고하게 어리석음과 게으름, 우쭐함과 싸웠으나 제대로 마무리되는 일은 없어 보였다. 그러다 보니 영사하는 것을 잊어버리기도 했다. 일처리가 미숙해서 열외로 취급받던 젊은 여자한테 어떤 사진을 구해 오라고 임무를 맡겼는데, 쓸데없이 부지런해서 누구와도 상의하지 않고 수만 크로나 상당의 사진을 멋대로 주문했다. 미심쩍을 만큼 사진 얘기가 없기에 나는 어찌 된 일인지 몸소 파고들었다. 알고 보니 우리는 특출한 새 영사기(거의 50만 크로나)를 갖추었으나 영사할 게 아무것도 없는 셈이었다. 백척간두에 서 있었지만 천만다행으로 의지와 능력을 겸비한 젊은 사진가가 나타나서 밤낮없이 매달린 끝에 문제를 해결했다. 결국 총연습에 맞춰 사진들이 완성되었다.

3월 14일 금요일에 첫 리허설을 했는데, 되풀이하거나 중간에 멈추지 않고 처음부터 끝까지 쭉 이어 갔다. 나는 일지에 이렇게 적었다. "절망적인 리허설. 물끄러미 바라볼 뿐. 그저 동요 없이 초연하다.

그래, 뭐 아직 시간은 있으니까." 초연 날짜는 4월 17일이었다. 「꿈의 연극」 초연 79주년이 되는 때였다.

일요일에 엘란드와 나는 극장의 내 방에서 제바스티안 바흐에 대해 얘기를 나눴다. 거장이 여행에서 돌아와 보니 그사이에 아내와 두 자녀가 세상을 떠났다. 그는 일기에 이렇게 썼다. "하느님, 제가 환희를 잃지 않게 굽어살피소서."

일평생 나는 바흐가 환희라고 불렀던 것을 의식하며 살아왔다. 환희는 위기와 역경에서 나를 구원했고, 심장처럼 제구실을 했다. 때로는 고삐 풀린 망아지처럼 마구 날뛰기도 하지만 결단코 등지거나 해코지하지 않는다. 바흐는 그 경지를 자신의 환희이자 신의 환희라고 불렀다. 하느님, 제가 환희를 잃지 않게 굽어살피소서.

나는 무심코 엘란드에게 말했다. "나는 슬슬 환희를 잃겠지. 몸으로 느껴져. 그게 흘러 나간 빈자리는 푸석푸석해지고, 촉촉한 살갗은 쪼그라들어 고꾸라질 거야."

절대 울지 않는 나인데 울음이 터져서 덜컥 겁이 났다. 어릴 때는 악쓰며 울어 댔다. 정말 우는지 악을 내는지를 꿰뚫어 보던 어머니한테 벌을 받으면 울음을 뚝 그쳤다. 이따금 저 깊은 구덩이 속에서 미친 듯이 울부짖는 소리가 들리는데, 그 메아리만이 내게 닿는다. 예고도 없이 덮친다. 영원히 갇혀 목 놓아 울부짖는 아이.

그 어둑어둑한 오후, 극장의 내 방에서 나는 난데없이 북받쳤다. 서럽고 먹먹하고 비통했다.

몇 해 전에 암으로 죽어 가던 친구를 병문안했다. 몸뚱이가 썩어 문드러지고 오그라져 눈알은 툭 튀어나오고 이는 싯누레져 요괴처럼 변했다. 그는 수많은 기계 장치에 연결된 채 옆으로 누워 왼손을 얼굴 가까이에 대고 손가락을 꼼지락거렸다. 끔찍하게 눈웃음치며 말했다. "여보게, 아직도 손가락은 움직이잖아. 이게 늘 기분 전환이 되거든."

적응하고 전선에서 물러나야 한다. 어쨌든 전투에서 졌으니 달리 기대할 것도 없다. 비록 나, 베리만은 언제까지나 오롯이 남아 있으리라는 쾌활한 망상 속에서 살아왔음에도 어쩔 수 없다. "광대가 지킬 특별한 규칙은 없나요?" 「제7의 봉인」에서 곡마단장 스카트 역을 맡은 배우가 생명수(生命樹) 우듬지에 매달려 묻는다. 저승사자는 배우가 지킬 특별한 규칙은 없다고 답하며 생명수의 나무줄기에 톱을 댄다.

월요일 밤에 몸이 펄펄 끓고 오한에다 식은땀까지 나서 뼈마디 속속들이 쑤셨다. 난생처음 겪는 일이었다. 나는 앓아누운 적이 거의 없었다. 가끔 몸이 안 좋을 때야 있지만, 리허설이나 영화 촬영을 못 할 만큼 아픈 적은 한 번도 없었다.

열흘 동안 고열에 시달리느라 책도 못 읽고 줄곧 누워서 졸기만 했다. 침대에서 일어나면 바로 비틀거리고 몸이 너무 아파서 재미있다는 생각마저 들 정도였다. 졸다가 잠들고, 깨어나면 기침하고 콧물을 훌쩍거렸다. 독감이 지칠 줄 모르고 맹위를 떨치다가 마지못해 나를 놔주는가 싶더니 열이 훅 뛰었다. 그게 기회였다. 「꿈의 연극」을 관두려면 바로 지금이 기회였다.

우리는 연습하는 과정을 비디오테이프에 녹화했는데, 영 시원치가 않았다. 거듭거듭 돌려 보면서 약점을 확인하고 오류를 분석했다. 여차하면 관두려 했더니 도리어 이어 나가야겠다는 각오가 섰다. 부질없거나 찜찜하다는 느낌도 여전히 들지만, 아드레날린이 솟구치며 부아가 치밀었다. 나, 아직 안 죽었다.

내 몸 상태는 일단 접어놓고, 4월 초하루부터 리허설을 시작하기로 마음먹었다. 전날 밤에 다시 열이 나고 위경련도 일었다. 하지만 우리 모두는 여느 때처럼 일했고, 나 역시 긴 대목을 조각조각 잘라 가며 처음부터 다시 시작했다. 배우들은 흔쾌히 성심성의를 다했다. 머릿속이 심란하고 온몸이 뻐근해서 무시로 밤잠을 설쳤는데, 독감이 어느새 우울증을 남기면서 내 몸속에 발붙이고 독을 퍼뜨린 듯했다.

4월 9일 수요일, 우리는 연습실에서의 마지막 날을 보냈다. 나는 이렇게 적어 뒀다. "우려가 사실임을 확인하니 불안이 눈덩이처럼 불어난다. 더 힘내야겠다. 서글프지만 어떻든 주저앉지 않는다."

그러고 나서 우리는 갑갑하고 사람이 미어터지는 시립 극장의 소형 무대로 자리를 옮겼다. 거리를 두고 무대 조명을 선명하게 비추자 극의 볼품없는 모양새가 가차 없이 드러났다. 조명 배치, 의상, 분장 등을 바로잡거나 새것으로 갈았다. 힘겹게 이어 붙인 집채가 와르르 무너졌다. 모든 것이 쓸리고 삐걱거리며 도저히 감당이 되지 않았다.

세상이 흔들거리고 폭삭 꺼지는 와중에 이 수염을 그대로 놔둬야 하는가! 바지 위에 바지를 껴입으면 갈아입는 시간을 벌 수 있을 텐데, 여기다가는 벨크로를 붙이면 좋겠고, 당신은 분장이 너무 하얗잖아. 팔메 총리를 죽인 자는 여전히 활개 치고 다니고, 제설기가 고장 나는 바람에 눈은 덩어리져 내리고, 지지대엔 문제가 있고, 왼쪽 영사기는 왠지 모르게 딴것들보다 따뜻한 빛을 내고, 흠집이 난 거울을 들여다보니 제조상 결함이 있는데 스웨덴에선 만드는 데가 없고, 결국 오스트리아에 거울을 주문해야겠고, 남아프리카에서는 폭동이 일어나 많이들 다치거나 열네 명이 죽었고, 시끄러우면 안 되는데 어째서인지 환풍기가 덜덜거리고, 환기는 엉망인 데다 관람석

한복판엔 외풍이 돈다. 신발은 왜 안 챙겼어? 구두장이가 아프대서 시내에 주문해 놨는데 그 구두는 금요일에 온대요. 오늘은 좀 살살 하면 좋을 것 같아요, 목감기에 걸렸어요. 열은 없지만요.「검찰관」에 출연하진 않는데 라디오 방송에 나가서 낭독을 해야 하거든요. 거기 서 봐. 오른쪽으로 두 발짝 더. 됐어. 조명 잘 나오지?

괜히 실랑이해 봐야 무슨 소용이겠나. 인내심을 가지고 기분 좋게 웃으면 될 일이다. 물론 그러면 진행이야 얼른얼른 되겠지만 그래도 속이 쓰라리다. 이제 그런 자리가 엄습해 오지만, 바뀌는 것도 없고 여전히 말문은 열리지 않는다. 그런데 경련하듯 떨고 있는 사람을 보니, 내가 뭔가를 잘못한 걸까? 다른 무대 장치를 썼다면 나았으려나? 아니, 헛수고였겠지. 간절하게 감옥 벽을 두드린다. 길이 분명 있긴 할 텐데. 세상은 뒤흔들려 무너않고, 우리는 극장 건물의 두꺼운 벽에 둘러싸여 바삐 복작대고, 마음도 슬쩍 들썩인다. 불안스러운 난장판 속에서 근면, 애정, 재능이 어우러지는 작은 세계. 우리가 할 줄 아는 것은 이뿐이다.

올로프 팔메 총리가 암살되고 이튿날 아침, 연습 대기실에 모인 우리는 하루 일과를 시작할 수 없었다. 우리는 머뭇머뭇 조심스레 말을 꺼내며 서로에게 다가가려 했지만 누군가가 흐느끼고 있었다. 우리가 하는 일은, 현실이 쳐들어와서 우리의 뜬구름 잡기 놀이를 몰살할 때 너무나 기괴해진다. 독일군이 노르웨이와 덴마크를 점령했을 때, 나의 아마추어 극단은 스베아플란 학교 강당에서「맥베스」를 공연했다. 우리는 동시 상연 무대를 짓고 1년 동안 고생하며 작업했다. 학교는 주둔지가 되고 우리들 대부분은 징집되었다. 그런데 우리는 알 수 없는 어떤 이유로 공연을 해도 좋다는 허가를 받았다. 학교 운동장에는 대공포가 설치되고, 복도와 교실 바닥은 짚으로 덮이고, 제복을 입은 군인들이 여기저기 우글거렸다. 등화관제.

나는 덩컨 왕 역할을 맡았는데 가발이 너무 작았다. 분장용 기름으로 머리를 하얗게 칠하고 턱밑에 수염을 붙였는데, 그렇게 염소처럼 보이는 덩컨은 아마 없었을 듯싶다. 맥베스 부인은 연습하러 올 때마다 안경을 꼈고, 긴 속치마에 걸려 발을 헛디디기도 했다. 마지막 순간에 우리는 검을 잡았는데, 맥베스가 그 어느 때보다 신나게 칼싸움을 하는 바람에 맥더프는 머리에서 피가 튈 만큼 세게 맞았다. 결국 공연이 끝난 뒤 병원으로 옮겨졌다.

그런데 이제는 올로프 팔메가 암살됐으니 어찌해야 좋을까? 어리둥절하더라도 처신을 제대로 해야 할 텐데, 연습을 관두고 저녁 상연을 취소해야 할까? 이제 우리는 「꿈의 연극」을 영영 접어야 한다. 누군가가 인간 세상은 고해라고 설교하며 돌아다니는 연극을 무대에 올릴 수 없다. 견딜 수 없을 만큼 구닥다리 같은 예술 작품이다. 아름답지만 현실과 동떨어지고 어쩌면 죽었을지 모를……

젊은 여자 배우가 말했다. "제가 틀렸을지도 모르지만 어쨌든 우리는 연습도 하고 연극도 상연해야 한다고 봐요. 팔메 총리를 죽인 게 누구든 사회가 혼란스러워지길 바랐을 거예요. 우리가 여기서 관두면 오히려 혼란에 일조할 텐데 감정에 휘둘리면 안 되잖아요. 일순간 지나가 버리는 사사로운 감정보다 더 중요한 걸 따져야죠. 혼란 앞에 손들지 말자고요."

느릿느릿 주춤주춤 「꿈의 연극」 상연이 이뤄졌다. 우리는 관객 앞에서 연습했다. 관객은 때때로 덤덤하거나 고개를 돌렸고, 때로는 주의를 기울이며 열의도 보였다. 신중하지만 낙관을 품은 채 우리는 상기되었다. 동료들이 우리를 상찬했고, 우리는 편지와 더불어 격려의 박수갈채도 받았다.

연출가는 마지막 리허설 주간을 견디기가 힘들다. 과감한 시도는 시들해지고, 지겨워서 숨이 막히고, 트집거리가 거듭 눈에 띄고, 될 대로 돼라는 식의 처진 기분은 좀체 걷히지 않는 축축하고 차가운 안개처럼 머릿속과 가슴속에 자욱하다.

잠도 자주 설친다. 별의별 재난과 말투와 몸짓이 분열 행진을 한다. 잘못 배치된 조명이 눈앞에 마치 환등기 슬라이드처럼 굳건히 서 있다. 제발 좀! 밤이 길어져서 진저리가 난다. 잠을 거의 못 자서 신경이 쓰인다기보다 감정 때문에 지친다. 결함은 어디에 가장 깊이 뿌리박혀 있을까? 이미 원작에서 보이듯이 빼어난 착상과 구원자 같은 태도의 엇갈림, 무정한 아름다움과 달짝지근한 너스레의 괴리 탓일까? 그게 바로 내가 그려 내려던 염병할 모순이었다. '핑갈의 동굴'에 나오는 장난스러운 패러디는 신성 모독일까? 사랑스럽게 만 웃는다면 거인을 보고 웃어도 되지 않을까? '변호사'의 방 침대 위에 36번 스포트라이트를 쏴야 한다는 걸 깜박하면 큰일 난다. 그것 말고 다른 조명은 괜찮으므로 몇 개 안 되는 전등으로 좋은 분위기를 연출할 수 있을 터다. 촬영 감독 스벤 뉘크비스트도 흐뭇하겠지. 대장간 아래 풀이 듬성듬성한 방목지의 소들이 나를 뚫어지게 쳐다본다. 주둥이와 눈 주위로 파리 떼가 윙윙거리고, 작은 얼룩소는 짧고 뾰족한 뿔 때문에 사나워 보인다. 이제 헬가가 풍만한 가슴 부분이 푹 젖은 블라우스를 입고 나타나서 땀내와 젖내를 풍기고, 하얀 이를 드러내며 활짝 웃는다. 그런데 브뤼놀프한테 맞아 앞니 하나가 빠진 까닭에 잇새가 훤하다. 헬가는 강기슭으로 내려가 브뤼놀프의 나룻배를 가라앉힌 뒤 멸치 통조림 하나를 따서 문 뒤에 숨긴다. 그러고는 브뤼놀프가 저녁을 먹으러 오자 깡통을 남편의 얼굴에 찍어 누르며 비튼다. 브뤼놀프는 생각에 잠긴다. 이윽고 다시 눈앞이 보이자 그는 중절모를 쓰고, 이마와 뺨에 피를 철철 흘리며, 턱수염에 멸치를 주렁주렁 매달고 볼렝에까지 걸어간다. 사진사 훌트그렌을 찾아가서 중절모와 얼룩진 작업복 차림에, 코는 피투성이가 된 채로 턱과 뺨에 멸치를 매달고 사진 촬영을 요청한다. 그렇게 된 것이다. 헬가는 생일 선물로 그 사진을 받았다. 이제 자려는데 자명종이 울린다.

나는 말똥말똥한 상태로 속을 태우며 꿈쩍없이 누워 있다. 내 배우들에게 악평을 쏟아부으면 누구든 죽여 버릴 수도 있으리라. 이제는 총연습이고 우리는 곧 헤어진다. 다들 말로는 안 읽겠다고 하지만 분명 모레가 되면 온갖 신문이, 배우들을 난도질하고 짓이기고 북돋고 추어올리고 훈계하고 닦달하다가 아예 언급조차 않을 터다. 바로 그날 저녁, 배우들은 다시 무대에 오른다. 관객들이 아는 것을 그들도 안다.

여러 해 전에 나는 한 친구가 의상을 입고 분장을 하고 구석에 서 있는 모습을 봤다. 아랫입술을 씹어서 피가 실선처럼 가늘게 턱을 타고 흘러내렸고, 입가에는 거품을 물었다. 그는 고개를 저었다. "나 안 올라갈래, 안 올라갈래." 그리고서 그는 무대에 올라갔다.

총연습은 4월 24일 저녁이었다. 낮에는 「햄릿」 회의가 있었다. 여럿이 탁자에 빙 둘러앉아 12월 19일 초연 예정 작품의 제작 계획을 짰다. 무대는 비우고 의자는 아마 두 개쯤이면 되겠지만 필수적인 내용은 아니라는, 내 생각을 밝혔다. 고정 조명은 쓰되 원색 필터는 안 되고, 분위기 연출 역시 없다. 객석 가까이 바닥에 반경 5미터의 원형 무대가 용접되고, 공연은 거기서 진행한다. 포틴브라스와 부하들은 알름뢰프스가탄 거리 쪽으로 나 있는 무대 뒷벽의 문을 부수고, 눈보라가 불어오는 사이 주검들은 오필리아의 무덤에 내던

져지고, 햄릿에게 표하는 경의는 경멸에 찬 형식적인 문구로 처리된다. 호레이쇼는 암살된다.

나는 어딘지 모르게 열불이 나서 그 공연 기획을 내려놓고도 싶었다. 몇 달 전에 내가 잉바르 셸손에게 무덤지기 역할을 맡아 달라고 요청했는데 그는 수락했다. 그러나 셸손은 더 큰 역할을 맡아 다른 제작사로 슬그머니 옮겼는지 강제로 옮기게 됐는지는 모르지만 이 공연을 떠났다. 머리에 피도 안 마른 젊은 남자 배우는 육아 휴직을 신청할 참이라고 설명한다. 세 번째 배우는 초빙 연출가의 최종 요구로 출연진에서 빠졌다. 재능은 뛰어날지언정 됨됨이가 시원찮은 어린 배우는 길덴스턴 역을 맡으려 하지 않고, 출셋길을 닦으려 하는 젊은 친구들은 동갑이거나 어린 햄릿 옆에 서기를 꺼린다. 그래서 느닷없이 경련 발작을 하거나 심신이 피로하다고 호소하거나 갓 태어난 아들 핑계를 대기도 했다. 베리만 감독과 잘 지내 봐야 이제 별 볼 일도 없었다. 그는 이제 영화를 관뒀으니까.

물론 따지고 보면 이해는 되며, 그럴 만한 일이었음을 쉽사리 알아차릴 수 있다. 배우는 스스로를 가장 깊이 들여다보고 우여곡절을 겪고 암중모색하고 심사숙고한다. 나도 이해는 하지만 어쩔 수 없이 화가 치미는 것이다. 「알케스티스」에 출연하기로 예정된 마르가레타 뷔스트룀을 빼냈다가 알프 셰베리 감독한테 얻어맞을 뻔했던 일이 기억난다. 그때랑 상황이 비슷한 셈이었다. 셰베리의 장례식에서 연극 협회 이사가 왕립 연극 극장 대표단의 배우 한 사람에게 말했다. "축하합니다. 이제 여러분은 극장에서 연출가 문제를 덜었겠군요." 나도 올로프 몰란데르를 해고했던 기억이 난다. 정신을 똑똑히 차리지 않으면 나 역시 제때 못 나간다. "제때"는 언제 올까? "제때"가 이미 왔을까?

4월 24일 목요일 저녁 7시(모든 신문에 공연 시작 후 입장이 불가하다고 공지했다.), 드디어 총연습이 시작됐다. 배우들은 성공의 낌새를 살며시 느끼며 명랑하고 태평하게 들떠 있었다. 그런 행복한 기대감을 나도 함께하려고 애썼다. 나는 의식 깊은 곳 어딘가에서 이미 우리가 실패했다고 정리했다. 그런데 나는 우리 공연에 만족하지 않은 것이 아니라 도리어 그 반대였다. 천신만고 끝에 세심히 기획하여, 우리의 어려운 처지에도 불구하고 훌륭히 연기를 펼친 최고의 공연을 무대에 올린 것이다. 자책할 이유는 전혀 없었다.

그럼에도 이미 나는 우리가 도모하는 바대로 나아가지 못하리라고 직감했다.

공연이 시작되어 다장조 선율이 울리자, 나는 시립 극장 감독과 함께 소형 무대를 나섰다. 뒷문을 통해 길거리로 나오자마자 번쩍번쩍 플래시를 터뜨리는 사진 기자들이 몰려들며 나를 에워쌌다. 구릿빛 얼굴의 누군가가 내 어깨를 잡더니, 비록 10분 늦었지만 그다음 공연까지 기다릴 여유는 없다고 사정하며 그냥 들여보내 달라고 안내원을 구슬렸으나 방침에 따라 거부당했다고, 하소연했다. 그러고는 나한테 이런 경우 정도는 좀 봐줬으면 좋겠다고 말했다. 나는 주제넘은 그에게 내가 도울 계제도 아니고 그럴 마음도 없으니 스스로 알아서 하라고 시큰둥하게 대꾸했다. 그제야 나는 연극 평론가이기도 한 《스벤스카 다그블라데트》의 문화부장을 알아보았다. 마지못해 그에게 방침을 양해해 주시기 바란다고 억지로 친절한 척하며 한마디 보탰다. 한편으로는 두들겨 패 주고 싶다는 충동도 마구 솟구쳤다. 전문가 행세를 하려면 늦지 말고 제때 왔어야지. 게다가 막무가내로 들여보내 달라며 감독한테 달려들 만큼 수완도 없는 인물이었다. 《스벤스카 다그블라데트》의 문화면에서 두고두고 씹힐 것을 예감한 극장 감독은 화딱지 난 채로 떠나려 하는 그 남자를 쫓아가 관람석으로 안내했다.

대수롭지 않은 에피소드이긴 하지만 결국 허망하게 제자리걸음만 한다는 느낌에서 헤어나지 못했다. 처음 고용했던 무대 미술가의 위궤양과 이탈, 레나 올린의 임신, 심드렁한 해결책, 연습 기간 동안의 밋밋한 연기, 독감과 이에 따른 우울증, 기술적 고장과 사고, 햄릿 배역, 심통이 난 신문사 문화부장. 이에 더해 당분간이든 영원하든 우리의 노력을 비춰 줄 조명을 앗아 간 팔메 총리 암살 사건. 크든 작든 이 모든 것이 하나 되어 내게 깨달음을 주었고, 나는 앞으로 일이 어떻게 굴러갈지 알고 있었다.

총연습을 마치고 우리는 소형 무대 위층의 새 연습실에 모여서 샌드위치를 먹고 샴페인을 마셨다. 기분이 시원섭섭했다. 오래 동고동락하다가 헤어지기란 쉽지 않다. 나는 이 사람들에게 한없이 애정을 느낀다. 탯줄은 잘 떼어 냈지만 온몸이 쑤셨다. 사랑 없이는 음악을 만들 수 없음을 보여 준 바이다의 「지휘자」[4]를 두고 우리는 이야기를 나눴다. 그 순간 우리는 감정이 저릿저릿했고, 연극은 사랑 없이도 할 수 있지만 그러면 살아 숨 쉬게 할 수 없다는 데에 한마음이 되었다. 사랑이 없다면 일은 굴러가지 않는다. 너 없이 나 없다. 물론 우리는 눈부신 연극 활동을 했다. 그러한 경험은 난잡한 증오 속에서 생겨나기도 했지만 증오 역시 인연이고, 사랑 또한 증오만큼 예리하게 꿰뚫어 볼 수 있어야 일어나는 법이다. 우리는 곰곰이 생각하며 그런 예들을 찾았다.

4] 폴란드 영화감독 안제이 바이다(Andrzej Wajda, 1926~2016)의 1980년 영화 「지휘자(Dyrygent)」를 가리킨다.

탁자 위의 촛불들이 가물가물 타오르자 촛농이 흘러내린다. 이제 헤어질 때다. 우리는 두 번 다시 못 만날 것처럼 서로를 끌어안고 입을 맞춘다. "이런, 우리 내일 또 보잖아." 말하며 웃는다. 내일이 초연이다.

이 일로 먹고살면서 처음으로 48시간 넘게 실패를 서러워했다. 극장표가 매진되면 어느 정도 위로가 되긴 한다. 소형 무대의 40회 공연 관객 수가 그리 나쁘지 않음에도 결코 충분하다고는 할 수 없다. 무의미함이 히죽거린다! 그렇게나 엄청나게 공들이고, 괴로워하고, 애태우고, 지겨워하며 희망했지만 보람은 없다. 헛수고로 끝났다.

달라르나에 있던 여름 별장은 보롬스(Våroms)라 불렸고 이는 오르사 사투리로 '우리 것'을 뜻한다. 내가 태어난 첫 달에 왔던 곳이고 나는 기억 속에서 아직도 거기에 산다. 언제나 여름이고, 아름드리 자작나무가 바스락거리고, 산등성이 위로 아지랑이가 피어오르고, 가볍고 밝은 옷을 입은 사람들이 테라스에서 돌아다니고, 창문들은 열려 있고, 누군가가 피아노를 연주하고, 크로케 공이 굴러가고, 두프네스 역 아래 저 멀리에서 화물 열차가 선로를 바꾸며 신호를 보내고, 흐르는 강물은 가장 눈부신 날에도 신비롭게 검푸른 빛을 띠고, 통나무는 빠르게 돌거나 천천히 움직이고, 은방울꽃 향기와 개밋둑, 송아지 고기구이 냄새가 감돈다. 아이들은 무릎과 팔꿈치에 생채기가 있다. 우리는 강이나 스바르트센 호수에서 미역을 감으며 일찍부터 헤엄치는 법을 배운다. 그곳 두 군데에 모두 쑥 빠지는 수렁과 바닥이 푹 파인 깊은 개자리가 있기 때문이다.

어머니는 이곳 마을 출신의 어린 소녀를 부렸다. 이름은 린네아였는데, 착하고 말수가 적은 편이지만 다정하고 어린아이들을 잘 돌봤다. 여섯 살이던 나는 그녀의 환한 미소와 하얀 살갗, 숱지고 불그스름한 금발에 푹 빠져서, 눈짓만 살짝 보내도 고분고분 말을 잘 들었다. 환심을 사려고 산딸기를 풀 줄기에 구슬처럼 꿰어서 바쳤다. 린네아는 헤엄을 잘 쳐서 수영도 가르쳐 줬는데, 나랑 단둘이 미역을 감을 때는 펑퍼짐한 검정 수영복을 빼먹곤 해서 나로서는 달갑게 쳐다봤다. 그녀는 키가 크고 말랐으며, 주근깨투성이에 어깨는 넓고, 가슴이 작고, 거웃은 새빨갰다. 나는 그해 여름만큼 미역을 많이 감은 적이 없다. 나는 한기에 이를 딱딱거렸고 입술마저 파래졌는데, 린네아가 커다란 목욕 타월을 천막처럼 만들면 우리 두 사람은 그 안에서 몸을 데웠다.

9월의 어느 날 저녁, 스톡홀름의 집으로 돌아가기 직전에 나는 부엌으로 들어갔다. 린네아는 등유 램프를 밝힐 생각도 않고 식탁에 앉아 있었는데, 그 앞에는 커피잔이 놓여 있었다. 그녀는 손으로 이마를 짚고 끅끅 흐느꼈다. 흠칫 놀라서 안아 줬지만 린네아는 나를 밀쳤다. 전에는 없던 일이었고, 모든 게 너무 서글퍼서 나도 울음을 터뜨렸다. 린네아가 나를 달래며 울음을 그치기를 바랐지만 그러지 않았다. 나를 무시했다.

며칠 뒤 우리가 보름스를 떠났을 때, 린네아는 우리를 따라 스톡홀름에 오지 않았다. 어째서 예년처럼 우리와 동행하지 않느냐고 어머니에게 물어봤지만 대답을 얼버무릴 따름이었다.

40년이 지나서 그때 무슨 일이 일어났는지 어머니에게 물었다. 알고 보니 린네아가 아이를 가졌는데 남편은 친자 관계를 부인했다. 성직자의 집에는 혼외로 임신한 식모를 들일 수 없었기에, 아버지는 어머니의 격렬한 항의에도 불구하고 그녀를 내보낼 수밖에 없었다. 외할머니가 도와주려 했으나 소녀는 이미 사라진 뒤였다. 몇 달 후 철교 아래에서 발견된 린네아는 이마에 피멍이 든 채, 쓰러진 통나무 밑에 끼여 있었다. 다리에서 뛰어내려 다쳤으리라고 경찰은 짐작했다.

두프네스 역은 모서리를 하얗게 칠한 빨간색 역사 하나, 남자와 여자 표지판이 달린 화장실 하나, 신호기 둘, 분기기 둘, 물품 창고 하나, 포장된 플랫폼 하나, 지붕에서 산딸기가 자라는 지하 저장실 하나로 이뤄져 있었다. 주요 선로는 역에서 보이는 보롬스를 지나 유르모 산등성이 방향으로 휘어졌다. 남쪽으로 몇백 미터나 더 떨어진, 강이 거대한 활처럼 굽이치는 곳은 '그로단'이라 불리는데, 소용돌이가 깊고 바위가 뾰족하게 튀어나와서 위험한 데였다. 강굽이에 높이 솟은 철교 위 오른편엔 좁은 보도가 있었다. 원래는 다리를 드나들면 안 되는데, 물고기가 많이 잡히는 스바르트셴 호수로 가는 지름길인 까닭에 그런 통행금지는 아무도 신경 쓰지 않았다.

역장 에릭손은 갑상선종을 앓던 아내와 함께 20년 동안 역사에서 살았다. 어릴 때부터 이곳에 살던 사람은 아니었으므로 마을에서 의심의 눈초리를 받아야 했다. 에릭손 아저씨 주변에는 침묵이 가득했다.

기차역에 들를 때는 외할머니의 허락을 받았다. 별다른 언질을 받은 적도 없는 에릭손 아저씨는 아무 생각 없이 나를 친절하게 대해 주었다. 사무실에서는 파이프 담배 냄새가 나고, 졸린 파리들이 창문에서 윙윙대고, 때때로 전신기가 탁탁거리며 점과 대시가 가득한 좁다란 띠종이를 풀어 놓았다. 에릭손 아저씨는 책상에 엎드려 검은색 장부에 뭔가를 기입하거나 화물 운송장을 분류했다. 이따금 누군가가 대기실 문을 쾅쾅 두드리고 레프베켄, 인셴 또는 볼렝에행 기차표를 샀다. 침묵은 영원 같았고 응당 격에 맞았다. 난 불필요한 수다로 그 침묵을 어지럽히지 않았다.

느닷없이 전화가 울리더니 크뢸보발 열차가 렌헤덴을 떠났다는 짧은 전갈이 왔다. 그러자 에릭손 아저씨는 웅얼웅얼 답한 뒤에, 제복 모자를 쓰고 붉은 깃발을 든 채 비탈길로 나가 남쪽 신호기를 올렸다. 아무도 안 보였다. 뙤약볕이 화물 창고의 벽과 레일을 뜨겁게 달구고, 타르와 쇠 냄새가 풍겼다. 저 너머 다리 밑으로는 강물이 졸졸 흐르고, 기름으로 얼룩진 침목 위로 아지랑이가 일렁이고, 자갈들이 반짝였다. 침묵과 기대가 함께했다. 손수레 위에 자리 잡은 에릭손 아저씨의 고양이는 몸이 온전하지 않았다.

아직 롱셴 호수에 이르기 전 모퉁이, 저 멀리 짙은 신록 속에서 기관차가 기적을 울리며 검은 얼룩처럼 나타났다. 처음에는 가만가만 오는가 싶더니, 이내 굉음이 몰려왔다. 그 소리는 점점 커지면서 강을 넘자 더욱 깊어졌다. 분기기가 딱딱거리고 땅바닥이 덜덜거렸다. 기관차는 플랫폼을 빠르게 지나치며 굴뚝 밖으로 칙칙폭폭 박자를 맞춰 구름 같은 연기를 밀어 내고 피스톤에서는 김을 내뿜었다. 철도 차량이 쌩쌩 지나가자 바람이 휙휙 불고, 바퀴가 선로 이음매에 부딪히자 지축이 흔들렸다. 에릭손 아저씨가 경례를 붙이자 열차 운전사도 답례를 표했다. 이내 포효가 가라앉으며 기차는 보롬스 아래를 돌아 이제 산 밑으로 사라졌다. 그러고는 제재소 옆에서 기적을 울렸다. 또다시 적막이 흘렀다. 에릭손 아저씨는 전화를 걸어 말했다. "2시 30분 두프네스 출발." 정적에 푹 잠긴 까닭에 파리조차 창문에서 윙윙대지 못했다. 에릭손 아저씨는 남행 화물 열차가 4~5시쯤 도착하기 전에 저녁을 먹고 잠시 눈 좀 붙이고자 위층으로 도로 올라갔다. 화물 열차는 십중팔구 들르는 역마다 화차를 갈아야 했으므로 제때 왔던 적이 없다.

역 진입로에는 대장간이 있었는데, 몽골 족장처럼 생긴 사람이 주인이었다. 온갖 풍파에도 여전히 아름다운 헬가라는 여자와 결혼하여, 많은 자녀와 함께 대장간 위층 작은 방 두 칸에서 살았다. 집은 어수선하지만 다들 정이 많았다. 형과 나는 대장간 집 아이들과 잘 놀았다. 헬가는 막내 사내아이에게 젖을 먹였는데 걔가 배불리 먹고 나면 나랑 함께 놀던 동갑내기 친구를 불렀다. "욘테, 어서 오너라. 너도 먹어야지." 친구가 어머니 무릎 사이에 서서 통통한 가슴에 고개를 파묻고 꿀꺽꿀꺽 빨아대는 모습을 나는 부러운 마음으로 바라봤다. 나도 맛봐도 되겠느냐고 묻자 헬가는 웃으며 오케르블롬 부인에게 허락부터 받는 게 좋겠다고 말했다. 오케르블롬 부인은 내 외할머니다. 나는 장차 살아갈수록 내 앞길에 더욱더 쌓여 갈 좀체 이해할 수 없는 규칙 중 하나에 걸려 넘어졌음이 부끄러웠다.

머릿속을 느닷없이 스치고 지나가는 장면이 있다. 높은 덮개가 달린 침대에 누워 있고, 야간등을 밝힌 저녁이다. 나는 소시지를 두 손으로 꽉 잡고 신나게 쥐어짜느라 바쁘다. 소시지는 물컹해서 주물럭거리기 좋고 익숙한 냄새가 난다. 나는 그걸 바닥에 홱 던지고 보모 린네아를 부산하게 불렀다. 문을 열고 들어온 아버지는 복도에서 들어오는 빛을 등지고 시커멓게 우뚝 서서, 소시지를 가리키며 무슨 짓을 저질렀느냐고 묻는다. 나는 떨리는 마음으로 올려다보며 별일 아닌 것 같다고 대답한다. 다음 장면에서 나는 볼기짝에 매를 맞고 바닥 한가운데 요강에 앉아 고래고래 악을 쓴다. 천장 전등이 켜져 있고 린네아는 골난 모양새로 내 침대 시트를 갈아 준다.

비밀들. 느닷없이 정적에 잠긴다. 왠지 모르게 몸이 찌뿌둥하다. 「꿈의 연극」에서 인드라의 딸이 말하는 양심의 가책일까? 내가 무슨 짓을 했지? 질겁해서 물어본다. 네 스스로가 가장 잘 알잖아. '당국'이 답한다. 물론 나는 죄를 지었고, 그릇된 짓을 저질렀음에도 들통이 나진 않았다. 그러나 그 행동이 내 마음을 갉아먹었다. 우리는 변소 뒤쪽에 바싹 붙어 앉아서 엉덩이도 훔쳐보고, 양념 찬장에서 건포도도 빼돌렸다. 철교 옆 깊은 소용돌이 가까이에서 미역도 감고, 아버지 외투에서 잔돈도 훔쳤다. 축복 기도를 올릴 때 하느님의 이름을 사탄으로 바꾸어 불러 신성 모독을 저질렀다. 사탄님, 저희를 축복하시고 지켜 주소서. 저희를 굽어살피시어 씹을 내려 주소서. '저희'는 나랑 형을 일컫는데, 이따금 의기투합해서 함께 일을 벌이기도 했으나 서로 미워하며 속을 썩이느라 등 돌릴 때가 더 많았다. 다그 형이 보기에 나는 거짓말로 대충 때워서 능구렁이처럼 넘어가고, 아버지의 총애까지 받아서 버르장머리가 없었다. 내 딴에는 네 살 터울인 형이 부당하게 득을 많이 본다고 여겨졌는데, 밤늦게까지 놀아도 되고 애들이 못 보는 영화도 보고 걸핏하면 나를 두들겨 팼다. 나중에야 형이 연신 위험에 노출되어 있었으며, 질투와 못마땅한 감정을 품고 살아왔음을 알게 되었다.

형제끼리 품은 증오는 형제 살해로 이어질 뻔했다. 나는 나를 지겹도록 못살게 굴던 형한테 앙갚음하기로 다짐했다. 어떤 대가를 치러도 상관없었다.

보롬스에서 함께 쓰던 방의 문 뒤에 의자를 놓고 올라가 무거운 유리 물병을 들고 기다렸다. 형이 문을 열자 물병으로 형의 머리를 힘껏 내리쳤다. 물병은 산산조각이 났고, 형은 벌어진 상처에서 피를 흘리며 쓰러졌다. 달포가량 뒤에 형은 다짜고짜 내게 달려들어 내 앞니 두 개를 부러뜨렸다. 나는 형이 자는 동안 침대에 불을 붙여 맞받아쳤다. 불은 저절로 꺼졌고 불화는 잠시 멈췄다.

1984년 여름, 형과 그리스인 아내가 포뢰로 나를 찾아왔다. 예순아홉 살이던 형은 총영사로 은퇴했다. 심한 마비 증상에도 성실히 직무를 수행했는데, 이제는 겨우 고개만 돌릴 수 있었고 숨은 헐떡대며 말소리는 알아듣기 힘들었다. 우리는 함께했던 어린 시절을 회상하며 며칠을 보냈다.

형은 나보다 훨씬 많은 것을 기억했으며, 아버지를 미워하고 어머니에게 엄청나게 매달렸던 이야기를 했다. 변덕스럽고 파악하기 어려우며 거대한 신적 존재였던 부모의 자취가 형에게는 여전히 깊이 남아 있었다. 우리는 잡초가 무성한 오솔길을 따라 걸으며 서로를 바라보다가 놀라고 말았다. 한배에서 태어난 두 노신사는 이제 뛰어넘지 못할 거리만큼 떨어져 있었다. 서로의 적대감이 사라진 자리는 텅 비어 있었다. 접촉도 유대감도 없었다. 형은 죽고 싶다면서 죽기를 두려워했고, 살겠다는 맹렬한 의지가 허파와 심장을 계속 돌렸다. 손을 못 움직이니 자살을 감행할 가망조차 없다고 꼭 집어 말했다.

억세고 잘 뻐기며 영민한 이 사나이는 좀처럼 몸을 사리지 않아 전쟁에도 나갔고[5] 삶의 즐거움을 좇아 낚시하러 다니고 숲속을 거닐었으며 앞뒤를 재지 않고 자기 본위로 살며 익살스러웠다. 아버지를 싫어했음에도 정작 맞대할 때는 늘 굽실거렸다. 속이 문드러지는 갈등을 겪으며 어머니에게서 벗어나려고도 했으나 언제나 다시 얽매였다.

나는 형이 왜 병들었는지 납득이 된다. 분노로 마비되고, 아버지

5] 다그 베리만(Dag Bergman, 1914~1984)은 2차 세계 대전 중 소련의 침공으로 벌어진 겨울 전쟁(1939~1940) 당시에 핀란드를 지원하는 스웨덴 의용군으로서 참전했다.

와 어머니라는 숨 막히고 수수께끼 같은 두 황혼의 존재에게 짓눌려 옴짝달싹하지 못했다. 예술과 정신 분석, 종교, 영적인 실체를 철저히 경멸했다는 얘기도 빠지면 곤란할 텐데, 속속들이 합리주의적인 사람이었고 일곱 가지 언어를 구사했으며 역사책과 정치인 전기를 즐겨 읽었다. 게다가 자서전을 구술해서 테이프에 녹취했다. 자료를 글로 옮기니 800페이지에 달했으며, 전반적으로 싱거운 우스개도 간간이 섞인 학구적인 어조를 띠었다. 몇 군데 예외가 있지만 솔직 담백하게 아내 이야기를 한다. 어머니에 관한 대목도 있다. 그 밖에는 다 피상적이고, 빈정거리거나 찧고 까불며 무신경하다. 인생이 모험담으로 가득한데 긴장감은 없다. 이 800페이지 속에 병을 앓는다는 소리는 단 한 줄도 없는데, 결코 우는소리 없이 사나운 팔자 따윈 비웃으며 넘기려 했던 것이다. 고통과 육체적 굴욕을 마주해 치를 떨며 안달복달했고, 아무도 동정심을 품을 생각조차 않도록 괜히 불퉁스러워지려고 안간힘을 썼다.

형은 일흔 살 생일을 맞아 아테네 대사관에서 고희연을 벌였다. 형수가 파티를 취소해야겠다고 여길 만큼 형은 부쩍 쇠약해졌으나, 만류를 뿌리치고 훌륭한 연설로 손님들 앞에서 면목도 세웠다. 며칠 뒤 병원에 실려 간 형은 치료를 잘못 받아 오래도록 숨통이 막혀 고생하다가 세상을 떴다. 그동안 내내 의식이 있었지만 목에 삽관한 까닭에 말을 할 수 없었다. 형은 의사소통이 불가능해지자 격노하였고, 말문이 막힌 채 숨을 거뒀다.

막내 마르가레타와 나는 참으로 의좋은 오누이였다. 나보다 네 살이나 어렸지만 우리는 함께 인형 놀이를 즐겁게 하며, 누이동생이 만든 기발한 인형의 집에서 복잡한 줄거리의 사건도 펼쳐 보였다. 가족 앨범 사진에서 흰빛이 도는 금발에, 겁을 집어먹은 양 눈을 뚱그렇게 뜬 자그맣고 오동통한 사람이 보인다. 보들보들한 입부터 어색한 손놀림까지 여리기만 하다. 막내딸은 양친이 애지중지했기에 사랑 속에서 고분고분하게 지내고자 했으며, 제멋대로 구는 두 아들을 대신해 온순한 아이가 되려고 했다.

마르가레타와 보낸 어린 시절의 빛바랜 추억은 점점 아득해진다. 함께 인형극을 연출하며 여동생은 의상을 꿰매고 나는 무대 장치에 색칠을 했다. 관심을 가지고 끈기 있게 지켜보던 어머니는 아름답게 수놓은 벨벳 커튼을 우리에게 선사했다. 우리는 조용조용 얌전히 놀았고, 나는 형보다 여동생과 더 우애롭게 지냈다. 둘이서 싸우거나 다투었던 적은 없는 것 같다.

내가 열한 살이고 동생이 일곱 살 때, 우리는 스톡홀름 근교 롱엔엔에서 여름을 났다. 어머니는 힘든 수술을 받고 소피아헴메트에서 몇 달을 입원해 있었다. 아버지는 우리가 가까이 있었으면 좋겠다는 생각에, 본디 초등학교 교사이던 인자한 여자를 가정부로 뒀다. 동생과 나는 단둘이 남겨질 때가 많았다. 저택에 딸린 오래된 목욕탕은 탈의실이 안쪽에, 지붕 없는 수욕장은 바깥쪽에 있었다. 거기서 우리는 한참을 놀며 어슴푸레한 죄책감을 안고 장난질을 쳤다. 그러다가 목욕탕에서 우리끼리만 노는 일이 갑작스레 금지되었다. 누가 별달리 설명해 주거나 캐묻지도 않았다.

마르가레타는 양친과의 관계에 더더욱 매달리느라 나하고는 사이가 멀어졌다. 나는 열아홉 살 때 집에서 뛰쳐나왔다. 그 뒤로 우리는 딱히 만난 적도 없다. 언젠가 마르가레타가 보여 줬던 습작을 내가 치기 어리게 인정사정없이 비판했다는데, 난 도무지 기억나지 않는다. 요즘 여동생은 가끔씩 책을 낸다. 내가 제대로 읽었는지는 모르겠지만, 살아오면서 어지간히 마음고생을 겪은 것 같다. 전화 통화는 이따금 한다. 한번은 음악회에서 우연히 마주쳤는데, 그녀의 잔뜩 찌푸린 얼굴과 유별나게 단조로운 목소리에 소스라치게 놀라고 말았다. 마음이 뒤숭숭했다.

때때로 동생을 떠올리면 한순간이나마 양심의 가책도 일었다. 마르가레타는 몰래 글을 쓰기 시작했지만 얼마나 일궈 냈는지는 아무도 볼 수가 없었는데, 마침내 용기를 내서 나에게 읽어 보라고 했다. 뭐라고 말해 줘야 할지 망설일 수밖에 없었다. 전도유망한 젊은 감독으로 호평받고 있었지만 작가로서는 끝장난 것이나 다름없던 나는 글솜씨가 형편없으면서도 지나치게 점잔을 떨었고, 얄마르 베리만[6]과 스트린드베리의 영향에서 벗어나지 못했다. 여동생의 글에서 나처럼 애써 쥐어짜 낸 문투가 보이자, 어쩌면 그게 그녀의 유일한 표현 수단이겠다고는 생각하지 않고, 더는 시도조차 못 하게 아예 싹을 잘라 버렸다. 동생은 그때 글쓰기를 접었다는데, 나를 혼쭐내려는 것이었을지, 스스로를 징벌하려는 것이었을지, 아니면 기죽어서 그랬는지 잘 모르겠다.

6] 얄마르 베리만(Hjalmar Bergman, 1883~1931)은 스웨덴의 극작가로, 평범한 삶 속에 자리한 저마다의 비밀을 특유의 비관주의와 유머로 그려 냈다.

영화 카메라를 치워 버리겠다는 생각은 극적인 결심이라기보다 「화니와 알렉산더」[7] 작업을 하다가 싹텄다. 몸이 마음을 다스리는지, 아니면 마음이 몸에 영향을 미치는지는 모르겠지만, 몸이 가뿐하지 않으니 버티기가 점점 더 버거워졌다.

1985년 여름, 매력적이라고 여겨지는 영화를 구상했다. 무성 영화에 다가가고 싶던 참에, 대사나 음향 효과 없이 긴 대목을 작업하다가 마침내 유성 영화와 갈라설 기회를 보게 되었다.

이내 대본을 쓰기 시작했다. 감상적으로 말하자면 은총이 또다시 나를 감싸안았고 환희가 뒤따랐다. 일종의 은밀한 기쁨으로 충만한 나날은 내 비전이 확고하다는 방증이었다.

3주 동안 열심히 일하고서 나는 심하게 앓았다. 몸이 경련과 균형 장애로 반란을 일으켰다. 마치 독약이라도 입에 털어 넣은 듯했고, 나는 비탄 앞에서 번민과 모멸감으로 갈기갈기 찢겼다. 더는 영화를 만들어선 안 되었고, 몸도 도통 말을 안 들었다. 또 영화 작업에 수반되는 끊임없는 긴장감은 이제 상상도 못 할 지나간 일이라는 점을 깨달았다. 내가 쓰다가 치워 뒀던 대본은 기사 핀 콘푸센페이의 이야기로, 여기서 그는 '농장을 이곳저곳 돌아다니며 해결책을

7] 스웨덴어 원제 인명의 한글 표기는 '판니'와 '알렉산데르'가 맞으나 국내 개봉 제목을 따른다.

찾는 사람'이자 익명의 늙은 무성 영화 제작자로 나온다. 그는 복원을 앞둔 여름 별장 지하에서, 반쯤 파손된 필름이 들어 있는 수많은 건판 필름 통을 발견한다. 영상들 사이에는 어렴풋이 감지되는 연관성이 있고, 청각 장애인 전문가가 배우의 입술을 읽고 대사를 해석하려 한다. 여러 순서로 시퀀스를 시도해 보다가 다양한 액션 시퀀스를 얻는다. 이 프로젝트는 더더욱 많은 사람이 참여해 규모가 커지고 비용도 거듭 불어난다. 제대로 감당하기가 점점 더 힘에 부친다. 어느 날 질산염 필름 원본과 초산염 필름 사본이 깡그리 불타 연기처럼 사라진다. 다들 안도감을 느낀다.

나는 이른바 신경성 위염이라는 난감하면서도 어쭙잖은 고역에 늘 시달려 왔다. 내가 아무리 노력해도 이놈의 창자는 이따금 세련되고 독창적인 방식으로, 마치 마르지 않는 샘물처럼 끝없이 발목을 잡았다. 과민성 대장 증상이 언제 날뛸지 가늠할 수 없었기에 학교는 고문당하러 다니는 기분이었다. 느닷없이 바지에 똥을 지리는 경험은 트라우마로 남는다. 여러 번 겪지 않았다고 해서 걱정거리가 사라지는 것은 아니다.

나는 수년을 감내하며 이 고질병을 다스리는 법을 배웠다. 그리하여 지나치게 방해받지 않고 활동할 수 있을 만큼은 됐다. 이는 몸에서 가장 민감한 부위, 즉 명치에 사악한 악령을 품고 있는 것과도 같고, 엄격한 의례를 치러야 제압할 수 있다. 내 행동은 그놈이 아니라 바로 내가 결정하는 거라고 단단히 마음먹자 형세가 크게 뒤집혔다.

약은 감각을 둔하게 하거나 효과가 너무 늦게 나타나므로 잘 듣지 않는다. 똑똑한 의사는 나보고 불편을 받아들이고 적응해야 한다고 말했다. 나는 그렇게 했다. 내가 오래 일했던 극장엔 전부 나만의 간이 변소가 있었다. 이 간이 변소는 내가 연극의 역사에 남긴 항구적인 업적일지도 모른다.

그러니까 더부살이하는 악령이 나의 영화적 열망을 어쨌든 무너뜨린 듯 보이지만 사실 그렇지는 않다. 나는 20년 넘게 만성 불면증에 시달렸다. 불면증이 그 자체로 해롭지는 않은데, 생각보다 잠을 훨씬 적게 자도 버틸 만하다. 아무튼 나는 다섯 시간 정도 자면 너끈하다. 그러나 밤이 되면 나는 취약해지고, 균형 감각을 잃고, 바보짓이나 굴욕적 상황을 곱씹고, 주책이나 일부러 부린 심술을 뉘우치느라 스스로의 의식을 갉아먹는다. 심란함, 노여움, 부끄러움, 회한, 넌더리 나는 일 같은 검은 새가 왕왕 떼 지어 날아와서 밤동무 노릇을 한다. 불면증이 일면 치르는 행사도 있는데, 잠자리를 바꾸고, 불을 켜고, 책을 읽고, 음악을 듣고, 과자와 초콜릿을 먹고, 생수를 마신다. 발륨을 적절히 복용하면 놀라운 효과를 얻을 수 있지만, 성질을 부리거나 자꾸 불안해지는 부작용으로 피폐해질 수도 있다.

영화를 포기하겠다고 마음먹은 세 번째 이유는 나이는 못 속인다는 점이다. 딱히 한숨지을 노릇도 아니지만 물론 반갑지는 않다. 문제 해결이 더뎌지고 무대 장치 때문에 생기는 고민거리는 더 늘어나고 의사 결정을 질질 끌며 예기치 못한 실무상의 애로 탓에 옴짝달싹 못 한다.

피로가 쌓이자 나는 더욱 미주알고주알 따지게 됐다. 피곤할수록 심술보가 터진다. 감각이 극도로 날카로워지면 어디에서나 결점과 실책이 보인다.

최근의 내 영화들과 연출을 꼼꼼히 살펴보니 완벽주의자처럼 하나하나 신경 쓰다가 생기와 정취를 망친 군데군데가 눈에 띄었다. 연극은 내 약점을 경계할 수 있고, 최악의 경우엔 배우들이 나를 바로잡을 수도 있으니 위험이 크지 않다. 그러나 영화는 모든 걸 돌이킬 수 없다. 날마다 3분 분량이 완성되며, 모든 것은 살아 숨 쉬는 창조물이어야 한다. 내 안에서 요동치는 반인반수의 태곳적 괴물을 낳고 있음을 종종 거의 온몸으로 뚜렷이 감지하곤 했다. 어느 날 아침, 뻣뻣하고 고약한 냄새가 나는 수염을 씹는데, 내 몸에서 그놈의 팔다리가 달달거리는 게 느껴지고 헐떡대는 숨소리도 들렸다. 땅거미가 질 낌새마저 보였는데, 그것은 죽음이라기보다 소멸이었다. 나는 이따금 꿈속에서 누렇게 썩은 이뿌리를 가진 이를 뱉어 냈다.

나는 배우나 제작진이 그 괴물을 얼핏 보고 혐오감이나 연민에 사로잡히기 전에 물러나기로 했다. 나는 동료들이 제 풀에 싫증과 신물이 나서 피곤에 지친 광대처럼 연습 도중에 고꾸라지거나, 교체되거나, 정중하게 묵살당하거나, 친절 혹은 경멸을 보이는 서커스단 일꾼들한테 붙잡혀 조명 밖으로 끌려 나오는 꼴을 너무 많이 봤다.

고관절이 아플지라도 모자걸이까지 스스로 걸어가서 손을 내밀 수 있을 때 직접 모자를 쓰고 떠나기로 했다. 창의성이 어떻게 늙는지 딱 부러지게 설명할 순 없다. 서서히 기울어 가는 성욕과 얼추 비슷하게 주기적으로, 어떤 특정한 조건에 따라 나타난다.

영화를 찍은 1982년 1월 어느 날, 일지를 보니 영하 20도의 추운 날씨였다고 나온다. 여느 때처럼 5시에 깨어났는데, 마치 어떤 악령에게 이끌려 깊은 잠에서 소용돌이치며 빠져나온 듯이 확 정신이 들었다. 히스테리와 창자의 방해 공작에 맞서고자 곧바로 일어나 눈을 감고 방바닥에 잠시 가만히 서서 내 처지를 살펴봤다. 몸은 어떻고 영혼은 어떠하며 무엇보다도 오늘 뭘 해야 하는지. 확인해 보니 코가 막히고(건조한 공기) 왼쪽 고환이 아프고(아마도 암) 고관절

통증이 있고(고질병) 귀에서 삐 소리가 났다.(불쾌하지만 걱정할 만큼은 아님.) 기록해 놓은 것을 보니 히스테리는 잠잠하고 위경련에 대한 걱정도 너무 심각하지 않았다. 또 그날 작업은 「화니와 알렉산더」에서 이스마엘과 알렉산더의 장면 촬영이었는데, 주인공 알렉산더 에크달 역을 맡은 어리고 씩씩한 배우 베르틸 구베에게 그 장면의 연기가 벅차지 않을까, 염려했다. 그럼에도 곧이어 스티나 에크블라드와 작업한다는 행복한 기대감으로 추진력을 좀 얻었다. 그렇게 끝난 그날 첫 점검 덕분에 작지만 긍정적인 소득도 얻었다. 이스마엘 역을 맡은 스티나가 내 생각만큼 제구실을 한다면 베르틸도 알렉산더 역할을 잘 해낼 터였다. 나는 이미 두 가지 전략을 세웠는데, 동등한 배우로 만들거나 주연과 조연으로 구분하는 것이었다.

이제 마음 편히 먹고 느긋하게 있으면 됐다.

7시에 잉리드[8]와 말없이 다정하게 아침을 먹었다. 위장이 일단은 얌전히 있다가 사십오 분쯤 뒤에 시비를 걸 듯싶었다. 놈이 어떻게 나올지 기다리면서 조간신문을 읽었다. 7시 45분에 나를 데리러 온 차를 타고, 당시 순드뷔베리에 에우로파필름 영화사가 소유하고 있던 스튜디오로 이동했다.

한때 명성 높던 스튜디오는 쇠락했다. 이제 주로 비디오를 제작했고, 영화 제작 시절부터 남아 있던 직원들은 갈피를 못 잡고 풀이 죽은 모습이었다. 영화 스튜디오 자체는 더럽고 방음도 안 되고 관리도 엉망이었다. 첫눈에 우스꽝스러울 만큼 호화스러워 보이는 영사

8] 결혼 전 성명이 잉리드 폰 로센(Ingrid von Rosen)인 잉마르 베리만 감독의 다섯 번째 아내 잉리드 베리만(Ingrid Bergman)을 말한다. 할리우드에서 주로 활동한 스웨덴 영화배우 잉그리드 버그먼(Ingrid Bergman)과 동명이인인데, 한글 표기에서 전자는 스웨덴어, 후자는 영어 발음을 기준으로 삼는다.

실은 가만 보니 무용지물이었다. 영사기들은 형편없고 해상도가 유지되지도 않았다. 그뿐 아니라 스틸 사진은 안 나오고, 음향이 열악한 데다 환기도 되지 않고 카펫은 더러웠다.

촬영은 9시 정각에 시작되는데, 공동 작업에 들어가려면 시간 엄수가 중요하다. 이런 집중이 노른자위를 차지하고, 토론과 불확실성은 그 바깥에 자리를 잡아야 한다. 그 순간부터 우리는 살아 움직이는 이미지 생산을 목표로 복잡하지만 균일하게 기능하는 기계가 된다.

작업이 금세 차분한 호흡으로 진행되면서 엉킴 없이 바로 친숙해졌다. 그날 우리를 거슬리게 한 건, 열악한 스튜디오 방음 설비 그리고 복도 및 기타 공간에 빨간 경고 불빛을 밝혔음에도 불구하고 부주의하게 굴어 댄 외부인뿐이었다. 그것 말고는 소소한 기쁨의 날이었다. 첫 순간부터 우리 모두는 운명의 시련에 부딪친 이스마엘을 연기하는 스티나 에크블라드의 놀라운 공감 능력에 취했다. 상황에 즉시 몰입한 알렉산더 역의 베르틸이 무엇보다도 훌륭했는데, 호기심과 두려움이 뒤섞인 복잡한 상태를 어린아이 특유의 방식으로 감동적이고도 진실하게 표현했다.

리허설이 순조롭게 진행된 까닭에 분위기는 전반적으로 침착하면서도 흥겨웠다. 우리의 창의성이 덩실댔다. 또한 안나 아스프가 만들어 준 공간은 우리에게 힘을 북돋고, 스벤 뉘크비스트는 형언하기 어려운 직관으로 자신의 특색이 잘 드러나게끔 조명을 배치했다. 어쩌면 세계에서 가장 훌륭하다고 해도 과언이 아닐 조명 감독의 면모일 텐데, 그에게 어떻게 해내는지 누가 물으면 몇 가지 간단한 기본 규칙만을 짚고 넘어갈 뿐이다.(내 연극 작업에도 도움이 되었다.) 그는 막상 비결이라는 게 뭔지도 모르고, 설령 그런 게 있다고 한들 설명하기를 싫어한다. 어떤 이유로든 방해, 압박을 받는다고 느끼거나 불편한 기분이 들면 모든 것이 틀어져서 처음부터 다시 시작해야 한다. 우리의 협력에서는 신뢰와 전적인 안정감, 확신이 최우선이다. 우리가 두 번 다시 함께 작업하지 못할 수도 있기에 때때로 서글픔이 밀려온다. 아무래도 그런 날을 생각하면 슬퍼진다. 강인하고 주체적이며 창의적인 사람들과 똘똘 뭉쳐 일할 때 비로소 가슴이 벅차오른다. 다시 말해 배우, 촬영 보조, 전기 기사, 제작부장, 소품 담당자, 분장사, 의상 디자이너 같은 모든 인물이 모여 있을 때 나날이 열매가 익어 간다.

그게 뭐든 혹은 누구든 가리지 않고 미련이 크게 남기도 한다. 페데리코 펠리니는 영화 촬영도 삶의 방식이라 했는데 그 말이 이해된다. 예컨대 그 감독과 함께 작업했던 아니타 에크베리의 일화에도 공감한다. 「달콤한 인생」에서 이 여자 배우는 마지막 장면을 스튜디오에 세워 둔 자동차에서 찍었는데, 영화 촬영이 다 끝나자 울음을 터뜨리고 운전대를 붙잡은 채 내리지 않고 버텼다. 결국 약간 완력을 써서 그녀를 스튜디오 밖으로 데리고 나가야 했다.

영화감독이 되면 때로 특별한 행복감을 맛본다. 연습하지 않은 표정이 찰나에 탄생하고 카메라는 그걸 포착한다. 바로 그날 일어난 일이다. 준비도 연습도 없던 알렉산더는 얼굴이 하얗게 질려 괴로운 낯빛을 그대로 드러냈다. 카메라는 그 순간을 놓치지 않았다. 이전에 본 적이 없던, 결코 파악되지 않은 그 고통은 몇 초 머물다가 다시는 돌아오지 않았다. 하지만 필름 조각 속에 그 순간이 담겼다. 이를테면 내가 몇 달에 걸쳐 지겨울 만큼 흐트러짐 없이 매진한 일이 성과를 거둔 셈이었다. 어쩌면 나는 이런 찰나를 기다리며 사는지도 모른다.

진주조개를 캐는 어부처럼.

1944년에 나는 헬싱보리 시립 극장의 감독으로 일하고 있었다. 오랫동안 스벤스크 필름인두스트리(Svensk Filmindustri) 영화사에서 대본 수정과 운문 담당자로 일했고, 내가 쓴 각본으로 알프 셰베리 감독이 「고뇌」라는 영화도 만들었다.[9] 나는 그곳에서 재능은 있지만 성격이 껄끄럽다고 여겨졌는데, 그 영화사와 맺은 일종의 독점 계약은 딱히 금전적 이득은 되지 않으면서 다른 영화사와 일하는 데 방해만 됐다. 그런데 사실 그 조항은 그리 치명적이지 않았다. 「고뇌」가 어느 정도 성공을 거뒀음에도 나는 다른 영화사에서 딱히 연락을 받은 적이 없었다. 이따금 전화를 걸어 오던 영화 제작자 로렌스 마름스테트는 곰살갑고 능글맞은 말투로 내가 스벤스크 필름인두스트리 영화사 직원으로 오래 머무는 일이 과연 가치 있을지 물으면서, 자기가 장차 토사구팽당하기 전에 나를 훌륭한 영화감독으로 만들어 줄 수 있으리라고 말했다. 나는 마음이 갈팡질팡했는데 결국 권위에 묶여 영화사에 남기로 마음먹었다. 회사 대표 칼 안데르스 뒴링은 아버지처럼 나를 대하면서도 다소 윗사람 행세를 했다.

어느 날, 내 책상 위에 누가 희곡 하나를 가져다 놓았다. 덴마크 삼류 작가가 쓴 「어미 동물(Moderdyret)」이라는 작품이었다. 뒴링은 나에게 그걸 각색해 보라고 제안했다. 대본이 승인되기만 하면 내 첫 영화를 만들게 될 터였는데, 희곡을 읽어 본 감상은 처참했다.

9] 1944년작으로 스웨덴어 원제 'Hets'는 '박해'나 '광란'이라는 뜻인데, 국내에서는 영어 제목 'Torment'에 따라 대개 '고뇌'로 알려져 있다.

하지만 나는 투자를 받을 수 있다면 전화번호부라도 영화화할 기세였기에, 보름 만에 각본을 써서 승인을 받았다. 영화는 1945년 여름에 만들기로 했다. 그때까지는 다 잘 굴러갔다. 나는 기쁨에 들떠 제정신이 아니었고 당연히 현실을 직시하지 못했다. 그 결과, 남들과 나 스스로가 신나게 파 놓은 구덩이라는 구덩이에 모조리 처박히며 곤두박질치고 말았다.

스톡홀름 로순다 구역에 있던 필름스타덴[10] 영화 스튜디오는 1940년대에 해마다 영화를 스무 편에서 서른 편까지 만들던 공장이었다. 그곳엔 전문 지식과 기술뿐만 아니라 장인 정신에 바탕을 둔 전통과 판에 박힌 일 그리고 보헤미안 기질이 깃들어 있었다. 무명 대본 작가로 일하는 동안 나는 스튜디오와 필름 보관소, 현상소, 편집실, 음향 부서, 매점에서 많은 시간을 보냈기에 그곳의 장소와 사람들을 훤하게 꿰고 있었다. 나도 금세 세계 최고의 영화감독으로 자리매김할 수 있으리라는 기대감마저 들었다.

내가 몰랐던 점은, 회사가 계약직 배우들을 주로 활용하는 싸구려 B급 영화를 만들려고 했다는 것이었다. 어지간히 실랑이를 벌인 뒤에야 겨우 잉아 란드그레와 스티그 올린을 데리고 시험 삼아 영화를 만들어도 좋다는 허가를 받았다. 군나르 피셰르가 촬영을 했다. 우리는 동갑이고 열의가 넘쳤으며 서로 죽이 잘 맞았다. 그럼에도 영화를 찍는 데 오래 걸렸다. 필름을 보자 내 열정은 끝없이 커졌다. 나는 흥분한 채 헬싱보리에 머물던 아내에게 전화를 걸어 수화기에 대고 소리쳤다. "이제 셰베리, 몰란데르, 드라이어 같은 감독들은 짐을

10] 필름스타덴(Filmstaden)은 '영화 도시'라는 뜻이다.

싸야 돼. 드디어 잉마르 베리만이 나타났으니까.”

내가 자신만만히 입에 거품 물고 떠벌리고 다니던 그새를 틈타 회사는 촬영 감독 군나르 피셰르를 갈아 치웠다. 그의 후임자로 촬영을 맡은 상처투성이 사무라이, 예스타 로슬링은 드넓은 하늘에서 아름답게 빛나는 구름을 필름에 수놓은 여러 단편 영화로 명성을 얻었는데, 전형적인 다큐멘터리 감독이었다. 그런고로 스튜디오에서 일한 적이 거의 없었다. 조명만 놓고 보면 상대적으로 초짜나 다름없었고 장편 영화도 경멸했으며 실내를 몹시 싫어했다. 첫 만남부터 우리 둘 다 상대방이 마음에 들지 않았다. 서로 꺼림칙했던 우리는 빈정거림과 무례함으로 불안감을 숨겼다.

촬영 첫날은 악몽 같았다. 나는 내가 도저히 숙달하지 못할 장비를 어쩔 수 없이 다루고 있음을 금세 깨달았다. 내가 바득바득 우겨서 주연을 맡긴 당뉘 린드가 사실 영화배우도 아니고 경험도 모자란다는 사실을 눈치챘다. 모두가 내 무능을 간파해 버렸음을 뼈저리게 받아들였다. 나는 나에 대한 불신을 내색하는 이들을 업신여기고 버럭버럭 성질부리며 맞섰다.

노력의 결과는 참담했다. 게다가 카메라 고장으로 일부 장면은 흐릿하게 찍혔다. 음향은 끔찍하고, 배우들의 대사도 도통 알아듣기 힘들었다.

나를 제쳐 두고 물밑 작업이 활발했다. 스튜디오 경영진은 영화를 접거나 감독과 주연 배우를 교체해야 하는 상황을 벌써 고려하고 있었다. 삼 주간의 고생을 겪은 뒤, 나는 휴가 중이던 칼 안데르스 딤링이 보낸 편지를 받았다. 내가 그동안 찍은 것을 보니 아주 좋지는 않아도 전망은 있는 듯싶으니 처음부터 다시 시작하자고 제안했다. 나는 오랫동안 내 가녀린 몸뚱이를 가까스로 지탱하고 있던 함정 뚜껑을 알아채지 못한 채 그 제안을 감사히 받아들였다.

우연인 듯 빅토르 셰스트룀[11]이 내 앞에 슬슬 모습을 드러냈다. 그는 내 목덜미께를 꽉 잡은 채 스튜디오 밖의 아스팔트 바닥 위를 오가곤 했다. 그가 긴긴 침묵을 지키다가 느닷없이 던진 얘기는 쉽게 이해할 수 있었다. 자네는 장면을 연출하는 게 너무 까다로운데 그러면 자네든 로슬링이든 감당 못 할 만큼 꼬이게 돼. 더 단순하게 작업하라. 배우들이 좋아하는 대로 정면에서 찍는 게 가장 낫다. 사람들과 다퉈 봤자 다들 기분만 상하고 작업도 개판이 될 뿐이다. 모든 요소가 다 중요해지면 관객은 숨이 막힌다. 도입부가 꼭 도입부처럼 보일 필요야 없지만 도입부처럼 다뤄야 한다……. 내 목덜미를 붙들고 구체적이면서도 객관적으로 조언했고, 내가 아주 언짢은 내색을 비쳐도 화를 내지 않았다. 우리는 아스팔트 길을 빙빙 돌며 왔다 갔다 했다.

그해 여름은 더웠다. 유리 지붕이 덮인 촬영소에서 보낸 나날은 힘겹고 암울했다. 나는 스톡홀름 구시가 감라스탄 구역의 하숙방에서 살았다. 밤마다 침대에 털썩 쓰러져 불안과 수치심에 마비된 듯 누워 있었다. 해 질 녘에는 싸구려 식당에 가서 저녁을 먹었다. 그런 다음 영화관에 갔다. 늘 영화관에 가서 미국 영화를 보며 생각했다. 나도 저걸 배워야겠는걸. 저러면 카메라 움직임이 간단해져서 로슬링도 충분히 해낼 거야. 컷이 괜찮으니까 기억해 둬야겠어.

토요일이면 술집에서 껄렁패들과 시비가 붙어 싸움박질을 하다가 쫓겨났다. 임신 중이던 아내가 언젠가 찾아왔는데 부부 싸움만

11] Victor Sjöström(1879~1960). 스웨덴의 무성 영화 시대를 대표하는 감독으로, 잉마르 베리만보다 마흔한 살 손위이다.

하고 돌아가 버렸다. 나는 희곡들을 읽으며 헬싱보리 국립 극장의 다가오는 시즌도 준비했다.

우리는 하고많은 곳 중에서 헤데모라를 촬영지로 잡았다. 이유는 나도 모르겠다. 어쩌면 그해 여름, 북쪽으로 몇 마일 떨어진 보름스에 머물던 부모님 앞에서 내 모습을 뽐내고 싶은 욕구가 은연중 드러났을지도 모른다. 우리는 길을 나섰다. 당시에는 마치 아프리카 탐험이라도 떠나듯이 수많은 사람과 자동차, 발전기, 음향 장비 버스가 동원됐다. 우리는 헤데모라 시영 호텔에 여장을 풀었다.

그러자 두 가지 일이 일어났다.

날씨가 확 바뀌어 비가 쉴 새 없이 퍼부었다. 마침내 실외로 나갈 수 있게 된 로슬링은, 흥미로운 구름은 전혀 없이 오직 잿빛 하늘만이 보이자 호텔 방에 눌러앉아 고주망태가 된 채 촬영을 거부했다. 거듭 깨달았다시피 나는 확실히 스튜디오에서 작업반장으로서도 구제 불능이었지만 비 내리는 헤데모라에서는 아예 꾸어다 놓은 보릿자루였다.

촬영팀 대부분은 호텔에 머물며 카드놀이를 하고 술을 퍼마셨다. 나머지는 외로움과 지루함을 느끼거나 울적해했다. 모두 한마음 한뜻으로 우중충한 날씨마저 감독 탓이라며 나를 책잡았다. 날씨운이 좋은 감독도 있고 나쁜 감독도 있다. 이번에 나는 후자였다.

어쩌다 다들 후딱 뛰쳐나가 카메라 트랙을 깔고 볼품없는 조명을 설치하고 발전기와 음향 장비를 실어 나르고 무거운 파르보 카메라를 삼각대에 올리고 배우들과 리허설을 하고 딱딱이를 치고 촬영에 들어가면 또다시 비가 억수같이 쏟아졌다. 우리가 문 앞에서 기다리거나 차에 들어가거나 빵집에서 죽치면 `비는 줄기차게 내리고 하늘은 어둑해졌다. 끝내 호텔로 돌아가서 저녁을 먹을 시간이 됐다.

더러 햇살이 조금 내려와 겨우 찍을 만한 장면이 나오면 나는 너무 얼떨떨하고 격앙되어 정신이 온전한 목격자들이 보기에 꼭 미치광이처럼 굴었다. 꽥꽥 상소리를 내뱉으며 길길이 날뛰다가 구경꾼들에게 욕지거리를 퍼붓고 헤데모라를 탓하며 악다구니를 부렸다.

저녁에는 호텔 주변에서 고성방가로 소란을 벌여 경찰 출동이 다반사였다. 호텔 지배인은 우리를 내쫓겠다고 엄포를 놓았다. 마리안 뢰프그렌은 레스토랑의 테이블 위에서 신나고 멋지게 캉캉 춤 솜씨를 발휘하다가 바닥에 자빠져 마룻바닥을 깨기도 했다.

3주가 흐르자 진력이 난 지역 유지들이 스벤스크 필름인두스트리 영화사의 경영진 측에 연락하여 제발 이 미친 인간들을 데려가 달라고 사정사정했다.

이튿날 우리는 즉각 철수하라는 명령을 받았다. 스무 날 동안 촬영하면서 스무 개의 장면 중 고작 네 개만을 건졌다.

나는 뒴링에게 불려 가서 가차 없이 물어뜯겼다. 나보고 영화를 때려치우라며 대놓고 닦아세웠다. 빅토르 셰스트룀이 관여했을지도 모르지만 알 길은 없다.

이것만으로도 충분히 힘들었지만 설상가상으로 일이 꼬였다. 영화에는 미용실이 나오는데, 대본에 따르면 버라이어티쇼 극장과 접해 있어서 저녁엔 음악과 웃음소리가 들린다. 나는 스톡홀름에서 적당한 장소를 찾을 수 없으니 길거리 세트를 재현해야 한다고 우겨 댔다. 내가 아무리 제정신이 아니었어도 짓는 데 큰돈이 든다는 걸 모르지는 않았다. 그러나 내 심상 속에는 신문지에 덮인 야크[12]의 피투

12] 1946년, 잉마르 베리만이 감독으로 데뷔한 영화 「위기(Kris)」의 남자 주인공 스티그 올린이 맡은 배역의 이름이다.

성이 머리, 반짝이는 극장 네온사인 간판, 예술적인 가발을 쓴 밀랍 인형의 뻣뻣한 표정이 보이는 미용실의 불 켜진 창, 빗물에 씻긴 아스팔트, 배경의 벽돌담이 있었다. 나는 나만의 거리 한 토막을 가지려 했다.

놀랍게도 프로젝트는 별도의 논의 없이 대규모 건설 공사로 진행되었다. 스튜디오 본관으로부터 백 미터 떨어진 공터에서 곧장 첫 삽을 떴다. 나는 종종 공사장을 찾아갔고 이 거액의 사업을 성공적으로 추진했다는 게 매우 자랑스러웠다. 서로 찌그럭거리고 말썽도 있었지만 경영진이 내 영화를 믿는다고 여겼다. 내가 미처 몰랐던 바는 내 거리 세트가 출세에 환장하는 스튜디오 경영진의 손에서 잘 작동하는 무기, 나뿐만 아니라 오랫동안 나의 뒷배였던 뒴링을 겨냥한 무기가 되리라는 점이었다. 무소불위의 힘을 행사하는 본사와 영화를 제작하는 필름스타덴 스튜디오 사이에는 항상 팽팽한 긴장감이 흘렀다. 값비싸기만 하고 아무런 실속도 없는 길거리 세트 제작비는 내 영화 예산에서 충당해야 했으므로 그 비용을 도무지 감당할 수 없게 됐다. 그러자 다들 만족했고 보도(步道)는 포장됐다.

촬영은 순조롭게 굴러가지 않았다. 첫 장면은 어두워진 가을 저녁에 찍었다. 전신 촬영이었다. 카메라는 3미터 높이의 비계 위에 있었다. 극장 간판이 번쩍이는 가운데 야크는 총으로 자살했고 마리안 뢰프그렌은 주검 위에 엎드려 온몸에 소름이 끼치도록 비명을 질렀다. 구급차가 달려오고 아스팔트가 번득거리고 미용실 마네킹들이 빤히 쳐다봤다. 나는 비계를 꼭 붙들고 있느라 어지러웠지만, 이것이 모두 나의 창조물이자 내가 예견하고 계획하고 성취한 현실이라는 권능감에 도취됐다.

그러나 진정한 현실은 빠르고 모질게 한 방을 먹였다. 카메라를 밑으로 내리려고 촬영 보조가 비계 끄트머리에 서서 또 다른 보조원과 함께 카메라를 드는데, 비계가 탁 풀리면서 그들은 무거운 카메라를 안은 채 땅바닥으로 곤두박질쳤다. 정확히 무슨 일이 벌어졌는지는 기억나지 않는다. 현장에는 구급차가 출동해 부상자를 즉시 카롤린스카 병원으로 이송했다. 촬영팀은 동료가 죽었거나 죽어 간다고 확신하며 다들 촬영 중단을 요구했다.

나는 패닉에 빠져 손사래를 쳤다. 그러고는 야간 촬영을 할 때는 다친 사람을 비롯해 모두가 늘 술에 절어 있고(일부는 사실), 내 주위에는 양아치나 어중이떠중이 같은 녀석들밖에 없으며, 병원 측에서 부상자가 죽었다고 알려 줄 때까지 촬영을 계속할 거라고 고함을 질렀다. 나는 제작진이 성의가 없고 해이하고 나태하다고 면박을 줬다. 아무도 대꾸하지 않았고 갑갑한 스웨덴식 침묵이 나를 둘러쌌다. 촬영이 중단 없이 이어지며 영화는 일정대로 완성됐지만 내가 상정한 얼굴, 사물, 몸짓의 지향성은 모두 지워졌다. 나는 이를 견디지 못해 어둠 속으로 내뺐고, 분노와 실망감으로 눈물을 흘렸다. 도저히 이겨 낼 수가 없었다.

나중에 그 일은 잠잠해졌다. 부상자는 심하게 다치지 않았고 역시 술이 덜 깬 상태였던 것이다.

하루하루가 느릿느릿 흘러갔다. 로슬링은 이제 대놓고 적대감을 드러내며 내가 제안하는 카메라 설정을 조롱했다. 현상소에서는 촬영한 영상을 너무 밝거나 너무 어둡게 처리했다. 웃음이 무척 많고 늘 내 등을 툭툭 두드리던 조감독은 나와 동갑이었는데, 이미 영화도 한 편 만든 상태였다. 나는 휴식과 작업 시간을 두고 전기 주임 기술자와 거푸 언쟁을 벌였다. 그나마 남았던 업무 규율도 사라져 사람들은 내키는 대로 출퇴근을 했다. 나는 찬밥 신세였다.

    그래도 부화뇌동하지 않은 친구 덕에 철저한 따돌림은 면했다. 영화 편집자 오스카르 로산데르였다. 그는 가위가 사람으로 환생한 듯 모든 것이 날카롭고 경계가 선명했다. 점잔 빼는 남부 지방 말투였고 영국식 허영심도 어지간했는데, 감독과 스튜디오 경영진, 본사의 거물들에게 콧방귀를 뀌기도 했지만 악감정은 없었다. 박식했으며 포르노를 대단히 많이 수집해 소장하고 있었다. 그의 인생에서 최고의 황금기는 스벤스크 필름인두스트리에서 가끔 단편 영화를 만들던 빌헬름 왕자와 협업하던 때였다. 모두가 오스카르를 조금 무서워했는데, 서글서글하다가도 언제 살벌하게 바뀔지 아무도 몰랐기 때문이다. 여자를 대할 때는 구식 신사 같은 공손함을 갖추되 거리를 뒀다. 남들 말로는 23년 동안 사시사철 일주일에 두 차례씩 매번 같은 창녀를 만나러 홍등가를 들락거렸다고 한다.

    촬영을 마치고 내가 분노와 실망감에 젖어 피눈물을 흘리며 찾아가면 그는 짐짓 부루퉁하게 맞이하면서도, 호의적인 객관성으로 뭐가 나쁘고 형편없거나 마뜩잖은지 기탄없이 지적했다. 하지만 자신이 생각하기에 좋은 점이 있으면 나를 칭찬했다. 편집은 촬영하는 순간에 이루어지고 리듬은 대본에서 만들어진다는 근본적인 진리를 비롯해 영화 편집의 비결도 알려 줬다. 내가 알기로는 많은 감독이 그 반대로 한다. 오스카르 로산데르의 가르침은 내 밑바탕이 됐다.

    내 영화의 리듬은 대본과 책상에서 구상되고, 카메라 앞에서 비로소 태어난다. 어떤 즉흥이든 나에게는 낯설다. 혹시라도 숙고할 겨를 없이 결정을 내려야 할 때면 진땀이 나면서 두려움에 몸이 굳는다. 나에게 영화 제작이란 세심하게 계획된 환상이자, 살아갈수록 더더욱 환상으로 다가오는 현실의 반영이다.

영화가 기록이 아니라면 그것은 꿈이다. 따라서 타르콥스키는 누구보다도 위대한 감독이다. 누가 봐도 꿈인 공간에서 움직이지만 설명은 하지 않는데, 설명하고 자시고 할 게 없다. 그는 하고많은 매체 중에서 하필 가장 다루기 어렵지만 가장 마음에 드는 것을 통해 자신의 비전을 연출할 수 있었던 관찰자다. 나는 타르콥스키가 당연스레 활개 치던 공간에 들어가려고 한평생 문을 두드려 왔다. 몰래 틈입할 수 있었던 적은 그리 많지 않다. 나는 의식적으로 애썼지만 대부분 당혹스러운 실패로 끝났다. 「베를린의 밤」, 「접촉」, 「고독한 여심」 등.[13]

페데리코 펠리니, 구로사와 아키라, 루이스 부뉴엘은 안드레이 타르콥스키와 같은 동네에서 논다. 미켈란젤로 안토니오니는 그리로 가던 도중에 저 스스로 싫증이 나서 질식해 죽고 말았다. 조르주 멜리에스는 별생각 없이 늘 그 자리에 있었다. 직업이 마술사잖아.

영화라는 꿈, 영화라는 음악. 어떤 예술 형식도 영화만큼 우리 일상의 의식을 뛰어넘고, 우리의 감정을 향해 돌진하고, 영혼이 어둑어둑해지는 방 깊숙이까지 들어가지 못한다. 우리 시신경이 다소 엉성한 덕에 충격 효과를 느낀다. 초당 프레임 스물네 개 사이에 어둠이 있지만 시신경은 인식하지 못한다. 편집실에서 필름 스트립을 한 프레임씩 돌릴 때면, 나는 어린 시절에 체험한, 마치 마법에 걸린 듯이 아찔하던 감각을 여전히 느낀다. 나는 컴컴한 옷장 속에서 필름을 한 프레임씩 천천히 돌리다가 거의 감지할 수 없는 변화가 눈에 띄자 더 빨리 돌렸다. 움직임이었다.

13] 원제는 각각 「뱀의 알(Ormens ägg)」, 「접촉(Beröringen)」, 「얼굴을 맞대고 (Ansikte mot ansikte)」이다.

그림자들은 조용히 있든 말을 하든 주저 없이 나의 가장 비밀스
러운 방으로 돌아선다. 달궈진 쇠붙이 냄새, 흔들리고 어른거리는
이미지, 덜거덕거리는 몰타 십자가, 손에 닿은 크랭크.

사춘기의 핏빛 어둠이 나를 휘감고 몸과 마음을 혼란에 빠뜨리기 전에 나는 행복한 사랑을 경험했다. 내가 보롬스에서 외할머니와 단둘이 살던 그해 여름이었다.

왜 그러기로 했는지는 생각나지 않지만 즐겁고 편안하고 아늑했던 기억은 생생하다. 가끔 손님이 찾아와 며칠간 묵었다가 길을 나섰는데 이로 인해 내 행복감은 고양됐다. 그때 나는 아직 어려 보였고 실제로 어렸으며 아직 변성기에 들어서지 않았지만, 외할머니와 랄라는 나를 '젊은이'처럼 여기고 그에 걸맞게 대접했다. 장작 패기, 솔방울 따기, 접시 닦기, 물 길어 오기 같은 집안일에 의무적으로 참여할 때 말고는 자유라서 마음대로 돌아다녔다. 대부분 나 혼자 보냈고 고독을 즐겼다. 외할머니는 내가 꿈꾸며 지내도록 가만히 놔뒀다. 여전히 우리는 허물없이 대화를 나누고 저녁에 책을 낭독했지만 결코 강요하는 법이 없었다. 전에 없이 내 생활을 스스로 결정하도록 허락받은 것이다. 시간을 엄수하는 일도 그렇게 빡빡하지 않았다. 끼니때에 늦어도 식료품 저장고에는 항상 샌드위치와 우유 한 잔이 있었다.

단지 아침에 일찍 일어나기만을 철석같이 약속했는데, 일요일이든 평일이든 7시면 기상나팔이 울렸다. 냉수마찰은 외할머니가 몸소 감독했다. 손톱을 깨끗이 하고 귀를 씻는 일은 내 자유를 침해하는 것이었지만 납득할 순 없어도 평정한 마음으로 따랐다. 외할머니는 외적 청결이 영혼의 버팀목이자 보약이라고 상상했던 모양이다.

　내 경우엔 아직 문제가 없었다. 성적 관념은 산만했고 어쩌면 막연히 죄책감을 느꼈을지도 모른다. 청소년의 끔찍한 죄는 아직 나에게 닥치지 않았다. 나는 모든 면에서 결백했다. 목사관에서 나를 짓누르던 거짓의 망토가 벗겨진 덕분에, 속을 태우거나 양심의 가책에 시달리지 않고 하루하루를 걱정 없이 살았다. 세상은 이해할 만했고 나는 꿈과 현실 사이에서 휘둘리지 않았다. 신은 침묵했고 그리스도는 피와 음흉한 유혹으로 내게 지분거리지 않았다.

　메르타가 어쩌다 등장했는지 전후 관계는 확실하지 않다. 여러 자녀를 둔 팔룬 출신의 가족은 두프네스와 유르모 지자체가 공동으로 운영하는 템플 기사단 건물 위층을 여름마다 세내고 지냈는데, 겨울이면 그곳에서 학습 활동과 영화 상영이 진행되었다. 건물로부터 몇 미터 떨어진 곳에서 철도가 지나갔고, 집터에는 물웅덩이가 있었다. 비탈길 아래 자리 잡은 작은 제재소가 이용하는 이몬강 물은 하천으로 흘러 나갔다. 거머리가 득시글대는 깊은 연못도 있었는데, 사람들은 그것들을 잡아서 가장 가까운 약국에 팔았다. 다른 무엇보다도 다 쓰러져 가는 잿빛 기계 창고 주위에 무더기로 쌓인 갓 톱질한 목재가 햇볕을 받아 풍기던 냄새가 좋았다.

　형은 오래전부터 자기 또래인 메르타의 오빠들과 어울려 지냈다. 당돌하고 공격적인 이 말썽꾸러기들은 마을 남쪽 끝에 사는 선교원 아이들과 작당해, 마을 토박이 사고뭉치들에게 고사리로 온통 뒤덮인 가파른 언덕에서 한판 붙자고 들이댔다. 거기서 서로 적진에 달려들어 엉겨 붙은 채 돌멩이와 작대기를 들고 쌈박질을 벌였다. 나는 그런 연례행사 같은 싸움판에 끼어들지 않았는데, 걸핏하면 나를 쥐어박던 형을 막아 내기도 벅찼다.

엄청 무덥던 어느 한여름 날에, 나는 랄라의 심부름으로 황무지 너머 강 건너편 오두막집에 갔다. 그곳엔 사시사철 한 노파가 살았는데, 그냥 '이모'라고 불렸지만 이름은 리스쿨라였다. 의술에 능숙하고 치즈를 잘 만들어서 명성을 누리던 전설 같은 인물인데, 몇 년 동안 정신이 나간 상태였다. 세테르 정신 병원에 보내는 건 수치라고 여긴 가족이 그녀를 농장 헛간에 가뒀다. 때때로 울부짖는 소리가 온 마을에 들렸다. 어느 이른 아침, 그 이모가 보롬스에 나타나 문밖에 서서는 양손 사이에 손수건을 쟁반처럼 펴고 그 위에 4크로나를 놓아 달라고 외할머니에게 요구하면서, 돈을 안 주면 길 한복판에 잔가지 더미를 쌓아 놓을 거고, 그러면 살무사가 꼬여 애들 맨발을 물어 버릴 거라고 을러댔다. 외할머니는 리스쿨라를 안으로 들여 음식을 대접하고 돈을 쥐어 줬다. '이모'는 그 돈을 받고 신에게 은총을 내려 주십사 빈 뒤에 형한테 혀를 날름 내밀고는 터벅터벅 길을 나섰다.

어느 추운 겨울날, 리스쿨라는 죽으려고 베스나 근처 그로단강에 몸을 던졌다. 그러나 여객선을 타고 가던 남자들이 그녀를 발견하고 건져 올렸다. 그 뒤로 그녀는 차분해지고 제정신이 돌아왔지만 말수가 줄었다. 그녀는 산속 오두막에 숨어 살며 여름 목장에서 가축들을 보살폈다. 겨울에는 천을 짜고 약초를 끓여 동네 의사가 조제한 탕약보다 훌륭하다는 평도 얻었다.

더운 날이었다. 수련이 깊은 곳에서부터 얽힌 줄기를 타고 솟아오른 스바르트셴 호수의 검푸른 물에서 나는 미역을 감았다. 물은 늘 얼음장처럼 차가웠고, 아무도 탐험하지 않은 지하수로가 강으로 이어지는 호수는 바닥을 모를 만큼 깊다고 알려져 있었다. 호수에서 익사한 소년의 주검이 몇 달 뒤 솔바켄 인근, 물에 띄워 놓은 통나무

울타리에 걸린 채 발견된 적이 있는데, 시체의 뱃속에 그득한 장어가 입과 항문 밖으로 튀어나왔다고 한다.

출입 금지 구역이지만 나는 습지를 가로지르기로 했는데, 익히 아는 오솔길에서 톡 쏘는 냄새가 풍겼고 발가락 사이로 갈색 물이 거품을 뿜었다. 파리와 등에가 작은 구름처럼 떼 지어 나를 따라왔다.

리스쿨라의 오두막은 능선 아래 숲 언저리에 있었다. 남쪽으로는 비탈진 목초지가 넘실댔다. 북쪽으로는 원시림이 산 쪽으로 솟아올랐다. 잘 관리한 축사, 헛간, 안채는 붉게 칠했고, 기와지붕은 새로 깔았으며, 화단도 잘 가꿔 놓았다. 리스쿨라의 가족은 부농이었고, 이제 '이모'가 정신을 차렸으니 명예를 더럽힐 일도 없었다.

노파는 팔척장신에 앞가르마를 탔고 머리는 희끗희끗했으며 눈동자는 짙은 파랑이었다. 굵직한 입매, 커다란 코, 넓은 이마에 귀는 튀어나와서 인상이 강인했다. 리스쿨라가 맨팔과 맨다리로 마당에 서서 나무를 톱질할 때, 메르타는 톱의 다른 쪽 끝을 잡아 주곤했다.

알고 보니 메르타는 적당한 보수를 받고 노파를 도와 소를 돌보거나 집안일을 하려고 거처를 오두막으로 옮긴 상태였다.

나는 창가 앞 접이식 탁자에 앉아 블랙커런트 주스와 샌드위치를 대접받았다. 리스쿨라와 메르타는 레인지 옆에 서서 커피를 접시에 받치고 마셨다. 비좁고 더운 방에서는 시큼한 우유 냄새가 났고 파리가 곳곳에서 기어다니며 윙윙거렸다. 끈끈이에는 파리가 시커멓게 달라붙어 조용히 움직이는 진흙덩이 같았다.

리스쿨라 이모가 랄라 닐손과 외할머니 오케르블롬 부인의 안부를 묻기에, 나는 둘 다 잘 지낸다고 대답했다. 커다란 치즈를 배낭에 넣고 악수한 뒤 고개를 숙이며 환대에 감사를 표했다. 그런 다음 작별 인사를 했다. 이유는 잘 모르겠지만 메르타가 조금 더 배웅을 나왔다.

우리는 동갑내기였지만 메르타는 나보다 키가 머리통 반쯤 더 컸다. 몸통이 넓고 뼈가 앙상했으며, 짧게 자른 꼿꼿한 머리카락은 자주 햇볕을 쐬고 미역 감고 논 탓에 희누렇게 셌다. 입이 좁아 보여도 웃을 때는 귀밑까지 찢겨 올라갔는데, 튼튼하고 새하얀 치아가 드러났다. 놀란 듯한 눈동자는 밝은 파란색에, 눈썹은 머리카락처럼 밝고, 코는 길고 곧으며 끄트머리가 조금 뭉툭했다. 어깨는 튼튼하고 엉덩이는 판판했으며 그을린 기다란 팔다리는 황금빛 솜털로 덮여 있었다. 몸에서 늪지처럼 톡 쏘는 헛간 냄새가 났다. 원래 파랗던 원피스는 물이 빠지고 해졌다. 겨드랑이 아래와 어깻죽지 사이엔 땀자국이 짙었다.

사랑은 로미오와 줄리엣처럼 순식간에 불타올랐다. 그들과의 차이점이라면, 우리는 키스는커녕 서로 만질 생각조차 하지 않았다는 것이다.

나는 심부름이 오래 걸린다며 핑계를 대고 아침 일찌감치 보롬스를 나서서 해거름이 돼야 돌아오기를 며칠 동안 이어 갔다. 결국 외할머니가 따져 묻기에 이실직고했더니, 아침 9시부터 저녁 9시까지 마음대로 돌아다녀도 좋다고 지혜롭게 허락해 주셨다. 외할머니는 한술 더 떠서 메르타가 언제든지 보롬스에 놀러 와도 좋다고 했는데, 메르타의 남동생들이 우리 둘 사이의 열정을 금세 눈치채는 바람에 그 호의는 거의 누리지 못했다. 어느 날 오후, 우리는 이몬강까지 가서 낚시를 감행했다. 서로 손도 대지 않은 채 찰싹 붙어 앉아만 있었는데, 어느 악동 패거리가 덤불에서 불쑥 나타나더니 얼레리

꼴레리 노래를 불렀다. 나는 무리에 달려들어 몇 놈이랑 치고받았지만 결국 흠씬 두들겨 맞았다. 메르타는 말리러 오지 않았다. 내가 얼마나 스스로 곤경을 잘 헤쳐 나가는지 보고 싶었던 것 같다.

　　메르타는 말이 없었고 주로 내가 말을 했다. 우리는 결코 서로를 만지지 않았지만, 앉거나 눕거나 서로 가까이 서서 몸에 생긴 딱지를 핥거나 모기 물린 곳을 긁었고, 날씨에 상관없이 미역을 감았다. 그토록 수줍어했음에도 같이 벌거벗었다는 점은 그리 신경 쓰지 않았다. 나는 오두막집 허드렛일도 할 수 있는 데까지 도왔으나 소들이 조금 무서웠다. 사냥개도 나를 시샘하듯 지켜보며 내 다리를 물어뜯기도 했다. 때때로 메르타는 지청구를 들었다. '이모'는 집안일을 맡기면 잘했는지 꼼꼼히 따졌는데, 언젠가 메르타가 따귀를 맞고 대성통곡을 했다. 내가 달랠 길은 딱히 없었다.

　　메르타는 조용했고 주로 내가 이야기했다. 지금의 아버지는 진짜 아버지가 아니고, 나는 안데르스 드 발이라는 유명 배우의 아들이라고 얘기했다. '베리만 목사는 나를 미워하고 핍박하는데, 이해할 만해. 내 어머니는 여전히 안데르스 드 발을 사랑해서 그의 초연을 모두 지켜봤으니까. 언젠가 극장 밖에서 아저씨를 만난 적이 있는데, 눈물이 그렁그렁해서 나를 바라보았어. 그러고는 이마에 뽀뽀를 해 주더니 또랑또랑한 목소리로 아들인 나에게 신의 은총을 빌어 주었지. 메르타, 너도 라디오를 켜면 「새해의 종」을 낭독하는 목소리를 들을 수 있어! 안데르스 드 발이 내 아버지이고 나는 졸업하자마자 왕립 연극 극장의 배우가 될 거야.'

　　내가 외할머니의 낡은 자전거를 철교 너머로 끌고 나오면, 우리는 그걸 타고 숲 아래 구불구불한 길을 따라 비틀거리며 나아갔다.

메르타가 페달을 밟고, 나는 짐받이에 앉아 안장 스프링을 꽉 붙잡았는데, 손가락이 점점 굳어 갔다. 우리는 렌헤덴에서 열린 부흥회에 갔는데, 메르타는 독실해서 힘찬 목소리로 믿음 가득한 찬송가를 불렀다. 나는 신과 예수가 싫었고, 특히 예수의 어조와 감상적인 성찬과 역겨운 피 타령이 싫어서 몸서리칠 수밖에 없었다. 신은 존재하지 않으며, 그 존재를 누구도 증명할 수 없다. 만약 존재한다면 분명히 소름 끼치고 좀스럽고 뒤끝 있고 편파적인 신일 터다. 그렇다고! 구약성경만 읽어도 신은 자신의 모든 영광으로 나타나는 게 보이잖아. 그런데도 사람들을 사랑하는 사랑의 신이라니. 스트린드베리 말마따나 세상은 똥통이니까!

능선 위로 하얀 보름달이 뜨고 작은 연못에 피어오른 안개는 가만했다. 내가 그렇게 떠벌리지만 않았다면 완벽한 침묵이었을 텐데, 메르타에게 죽음이 두렵다는 얘기를 하지 않을 수 없었다. 교구의 늙은 목사가 갑자기 세상을 떠났는데, 장례식 날, 뚜껑 열린 관 속에 누워 있었다. 손님들은 옆방에서 와인을 마시고 과자나 케이크를 먹었다. 날이 뜨뜻했다. 주검 주위에선 파리들이 윙윙거렸다. 질병으로 아래턱과 윗입술이 삭아서 얼굴은 하얀 천으로 덮여 있었다. 짙은 꽃향내를 뚫고 들척지근한 고린내가 풍겼다. 그때 지옥에 갔던 목사가 벌떡 일어나 앉더니, 얼룩진 천을 찢고 썩어 가는 얼굴을 보이다가 이내 옆으로 쓰러졌다. 그러는 바람에 관이 뒤집히며 몽땅 바닥에 떨어지고 말았다. 목사 부인이 남편 좆에 금반지를 끼우고 똥구멍에 골무를 박아 넣은 모습이 보였다. "진짜라니까, 메르타, 내가 거기 있었다고. 못 믿겠거든 함께 있던 형한테도 물어봐. 물론 형은 기절했지만. 아니, 죽음은 무시무시해. 그 뒤에 어찌 될지 모르잖아. 내 아버지의 집에 거할 곳이 많다는, 예수의 말을 나는 믿지 않아. 어쨌든 고마운 일이야. 기껏 내 친부의 집에서 탈출했는데, 굳이 더 나쁜 집에서 살기는 싫거든." 죽음은 풀리지 않는 공포다. 죽음은 고통스럽기보다 깨어날 수 없는 흉측한 꿈으로 가득하기 때문이다.

어느 날 온종일 추적추적 비가 내렸다. 리스쿨라 이모는 복통을 앓던 이웃 사람한테 병문안을 갔다. 비좁고 후덥지근한 방에 우리만 단둘이 남았다. 날은 따뜻했고, 빗방울이 다락방 위에서 쏴쏴 쏟아지며 작은 창문들로 흘러내렸다. "이 비가 내리고 나면 이제 완연한 가을이라고." 메르타가 말했다. 우리가 함께할 나날이 조만간 끝나서 헤어질 수밖에 없다는 사실을 문득 깨달았다. 메르타가 탁자 위로 몸을 숙이고 입에서 우유 단내를 풍기며 말했다. "7시 15분에 볼렝에서 화물 열차가 오는데, 여기서도 그 소리가 들려. 그러면 네 생각을 할게. 열차가 보롬스를 통과할 때면 너한테도 들리고 보일 거야. 그때 날 생각해야 돼."

메르타가 햇볕에 그을린 널따란 손을 내미는데, 이로 물어뜯고 때가 낀 손톱들이 보였다. 내가 손을 포개자 메르타가 꼭 감쌌다. 나는 서글픔에 짓눌려 마침내 말문이 막혀 버리고 말았다.

가을이 오자 우리는 신발과 양말을 신고 다녀야 했다. 우리는 순무 캐기를 도왔고, 사과도 익었으며, 바야흐로 서리가 내려 천지 만물이 유리처럼 변했다. 템플 기사단 건물 밖의 작은 호수에 살얼음이 끼자 메르타의 어머니는 짐을 꾸리기 시작했다. 한낮에는 햇볕이 따사했지만, 날이 저물면 매우 쌀쌀해졌다. 밭에서는 쟁기질을 하고 곡간에선 탈곡기 소리가 요란했다. 우리도 때때로 일손을 보탰지만 딴 데로 새서 노는 것이 훨씬 좋았다. 어느 날 우리는 베릴룬드의 배를 빌려 강꼬치고기 낚시를 했다. 나는 큰 놈을 낚느라 손가락을 물렸다. 랄라가 고기의 배를 가르자 결혼반지가 나타났다. 외할머니가 돋보기로 들여다보니 반지에 '카린'이라는 이름이 새겨져 있었다. 아버지는 몇 해 전에 임멘 부근에서 반지를 잃어버렸다. 그렇다고 꼭 그게 같은 반지라는 법은 없었다.

축축하고 춥던 어느 날 아침, 외할머니가 우리를 두프네와 유르모 중간쯤에 자리한 가게로 심부름을 보냈다. 늙은 말을 팔러 마침 같은 길을 가던 베릴룬드의 아들이 우리를 태워 줬다. 우리는 뒤쪽 짐칸에 앉았는데, 곳곳이 빗물로 움푹 파인 길이라서 느릿느릿 털털거리며 나아갔다. 지나가거나 마주치는 자동차를 헤아려 보니 두 시간에 석 대였다. 가게에서 산 물건을 배낭에 담고, 두 다리로 걸어서 집에 돌아왔다. 옛 선착장에 이르자 우리는 뭍으로 흘러든 검은 통나무 위에 앉아 청량음료를 마시며 샌드위치를 먹었다. 나는 메르타에게 '사랑의 본질'을 얘기했다. 나는 영원한 사랑을 믿지 않고, 스트린드베리가 『펠리컨』에서 말했듯 인간의 사랑은 본디 이기심이라고 단언했다. 또 남자와 여자 사이의 사랑은 대부분 음욕이라고 주장했다. 매주 목요일 밤, 성찬식이 끝난 뒤 내 아버지가 성구실 안에서 반반하지만 살찐 여인과 사랑을 나눈다고도 이야기했다.

청량음료를 싹 비우고 메르타가 병을 강물에 던졌다. 나는 문학에 나오는 비극적인 연인들 얘기를 하며 신중히 박학다식을 뽐냈다. 그러다 느닷없이 의기소침해지고 머리가 핑 돌아서, 나는 당황한 채 메르타한테 내가 너무 수다스럽지 않은지 물었다. "아니, 전혀 그렇지 않은데." 메르타가 진지하게 고개를 가로저으며 말했다. 나는 한참 침묵을 지키며 나만의 에로틱한 체험을 뻥튀기해 볼까 했지만 점점 속이 메스꺼워졌다. 급기야 누가 음료수에 독을 탄 건 아닐까 하는 생각마저 들었고, 길가의 비탈진 풀밭에 드러누울 수밖에 없었다. 차디찬 가랑비가 내리기 시작했다. 건너편 강둑은 안개에 파묻혔다.

어느 날 밤에 눈이 왔다. 강물은 더욱 컴컴해지고 초록과 노랑 빛깔은 자취를 감췄다. 바람이 잦아들고 온통 정적에 휩싸였다. 어스름했지만 지상에서 올라오는 설광이 무방비 상태의 눈망울에 부딪혀 실명할 지경이었다. 우리는 템플 기사단 건물을 향해 철둑길을 따라 걸었다. 잿빛 제재소는 흰 눈의 무게에 짓눌려 지붕이 부서지고, 적막하게 잔뜩 웅크리고 있었다. 들릴 듯 말 듯 연못이 촐랑이고, 닫힌 출입문 가장 가까운 곳에 살얼음이 잡혔다.

우리는 입도 못 떼고, 서로 쳐다볼 엄두조차 못낸 채 너무나도 가슴이 미어졌다. 악수를 하고, 어쩌면 내년 여름에 또 만날 거라며 작별 인사를 나눴다.

메르타가 휙 돌아서서 냅다 달려갔다. 나는 철둑길을 따라 보름스로 돌아오며 당장 기차가 온다면 차라리 치여 죽는 편이 낫겠다고 생각했다.

1976년 1월 30일 금요일, 스트린드베리의 「죽음의 춤」 리허설을 재개했다. 안데르스 에크는 몇 주 동안 앓다가 이제 완쾌됐다고 스스로 말했다.

예정에 없이 며칠 동안 출근하지 않은 김에 나는 작가 울라 이삭손, 감독 군넬 린드블롬과 함께 울라의 소설을 원작으로 한 「천국의 광장(Paradistorg)」 대본 작업을 했다. 이 영화는 내가 차린 회사 시네마토그라프에서 제작할 참이었고, 촬영은 5월에 들어갈 예정이었다. 우리는 계약서를 작성하고 촬영지를 물색하는 등 준비 작업으로 모두 바빴다. 내 텔레비전 드라마 「고독한 여심」이 막 완성됐다. 장편 영화 버전은 주말에 미국에서 찾아온 투자자들에게 상영할 계획이었다. 몇 달 전에는 디노 드 로렌티스가 제작할 「베를린의 밤」 대본을 마무리했다.

나는 좀 주저주저하면서 서서히 미국으로 눈을 돌리기 시작했다. 물론 그 이유는 나도 그렇고 시네마토그라프 영화사에도 더 큰 자금이 생겼기 때문이다. 다른 사람이 감독을 맡고, 미국에서 대는 자본으로 고품질 영화를 제작할 기회가 급격히 늘었다. 나는 제작자 노릇이 특히 즐거웠는데, 돌이켜 보면 그다지 잘 해낸 것 같지는 않다. 시네마토그라프는 수년 동안 절친한 친구이자 동료였던 두 사람이 기둥 역할을 해 준 덕분에 잘 버텼다. 라르스오베 칼베리(1953년 「톱밥과 금속 조각」[14]부터 협력)는 어지간한 행정 업무를 다 관리해 주었고, 카틴카 파라고(1954년 「여자의 꿈(Kvinnodröm)」)는 점점 바빠지던 촬영 활동을 담당했다. 우리는 산드레브 영화사로부터 아름다운 1700년대 저택의 꼭대기 층을 임대해서, 그곳에 상영실과 여러 편집실, 주방을 갖추고 집처럼 편안한 느낌을 주는 널찍한 사무실을 마련했다.

국세청에서 정중하고 차분한 신사 두 명이 회사로 찾아와 달포쯤 세무 조사를 했다. 잠시 비워 놓은 우리 사무실 중 한 곳에 자리를 잡고 장부를 점검했다. 그들은 내가 스위스에 세운 페르소나필름 영화사도 조사하고자 했으므로, 우리는 곧장 모든 장부를 스웨덴으로 보내 달라고 요청했다. 그러고는 그들에게 넘겼다.

텅 빈 사무실의 조용한 남자들에게 아무도 신경 쓸 겨를이 없었다. 내 일지를 보니, 1월 22일 목요일에 국세청에서 두툼한 조사 보고서를 보내왔다. 나는 읽지도 않고 바로 변호사에게 전달했다.

나는 몇 해 전인 1967년에 재산이 눈덩이처럼 불어나서 기분이 좋았다. 그런데 내 힘으로 그 모든 것을 감당하기가 슬슬 버거워지자, 재무 관리를 맡겨도 좋을 철두철미하고 정직한 변호사를 알아봐 달라고 친구 하리 샤인에게 부탁했다. 비교적 젊고 평판이 좋은 스벤 하랄드 바우에르를 선택했다. 국제 스카우트 연맹의 거물급 인사라는 점도 특기할 만했고, 결국 그가 내 재정 관리를 떠맡게 됐다.

우리는 함께 잘 어울렸고 협업도 흠잡을 데 없었다. 페르소나필름을 관리하는 스위스 변호사와도 관계가 좋았다. 사업은 점점 번창했다. 우리는 「외침과 속삭임」, 「결혼의 풍경」, 셸 그레데 감독의 「바보의 변론」, 「마술피리」 등을 함께 관리했다.

14] 원제는 「광대들의 저녁(Gycklarnas afton)」이다.

1월 22일에 쓴 메모를 보니, 나는 국세청 조사 보고서보다 왼손 약지에 생긴 습진에 더 속을 썩이고 있었다.

잉리드와 나는 결혼한 지 5년째였다. 우리는 칼라플란 광장 10번지 신축 건물에서 살았는데, 한때 스트린드베리의 집이 있던 곳이다.

우리는 친구들과 어울리고, 음악회와 극장에 가고, 영화를 많이 보고, 즐거이 일하면서 평온하게 여느 중산층처럼 살았다.

이상의 내용이 1월 30일과 그 이후에 일어난 일에 대한 간략한 배경 설명이다.

그다음 몇 달은 일지에 아무것도 안 적었다. 나는 1년 남짓 지난 뒤에야 간간이 대강대강 글쓰기를 다시 시작했다. 그래서 그 1년 동안의 내 기억은, 초점만이 선명하고 가장자리로 갈수록 흐릿해지는, 마치 순간 포착 사진 같다.

그러니까 우리는 평소처럼 10시 반에 「죽음의 춤」 리허설을 시작했다. 여기서 '우리'란 안데르스 에크, 마르가레타 크로크, 얀올로프 스트란드베리, 조감독과 프롬프터, 감독 그리고 나를 말한다. 우리는 왕립 연극 극장의 지붕 바로 밑, 그 높은 곳에 위치한 빛이 잘 들고 아늑한 방에 모여 있었다.

리허설 기간 초기에는 거의 항상 그렇듯이 긴장을 풀고 느긋하게 작업을 진행한다. 그때 문이 열리더니 극장장 비서 마르고트 비르스트룀이 들어왔다. 그러고는 지금 비서실에서 경찰관 두 명이 기다리고 있으니 나보고 얼른 따라오라고 했다. 나는 곧 1시에 점심시간이니까, 커피 한 잔씩 들면서 기다려 달라고, 그때 보면 좋겠다고 답했다. 그러나 경찰은 당장 만나길 바란다고 비서가 전했다. 무슨 일 때문이냐고 묻자 마르고트도 모른대서, 우리 둘 다 어이없어 얼떨결에 웃음이 터졌다. 배우들에게는 리허설을 계속해 달라고 부탁한 뒤, 점심을 먹고서 1시 반에 보자고 말했다.

마르고트와 내가 극장장실 바깥쪽의 비서실로 내려가니, 검은 코트를 입고 앉아 있던 남자가 자리에서 일어나 악수를 청하며 이름을 밝혔다. 무슨 일인지는 몰라도 왜 그리 서두르느냐고 묻자, 그는 옆으로 눈을 돌리며 세금 문제로 즉시 조사를 받으러 가야 한다고 대답했다. 나는 정신이 나간 듯 노려보며 도대체 영문을 모르겠다고 했다. 그러다 문득 (미국 영화에서) 지금 나 같은 처지의 사람들이 변호사를 부르곤 하던 모습이 생각났다. 그래서 조사받을 때 반드시 변호사를 대동해야 하니, 먼저 내 변호사에게 전화하고 싶다고 말했다. 경찰관은 여전히 시선을 회피한 채, 이 사건에 변호사도 연루되어 신문을 받고 있으니 그건 불가능하다고 얘기했다. 그리하여 나는 내 방에서 외투를 걸치고 와도 되겠느냐고 속절없이 묻기만 했다. 그러자 경찰도 따라간다기에 함께 발걸음을 옮겼다. 내 뒤를 바짝 따라붙은 낯선 인물과 함께 방으로 향하는 내 모습을 본 여러 사람들의 눈은 휘둥그레졌다. 감독실 복도에서 만난 동료가 놀라서 물었다. "연습 안 해?" 내가 경찰에 체포됐다니까 동료는 껄껄댔다.

웃옷을 입으니 갑자기 배가 엄청 아파서 똥을 눠야겠다고 말했다. 경찰은 화장실을 점검하고는 내게 문을 잠그지 말라고 했다. 뒤틀린 배때기를 부여잡고 한참을 요란하게 뿜어 댔다. 경찰관은 반쯤 열린 문 바깥에 자리를 잡고 있었다.

드디어 극장을 나설 준비가 되었다. 아플 때 그럴싸하게 졸도할 솜씨가 모자라서 아쉬웠다. 점심을 먹으러 구내식당으로 가는 배우들과 제작진을 만났다. 나는 맥없이 인사를 나눴다. 전화 교환기 앞에서 호기심 어린 눈초리를 보내는 아가씨가 보였다.

우리가 뉘브로가탄 거리로 나오자 또 다른 경찰관이 다가와서 경례를 했다. 그는 내가 혹시라도 도망칠까 봐 뉘브로가탄과 알름뢰프스가탄 거리 사이의 교차로에서 예의 주시하고 있었다.

건물 앞에는 세무 담당 형사 켄트 칼손이 주차해 있었다. 아니면 그의 동료였을 텐데, 둘 다 똑같이 살짝 뚱뚱하고 꽃무늬 셔츠 차림에 안색이 구중중하고 손톱이 더러워서 누가 누군지 분간이 안 됐다. 우리는 차를 타고 자리를 떴다. 나는 뒷좌석의 경찰관들 사이에 앉았다. 세무 담당 형사 칼손(또는 그의 동료)이 운전했다. 경찰관 한 사람은 성격이 곰살궂어서 말도 걸고 웃으며 이야기도 들려줬다. 혹시 조용히 갈 수는 없겠는지 내가 묻자, 분위기를 밝게 하고 싶었을 뿐인데 조금 서운하다고 대꾸했다.

경찰서장은 쿵스홀름스토리 광장의 사무실 한편에 죽치고 있었는데, 이제 점점 더 영상이 흐릿해지고 대사도 아주 희미하게 들리는 판이라 당시 기억을 장담할 수는 없다.

늙수그레하고 점잖은 남자가 다가와서 자기소개를 하더니 나보고 책상 위에 펼쳐 놓은 서류들을 살펴봐 달라고 청했다. 나는 입이 바짝바짝 타고 목이 말라서 물 한 잔을 부탁했다. 물을 마시자 손이 떨리고 숨이 찼다. 갑자기 끝없이 넓어 보이는 사무실 저 멀리에, 대여섯 명은 너끈히 넘을 법한 정체불명의 사람들이 모여 앉아 있었다. 서장은 내가 허위 신고를 했으며, 페르소나필름은 '무효'라고 말했다. 나는 세금 신고서를 읽은 적도 없고, 탈세할 의도 역시 전혀 없었다고 사실대로 답했다. 서장은 이것저것 캐묻기 시작했다. 나는 돈 다루는 데 젬병이라서 재산 관리는 남한테 맡기며, 모험하는 일도 성미에 안 맞아서 위험한 짓이라면 애초에 발도 들이지 않는다는 말을 되풀이했다. 그리고 읽지도 않은 서류에 서명했다고 순순히 시인했다. 설령 읽었던들 알아먹지도 못했을 것이다.

　수년을 질질 끄는 통에 나와 일가친척은 심각한 고통에 시달려야 했다. 막대한 변호사 비용이 들었고, 나는 9년 동안 해외에 머물러야 했으며 결국 체납 세금 18만 크로나를 그나마 벌금이나 다른 조건 없이 치렀다. 이 모든 지겹고 따분한 이야기에서 내가 떠안을 만한 책임이라면 서류를 이해하기는커녕 읽지도 않고 서명했다는 것뿐이지만, 물론 그것 역시 무거운 잘못이다. 그러니까 나는 이해도, 감독도 할 수 없는 재무 업무를 승인하고, 남의 말만 듣고서 모든 일이 합법적인 데다, 전부 다 제대로 돌아간다고 확신했던 것이다. 그러고는 대책 없이 안심했다. 국제 스카우트 연맹의 지도자인 내 친절한 변호사조차 스스로 어떤 일을 벌였는지 파악하지 못하여 수많은 거래를 잘못 처리하거나 전혀 처리하지 않았다는 사실을 나는 납득할 수 없었다. 그러니 아무래도 세무 당국은 의심의 눈초리를 거둘 수가 없었다. 세무 담당 형사 칼손과 그의 동료는 대어(大魚)의 냄새를 맡았다. 내가 행여나 외국으로 도피해서 당국을 기만할까 봐 마음이 조마조마하던 검사는 어리벙벙한 숙맥이라 결국 형사들에게 재량권을 넘겼다.

　시간이 흐르자 이상하리만치 길쭉한 방 저편에 앉아 있던 남자들이 차례차례 사라졌다. 나는 줄곧 침묵을 지키고 앉아 있다가 간간이 아득한 목소리로 내게 인생 최악의 재앙이 닥쳤다고 말했다. 또한 이 사건이 언론에 알려지면 큰 문제가 되리라고 내 생각을 밝히자, 서장은 기밀 조사라며 나를 안심시켰다. 불필요한 관심을 받지 않도록 담당 부서의 인력을 경찰서에서 멀리 떨어진 바로 여기, 쿵스홀름스토리 광장에 배치했다는 것이다. 아내에게 전화 좀 걸어 봐도 되겠느냐고 물었더니, 우리 아파트에서 가택 수색을 진행하고 있으므로 통화할 수 없다고 했다. 이와 동시에 전화벨이 울렸다. 《스벤스카 다그블라데트》 신문에 누가 제보한 모양인데, 우직한 서장은 쩔쩔매며 기자에게 아무 기사도 쓰지 말아 달라고 간청했다. 그런 다음 내게 출국 금지 조치가 떨어졌다며 여권도 박탈하겠다고 말했다. 조서가 작성되고, 나는 어차피 뭐라고 하는지도 모르는 채로 넙죽넙죽 서명했다.

우리는 일어났다. 서장은 내 등을 다정히 두드리며, 평소처럼 지내면서 일도 하라고 권유했다. 인생 최악의 재앙을 맞았다고 거듭 말하는 나를 이해 못 하겠다는 눈치였다.

드디어 길거리로 나서자 눈발이 살짝 날리고 어스름했다. 모든 것이 매우 선명한데도 마치 색이 없는 흑백 복제품처럼 투박했다. 이가 딱딱 부딪치며 생각이나 감정마저 모두 막혀 버렸다. 내 차를 세워 놓은 극장 뒤까지 택시를 타고 갔다. 집에 가는 길에 호위대 막사를 지나는데, 어둠 속에서 막사 지붕 위로 커다란 불길이 치솟았다. 이제 떠올려 보면 꿈이었을지도 모른다. 소방차나 군중이 보이지 않았기 때문이다. 오롯한 고요 속에 눈이 내리며 호위대 막사가 불탔다.

마침내 집 현관에 들어서니 잉리드가 나를 맞이했다. 아무것도 모르던 아내는 돌연한 가택 수색으로 놀란 모습이었다. 경찰은 정중했고, 이 잡듯 들쑤시지도 않았다. 적당히 시늉만 하려고 서류철을 여럿 가져갔다. 수색이 끝난 뒤, 아내는 앉아서 나를 기다리다가 시간이 더디 흐르자 과자를 구웠다.

하리 샤인과 스벤 하랄드 바우에르에게 전화하니, 둘 다 커다란 충격을 받았고 당혹감을 감추지 못했다. 저녁때 무슨 일이 더 일어났는지는 생각나지 않는다. 우리가 저녁을 먹었던가? 그런 것 같기도 하다. 어쩌면 텔레비전도 봤을 듯싶다.

밤늦게 잠자리에 들고 나서야 이튿날 아침, 기자들이 칼라플란 10번지를 둘러싸리라는 생각이 불쑥 떠올랐다. 나는 생필품 몇 가지만 챙겨서 그레브투레가탄 거리의 작은 아파트로 향했다. 1949년 가을, 군[15]과 함께 파리로 도피했다가 나중에 이사했던 곳이다. 그 이후로 나는 재앙이 닥치거나 결혼 생활이 파탄 나거나 이런저런 곤란한 일을 겪을 때마다 항상 그 아파트로 피신했다.

한밤중에 거기 도착했다. 아무도 소재를 모르는 방에 들어오니 안도감이 들었다. 나는 수면제를 먹고 잠들었다.

토요일과 일요일에 무슨 일이 있었는지는 기억나지 않는다. 나는 그 레브투레가탄에 틀어박혀 있다가, 저녁에 집으로 돌아와서 몇 시간 동안 머물렀다. 차고를 통해 몰래 들어갔으므로 아무도 마주치지 않았다.

언론은 신문 머리기사, 신문 벽보판, 텔레비전 뉴스 심층 분석 방송 등 이곳저곳 가릴 것 없이 대대적인 보도를 쏟아 냈다. 열두 살 된 아들 다니엘은 학교에 가기를 거부했다. 아이는 불안에 시달리다가 영사 기사인 친구 뉘판의 배려로 뢰다크바른 극장의 영사실에 아지트를 마련했다. 그는 그 뒤로 아들이 어려운 일을 겪을 때마다 곁에서 한결같이 함께한 친구다. 그때 나머지 자식들이 어떻게 반응했는지는 모르겠다. 다들 나와는 서로 거의 연락 없이 지냈기 때문이

15] 잉마르 베리만의 전처들 중 한 명인 군보르 하그베리(Gunvor Hagberg)의 애칭이다.

120

다. 게다가 대부분은 좌파에 속했다. 나중에 알고 보니 아이들은 아버지가 벌을 받아 마땅하다고 생각했으며, 몇몇은 잘 확인해 보지도 않고 내가 범법 행위를 저질렀다고 확신했다고 한다.

　월요일 오전, 나는 무너지고 말았다. 나는 위층 큰방에서 책을 읽으며 음악을 듣고 있었다. 잉리드는 변호사를 만나러 나간 뒤였다. 나는 무감각하게 차분했는데, 평소라면 절대 안 쓰는 수면제 탓에 약간 몽롱했다.

　음악이 끝나고 테이프가 탁 멈추자 주위가 온통 고요해졌다. 길 건너편 지붕은 하얗고 눈이 사각사각 내렸다. 책이 아무래도 머릿속에 들어오지 않아서 읽다가 말았다. 방 안의 불빛은 그림자 하나 없을 만큼 눈부셨다. 시계가 몇 차례 울렸다. 혹시 잠들었거나, 어쩌면 감각이 실제의 현실에서 다른 차원의 현실로 슬며시 발걸음을 내디딘 것일까? 모르겠다. 나는 고통도 감정도 사라진, 꿈쩍없고 텅 빈 공간 속에 깊이 잠겼다. 나는 눈을 감았고, 감았다고 생각했으며, 누군가가 방 안에 있다고 느끼며 눈을 떴다. 나는 눈을 찌르는 불빛 속에 몇 미터 떨어져 서서 나 자신을 바라보고 있었다. 구체적이고 명백한 체험이다. 나는 저 멀리 노란 카펫 위에 서서, 의자에 앉아 있는 나를 바라보았다. 나는 의자에 앉아, 노란 카펫 위에 서 있는 나를 바라보았다. 여전히 의자에 앉은 내가 반응을 책임지고 있었지만, 이제 끝이 났고 돌이킬 수 없었다. 꺼이꺼이 넋두리하는 내 소리가 들렸다.

　살면서 몇 번 장난처럼 자살할까 생각한 적도 있고, 젊을 적엔 어설프게 한 번 시도하기도 했다. 그러나 장난질이었을 뿐 진지하게 꿈꾼 적은 결코 없었다. 나는 호기심이 너무 컸고, 살아야겠다는 욕망이 몹시 확고했으며, 죽음에 대한 두려움은 아이처럼 순수했다.

하지만 이러한 삶의 태도는, 상상이나 꿈이 현실과 맺는 관계를 적절하고 끊임없이 통제하고 있음을 전제로 한다. 만약 그 통제가 작동하지 않는다면, 여태껏 한 번도, 심지어 어린 시절에조차 일어난 적 없는 일인데, 기계 장치는 폭발하고 정체성마저 위협받을 터였다. 나의 징징거리는 목소리가, 다쳐서 낑낑대는 개의 울부짖음처럼 들렸다. 나는 의자에서 일어나 창밖으로 나갔다.

잉리드가 집에 와 있었음을 알지 못했다. 나의 막역한 친구이자 의사인 스투레 헬란데르가 갑자기 나타났다. 한 시간 뒤 나는 카롤린스카 병원 정신과로 옮겨졌고, 침대 네 개가 놓인 커다란 병실에 혼자 입원했다. 회진을 도는 교수가 친절하게 말을 걸자, 나는 수치심에 관한 얘기를 좀 하다가, 내가 애용하는 '두려움은 두려운 것을 실현한다'는 인용문을 읊은 뒤 서글퍼져서 굳어 버렸다. 나는 주사를 맞고 잠들었다.

병동에서 보낸 3주는 편안했다. 우리는 마약에 중독된 고분고분한 노예들처럼 사실상 딱히 요구하는 것 없이 병원의 일과를 순순히 따랐다. 나는 낮에는 파란색 발륨 다섯 알, 밤에는 모가돈 두 알을 먹었다. 조금이라도 불편함을 느끼면 즉시 간호사에게 가서 약을 더 받아 왔다. 밤에는 꿈 없이 깊은 잠을 자고, 낮에는 몇 시간씩 선잠을 잤다.

그사이에 나는 듬성듬성하게나마 남은 직업적 호기심을 발휘해 주변 환경을 탐색했다. 나는 드넓은 텅 빈 병실의 칸막이 뒤에서 대부분 책을 읽으며 시간을 보냈는데, 사실 내용은 눈에 들어오지도 않았다. 식사는 구내식당에서 하고, 예의 바르게 대화도 나눴으나 의무감으로 얘기할 필요는 없었다. 감정이 치밀 일도 없었다. 유일한 예외라면, 어느 날 저녁 유명한 조각가가 불쾌하다면서 이가 다 부서지도록 이를 갈았던 일이다. 그 밖에는 한시도 쉬지 않고 손을 씻어야 직성이 풀리는 가여운 소녀, 황달 증상이 있고 메타돈을 복용하는 키가 2미터나 되는 온순한 청년이 기억난다. 청년은 일주일에 한 번씩 울레로케르 정신 병원으로 이송됐는데, 논란이 많은 치료법이 진행되던 곳이다. 또한 작은 톱으로 손목을 잘라 자살을 시도했던 조용한 노인이 있었다. 안절부절 가만히 있지를 못하고, 예쁘지만 표정이 딱딱하던 중년 여자는 말없이 복도를 몇 킬로미터씩 오가곤 했다.

저녁에는 텔레비전 앞에 모여 피겨스케이팅 세계 선수권 대회를 보았다. 망가질락 말락 하는 흑백텔레비전이라서 화질도 흐리고 소리도 잘 안 들렸지만 아무도 개의치 않았고 아무런 불평도 없었다.

잉리드는 하루 두 차례 문병을 왔고 우리는 차분하고 다정하게 대화했다. 이따금 우리는 오후에 영화를 보러 갔는데 때로는 산드레브 영화사에서 상영실을 내주기도 했다. 그때는 메타돈을 복용하는 청년도 데려갈 수 있었다.

나는 신문도 안 읽고 뉴스 프로그램도 시청하지 않았다. 양친으로부터 물려받아 내 정체성 한가운데에 자리 잡은, 악령이자 벗이며 나를 고무해 주던 내 삶의 가장 충실한 동반자, 즉 번뇌가 서서히 눈에 띄지 않게 되었다. 고통과 불안, 회복할 수 없는 굴욕감뿐만 아니라 내 창의성의 원동력도 빛을 잃고 가라앉았다.

어쩌면 여생을 병동에서 간호받으며 지냈을지도 모를 일이다. 너무나 서글프게도 내 존재는 평안하고 그 어떠한 요구도 없이 따뜻하게 보호받았기 때문이다. 더 이상 현실적이거나 중요한 것도 없고, 걱정스럽거나 고통스러운 일도 없었다. 나는 조심스럽게 움직였으며, 모든 반응이 지연되거나 멈추었고, 성욕마저 사라졌다. 삶이 마치 홀 아래에서 아득하게 울려 퍼지는 마드리갈 합창단의 애가처럼 느껴졌다. 그들은 빛나는 장미창처럼 더는 나와 상관없는 이야기를 들려줬다.

어느 날 오후, 친절한 교수에게 평생 한 사람이라도 치유한 적이 있는지 물었다. 그는 진지하게 곰곰이 궁리하더니 무엇이 '치유'인지 쉽게 답할 수 없다면서 고개를 갸우뚱하고는, 내게 힘내라며 눈웃음을 지었다. 분초가, 하루하루가, 몇 주가 지나갔다.

어쩌다가 이 밀폐된 안전 장치를 박차고 나오게 됐는지는 모르겠다. 나는 교수에게 시험 삼아 소피아헴메트로 옮겨 달라고 요청했고 허락도 받았다. 또 그는 내게 발륨을 너무 갑자기 끊진 말라고 신신당부를 했다. 그런 모든 친절과 배려에 감사를 표하고, 동료 환자들에게 작별 인사를 건넨 뒤, 나는 우리 휴게실에 컬러텔레비전을 기증했다.

2월 말의 어느 날, 나는 소피아헴메트의 편안하고 조용한 병실에 안착해 있었다. 창문으로는 정원이 내다보이고, 언덕 위로 어린 시절에 살던 노란 목사관이 보였다. 아침마다 한 시간쯤 공원을 산책했다. 내 곁에서 걸어가던 여덟 살배기의 그림자를 보면 힘이 나면서도 으스스했다.

그것 말고는 험난한 고통의 시간이었다. 교수의 지시에 어깃장을 놓으며 발륨과 모가돈을 모두 끊자마자 실감했다. 억눌렸던 불안은 용접 불꽃처럼 터지고, 불면증은 온몸을 감싸고, 악령들은 진노하고, 나는 몸속이 터져서 가리가리 찢길 것 같았다. 신문을 다시 읽기 시작하고, 자리를 비운 사이에 나온 글들을 살펴보고, 겹겹이 쌓인 정겨운 편지와 매정한 편지를 읽고, 변호사와 얘기하고, 친구들과 연락을 취했다.

　이것은 용기나 절박함이 아니라 자기를 보존하려는 본능이었는데, 정신과 병동에서 무의식 상태로 있었음에도, 혹은 달리 보자면 그 덕분에 현실에 맞설 만큼 기운을 차리게 됐던 것이다.

　나는 과거의 위기 때 효과를 봤던 방법으로 악령에 맞불을 질러 공격했다. 시간 단위로 밤낮을 나눠 정리하고, 각각의 시간을 미리 준비해 둔 활동이나 휴식으로 채웠다. 흥미롭게 느껴질 만큼 고통이 극심해서 엄격하게 정한 밤낮의 계획을 따라야만 이에 맞서 이성을 유지할 수 있었다. 요컨대 나는 삶을 꼼꼼하게 기획하고 연출하는 습관을 되찾았다.

　쳇바퀴 도는 일과를 해치우며 이내 직업인의 제 모습을 되찾고, 나를 산산조각 내려고 시동을 거는 고통을 흥미롭게 탐구할 수 있었다. 나는 메모를 시작하고 곧 언덕 위 목사관에 점점 다가섰다. 어딘가에서 들려오는 차분한 목소리가 주장하기를, 내게 닥친 상황에 내가 보인 반응은 호들갑스럽고 노이로제 같았으며, 놀랍게도 현실에 분노하기는커녕 순종했다고 했다. 죄를 짓지도 않았으면서 죄를 인정하고, 하루빨리 용서와 해방을 얻으려고 처벌을 갈망했다는 것이다. 그 목소리는 나긋나긋 나를 조롱했다. 과연 누가 너를 용서할까? 국세청? 꽃무늬 셔츠 차림에 손톱이 더러운 세무 담당 형사 칼손? 누가? 네 적들? 네 비판자들? 신이 너를 용서하고 죄를 사해 줄까? 네 생각은 어떤데? 올로프 팔메 총리나 국왕이, 네가 이제 처벌받고 선처를 구한 끝에 용서받았노라고 성명을 발표해 주기라도 할까?(나중에 파리에서 어쩌다가 텔레비전을 켰다. 올로프 팔메 총리가 유창한 프랑스어로 베리만의 탈세 사건은 과장되었고, 사민당의 세금 정책 때문에 발생한 문제가 아니며, 베리만은 친구라고 단언했다. 그 순간 나는 경멸을 거둘 수 없었다.)

오래도록 억눌린 채 억지로 침묵할 수밖에 없었던 묵직한 분노가 가슴속 깊이 가장 어두운 복도에서 꿈틀거리기 시작했다. 이제 분노를 부풀려선 안 돼! 가련한 겉모습으로 투덜대고 짜증 내면서, 남들이 온정을 베풀고 뒤치다꺼리를 해 주면 넙죽 받아들였다가 더러 버릇없는 아이처럼 칭얼거렸다. 꽉 짜인 일과와 스스로 의무처럼 짊어진 자기 수련 속에서도 당황과 혼란은 여전했고, 이날이 지나고 그다음에는 무슨 일이 벌어질지 알 수 없었다. 일주일 뒤의 계획조차 세우지 못했다. 내 삶은 어찌 될 것이며, 연극 무대와 영화 제작 일은 어떻게 될까? 눈에 넣어도 아프지 않을 시네마토그라프 영화사는 어떻게 되려나? 직원들은 또 어떻게 되고? 책을 읽을 기력조차 없는 밤이면 악령들의 소대가 공격할 채비를 했다. 낮에는 겉으로 질서를 유지했지만, 속을 들여다보면 폭격 맞은 도시처럼 혼돈이 득세했다.

3월 중순에 우리는 포뢰로 옮겨 갔다. 그곳에서는 겨울과 봄이 그 기나긴 싸움을 막 시작하고 있었다. 하루는 땡볕에 산들바람이 불어 물결이 아른거리고 갓 태어난 양들이 눈 녹은 땅에서 뛰놀았다. 그러다 다른 날에는 툰드라에서 불어오는 칼바람에 눈보라가 몰아치고 바다는 거세게 요동쳤으므로 감히 창문을 열거나 길을 다닐 수 없었다. 심지어 전기마저 끊겼다. 모닥불, 석유풍로, 배터리 라디오만이 남았다.

마음을 눅이는 이 모든 것들 덕에 나는 '닫힌 방'이라는 가제목을 붙인 작품의 조사 작업을 하며 집필에 매진했다. 나는 거의 항상 방황과 침묵으로 이어지는 미지의 길을 천천히 나아갔다. 아직까지는 인내심이 바닥나지 않았으니 일상적 수련의 일부인 글쓰기를 관두지 않았다.

밤에 파멸의 위협이 너무 강하게 느껴지면 모가돈과 발륨을 복용했다. 이제는 약물 섭취를 조절할 수 있었지만, 그럼에도 힘겹게 쟁취해 낸 균형은 여전히 깨지기 쉬웠다.

잉리드는 급한 볼일로 스톡홀름에 가야 했다. 아내는 함께 가자고 제안했지만 나는 그러고 싶지 않았다. 그럼 며칠간 나랑 말동무라도 해 줄 사람을 알아보라고 했으나 그러기는 더 싫었다.

잉리드를 공항까지 태워 주는 길에 포뢰순드와 붕에 사이에서 경찰차를 마주쳤는데, 고틀란드 북부에서는 보기 드문 광경이었다. 나는 공황 상태에 빠져 경찰들이 나를 체포하러 오려나 생각하다가, 단지 내 착각일 뿐이라는 아내 말에 누그러져 비스뷔 공항까지 무사히 다녀올 수 있었다. 함마르스 집으로 돌아와 보니 눈이 조금 쌓였고, 집 밖에는 이제 막 지나간 자동차 바큇자국과 발자국이 눈에 띄었다. 드디어 경찰이 나를 찾아다녔다고 확신하게 되었다. 나는 문이라는 문은 다 잠그고, 총을 장전하고, 진입로와 주차장이 바라다보이는 부엌에 앉았다. 몇 시간을 기다리다가 입과 목이 칼칼해져서 생수를 마시고, 차분하게 체념하며 이제 끝이라고 생각했다. 3월 해 질 녘 어스름은 고즈넉이 쓱 다가왔다. 경찰은 안 보였다. 결국 나는 이게 목숨줄을 내놓은 것과 다를 바 없는 또라이 짓거리임을 서서히 깨달았다. 그러고는 탄알을 빼서 자물쇠로 잠근 뒤에 저녁을 차렸다.

갈수록 글쓰기가 어려워지고 걱정은 끊이지 않았다. 소문을 듣자 하니, 세금 탈루 혐의에 대한 기소가 기각될 거라고 했다. 그렇게 되면 이 사건은 그저 그런 세금 문제로 탈바꿈하는 셈이었다. 그리하여 기다렸지만 아무 일도 일어나지 않았다. 나는 셀마 라겔뢰프의 『예루살렘』을 읽으며 어렵사리 일상을 유지했다. 3월 24일 수요일은 끄무레한 날씨에 조용했고, 봄눈이 녹아 지붕에서는 물이 똑똑 떨어졌다. 전화벨이 울리자 잉리드가 받는 소리가 내 방에서도 들렸다. 아내는 수화기를 내동댕이치고, 간편한 파란색 체크무늬 원피스 차림으로 달려와서 오른손으로 허벅지를 치며 소리쳤다. "기각됐어!"

처음에는 아무런 느낌도 없었다. 이윽고 나른해진 나는 평소의 일상 활동을 접고 잠자리에 들어 몇 시간을 잤다. 언젠가 내가 탔던 비행기의 엔진 하나에 불이 붙어 연료를 소모하려고 외레순드 상공을 몇 시간 동안 빙빙 돌다가 내린 적이 있다. 그 이후로 그토록 노곤하기는 처음이었다.

저녁 무렵, 누가 문을 두드렸다. 좋은 친구인 이웃집 여자가 문밖에 서 있다가 얼른 꽃을 내밀며 말했다. "축하드리고 싶었어요. 정말 기뻐요"

밤에는 잠을 이루지 못했다. 온갖 착상과 계획이 미어터지는 바람에 뜬눈으로 지새웠다. 수면제, 음악, 셀마 라겔뢰프, 초콜릿, 과자, 무엇 하나 도움이 되지 않아서 책상 앞에 일어나 앉았다. 나는 「어머니와 딸과 어머니」라는 제목의 영화 줄거리를 후다닥 쓰며, 잉그리드 버그먼과 리브 울만에게 배역을 맡기겠다고 적었다.

3월 30일, 우리는 밀린 일들을 처리하러 스톡홀름으로 돌아왔다. 나는 견디기 힘든 피로 속에서도 조심스럽게 울라 이삭손과 군넬 린드블롬의 「천국의 광장」을 비롯해, 여러 중요한 업무에 착수했다.

4월 2일, 국세청은 재장전하여 일제 사격을 가했다. 오후 1시에 우리는 변호사 롤프 마그렐을 만났다. 그에게 얘기를 들으며 나는 국세청에서 전달하는 메시지의 의미를 천천히, 가까스로 이해했다. 나중에 나는 이 사건과 그 결과에 대해 다음과 같은 글을 기고했다.

4월 2일 금요일, 내 법정 대리인 롤프 마그렐은 국세청의 면담에 '초청'을 받았다. 징세관 벵트 셸렌과 담당 과장 한스 스벤손이 참석했다.

두 공무원이 전달한 메시지는 매우 복잡했다. 마그렐이 찬찬히 설명하려 애썼지만, 세부 사항까지 다 이해되지는 않았다. 하지만 핵심은 파악했다.

놀랍도록 긴밀하게 언론과 협력하는 국세청의 민첩한 홍보과를 앞지르고자, 내가 몸소 징세관과 과장이 품은 의도를 밝히려 한다.

언론에 제보한 대가로 수수료나 챙겨 먹고사는 누군가를 이런 식으로 내가 등쳐 먹는 꼴이 되겠지만 감수할 수밖에 없다. 내가 알기로는, 이른바 '베리만 분규'로 이미 상당한 뒷돈이 오갔다. 이에 덧붙여 묻겠는데, 언론은 그런 지출 내역을 어떻게 장부에 기재하며, 또 수령인은 거기서 얻은 소득을 어떻게 신고하는가?

이제 스벤손과 셸렌이 전한 바를 간략히 정리해 보겠다. 핵심 내용이 참으로 흥미로우니, 독자 제위께서 참고 읽어 주시기를 부탁드린다.

그들은 징세관 달스트란드의 새로운 요구로 기존 청구가 기각당한 데 대해 국세청 내부적으로 불만이 없지 않다고 설명했다. 달스트란드는 1975년 세무 조사에서 이전의 스위스 회사인 페르소나로부터 벌어들인 돈이 있으니, 그 소득에 대한 250만 크로나의 세금을 납부해야 한다고 주장한다. 그런데 이제 국세청 직원들은 스위스 회사가 '무효'이니, 내 스웨덴 회사인 시네마토그라프에도 동일 소득에 대한 세금을 부과하려고 한다. 같은 소득에 두 번(85퍼센트+24퍼센트, 총 109퍼센트) 과세한 것은 징세관 달스트란드 개인의 잘못이니, 국세청 측은 신경 쓰지 않는다고 한다. 여기까지 독자들이 이해하셨기를.

반면 징세관 달스트란드와 내가 국세청의 원래 요구대로 세금을 내는 데 동의하면, 시네마토그라프에 대한 과세는 철회하겠다고 한다.

간단히 말해 국세청은 공갈 협박으로 나와 달스트란드가 애당초 국세청이 옳았음을 시인하도록 강요하고 있다.

나는 이 신문 지면을 빌려 벵트 셸렌 징세관과 한스 스벤손 과장에게, 나는 그런 요구를 용납할 수 없으며, 어떤 식의 야바위판에도 끼어들지 않겠다는 입장을 전달하게 되어 기쁘다.

물론 국세청의 어처구니없는 수작 뒤에는 어떤 이유가 있으리라고, 조금 더 추측하지 않을 수 없다.

몇 가지 가능성을 따져 보겠다. 노르데나들레르 검사가 기소를 기각하자 국세청 사람들 다수가 체면을 구겼다. 세무 담당 형사 켄트 칼손과 그 팀원들이 수개월에 걸쳐 이 사건을 조사했고, 드라마텐 왕립 연극 극장에서 나를 체포하며 최고조의 화젯거리를 연출해 냈다. 하지만 그런 모든 노고가 수포로 돌아갈 지경에 처하자, 국세청은 국내외적으로 입은 이미지 손상을 만회할 만한 무언가를 찾아내야 할 필요성을 느꼈다. 내가 더욱 망신살이 뻗칠까 겁을 내며 이 협박에 두 손 들 것이라고 여겼던 모양인데, 내가 그렇게 굴복해 버리면 장차 국세청은 상황이 어떻게 돌아가든 승리자로 우뚝 서는 셈이다.

나는 그런 꼼수에 넘어가지 않겠다.

하지만 동시에 나는 징세관과 담당 과장을 꼭 안아 주고 싶다.

　이 두 사람은 내가 두 달 내내 앓는 동안, 정신과 전문의나 나 스스로가 쩔쩔매던 일을 해냈다.

　간단히 말하자면, 나는 화가 머리끝까지 치솟아서 급기야 병이 낫고 말았다. 밤낮을 가리지 않고 나를 괴롭히던 두려움과 지워지지 않던 굴욕감은 단 몇 시간 만에 사라졌고, 다시는 나타나지 않았다. 나는 상대방이 공정하고 객관적으로 판단하며 신중하게 일을 처리하는 기관이 아니라, 허세나 부리는 도박꾼 패거리에 불과함을 깨달았다.

　물론 이전에도 뭔가 의심스러운 낌새는 있었다. 특히 경찰서에서 신문을 받는 동안, 앞으로 거머쥘 승리에 들떠서 글자 그대로 온몸을 떨던 세무 담당 형사 켄트 칼손을 두 눈으로 똑똑히 목격했을 때 그런 느낌은 더욱 분명해졌다.

　나를 짓누르던 강력한 권력에도 굴하지 않고 지방 검사 노르데나들레르가 기소를 기각하는 도덕적 용기를 보여 줬을 때, 내가 주저했음을 인정해야겠다.(나는 모든 것을 잊고 본업에 집중하며, 세무 문제는 전문가들에게 맡기기로 결심했다. 나는 돈이나 재물에 별 관심이 없는데, 늘 그랬고 앞으로도 그럴 것이다. 혹시라도 소송에서 비운을 맛보고 내가 소유한 것을 잃더라도 두렵지 않다. 비단 내 재산을 돈으로만 계산하지는 않는다. 나는 틀림없이 부당한 대우를 받았지만 현실로 돌아가려면 이 모든 것을 잊어야 했다. 또한 이 우울한 사건의 끝에는 어쨌든 품위와 정의가 존재하리라 생각했다.)

　하지만 부장과 세무 감독관은 공갈 협박으로 상황을 다시 원상태로 되돌리고, 나의 가장 편집증적인 상상이 실재했음을 확인시켰다. 동시에 나는 생애 처음으로 경험한 행동 불능과 창의력의 위기로부터 벗어날 수 있었다.

따라서 나는 스스로 따져 보고 친지들과도 상의하여 몇 가지 결정을 내렸으므로, 이를 글로 남기도록 하겠다. 나중에 수습이 안 될 만큼 억측과 소문, 아전인수식 발언이 판칠지도 모르기 때문이다.

첫 번째 결정: 본업을 제대로 하려면 어느 정도의 안정이 필요한데 현재 상황으로는 당분간 이 나라에서 그런 안정감을 느낄 수 없을 터다. 결국 외국으로 떠날 수밖에 없을 듯싶다. 큰 위험을 감수해야 하리라는 점은 자명하다. 내가 하는 일은 여태 살아온 환경 및 언어와 밀접하게 연결되어 있기 때문에, 쉰여덟 살이나 먹고 이제야 새로운 곳에 가서 적응하기란 쉽지 않을 것이다. 그럼에도 나는 과감히 시도해야 한다. 지난 몇 달을 불안감 속에서 마비된 채 살아왔지만 이제 끝내야 한다. 일을 할 수 없다면 나는 존재의 의미를 잃는다.

두 번째 결정: '올곧은 스웨덴 납세자들'이 내가 세금 소송 때문에 도망간다고 생각하지 않도록, 나는 동결된 계좌에 재산을 남겨 두어 만약 패소하면 국세청에 귀속되도록 하고, 또 시네마토그라프가 소송에서 지더라도 동일한 금액을 낼 것이다. 과징금도 물어야 한다면 마지막 한 푼까지 납부할 것이다. 나는 여러 방안을 제시했으며 조국에 땡전 한 닢도 빚을 지고 싶지 않다.

세 번째 결정: 나는 지난 몇 년 동안 200만 크로나 이상의 세금을 납부하고 많은 이에게 일자리를 제공했으며, 모든 거래가 절대적으로 정직하게 이루어지도록 아등바등 애썼다. 숫자에 어둡고 돈이 두려운 나는 똑똑하고 성실한 사람들에게 이런

문제들을 맡겼다. 포뢰섬은 내게 어머니의 품처럼 아늑하고 편안한 보금자리이므로, 살아생전 또다시 이 섬을 떠나게 되리라고는 상상조차 못 했다. 나는 사민주의자로서 신념이 있다. 나는 진심 어린 열정으로 이 회색의 타협주의 이념을 받아들였다. 우리 나라가 세계 최고라 생각했고 지금도 그렇다. 아마도 다른 나라를 딱히 알아볼 생각조차 않았기 때문일 것이다.

나는 충격을 받고 대오 각성을 했다. 견딜 수 없는 굴욕감 덕분이기도 하고, 이 나라에서는 유난스러운 관료주의가 질주하는 암처럼 뻗어 나가며 누구든지 공격하고 모욕할 수 있음을 깨달았기 때문이기도 하다. 저마다 맡은 임무가 얼마나 까다롭고 민감한지 전혀 교육받지 못한 사람들에게 우리 사회는 개인으로서 도저히 감당 못 할 권력을 부여했다.

국세청의 대표 선수들이 세무 담당 형사 켄트 칼손을 앞세워 시네마토그라프 영화사 사무실에 느닷없이 들이닥쳐 우리 회계 장부를 내놓으라고 요구했을 때, 나는 그들이 그런 식으로 일을 처리하기에 다소 거슬렸지만, 요새는 다들 그렇게 한다며 아무 문제 없는 절차라는 소리만을 들었다. 특히 페르소나필름의 거래 내역에 관심이 많다기에, 우리는 별도의 요청을 받지 않고서도 페르소나필름의 회계 장부를 넘겼다.

나와 변호사는 회계 조사관들과 논의하는 자리에 호출될 때까지 아무런 걱정 없이 기다렸다.

하지만 그렇게 될 일이 아니었다.

세무 담당 형사 켄트 칼손과 그 대원들은 목적한 바가 달랐다. 곧바로 세상에 반향을 일으키고, 이 특별한 관료제의 성적표에 걸맞은 쏠쏠한 점수를 딸 만한 힘자랑을 하겠다는 요량이었다.

그러나 그들은 별로 빠릿빠릿하지 않았다. 조사를 시작하고 서부터 나와 변호사가 '증거 인멸을 못 하게끔' 체포될 때까지 몇 달이라는 시간이 흘렀다. 만약 우리가 숨길 것이 있었다면, 그 동안 흔적도 안 남기고 싹 지워 버렸을 것이다. 시골 경찰관조차 이 정도는 감안했을 터다. 또한 내가 만약 죄를 지었다면 해외로 도피하고도 남을 만큼 긴 시간이었다. 내가 죽도록 이 나라를 질색하거나 저지른 잘못만큼 벌을 달게 받겠다는 일말의 양심도 없었다면 지금 국외에 상당한 재산을 숨겨 놨을 것이다.

칼손 형사와 드레이팔트 검사의 머릿속엔 이 정도의 생각마저 전혀 떠오르지 않았다. 칼손의 급습은 실제로 벌어졌고, 내가 드라마텐 왕립 연극 극장에서 체포되고 십사 분이 지난 뒤에, 이 엄청난 물의를 자세히 알아보려고 신문사는 처음으로 신문 (訊問) 책임자에게 전화를 걸었다.

이렇게 대대적으로 힘자랑을 했음에도 별다른 재미를 못 봤는지, 이제 공갈 협박을 무기 삼아 기묘한 참호 전술을 쓰려는 모양이다. 이 전략이 한량없이 이어질까 봐 나는 두렵다.

나는 이런 전쟁을 버틸 만큼 머리도 안 돌아가고 배짱도 없거니와 그럴 겨를도 없다.

그래서 나는 떠난다. 해외에서 외국어로 첫 영화를 준비하려고 떠난다. 나는 불평할 이유가 없다. 가장 가까운 사람들과 나 자신을 제외하고는 모두 이 사건을 시시한 일로 여기거나 국세청처럼 '무효'라고 생각할 것이다.

내 사건을 고약하게 다룬《아프톤블라데트》신문을 가만두면 안 된다는 사람도 있는데, 내가 보기엔 부질없다. 돌려 말하기, 대놓고 망신 주기, 반쪽 진실 퍼뜨리기, 폭도의 짓거리를 닮은 인신공격에 탁월한 신문사이므로, 언론 옴부즈맨이 아무리 지적하더라도 그저 듣는 척만 하고 야만인이 머리 가죽을 수집하듯 오히려 즐길 터다. 어느 사회든 배설할 게 있으니 《아프톤블라데트》 같은 하수구도 쓸모가 있는 셈이다. 다만 내가 끊임없이 경악하는 점은, 이런 하수구가 사회민주주의 언론의 사령선이며, 이 오합지졸의 세포 뭉텅이 속에서 품격을 갖춘 점잖은 전문가들 여럿이 일하고 있다는 사실이다.

내가 검사 드레이팔트를 고소하고 손해 배상을 청구해야 한다는 사람도 있다.(두 번 무산된 연극 제작에 각각 4만 5000크로나, 취소된 영화에 약 300만 크로나, 정신적 고통 1크로나, 명예 훼손 1크로나, 총 309만 2크로나.)

그러나 이것도 쓸데없는 짓이다. 아마추어처럼 의무감으로 어설프게 일을 벌이다가 이 지경에 이르렀으니, 그런 실책 정도는 이해해 줘야 한다. 스웨덴답다. 어쩌면 언젠가 이걸 글감으로 삼아 소극 한 편을 써도 되겠다. 스트린드베리가 화났을 때처럼 한마디 하련다. "조심해, 이 녀석아. 내 다음 작품에서 만나자고."

이 기고문은 《엑스프레센》의 비외른 닐손 기자가 맡아 처리했다. 나는 아내와 함께 처형 부부가 사는 레셰포르스를 찾아갔다. 우리가 스톡홀름으로 돌아오던 길에 지나친 보롬스는 늦겨울의 잿빛 아래 고요히 닫혀 있었고, 검푸른 강물과 안개 자욱한 산등성이가 보였다. 잉리드의 어머니가 묻힌 스토라투나도 지났다. 한 시간쯤 웁살라에 머물며 트레드고르탄 거리의 외할머니 댁도 가리켜 보고, 거센 물살이 흐르는 퓌리손 강가에도 잠시 섰다. 감상적이었다. 작별이었다.

그러고는 며칠의 짧은 일정으로 포뢰섬에 갔는데 고통스러워도 꼭 필요한 일이었다. 라르스오베 칼베리와 카팅카 파라고에게 상황을 알렸다. 그들은 최선을 다해 시네마토그라프를 운영하겠다고 약속했다. 성(聖)금요일에 기고문을 쓰고 또 고쳐 쓰면서 도대체 왜 이렇게 사서 고생하나 싶었지만, 지난 몇 주 동안 나를 살아 움직이게 한 분노가 여전히 꿈틀대며 딱 필요한 만큼의 아드레날린을 제공해 주었다.

4월 20일, 잉리드는 언니와 파리로 떠났다. 나는 스투레 헬란데르와 저녁을 보냈다. 우리는 1955년부터 알고 지냈는데, 당시 나는 쉴 새 없이 토악질하고 똥을 내갈기며 그 친구가 담당하던 카롤린스카 병원 병동에 입원해 있었다. 몸무게가 56킬로그램밖에 나가지 않았으므로 위암이 의심되었다. 우리는 서로 매우 달랐지만 친해졌고, 그 우정은 지금도 우리 둘에게 매우 소중하다.

4월 21일 수요일 오후 4시 50분, 나는 파리로 떠났다. 비행기가 이륙하자 불현듯 신바람이 나서 옆자리에 앉은 여자아이에게 동화책을 읽어 주었다. 그리고 이 맥락에서 크게 흥미로운 얘깃거리는 더 생기지 않았다.

이튿날 《엑스프레센》에 내 기고문이 실리고, 한바탕 소동이 벌어졌다. 언론사에서 몰려와 파리 호텔을 에워쌌고, 스웨덴 대사관으로 향하던 우리 차를 오토바이로 뒤쫓던 사진 기자는 심지어 죽을 뻔했다. 나는 입을 다물고 있기로 디노 드 로렌티스와 약속했는데, 며칠 뒤 할리우드에서 기자 회견이 열릴 계획이었기 때문이다.

엄청난 소란이었다. 나는 우리가 두 번째 라운드에서 이겼음을 깨달았지만 한편으로는 그러느라 치른 대가가 너무 크지 않았는지

의문이 들었다.

잉리드와 나는 파리에 정착하기로 마음먹고, 일주일 남짓 뒤에야 돌아왔다. 「베를린의 밤」 준비가 더뎌지면서 우리는 로스앤젤레스에서 여름을 보내야 했다. 파리는 더웠다. 우아한 호텔에 설치된 거대한 에어컨이 삐거덕거리며 우르릉우르릉 돌아갔는데, 차가운 한 줄기 바람이 바닥에서만 가늘게 불었다. 더위에 한 발짝 떼기도 힘들어서 우리는 가느다란 바람줄기 앞에 알몸으로 앉아 샴페인이나 마셨다. 교차로에서 폭탄 두 개가 터져 서독 사무실의 일부가 사라졌다.

날이 더욱 더워지자 우리는 코펜하겐으로 내뺐다. 그러고는 차한 대를 빌려서 덴마크 전원 지방을 유람했다. 어느 날 저녁엔 전세 비행기로 비스뷔로 날아갔다. 포뢰에는 늦은 시각에 닿았는데 아직도 환했다. 뎀바 호숫가의 옛집 밖으로 빽빽이 심긴 라일락 울타리에 꽃들이 만발했다. 우리는 진한 꽃향기에 에워싸여 집 앞 계단에 동틀 때까지 앉아 있다가 이른 아침에 다시 코펜하겐으로 돌아갔다.

나는 디노 드 로렌티스와 독일 뮌헨에서 영화를 찍기로 합의했는데, 1920년대 베를린이 배경이라서 심사숙고한 끝에 내린 결정이었다. 촬영지를 물색하러 베를린으로 갔지만, 장벽에 인접한 크로이츠베르크라는 구역 말고는 아무것도 못 찾았다. 크로이츠베르크는 전흔이 고스란히 남은 유령 도시였다. 건물들 앞면엔 수류탄과 빗발치는 총알 세례를 받은 흔적이 역력했고, 폭격을 받아 박살 난 주택의 폐허는 치워졌지만 그 잿빛 구역들 사이로 펼쳐진 황량한 공터들은 짓무른 상처 같았다. 상점들 간판은 외국어로 되어 있고, 한때 자랑스러운 제국의 수도에서 한 귀퉁이를 차지하던 이곳에 이제 독일인은 한 명도 살지 않았다. 누군가가 이르길, 주거지도 치명적 무기가 될 수 있다고 하던데, 그런 혁명적 수사법의 속뜻을 문득 이해했다. 건물마다 외국인이 넘쳐 나고, 아이들은 공터에서 놀고, 무더위 속에 쓰레기는 악취를 풍기고, 거리들은 엉망으로 관리되고, 아스팔트는 여기저기 되는대로 땜질만 했다.

부유한 서베를린의 등에 생긴 이 멍울을 관장하는 곳이 반드시 있을 텐데, 아마 그 기관은 누구도 다치지 않도록, 또 독일의 양심이 곤혹스러워하지 않도록, 그리고 급한 대로 불길만 잡은 인종적 증오에 다시 불이 붙지 않도록 마련된 사회 제도와 안전장치 구실을 해줄 것이었다. 쉽게들 말하듯 이런 것이다. "아무튼 그 새끼들은 제 고향으로 돌아가느니 여기서 사는 게 낫잖아." 베를린 동물원역에서 어슬렁거리는 젊은 약쟁이들은 예정된 일제 단속이 벌어지면 이따금 흩어졌다. 이렇게 대놓고 전시된 육체와 정신의 비참한 몰골을 나는 결코 목도한 적이 없었다. 독일인들은 이 광경을 보려 하지 않거나, 수용소를 세우자며 화를 냈다. 그럼에도 크로이츠베르크를 수수방관하는 까닭은 냉소적일 만큼 간단했다. 장벽 저편의 적이 서쪽으로 들어오려면 이 비독일인들의 몸뚱어리로 만든 벽을 우선 뚫어야 한다는 것이었다.

뮌헨의 바바리아 필름은 스튜디오 열두 개를 갖추고 직원 4000명을 거느린 상당한 규모의 기업이었다. 뮌헨에는 오페라 하우스가 둘, 극장이 서른둘, 교향악단 셋에 무수한 박물관과 엄청난 공원 시설이 있었다. 백화점과 말끔한 거리마다 인파가 넘치며, 쇼윈도는 유럽의 어느 대도시도 필적하지 못할 만큼 세련되고 사치스러웠다. 뮌헨 사람들은 다정하고 친절했다.

우리는 뮌헨에 정착하기로 결심했는데, 드라마텐 왕립 극장에 비길 만한 바이에른의 레지덴츠테아터 극장에서 「꿈의 연극」을 무대에 올려 달라는 요청도 한몫했다.

게다가 나는 영광스럽게도 괴테상을 받게 되었다. 가을에 프랑크푸르트에서 수상했다. 우리는 집을 보러 다니다가 영국 공원과 맞닿은 흉한 고층 건물에서 밝고 널찍한 아파트를 찾아냈다. 테라스에서 보면 알프스산맥과 뮌헨 구시가지의 첨탑이 전부 한눈에 들어왔다.

아파트는 9월에야 빌 예정이라서 우리는 여름을 나러 로스앤젤레스로 돌아갔다. 캘리포니아에선 10년 만의 폭염이 맹위를 떨쳤다. 하지제를 이틀 앞두고 거기에 도착한 우리는 빵빵하게 돌아가는 에어컨 덕에 무덤 속처럼 서늘한 호텔 방에 앉아 텔레비전으로 권투 중계를 시청했다. 저녁에는 가까운 영화관까지 산책도 해 봤다. 콘크리트 담벼락이 무너지듯 열기가 우리를 덮쳤다.

이튿날 아침, 바브라 스트라이샌드가 전화를 걸어 왔다. 그러고는 풀장에서 열리는 조촐한 파티에 수영복을 챙겨 놀러 오지 않겠느냐고 물었다. 나는 호의에 고맙다는 인사를 전하고 수화기를 내려놓은 다음 잉리드를 돌아보며, 우리 당장 포뢰로 돌아가 거기서 여름을 보내자고 말했다. 남들이 비웃어도 견디면 그만이었다. 몇 시간 뒤 우리는 스웨덴으로 발길을 돌렸다.

하지제 전야에 스톡홀름에 도착했다. 아내의 전화를 받은 장인은 노르텔리에 근방의 농장으로 친척들과 친구들을 불러 모으더니, 우리더러 곧장 오라고 분부를 내렸다. 11시가 지난 따사로운 밤에 세상 만물이 아름다움과 향기를 한껏 내뿜었다. 여름 밤빛은 화룡점정이었다.

아침나절에 나는 여름 별장에서, 새로 닦은 마룻바닥 냄새가 풍기는 방의 흰 침대 위에 누워 있었다. 창밖의 키 큰 자작나무가 옅은 색깔의 블라인드에 그늘을 드리우며 솨솨 속삭였다.

기나긴 여정은 막을 내렸고, 마른하늘에 날벼락 같던 나날은 다른 누군가가 꾼 꿈이었다. 잉리드와 나는 결코 만만찮을 우리의 새로운 인생이 앞으로 어떻게 펼쳐질지 조용히 이야기를 나눴다. 내가 말했다. "죽기 아니면 까무러치기밖에 더 하겠어?"

일요일 오후에 나는 홀로 목사관에서 풀리지 않는 수학 숙제를 끌어안고 있었다. 엥엘브렉트 교회에서 장례식 종소리가 울렸고, 형은 오후 상영 영화관에 갔고, 여동생은 맹장염으로 입원했고, 부모님과 식모들은 병원 설립자인 소피아 여왕을 추모하러 예배당에 가 있었다. 봄 햇살은 책상 위에서 이글거리고, 솔헴메트의 늙은 간호사들은 검은 옷을 입고 길 건너편의 나무 그늘을 따라 거위 떼처럼 죽 늘어서서 행진했다. 열세 살이었던 나는 전날 밤 바그너의 오페라 「신들의 황혼」을 보러 가려고 수학 숙제를 제쳐 둔 까닭에, 영화 관람이 금지되었다. 따분하고 싱숭생숭해서 공책에 벌거벗은 여자를 그렸다. 형편없는 솜씨는 그림에서 여실히 드러났다. 가슴은 거대했고 성기는 활짝 벌어져 있었다.

나는 여자를 잘 몰랐고 성행위가 뭔지도 전혀 아는 바가 없었다. 형은 깔보면서 넌지시 눈치만 주다가 넘어갔고, 부모님과 선생님은 아무 말도 안 했다. 벌거벗은 여성은 국립 박물관이나 칼 구스타프 라우린의 미술사책에서 봤을 뿐이다. 여름에는 엉덩이 한쪽이나 맨 가슴을 슬쩍 엿볼 수 있었다. 정보가 모자라서 곤란하지는 않았다. 나는 시험에 들지 않았고, 호기심에 옥죄여 괴로울 일도 없었다.

하잘것없지만 어떤 일화가 인상에 남았다. 핀란드 출신의 스웨덴인인 알라 페트레우스라는 중년의 과부가 있었는데, 우리 가족과 왕래하며 교회 활동에 적극적으로 참여했다. 목사관에 잠시 유행병이 돌아서 나는 알라 아줌마와 함께 몇 주를 보냈다. 그녀가 살던 곳은 셉스홀멘섬과 무수한 나무배가 잘 보이는, 스트란드베르겐의 널따란 아파트였다. 길거리의 소음이 닿지 않는 조용하고 양지바른 집에는, 상상력을 자극하고 구경하다 홀릴 법한 유겐트슈틸의 사치품이 흘러넘쳤다.

알라 페트레우스는 딱히 미인은 아니었다. 두꺼운 안경을 쓰고 걸음걸이는 남자 같았다. 잘 웃었는데 그럴 때면 입가에 침이 고였다. 옷매무새는 우아했고, 쓰고 다니던 모자는 영화관에 가면 벗어야 할 만큼 컸다. 따스한 갈색 눈에 혈색이 좋고, 손은 부드러웠으며, 목에 여러 가지 모양의 모반이 있었고, 이국적인 향수 냄새도 짙게 풍겼다. 목소리가 굵어서 남성적인 느낌도 들었다. 나는 그 집에서 살게 되어 무척 흡족했고, 등굣길도 절반으로 줄었다. 가정부와 주방 아주머니는 핀란드어만 할 줄 알았지만 나더러 귀엽다며 볼과 엉덩이를 꼬집고 내 응석마저 다 받아 줬다.

어느 날 저녁, 목욕을 하려던 참이었다. 가정부가 욕조에 물을 채우고 좋은 냄새가 나는 뭔가를 부었다. 나는 뜨거운 물에 아늑하게 들어앉아 졸았다. 알라 페트레우스가 문을 똑똑 두드리며 내가 잠들었는지 묻기에 대답하지 않았더니 쓱 들어와서는 걸치고 있던 녹색 목욕 가운을 휙 벗어 던졌다.

그러고는 내 등을 문지르겠다면서 욕조에 들어왔다. 내가 몸을 돌리자 등에 비누칠을 하고, 뻣뻣한 솔로 닦고, 부드러운 손으로 헹궈 주었다. 그런 다음, 내 손을 잡더니 자기 허벅지 사이로 쭉 끌어당기고 내 손가락을 벌려 사타구니 깊숙이 밀어 넣자 내 목에서 맥박이 팔딱팔딱 뛰었다. 그녀가 다른 손으로 감아쥔 내 성기는 움찔했지만 발딱 깨어나지는 않았다. 알라 페트레우스는 내 포피를 살살 잡아당겨 귀두 언저리에 뭉친 하얀 덩어리를 톡톡 쳐냈다. 조금도 무섭지 않았고 모든 게 기분 좋았다. 그녀는 억세면서 부드러운 허벅지 사이로 나를 꽉 붙잡았다. 나는 거의 고통스러울 만큼 묵직한 쾌락을 향해 아무런 저항도, 두려움도 없이 몸뚱이가 흔들리도록 놔뒀다.

그때 난 아홉 살이었다. 알라 아줌마와 나는 목사관에서 자주 마주쳤지만 그 일을 입 밖에 꺼낸 적은 없다. 언젠가는 두꺼운 안경 너머로 나를 바라보며 호호 웃기도 했다. 우리는 함께 비밀을 간직했다.

이 기억은 5년 뒤에 거의 지워졌지만 장차 고통스럽도록 쾌락적이고 수치심에 짓눌려 끊임없이 되풀이되는 공연으로 변모했다. 나를 증오하고 내가 고통과 비탄에 빠지길 바라는 어떤 악령이 돌려 대는, 그렇게 무한히 반복되는 영사기의 필름 타래를 닮게 될 터였다.

파란 공책에 벌거벗은 여자를 그리던 그때, 햇볕은 뜨거웠고 솔헴메트 간호사들은 줄지어 지나갔다. 나는 다리 사이를 쓱쓱 문지르다가 바지 단추를 풀고, 붉으락푸르락 바들바들 떠는 아랫도리를 빳빳이 곧추세웠다. 띄엄띄엄 살살 문지르니 낯설고도 조금 두렵게, 쾌감이 차올랐다. 연이어 그림을 그리자 처음보다 조금 더 대담한 또 다른 알몸의 여자가 나타났다. 여자에 맞게 작대기를 그려서 잘라낸 다음, 가랑이 사이에 구멍을 뚫어 집어넣었다.

몸이 펑 터질 것 같았고, 통제할 수 없는 무언가가 툭 튀어나올 듯했다. 나는 현관 저편에 있는 뒷간으로 냅다 튀어 간 뒤에 문을 잠갔다. 쾌락은 이제 육체적 고통으로 바뀌었고, 그전까지 다른 데에 정신이 팔렸음에도 늘 친근한 관심으로 지켜봐 주던 내 잠지가 이제 샌님에서 불뚝거리는 악마로 돌변했다. 그러고는 내 배와 허벅지 아래로 격렬한 통증을 보냈다. 이 막강한 적을 어떻게 상대해야 할지 몰라서 손으로 꽉 움켜쥔 바로 그 순간에 폭발이 일어났다. 경악스럽게도 미지의 액체가 내 손과 바지, 변기, 창문 커튼, 벽, 파란 깔개 위에 튀었다. 공포에 질린 나는 몸에서 솟구친 이 낯선 곤죽이 나 자신과 주변의 모든 것을 더럽혔다고 여겼다. 아직 몽정한 적도 없었고 거기가 발딱 섰다가도 이내 사그라지곤 했으니, 나는 아무것도 몰랐고 이해하지도 못했다.

벼락처럼 들이닥친 나의 성욕은 종잡을 수 없었고, 적개심과 고통을 불러왔다. 오늘날까지도 어떻게 그런 일이 일어날 수 있는지, 왜 그토록 심오한 신체적 변화가 예고도 없이 찾아왔는지, 어째서 그다지도 고통스럽고 첫 순간부터 그렇게 죄책감에 사로잡혔는지 알 수 없다. 성적 두려움이 우리 같은 아이들의 살갗을 뚫고 스며들었다면 아마도 그것은 무색무취의 독가스처럼 어린 시절의 우리들 방에 도사리고 있었을 것이다. 누구도 아무 말도 안 했고, 아무도 우리에게 경고하거나 하다못해 우리를 겁준 적조차 없었다.

질병인지 집착인지 모를 뭔가가 나를 무자비하게 덮쳤고, 그 행위는 강박에 가까울 만큼 끊임없이 되풀이되었다.

달리 뾰족한 수가 없어서 형한테 혹시 비슷한 경험이 있었는지 물었다. 형은 살짝 약 올리는 듯했지만 다정스럽게 웃으면서, 자신은 열일곱 살이라 독일어 과외 여자 교사와 건강하고 관능적이며 만족스럽게 잠자리를 같이하고 있다고 답했다. 나의 불건전한 외설 얘기는 들으려 하지 않았다. 더 많은 정보를 알고 싶다면 『가정 의학 백과』에서 '자위' 항목을 읽어 보면 된다고 했다. 나는 그 말대로 따랐다.

책에는 자위가 스스로를 더럽히는 자독(自瀆)이라면서 수단과 방법을 가리지 않고 물리쳐야 하는 청소년의 악덕이며, 창백함, 식은 땀, 떨림, 눈 밑의 그림자, 집중력 장애, 균형감 상실 따위를 유발한 다고 평문으로 쓰여 있었다. 그 병에 걸리면 더 심각한 경우엔 뇌가 물렁물렁해지고 척수가 망가지거나 간질 발작, 혼수상태, 조기 사망 이 발생한다고도 했다. 이토록 불길한 전망을 눈앞에 두고 나는 공 포와 쾌락 속에서 계속 손장난을 했다. 딱히 얘기를 나누거나 물어 볼 사람도 없었으므로, 그저 끊임없이 경계하며 내 끔찍한 비밀을 숨겨야 했다.

간절한 마음에 나는 예수에게 의탁하기로 하고, 예정보다 1년 일찍 견진 교육을 받을 수 있도록 아버지에게 청했다. 요청은 받아 들여졌고 나는 영적으로 수련하고 기도하며 저주에서 벗어나려 애 썼다. 첫 영성체 전날 밤, 나는 온 힘을 다해 악마를 무찌르고자 아 침까지 싸웠으나 패배하고 말았다. 결국 예수로부터 벌받은 나는 해 쓱한 이마 한가운데에 고름이 나오는 커다란 여드름을 얻었다. 은혜 의 방도[16]를 받았을 때는 속이 뒤틀리는 바람에 자칫 토할 뻔했다.

이 모든 사건이 오늘날에는 약간 우스꽝스러워 보이지만 당시 엔 씁쓸한 현실이었다. 책에서 언급한 그런 증상은, 물론 생기지 않 았다. 내 현실의 삶과 비밀의 삶을 가르는 벽은 점점 더 높아져, 어느 새 넘을 수 없게 되었다. 거짓이 한층 더 필요해졌다. 몇 년 동안 합선 상태였던 내 환상 세계는 정겹고 재치 있는 수많은 조력자들 덕분에 수리할 수 있었다. 폐쇄적으로 고립된 채 미쳐 가는 것 같다는 의구 심도 들었다. 나는 스트린드베리의 단편 소설집 『결혼 이야기』를 읽

16] 기독교에서 야훼가 그의 백성들에게 은혜를 베풀기 위해 정한 방도를 의미한 다. 설교, 기도, 찬송, 신앙 고백 등이다.

으며 그의 무정부주의적 농담에서 어느 정도 위안을 찾았다. 성찬의 말씀은 은혜로웠고, 점잖은 형보다 오래 산 유쾌한 방탕아의 이야기는 후련했다. 그런데 도대체 내가 어떻게 여자를 구할 수 있단 말인가? 자위나 하면서 창백한 얼굴로 식은땀을 흘리고, 눈 밑은 시커멓고, 넋이 나간 나만을 제외하고 다들 '씹'을 했다.

게다가 나는 말랐고, 고개를 푹 숙이고 다녔고, 짜증을 잘 냈고, 늘 화난 채 툭하면 시비를 걸거나 욕하며 소리 질렀고, 나쁜 성적을 받아 따귀도 수없이 맞았다. 왕립 연극 극장 3층의 가장자리와 영화관만이 내 유일한 피난처였다.

그해 여름 우리는 여느 때와 달리 보롬스 말고 스모달라뢰섬의 녹음이 우거진 만 옆의 노란 집을 거처로 삼았다. 쩍쩍 금이 갈라지는 목사관 정면의 배후에서 아버지와 어머니가 오래도록 분통을 터뜨리며 줄다리기를 벌인 결과였다. 아버지는 보롬스와 외할머니, 내륙의 후텁지근한 더위를 싫어했다. 바다와 군도를 싫어한 어머니는 바닷바람 탓에 어깨에 류머티즘 통증이 생겼음에도, 무슨 이유인지는 모르겠지만 아버지와 맞버티지 않았다. 스모달라뢰의 에케보는, 이후 수년 동안 우리 가족의 목가적인 여름 별장이 되었다.

나에게 군도는 얼떨떨한 체험이었다. 피서객과 그들이 데려온 아이들도 있었다. 상당수가 내 또래였는데, 무모하고 아름답고 무자비했다. 나는 여드름투성이에 옷차림새도 후지고, 말도 더듬고, 엉뚱하게 큰 소리로 웃고, 운동 신경도 젬병이라 물속에 거꾸로 뛰어들 엄두조차 못 냈다. 기껏 얘기를 꺼내 봐야 줄곧 니체 타령이나 했으니, 바윗돌 많은 바닷가에서 노는 애들한테 써먹기 곤란한 사교술만을 골라 갖춘 셈이었다.

소녀들은 가슴과 엉덩이, 볼기가 도드라졌으며, 발랄하고 장난스럽게 웃었다. 나는 덥고 비좁은 내 다락방에 그들 모두와 함께 누워서, 걔들을 치근대고 업신여겼다.

토요일 저녁이면 저택의 헛간에서 춤판이 벌어졌다. 스트린드베리의 「미스 줄리」처럼 밤빛, 흥분, 귀룽나무와 라일락의 짙은 향기, 바이올린의 끼익 소리, 퇴짜와 수락, 게임과 냉혹함 등 모든 것이 거기에 있었다. 토요일 춤판엔 남자 파트너가 모자라서 나도 혜택을 입었다. 그런데 여자애들한테 몸이 닿기만 해도 발기가 되었으므로 언감생심이었다. 어차피 춤 솜씨도 형편없어서 슬슬 버림받았다. 울화통이 터지고 자존심도 상해서 우스운 꼴이었다. 겁에 질려 마음이 닫혔다. 꼴사나운 여드름투성이. 1932년 여름, 부르주아 스타일의 사춘기.

나는 대부분 이해하지도 못하면서 끊임없이 책을 읽었고, 특히 글투에 민감했다. 도스토옙스키와 톨스토이, 발자크, 디포, 스위프트, 플로베르, 니체 그리고 앞서 말했듯이 스트린드베리.

나는 더욱 말수가 줄었고, 급기야 말을 더듬으며 손톱을 물어뜯기 시작했다. 나 자신과 삶 자체를 혐오하며 질식하고 말았다. 나는 고개를 앞으로 쭉 내민 채 웅크리고 걸었으므로 끊임없이 꾸지람을 들었다. 이상한 점은 내가 이런 비참한 삶에 결코 의문을 던지지 않았다는 것이다. 그냥 그렇게 되리라고 생각했다.

안나 린드베리와는 동갑내기였다. 우리는 고등학교에 진학하기 전, 마지막 과정인 9학년이었다. 셰파르가탄과 콤멘되르스가탄 거리의 모퉁이에 있던 팔름그렌스카 삼스콜란이라는 학교였다. 아늑하지만 옹색할 수밖에 없는 사저 공간에서 학생 350명이 교육을 받았다. 교사들은 다른 중고등학교보다 더욱 현대적이고 진보된 교육을 실시한다고 믿었다. 그러나 이는 사실과 꽤 거리가 멀었는데, 그 학교에서 도보로 5분 남짓 걸리는 외스테르말름 중고등학교에서 동시에 근무하는 교직원도 여럿 있었기 때문이다.

양쪽 모두 똑같은 엉터리 교사가 동일하게 주입식 교육을 하는 똥통 학교였다. 혹시라도 굳이 차이점을 찾는다면, 팔름그렌 학교의 학비가 더 비쌌고 남녀 공학이었다는 것 정도다. 우리 반엔 남학생 스물한 명과 여학생 여덟 명이 있었다. 안나도 그중 하나였다.

학생들은 케케묵은 책걸상에 두 명씩 앉았다. 선생님은 교단 한쪽 구석에 놓인 책상을 차지했다. 우리 앞에는 칠판이 있었다. 세 개의 창문 밖으로는 항상 비가 내렸다. 교실의 불빛은 침침했다. 어른거리는 햇빛에 전구 여섯 개가 시큰둥하게 버둥거렸다. 젖은 신발 냄새, 빨지 않은 속옷 냄새, 오줌내, 땀내가 벽과 가구에 찰싹 달라붙어 있었다. 사실상 이 시설은, 당국과 가족 사이의 불경스러운 동맹을 바탕으로 한 보호소였다. 한눈에 보이는 권태의 악취가 이따금 코를 꿰뚫고 때로는 숨통을 틀어막았다. 교실은 전쟁 전 사회의 축소판이었다. 무기력, 무관심, 기회주의, 알랑방귀, 괴롭힘에다가 반란, 이상주의, 호기심이 뒤죽박죽 얼룩져 있었다. 그럼에도 무정부주의자들은 사회와 학교, 가정, 이 모든 것에 의해 제자리에 붙박여 있게끔 다스려졌다. 본보기로 내리는 처벌은 범죄자의 삶에 장차 결정적인 영향을 미치기도 했다. 일찍이 구성된 주요 교습법에 따라 처벌과 보상도 하고, 양심의 가책을 느끼도록 죄의식을 주입하기도 했다. 국가사회주의에 물든 교사가 많았다. 일부는 못 이룬 학문적 발전을 비탄하거나 우둔한 까닭이었고, 다른 일부는 '시인과 사상가의 민족'이던 옛 독일을 이상화하며 열광했기 때문이다.

책걸상과 교단의 이 균일한 잿빛 체념에는 물론 예외도 있었다. 불굴의 의지를 가진 명석한 사람들이 문을 열어 준 덕분에 바람이 통하고 빛이 들었다. 그러나 그런 이가 많지는 않았다. 교장은 스웨덴 신흥 교파 내에서 알랑거리며 유력자가 된 뒷거래의 달인이었다. 즐겨 주관하던 아침 예배의 주된 레퍼토리는 바로, 오늘 예수가 우리 학교에 찾아오면 얼마나 슬퍼할지 감상적으로 통탄하는 느끼한 설교이든가, 정치나 교통 문제, 전염병처럼 퍼지는 재즈 문화를 꾸짖는 불지옥 설교였다.

숙제 안 하기, 속임수, 부정행위, 비위 맞추기, 분노 삭이기, 방귀 뿡뿡대기가 암울한 일상의 고정 프로그램이었다. 여자애들은 옹기종기 모여 앉아 키득거리며 무슨 잔꾀를 부릴지 소곤댔다. 남자애들은 변성기 목소리로 고함치고, 싸우고, 공을 차고, 커닝 쪽지를 만들고, 숙제를 베꼈다.

나는 대략 교실 중간에 앉았고, 안나는 대각선으로 내 앞 창가 자리에 앉았다. 나도 그랬지만 다들 걔가 못생겼다고 생각했다. 어깨가 둥글고, 자세가 구부정하고, 가슴이 크고, 커다란 엉덩이를 실룩

거리는 뚱보 껑다리 소녀였다. 머리카락은 쥐색이 감도는 금발이었고, 옆으로 가르마를 탄 단발이었다. 짝눈이라서 하나는 갈색이고, 다른 하나는 파란색이었다. 높은 광대뼈, 툭 불거진 입술, 어린아이처럼 통통한 뺨에다 다부진 턱에는 보조개가 있었다. 오른쪽 눈썹부터 이마 선까지 흉터가 있었는데, 울거나 화를 내면 벌게졌다. 손가락이 짧고 굵어서 손이 네모나고, 다리가 길고 매끈하며, 작은 발에 발등이 높고 새끼발가락 하나가 없었다. 여자애처럼 아기 비누 냄새가 났다. 분홍이나 하늘색 생사 블라우스와 몸에 안 맞는 갈색 치마를 입고 다녔다. 똘똘하고 재치가 있으며 얌전했다. 안나에겐 아버지가 창녀와 바람나서 도망쳤다는 뜬소문도 있었고, 어머니와 동거하는 빨간 머리의 방문 판매원이 모녀를 모두 학대하는 통에 학비마저 제때제때 못 내고 다녔다는 얘기도 있었다.

나는 이상했고 안나는 못생겨서 둘 다 외톨이였다. 급우들은 우리를 괴롭히지도, 건드리지도 않았다.

어느 일요일 낮에 우리는 컬러 영화관에서 만났다. 알고 보니 둘 다 영화를 즐겨 봤다. 나와 달리 안나는 마음대로 쓸 용돈이 상당해서 내 표도 끊어 줬다. 그러다 걔네 집까지 따라가게 됐다. 아파트는 널찍했지만 누추했다. 발할라베겐 모퉁이에서 뉘브로가탄을 마주한 길거리에 위치한 건물 2층이었다.

안나의 방은 긴네모꼴에 어두웠고 다닥다닥 붙은 가구와 해진 카펫, 타일 벽난로가 있었다. 창가에는 할머니에게서 물려받은 흰색 책상이 있었다. 침대는 접었다 펼 수 있었고, 침대보와 베개의 무늬는 튀르키예풍이었다. 안나의 어머니는 예의상 나를 친절하게 맞이했다. 겉보기로는 딸과 닮았으나 입가가 쓸쓸해 보이고 안색이 누렜다. 가느다란 회색 머리카락은 머리가 부풀어 보이도록 뒤로 빗어 넘겼다. 빨간 머리 외판원은 어디에도 없었다.

나는 안나와 함께 숙제도 했는데, 목사관에 데려왔더니 다들 환대해서 놀랐다. 너무 못나서 내 순결에 아무런 위협도 가하지 않을 것 같았나 보다. 호의적으로 받아들여진 안나는 일요일 저녁에 우리 가족과 함께 구운 송아지 고기와 오이를 먹었다. 그때 형이 조롱하는 눈빛으로 그 애를 뜯어봤는데, 안나는 질문을 받으면 제꺽제꺽 시원스럽게 대답했고 인형극 공연에도 여러 차례 참여했다.

싹싹하고 서글서글한 안나 덕분에 나는 가족들과의 긴장을 풀 수 있었다.

그러나 다들 몰랐던 점은 안나의 어머니가 저녁때 자주 집을 비운 까닭에, 우리의 숙제가 침대 위에서 격렬하게 낑낑대고 혼란스럽지만 집요하게 펼쳐지는 훈련으로 바뀌어 갔다는 것이다.

단둘이던 우리는 굶주렸고 호기심이 넘쳤고 완전히 무지했다. 안나의 처녀성이 걸림돌이었고, 해먹 같은 침대 받침은 작전을 방해했다. 우리는 발가벗을 엄두조차 못 내고, 안나의 모직 바지만 빼고 옷을 다 입은 채 연습했다. 우리는 엉성하고 조심스러웠으며, 대개 사정은 단단한 거들과 말랑한 배 사이 어딘가에서 이루어졌다. 맹랑하고 약삭빠른 안나는 영화에서 본 대로 타일 벽난로 앞의 바닥에 누워 보자고 제안했다. 우리는 장작과 신문지에 불을 붙이고 걸리적거리는 옷을 찢었고, 안나는 비명을 지르며 깔깔댔다. 내가 은밀하게 깊숙이 들어가자, 안나는 다시 소리를 지르며 아파하더니 나를 껴안았다. 내가 양심상 몸을 빼려 하자 안나는 두 다리로 내 허리를 감싸더니 더 깊이 들여보냈다. 이때 우는 바람에 눈물과 콧물이 얼굴 위로 흘러내렸다. 서로 지그시 입을 맞추자 안나는 이제 아기가 생긴 것 같다고 속삭였다. 나도 아이가 생길 것 같았다. 웃다가 울다가 하는 안나의 모습에 나는 얼음장 같은 두려움에 사로잡혀 얼른 정신을 차렸다. 곧장 몸을 씻고 카펫을 닦아야 한다고 말했다. 우리 둘 다 피가 묻었고, 카펫에도 혈흔이 남았다.

바로 그때 현관문이 열리고 안나의 어머니가 나타났다. 안나는 바닥에 앉아 허둥지둥 아랫도리를 챙겨 입고 큰 가슴을 속옷 안으로 집어넣었다. 나는 바지 앞쪽에 묻은 거무튀튀한 얼룩을 숨기려고 윗도리를 죽 잡아당겼다.

린드베리 부인은 내 따귀를 때리더니 귀를 붙잡고 방을 두 바퀴 돈 다음, 멈춰서서 또 귀싸대기를 갈겼다. 그러고는 위협적인 미소를 지으며 딸을 임신시키려는 짓 따위는 집어치우라고 말했다. 그것 말고는 이런 식으로 마주칠 일만 없게 한다면 우리들 내키는 대로 해도 된다고 했다. 이렇게 말한 뒤에 그녀는 등을 돌리고서 문을 쾅 닫고 나갔다.

나는 안나를 사랑하지 않았다. 내가 살아 숨 쉬는 곳에 사랑이 없었기 때문이다. 나는 어린 시절에 확실히 많은 사랑에 둘러싸여 있었지만, 그게 어떤 맛이었는지 잊어버렸다. 나는 누구에게도, 아무것에도, 특히 나 자신에게도 사랑을 느끼지 않았다. 아마 안나의 감정은 덜 녹슬었을 텐데, 안타깝게도 그녀에겐 껴안고 키스하고 함께 놀아 줄 이가 있었다. 그녀는 어설프고 변덕스럽고 심술궂은 허수아비였다. 쉬지 않고 주절거리다가 웃길 때도 있지만, 가끔 그냥 멍청하거나 너무 유치한 얘기를 해서 정말 열네 살의 9학년인지 궁금할 정도였다. 어떤 때는 안나랑 함께 길거리를 다니기 싫어서, 너무 뚱뚱한 여자 옆에 삐쩍 마른 남자가 있으면 우스꽝스러워 보인다고 둘러댔다.

언젠가부터 내가 목사관에서 받는 압박이 심해져, 우리는 서로 때리거나 맞기도 하며 치고받았다. 그러나 주로 내가 더 화를 냈으므로 우리의 싸움은 안나의 울음과 나의 퇴장으로 끝났고, 결국엔 늘 화해했다. 안나는 눈이 멍들거나 입술이 터진 적도 있는데, 다친 데를 학교에서 자랑하기를 즐겼다. 누가 팼느냐는 질문을 들으면 애인이 그랬다고 답했다. 목사의 말라깽이 말더듬이 아들이 사내답게 성깔을 부릴 줄 안다고는 아무도 믿지 않았으므로 다들 깔깔 웃었다.

어느 일요일, 아침 예배 전에 전화가 왔다. 안나는 팔레가 어머니를 죽이겠다고 날뛴다며 울부짖었다. 나는 도와주러 달려갔다. 안나가 현관문을 열었다. 동시에 나는 입이 얼얼하게 한 대 얻어맞았고, 뒤로 자빠지며 신발장에 부딪쳤다. 빨간 머리 외판원은 잠옷 바람에 짧은 양말만 신고 모녀와 엎치락뒤치락하며, 눈 가리고 아웅 하는 개짓거리를 우리 모두를 죽임으로써 드디어 끝낼 참이었다. 그러고는 창녀랑 그 딸년을 먹여 살리느라 지쳤다고 으르렁거렸다. 안나의 어머니는 목이 졸리자 얼굴이 검붉어지고 입이 크게 벌어졌다. 안나와 내가 그 손을 잡아떼려고 했다. 급기야 안나는 부엌으로 달려가 부엌칼을 들고 와서, 팔레를 찔러 죽이겠다며 고함을 질렀다. 외판원이 곧장 손을 풀더니 내 얼굴에 또 주먹을 날렸다. 나도 반격을 가했지만 빗나갔다. 곧이어 그는 말없이 옷을 입고, 중산모자를 삐딱하게 쓰고, 검정 코트를 걸친 뒤에 현관 열쇠를 바닥에 던지고 자리를 떴다.

안나의 어머니는 커피와 샌드위치를 차려 줬고, 이웃은 초인종을 누르며 무슨 일이 있었는지 물었다. 안나는 제 방으로 나를 끌고 가서 내 상처를 들여다보았다. 앞니 한 귀퉁이가 부러져 나갔다.(이

글을 쓰는 지금도 혀로 느낄 수 있다.)

　나에게는 이 모든 것이 흥미로웠지만 비현실적이었다. 내 주위에서 일어난 일은 대충 이어 붙인 필름 조각과 비슷해서 일부가 불가해하거나 마냥 지루할 따름이었다. 나는 내 감각이 외부 현실을 분명히 새긴다는 사실을 발견하고 놀랐는데, 충동은 결코 내 감정에 닿지 않았다. 감정들은 밀폐된 방에서 살며 명령에 따라 사용되었으므로 반드시 숙고를 거쳤다. 나의 현실은 너무 깊은 곳에서 분열되어 의식을 잃었다.

　나는 뉘브로가탄의 낡아 빠진 아파트에서 벌어진 소란을 두고두고 곱씹었다. 모든 순간, 모든 움직임, 아우성과 대거리, 길 건너편의 창문에 반사되던 빛이 기억난다. 튀김 탄내와 연기, 오물 냄새, 남자의 끈적끈적한 빨강 머리에 묻은 포마드 등 하나부터 열까지 다 기억난다. 그러나 감각에 아로새겨진 인상에는 어떤 감정도 연결되지 않았다. 무서웠거나 화났거나 당혹스러웠거나 궁금했거나, 아니면 그저 느낌대로 몸부림치느라 제정신이 아니었을까? 모르겠다.

　이제 결과물을 손에 쥐고 보니, 내 감정들은 40년이 지나고 나서야 그동안 갇혀 있던 밀실로부터 벗어났다. 나는 감정의 기억 위에 존재했고 감정을 재현하는 방법을 아주 잘 알았지만, 자연스러운 표현은 결코 자연스럽지 않았다. 나의 직관적 체험과 감정적 표현 사이에는 항상 찰나의 틈새가 있었다.

　요즘 내가 웬만큼 회복되었다고 상상할 때면, 멀쩡한 상태라고 착각하도록 지극히 효과적으로 눈속임하던 그 신경증을, 과연 측정하고 정의할 만한 도구가 있거나 앞으로 생길지 궁금해진다.

　안나는 스모달라뢰섬의 노란 집에서 열린 내 열다섯 살 생일잔

치에 초대받았고, 내 여동생과 함께 같은 다락방에 묵었다. 동이 트
자 나는 그녀를 깨웠고, 우리는 몰래 만으로 내려가서 뢰두드와 스
텐되렌을 지나 융프루피에르덴을 향해 노를 저어 갔다. 우리는 만으
로 계속 노를 저으며 살트셴 호수를 따라 펼쳐진 고요, 햇살, 잔잔한
물결 속으로 쭉 들어갔다. 마침내 우퇴에서 달라뢰까지 소리 없이
한 바퀴를 돌았다.

아침 식사와 생일 축하 모임 시간에 맞춰 집으로 돌아왔다. 우리
는 어깨와 등이 탔고, 살짝 마른 입술에서 짠맛이 났으며, 강렬한 햇
살 덕에 눈도 반쯤 멀었다.

여섯 달 넘게 함께 지낸 뒤에야 우리는 처음으로 서로의 알몸을
보았다.

열여섯 살이 되던 해 여름에, 나는 아우스타우슈킨트(Austausch-kind)라는 교환 학생 자격으로 독일을 방문했다. 내 또래의 독일 소년과 함께 현지 가정에서 6주 동안 머물게 된다는 뜻이었다. 그 친구도 여름 방학이 시작되면, 나를 따라 스웨덴에 와서 같은 기간 동안 함께 지내는 방식이었다.

나는 튀링겐주 바이마르와 아이제나흐 사이의 하이나라는 소읍에 사는 목사 가족과 지내게 되었다. 골짜기에 자리한 촌락은 풍요로운 마을들에 둘러싸여 있었다. 집들 사이에는 탁한 냇물이 느릿느릿 굽이쳐 흘렀다. 동네에는 지나치게 큰 교회가 자리해 있었고, 전쟁 기념비가 세워진 광장, 버스 정류장이 있었다.

대가족이었다. 아들 여섯과 딸 셋, 목사 부부에다가 디넨데 슈베스터(Dienende Schwester, 봉사하는 자매)라 불리는 나이 많은 친척 여자 집사도 있었다. 콧수염이 난 그 집사는 땀이 무척 많았고 가족을 엄하게 지휘했다. 염소수염을 기르고 파란 눈동자가 다정한 가장은 귀에 솜뭉치를 꽂고 검은 베레모를 이마까지 푹 눌러쓰고 다니는 호리호리한 남자였다. 박식하고 음악에 소질이 있어서 여러 악기를 연주하고, 부드러운 테너 음색으로 노래했다. 뚱뚱하고 지친 아내는 순종적이었고 대부분의 시간을 부엌에 머물며 수줍게 내 뺨을 쓰다듬었다. 아마도 집이 너무 가난해서 미안하다는 얘기를 하려던 듯싶었다.

내 학우 하네스는 마치 국가사회주의 선전 잡지에서 오려 낸 듯했다. 금발에 훤칠하고 파란 눈에 건강한 미소를 지녔고, 귀는 아주 작았으며 수염이 자라기 시작했다. 우리는 서로의 말을 알아들으려고 노력했지만 쉽지 않았다. 내 독일어는 당시 문법 위주의 수업에서 배운 게 다였다. 그 언어를 말할 수도 있다는 가능성은 교육 과정에 포함되지 않았다.

하루하루가 따분해졌다. 7시가 되면 그 집 아이들은 학교로 가 버리고 나 홀로 어른들과 남게 되었다. 나는 책을 읽고 배회하고 향수에 젖었다. 가급적이면 목사의 서재에 머물거나 가정 방문을 따라갔다. 목사는 덮개가 높은 고물 오픈카를 몰았고, 바람 한 점 없는 더위 속에 먼지가 자욱한 길을 달렸다. 살찐 거위들이 줄지어 가며 도처에서 사납게 꽥꽥댔다.

나는 목사에게, 남들처럼 손을 뻗어 '하일 히틀러'라고 말해야 하는지 물었다. 목사가 답했다. 그러면 다들 잉마르 군을 참 예의 바른 사람이라 여길 거야.(lieber Ingmar, das wird als mehr als eine Höflichkeit betrachtet.) 나는 손을 들어 올려 '하일 히틀러'라고 했는데, 기분이 묘했다.

그러다 하네스가 내게 학교에 같이 가서 수업을 들어 보라고 제안했다. 썩 내키진 않았으나 마냥 빈둥댈 바엔 차라리 그러는 편이 낫겠다 싶었다. 그리하여 자전거로 하이나에서 몇 킬로미터 떨어진 더 큰 마을에 위치한 학교에 다니기 시작했다. 나는 넘치는 환대를 받고 하네스 옆에 앉았다. 높은 창밖은 땡볕 더위였는데 널찍하고 노후한 교실은 음습했다. 종교학 시간이었지만 책상에는 다들 히틀러의 『나의 투쟁』을 올려 두었다. 교사는 《데어 슈튀르머(Der Stürmer, 돌격대)》라는 신문의 한 구절을 읽었다. 무미건조한 말투로 여러 차례 되풀이해서 기괴하게 느껴지던 한 문구만이 기억난다. "유대인이 독을 풀었다.(von den Juden vergiftet.)" 나중에 그게 대체 무슨 소리인지 물었다. 하네스는 웃었다. 아, 잉마르, 외국인이 전부 알 필요는 없어.(Ach Ingmar, das alles ist nicht für Ausländer.)

일요일마다 가족은 아침 예배에 참석했다. 목사의 설교를 듣고 놀랐는데, 복음서 말고 『나의 투쟁』을 인용했기 때문이다. 예배를 마치고 다들 교회 본당에서 커피를 마셨다. 제복을 입은 사람이 많았고, 여러 차례 기회가 맞아떨어지는 바람에 나 역시 손을 들고 '하일 히틀러'라고 외쳤다.

집안의 청소년은 모두 조직에 가입했는데, 소년들은 히틀러 유겐트(Hitler Jugend), 소녀들은 독일 소녀 연맹(Bund Deutscher Mädel) 소속이었다. 오후에는 소총 대신 삽을 들고 군사 훈련을 받거나 운동장에서 체육을 하고, 저녁에는 필름을 이용해 강의를 듣거나 노래하고 춤을 추었다. 개울은 헤엄치고 놀기에 수월하지 않았는데, 바닥은 진창이고 물에선 구린내가 났다. 굵은 무명실로 뜨개질한 소녀들의 생리대는 더운물도 안 나오고 다른 편의 시설도 없는 원시적인 세면실에 걸어 말렸다.

바이마르에서 전당 대회가 열려, 히틀러를 선두로 대규모 행진이 벌어지게 됐다. 목사관에서는 다들 분주하게 셔츠를 빨고 다림질을 하고 장화와 허리띠를 닦았다. 청소년들은 새벽에 출발했다. 나는 목사 부부의 차를 타고 따라가기로 했다. 목사 가족은 손을 써서 귀빈석 가까운 자리의 표를 구했다. 누군가는 내 덕분에 좋은 데 앉도록 혜택받았을지 모른다고 농담도 던졌다.

뒤숭숭하던 이날 아침에 전화벨이 울렸다. 집에서 걸려 온 전화였다. 저 멀리서 안나 아주머니의 낭랑한 목소리가 들렸다. 재산이

워낙 많아서 이 값비싼 국제 전화를 할 수 있었다. 그녀는 딱히 서두르지도 않고 슬슬 용건을 꺼냈다. 다름 아니라 은행 지점장과 결혼한 친구가 바이마르에서 사는데, 어머니로부터 내가 그 근처에 있다는 소식을 듣고 곧장 친구에게 전화를 걸어 나를 초대해 달랬다는 것이었다. 안나 아주머니는 유창한 독일어로 목사와 이야기를 나눈 뒤 다시 나와 통화를 했는데, 내가 자신의 친구와 예쁜 자녀들을 만나게 돼서 기쁘다고 말했다.

우리는 정오 무렵, 바이마르에 도착했다. 행진과 히틀러의 연설은 3시에 시작될 참이었다. 도시는 이미 축제의 열기로 가득 찼고, 사람들은 경축일에 걸맞게 쫙 빼입거나 제복을 입고 거리를 활보했다. 곳곳에서 악단이 연주했고, 집들은 화환과 현수막으로 뒤덮였다. 음울한 개신교와 쾌활한 천주교 모두 종소리를 울려 댔다. 오래된 광장 하나에 커다란 임시 유원지가 마련됐다. 오페라 극장에서는 바그너의 「리엔치」가 축제 공연으로 상연되고, 뒤이어 야간 불꽃놀이가 펼쳐진다는 광고가 붙어 있었다.

목사 가족과 나는 귀빈석 근처에 배치되었다. 천둥이 우르릉거리고 햇볕이 쨍쨍 내리쬐는 동안, 우리는 행사의 시작을 기다리며 맥주를 마셨고 차로 이동하는 내내 목사 부인이 풍만한 가슴에 품고 있던, 기름때 묻은 종이에 포장해 온 샌드위치도 먹었다.

3시 정각에 폭풍이 불어닥치는 듯한 소리가 들렸다. 둔탁하고 으스스한 굉음이 길거리로 퍼지며 집들의 벽을 강타했다. 광장 너머 저 멀리에서 검정 무개차 행렬이 다가왔다. 함성이 일어 천둥소리를 삼키고 행사장을 덮쳤다. 빗줄기가 투명한 커튼처럼 내렸다.

비바람이 몰아쳐도 아무도 신경을 쓰지 않았다. 모든 관심, 모든 환희, 이 모든 희열이 한 인물 주위에 집중됐다. 천천히 광장으로 접어드는 커다란 검은색 차 안에 꼼짝도 않고 서 있던 그는 이제 돌아서서 신들린 듯 울며불며 열광하는 사람들을 바라보았다. 빗물이 얼굴 위로 흘러내렸고, 제복은 젖어서 색이 짙어졌다. 그는 천천히 붉은 융단 위로 내려와 귀빈석을 향해 홀로 걸어갔다. 수행원들은 멀찍이 떨어졌다.

삽시간에 정적이 감돌았고 길바닥 포석과 난간에 빗물만이 후드득후드득 부딪쳤다. 총통이 말하기 시작했다. 연설은 짧았다. 얼마 알아듣지 못했지만 그의 목소리는 종종 격앙되고 이따금 야유조였으며, 연설과 딱딱 들어맞도록 몸짓을 잘 조절했다. 연설이 끝나자 모두가 외치는 하일(Heil, 만세) 소리에 뇌우가 그치고 검푸른 구름 무더기 사이로 뜨거운 빛이 터져 나왔다. 대규모 오케스트라가 연주를 시작했고, 골목길 이곳저곳에서 쏟아져 나온 행렬은 광장을 넘어 귀빈석을 돌아 다시 극장과 돔을 지나갔다.

나는 이토록 어마어마한 힘이 터져 나오는 광경을 일찍이 본 적이 없었다. 모두가 그랬듯 나도 똑같이 남들처럼 소리치고, 남들처럼 손을 뻗고, 남들처럼 울부짖고, 남들처럼 그를 사랑했다.

그날 밤 하네스는 2차 이탈리아-에티오피아 전쟁을 논하면서, 무솔리니가 암흑 속에서 노예처럼 살던 원주민들을 마침내 거두어 돌보고, 너그러이 고대 이탈리아의 문화를 건네준 사건이 얼마나 중요한지 설명해 주었다. 또한 제국이 붕괴한 뒤, 유대인들이 독일 민족을 얼마나 착취했는지를, 멀리 스칸디나비아에서 사는 우리는 잘 이해하지 못한다고 말했다. 독일인들이 어떻게 공산주의에 맞서는 보루를 세웠는지, 유대인들이 어떻게 이 보루를 시종일관 망가뜨렸는지 설파하고, 공동 운명의 기틀을 잡고 우리가 하나의 의지, 하나의 힘, 하나의 국민으로 똘똘 뭉치도록 이끌어 준 단호한 남자를 우리 모두가 얼마나 사랑해야 하는지 역설했다.

내 생일에 이 가족으로부터 받은 선물은 히틀러의 사진이었다. 하네스는 사진을 내 침대 위에 걸어 놓았다. '그래야 너도 항상 그 남자를 눈앞에 둘 수 있으니.' 그래서 하네스와 하이트 씨 가족이 그랬던 것처럼 나도 그 남자를 사랑하는 법을 배울 수 있었다. 나는 그를 사랑했다. 수년에 걸쳐 나는 히틀러의 편에 서서 그의 성공을 기뻐하고 패배를 애도했다.

내 형은 스웨덴 국가사회주의당의 창당 발기인이자 기획자 중 한 사람이었고, 아버지는 수차례 국가사회주의당에 투표했다. 학창 시절에 내 역사 교사는 '옛 독일'에 열광했고, 체육 교사는 매년 여름 바이에른의 장교 회의에 참석했으며, 교구 목사 몇 명은 나치 비밀 당원이었고, 우리 가족과 가장 가까운 친구들은 '새 독일'에 강한 공감을 표했다.

내가 강제 수용소의 증거를 처음 맞닥뜨렸을 때, 나는 내 눈에 들어온 것을 머리로 받아들일 수 없었다. 다른 많은 이들처럼 나도 그 사진들을 조작된 선전물이라 여겼다. 마침내 진실 앞에서 내 저항이 무너져 버리자 절망에 사로잡혔고, 가뜩이나 무거운 짐이던 자기 경멸은 인내의 한계를 넘어 더욱 빠르게 질주했다. 한참의 세월이 지나고 나서야 내가 떠안아야 했던 마음의 빚이 생각했던 것보다 많지는 않았음을 결국 깨달았다.

예방 접종도 받지 않고 준비도 안 됐던 '아우스타우슈킨트'로서 나는 이상주의와 영웅 숭배가 어른거리는 현실 속으로 고꾸라졌다. 내 성정이 몹시도 공명하던 공격성에 앞뒤 가리지 않고 나를 맡겼다. 현란한 겉모습은 나를 눈멀게 했다. 나는 어둠을 들여다보지 못했다.

종전 이듬해에, 나는 예테보리 시립 극장에서 예술가들의 로비를 양쪽으로 가로지르는 깊은 피투성이 상처를 보았다. 한쪽에는 독일 영화 방송 기업 우파(Ufa)의 아나운서, 스웨덴 국립 영화 진흥회의 기획자들과 부하 직원들, 실무자들이 있었다. 다른 한쪽에는 유대인들, 세게르스테트[17]의 지지자들, 노르웨이와 덴마크 친구들을 둔 배우들이 있었다. 모두가 로비에 앉아서 가져온 샌드위치를 우적우적 먹고, 구내식당의 맛없고 묽은 커피를 마셨다. 증오는 두꺼웠지만 잘라 낼 수 있었다.

종이 울리면 그들은 무대에 올라, 국내 최고의 앙상블 연극을 선보였다.

내 망상과 절망에 대해선 얘기하지 않았다. 이상한 결심이 슬슬 내 마음속에 자리를 잡았다. '정치는 이제 신경 끄자!' 물론 전혀 다른 결심을 했어야 좋았겠지만.

바이마르의 축제는 저녁 내내 그리고 밤새 이어졌다. 목사는 은행 지점장의 저택으로 나를 데려갔다. 대리석으로 된 장엄한 유겐트슈틸 가옥은 향기로운 공원에 둘러싸여 있었고, 조용한 거리에는 비슷하게 으리으리한 건물들이 늘어서 있었다. 넓은 계단을 올라 초인종을 누르자, 검은 옷을 입고 공들여 매만진 머리에 챙 없는 레이스 모자를 쓴 가정부가 문을 열었다. 내가 신분과 용무를 더듬거리며 말하자, 그녀는 웃으며 나를 계단통으로 이끌었다.

17] 토르그뉘 칼 세게르스테트(Torgny Karl Segerstedt, 1876~1945). 스웨덴의 반나치 활동가.

안나 아주머니의 친구는 금발에 키가 크고 가식 없이 따뜻한 마음을 보여 줬다. 이름은 아니인데, 스웨덴인 어머니와 미국인 아버지 사이에서 태어났다. 그래서 외국인 말투로 스웨덴어를 구사했다. 부부 동반으로 오페라 극장의 저녁 파티에 참석할 예정이라 매우 우아한 차림새였다. 나는 조찬실로 안내받았는데, 다들 차가운 햄을 곁들여 차를 마시고 있었다. 정갈하게 차려진 식탁 주위에 앉은 그 사람들만큼 아름다운 모습을 본 적이 없었다. 은행 지점장은 잘 손질된 턱수염과 검은 머리카락을 가진 키가 큰 신사였으며, 안경 뒤로 엿보이는 장난기 서린 표정이 매력적이었다. 그 곁에 앉은 막내딸 클라라는 클레르헨(Clärchen)이라는 애칭으로 불렸다. 아버지를 빼닮아 키가 크고 머리카락은 검었으며 흰 살갗, 검정에 가까운 눈동자, 입술은 창백하고 도톰했다. 사팔눈 느낌이 조금 있어서 왠지 모르게 더 애교스러워 보였다.

오빠들의 머리는 클레르헨처럼 검었지만 눈은 파랬다. 팔다리가 길게 뻗어 우아했으며, 가슴 주머니에 대학교 로고가 붙은 재킷을 입고 있었다.

나는 차와 샌드위치를 차리는 아니 아주머니 옆의 의자에 앉았다. 그림, 은장식, 끝없이 펼쳐진 쪽모이 마룻바닥 위의 보들보들한 카펫, 아름답게 꾸민 대리석 기둥, 묵직한 휘장, 상인방이 도처에 널려 있었다. 노을이 내려앉으며 바깥쪽 식당의 장미창이 붉게 물들었다.

식사를 마치고, 내가 묵을 방을 안내받았다. 3층에 아들들의 두 칸짜리 방과 나란히 있었는데, 나는 세면대 여러 개와 깊은 욕조 하나가 있는 욕실을 아들들과 같이 썼다. 아니는 내게 이런 호사스러움을 다 보여 주고 잘 쉬라며 인사했다. 운전기사는 현관에서 차렷 자세로 서 있었고, 은행 지점장은 계단에서 아니를 기다리고 있었다.

이윽고 모습을 드러낸 클레르헨은 굽이 높은 구두를 신고(그래서 나보다 키가 컸다.), 짙은 빨간색 실내복 원피스를 입었으며, 풀어 내린 머리는 어깨 위로 흘러내렸다. 그녀는 장난스럽고 비밀스러운 몸짓으로 손가락을 입술에 가져다 대었다.

그녀는 내 손을 잡고 깊은 복도를 지나 꼭대기 방으로 데려갔다. 가구는 천으로 덮어 놓고, 얇은 명주 망사를 씌운 천장의 크리스털 샹들리에는 한동안 사용하지 않은 듯 보였다. 촛불 몇 개가 커다란 벽거울에 비쳤다. 벌써 거기 와 있던 오빠들은 납작한 튀르키예담배를 피우며 코냑을 홀짝거렸다. 금박을 입힌 작은 탁자 위에는 바로 틀 수 있도록 미리 감아 놓은 휴대용 축음기가 있었다. 형제 중 동생인 다비트가 사운드박스에 양말 한 켤레를 쑤셔 넣었다.

턴테이블에 텔레풍켄의 파란색 라벨이 붙은 레코드가 있었다. 바늘이 레코드 홈에 맞춰 떨어지자 「서푼짜리 오페라」의 서곡이 삐 걱거리면서도 가라앉은 음색을 띠고 흘러나왔다. 해설자가 '서푼짜리 오페라'라는 제목이 왜 붙었는지 풍자적으로 이야기한 뒤에, 칼잡이 매키의 모리타트가 이어졌다. 맥히스는 칼을 지녔음에도 아무도 그 칼을 보지 못하네.(Und Macheath der hat ein Messer, doch das Messer sieht man nicht.) 대포 노래(Kanonen-Song), 편안한 삶의 발라드(Ballade vom angenehmen Leben) 그리고 해적 제니 (Seeräuber-Jenny) 역할을 맡은 로테 레냐가 상처받은 목소리로 경멸스럽게, 오만하지만 부드러운 조롱조로 말했다. 머리가 떨어지면 나는 '어이쿠' 할 거야!(Und wenn dann der Kopf fällt, sag ich: Hopple!)

상상도 못 했던 미지의 세계였다. 눈물 없는 절망, 웃어 대는 자포자기! "어디 해 봐. 네 머리엔 기껏해야 이〔蝨〕 한 마리 살고 있을 테지.(Versuch es nur, von deinem Kopf lebt höchstens eine Laus.)" 나는 코냑을 후루룩 마시고 튀르키예담배를 피웠는데 약간 속이 쓰렸다. 무슨 비밀 야간 음악회라도 하듯 이렇게 문을 닫아 놓고, 소리를 죽이고자 사운드박스에 양말까지 넣어 가면서 이것을 듣는 까닭은 대체 무엇일까? 호르스트가 말했다. "금지된 음악이거든. 브레히트와 바일은 들으면 안 돼. 그래서 우리가 클레르헨한테도 들려주려고 런던에서 음반을 밀수해 온 거야."

다음 음반을 찾았다. 루이스 루트의 밴드가 「서푼짜리 오페라」의 피날레 첫 대목을 요란하게 연주했다.

내가 바라던 게 대단한가? 참담한 인생을 살면서 단 한 번 나를 한 남자에게 바치는 것이 너무 높은 목표인가?(Was ich möchte, ist es viel? Einmal in dem tristen Leben einem Mann mich hingzubegen. das ein zu hohes Ziel?) 음울하게 또랑또랑한 베이스가 끼어들었다. 좋은 사람이 된다? 그래, 누군들 그러기 싫겠나.(Ein guter Mensch sein? Ja, wer wär's nicht gern.)

향기를 풍기는 매캐한 담배 연기가 우리를 둘러싸고, 달은 공원의 나무들 위로 빛났다. 클레르헨은 고개를 반쯤 돌리고 한쪽 눈을 손으로 가린 채 창문 사이의 큰 거울을 가만히 바라봤다. 다비트가 내 잔을 채워 주었다. 그 순간은 얇은 막처럼 바스러지고, 내가 저항 없이 흘러가 맞이한 다음 순간도 바로 바스러지고, 이어서 자꾸만 바스러졌다.

「서푼짜리 오페라」의 피날레가 울렸다. 빛 속에 있는 이들은 볼 수 있고, 어둠 속에 있는 이들은 볼 수 없으리라.(Und man siehet die im Lichte, die im Dunkeln sieht man nicht.) 내가 온전히 알아들은 말은 별로 없었지만 영특한 동물이 그러하듯 어조는 이해했다. 그리고 내가 이해한 어조는 내 의식의 가장 깊은 곳으로 가라앉아 나의 일부로 남았다.

20년 후, 나는 마침내 「서푼짜리 오페라」를 스웨덴 무대에 올릴 기회를 얻었다. 얼마나 개탄할 만한 타협이고, 얼마나 원대한 야망의 희화화이며, 얼마나 비겁한 짓이고, 통찰력에 대한 얼마나 큰 배신이었던가. 예술적이든 물질적이든 모든 자원이 내 손안에 들어왔음에도, 감독으로서 백전백승의 조합인 순진과 오만을 다 갖추는 바람에 도리어 실패했다. 나는 클레르헨의 어슴푸레 빛나던 얼굴과 무정한 달빛, 고개를 내밀고 검은색 휴대용 축음기를 내려다보던 다비트와, 튀르키예담배를 미처 생각하지 못했다.

우리는 지직거리는 텔레풍켄 음반을 들어 보긴 했으나 건성건성 들었고, 다들 음악은 다시 편곡하는 편이 낫겠다고 의견을 모았다. 시골 바보들이거나 재야의 고수들이었다. 그때는 그랬는데 지금은 어떨까?

우리의 음악회는 루이 암스트롱, 패츠 월러, 듀크 엘링턴과 함께 계속되었다. 나는 흥분과 코냑에 취해 잠들었다. 잠시 뒤에 일어나보니 큰 침대에 누워 있었고 창밖으로 희미하게 동이 텄다. 클레르헨은 주름진 잠옷 차림에 헤어롤러를 하고 침대 발치에 앉아 호기심에 가득 찬 눈빛으로 나를 물끄러미 바라보았다. 잠에서 깨어난 나를 보더니 빙긋이 웃으며 고개를 끄덕이고 소리 없이 사라졌다.

여섯 달 뒤에 나는 편지 한 통을 받았다. 클레르헨이 큼직한 글씨로 또박또박 적은 봉투 겉면에는 스위스 소인이 찍혀 있었다. 그녀는 서로 편지를 쓰기로 다짐했는데 내가 약속을 잊어버린 것 같다며 농담조로 일깨웠다. 자신은 다시 기숙 학교로 돌아갔고 졸업하면 파리에서 미술 학교를 다닐 계획이며, 부모님은 캐나다에 사는 친구들에게 갔고, 오빠들은 영국 대사의 배려로 대학교에 돌아가게 됐으며, 가족이 바이마르로 돌아갈 일은 없을 것 같다고 했다.

이게 편지 한 쪽의 내용이었고 다음 쪽은 이렇게 이어졌다.

사실 내 이름은 클라라가 아니고 테아인데, 여권에는 그렇게 적혀 있지 않아. 전에도 얘기했듯이 나는 종교적으로 엄격하게 양육받았고, 어머니와 아버지가 생각하는 좋은 딸에 아주 잘 맞아떨어지지.

나는 병치레가 많았어. 2년 동안 날 들들 볶던 가려움증이 가장 힘들었지. 또 다른 골칫거리는 지나치게 발달된 감각이야. 느닷없는 소리, 강렬한 빛(난 한쪽 눈이 안 보여.), 불쾌한 냄새에 격하게 반응하거든. 이를테면 보통의 드레스도 무게 탓에 입을 때 엄청 아프기도 해. 열다섯 살 무렵에 오스트리아의 젊은 배우와 결혼했어. 나도 연극배우가 되고 싶었지만 결혼 생활은 불행했지. 아이를 낳았지만 죽어서 결국 스위스 기숙 학교로 돌아갔어. 이제 메마른 황혼이 아이의 머리 위에서 바스락대고 있어. 더는 못 하겠다. 지금 난 울고 있거든. 내 의안도 울고.

난 성녀나 순교자 놀이를 하나 봐. 나는 닫힌 방(우리가 금지된 음악 감상회를 열었던 곳)의 큰 탁자에 앉아 몇 시간 동안 내 손바닥을 들여다보기도 해. 왼쪽 손바닥이 붉어진 적이 딱 한 번 있는데, 피가 나오지는 않았어. 또 다른 내 놀이는 나를 희생해서 오빠들을 죽음의 위험으로부터 구하는 거야. 무아지경에 빠져 성모와 대화를 나누는 놀이도 하지. 믿음과 불신, 반항과 의심도 놀이의 일부야. 나는 견딜 수 없는 죄를 짊어지고 버림받은 죄인 놀이를 해. 그러다 홀연히 죄책감을 내던지고 스스로를 용서하지. 난 놀이를 하는 거야. 모든 게 그래.

놀이 속에서 나는 늘 똑같아. 때로는 극도로 비참하고 때로는 끝없이 명랑해. 조금만 노력하면 다 그렇게 돼. 의사한테 툴툴대니까(날 진료한 의사가 참 많긴 하지만) 몽환적이고 게으른 내 삶이 정신에 해롭대. 내가 처방받은 치료법은 사실성을 따르는 거야. 자기중심주의라는 감옥에서 벗어나도록 강제하는 질서, 자기 수양, 임무, 코르셋 같은 거라더군. 매우 온화하고 지혜로우며, 냉철하게 타산적인 아버지는 나보고 걱정하지 말라면서, 만물이 우주 안에 있고 살아간다는 건 고통이므로 극복하려면 체념도 필요하다고, 그래도 기왕이면 냉소하지는 않는 편이 낫대. 나는 그런 노력에 심드렁해서 내 놀이에 더 깊숙이 몰입하고 더욱 진지하게 임할 거야. 내가 하려는 말을 네가 이해할지 모르겠구나.

곧바로 답장해서 뭐든 다 얘기해 줘. 스웨덴어는 내가 언젠가 배울 테니까, 다른 언어들로 써야 해. 네가 어떤 사람인지 궁금한 점이 많아. 보고 싶어!

그런 다음 앞으로 답장할 때 주소를 어떻게 적을지 얘기하고는 다정하면서도 형식적인 말로 마무리하며 서명을 남겼다. "잉마르, 내가 꼭 껴안아 줄게. 근데 아직도 그렇게 삐쩍 말랐니? 클라라가."

나는 답장을 한 번도 안 보냈다. 언어라는 장애물을 넘어서기가 어려웠고 왠지 꼴이 우습게 보이고 싶지 않았다. 하지만 편지는 보관했다. 1969년에 발표한 「의식(Riten)」이라는 영화에서 거의 글자 그대로 언급하기도 했다.

바이마르에서 며칠을 더 보내고 하이나에서 지긋지긋한 한 주를 보낸 뒤, 나는 노파 집사와 종교적인 논쟁을 벌였다. 집사는 내가 읽고 있던 책을 쓴 스트린드베리가 선동가, 여성 혐오자, 신성 모독자라는 소리를 얻어듣고서, 그런 가증스러운 독서를 허용하는 가정에 하네스가 따라가도 문제없을지 의문을 제기했다. 나는 서투른 독일어로 내 조국에는 여전히 종교와 사상의 자유가 있다고 답했다.(느닷없이 민주주의가 나한테 들어맞았다.) 폭풍이 가라앉고 하네스와 나는 스웨덴의 우리 집으로 향했다.

모두가 베를린에서 모여 특별 편성 열차를 타고 스톡홀름까지 가는 일정이었다. 우리는 도시 외곽에 있는 거대한 호스텔에 묵었다. 아니 이모가 사려 깊게 여행비를 보태 준 덕에 나는 예정된 기념 건축물과 여러 명소 관광에서 빠져나올 수 있었다.
나는 호스텔 밖에서 버스를 타고 종점까지 쭉 갔다. 더운 7월의 오후 6시였다. 시끌벅적한 통에 모든 감각이 가로막혀 어쩔 줄 몰라 얼빠진 채로 서 있었다. 네거리에서 아무 골목이나 골라 들어갔더니 훨씬 더 번잡한 차로가 나왔고, 그 흐름을 따라가다가 쿠르퓌르스텐브뤼케라는 커다란 다리에 이르렀다. 물 건너편에는 성채가 솟아 있었다. 몇 시간을 난간 옆에 가만히 서서 저무는 노을과 악취를 풍기는 강물 위로 어둑해지는 그림자를 지켜보았다. 차들이 부르릉대고 빵빵거리는 소리는 더더욱 커졌다.
이보다 좁은 강 위에 놓인 다리를 지나는데 푹 주저앉은 나무 부두에서 말뚝 박는 기계가 귀청 떨어질 듯 지독한 소음을 내며 물

속으로 기둥을 꽂아 넣고 있었다. 저 멀리 정박한 거룻배에선 두 남자가 고리버들 의자에 앉아 낚시를 하며 맥주를 마시고 있었다. 나는 도시의 묵직한 몸짓에 점점 더 깊이 빨려 들었다. 아무 일도 일어나지 않았다. 저녁 영업을 개시한 매춘부들한테도 호객당하지 않았다. 배고프고 목말랐지만 막상 식당에는 들어가지 못했다.

밤이 됐다. 여전히 아무 일도 없었다. 지치고 실망한 나는 택시를 타고 호스텔로 돌아갔다. 그러느라 여행 경비가 뚝 떨어졌다. 호스텔 측에서 마침 경찰에 신고하려던 참에 내가 나타났다.

이튿날 아침, 우리는 나무 좌석과 개방형 승강구를 갖춘 낡은 객차가 끝없이 이어진 특별 편성 열차를 타고 스웨덴으로 이동했다. 비가 세차게 쏟아졌다. 나는 빗소리와 소음 속에 서서 꽥꽥 소리치며 정신이 회까닥한 놈처럼 굴었다. 가급적이면 여자애의 관심을 받고 싶어서 그랬다. 나는 몇 시간 동안 소리를 질렀다. 여객선에서는 호수에 뛰어들까도 생각했지만 프로펠러에 휘말릴까 봐 두려웠다. 저녁 무렵 취한 척하고 자빠지며 토하려고 했다. 결국 통통한 주근깨 소녀가 끼어들었다. 소녀는 내 머리채를 잡아당기며 세게 흔들더니 바보짓 좀 집어치우라고 따끔하게 말했다. 나는 곧바로 바보짓을 관두고 구석에 쭈그려 앉아 오렌지를 먹고서 잠들었다. 깨어났을 때 우리는 이미 쇠데르텔리에에 도착해 있었다.

나는 밤마다 꿈속에서 자주 베를린에 간다. 실제 베를린이 아니라 무대 위의 베를린이다. 그을음 덮인 기념비적 건물과 교회 첨탑, 동상이 우뚝한 광막하고 육중한 도시다. 나는 쉴 새 없이 쇄도하는 차량 행렬을 비집고 헤매는데, 모든 것이 낯설면서도 낯익다. 공포와 쾌감을 함께 느끼며, 어디로 향하고 있는지 아주 잘 안다. 나는 다리 너머에 있는, 어떤 일이 일어날, 이 도시의 한 구역을 찾는다. 나는 가파른 언덕을 오르고, 위협적인 비행기가 집들 사이를 지나간다. 나는 마침내 강에 다다른다. 보도 위로 흘러넘치는 물 밖으로 고래만큼 커다란 죽은 말이 끌어 올려진다.

호기심과 두려움이 나를 몰아붙인다. 공개 처형 시간에 맞춰 당도해야 한다. 그러다가 죽은 아내를 만나 서로를 다정하게 껴안고서는 이제 사랑을 나눌 호텔 방을 찾는다. 내 곁에서 잰걸음으로 걷는 아내의 허리춤을 잡는다. 해가 쨍쨍한데도 거리에 불이 형형하다. 시커먼 하늘이 쓰르륵쓰르륵 움직인다. 바야흐로 마침내 금지된 구역에 도착한다. 감히 상상도 못 할 무대가 펼쳐지는 극장이 있다.

나는 세 차례나 꿈속 도시를 형상화하려고 시도했다. 처음에는 「도시」라는 라디오극을 썼다. 집이 무너지고 거리가 파헤쳐진 쇠락한 대도시 이야기였다. 몇 년 뒤에 나는 두 자매가 어린 소년 하나를 데리고 전운이 감도는, 말이 통하지 않는 어느 거대한 도시에서 좌초하는 내용의 「침묵」이라는 영화를 만들었다. 마지막으로 「베를린의 밤」에서 또다시 실험을 했다. 이 같은 예술적 실패의 주된 원인은 내가 도시를 베를린이라 부르고, 시대를 1920년으로 설정한 탓이었다. 경솔하고 우둔했다. 만약 실재하지 않으면서도 선명한 모습과 냄새, 소음으로 나타나는 내 꿈속의 도시를 형상화했다면, 나는 총체적 자유와 절대적 소속감을 모두 가지고 움직였을 터다. 더욱 중요하게는 낯설지만 비밀스럽게 낯익은 세계로 관객을 이끌었을 것이다. 그러나 안타깝게도 나는 아무 일도 일어나지 않았던 1930년대 중반의 베를린, 방황하던 그날 밤에 집착하다가 엉뚱한 길로 들어섰다. 「베를린의 밤」에서 나는 그 누구도, 나조차 알아보지 못하는 베를린으로 뛰어들었다.

아버지는 교구 목사로 임명받기까지 힘겨운 싸움 끝에 스톡홀름의 헤드비그 엘레오노라 교구를 맡아, 1918년부터 부목사로 재직했다. 우리 가족은 교회 맞은편 스토르가탄 7번지 관사 아파트 4층으로 이사했다. 나한테 배정된 융프루가탄 거리 옆, 넓은 방에 달린 창문 밖으로는 외스테르말름셀라렌 식당의 낡고 기다란 18세기풍 굴뚝과 저 멀리 외스테르말름스토리 광장이 바라다보였다. 등굣길은 짧아지고, 나 홀로 드나드는 문이 따로 있어서 마음대로 안팎을 오가기가 더 수월해졌다.

설교자로서 인기 높던 아버지가 설교할 때면 교회 좌석은 늘 꽉 찼다. 그는 배려심이 깊은 목회자였고, 무수히 많은 사람을 기억하는 진귀한 재능을 가지고 있었다. 수년에 걸쳐 교구민 4만 명 중 다수가 세례를 받았고, 견신례와 혼례와 장례를 치렀다. 그럼에도 아버지는 모두의 얼굴과 이름은 물론, 그 처지까지 기억했다. 사람들 각자가 아버지의 관심을 얻었고 온후하고 진지한 대접을 받았으며, 진정히 기억되고 선택받았다고 느꼈다. 아버지와 함께 걷다 보면 여간 성가시지가 않았다. 끊임없이 발길을 멈추고 인사와 담소를 나누었다. 그러고는 하나하나 이름을 부르면서 자녀나 손주, 친척의 안부를 물었다. 훨씬 더 나이가 들어서도 그 소질은 고스란히 간직했다.

아버지는 분명 사랑받는 교구 목사였다. 관리자나 감독자로서 단호하면서도 적절히 회유와 타협을 배합했다. 그는 동료를 직접 선택할 수 없었으므로, 그중엔 교구 목사직을 놓고 경쟁하거나 일부 게으르고 위선적인 아첨꾼도 있었다. 그런 와중에도 공공연한 분쟁과 성직자들의 음모에 그다지 방해받지 않고 목회 활동을 이끌어 가는 솜씨가 남달랐다.

　목사의 가정은 예로부터 누구에게나 열려 있었다. 어머니는 규모가 상당한 조직을 능숙하게 이끌면서 교구 사역에 참여하고, 친목 모임과 자선 행사도 추진했다. 아버지의 뜻을 대표했고, 누가 설교를 하든 신도석 앞자리에 신실하게 앉았으며, 총회에 참석하고 만찬을 주최했다. 스무 살이던 형은 웁살라에서 학교를 다녔다. 당시 누이동생은 열두 살이었고 나는 열여섯 살이었다. 우리가 누린 상대적 자유는 전적으로 부모의 과중한 업무량에서 비롯됐는데, 그것은 독이 묻은 자유였고, 그 팽팽한 긴장 속엔 풀리지 않은 매듭이 가득 차 있었다. 겉으로는 완전무결하게 똘똘 뭉친 훌륭한 가족의 모습이었지만, 속으로는 가시밭길을 걸으며 가슴이 미어지는 갈등을 빚었다. 아버지는 의심할 바 없이 연기하는 데에 비범했으나, 무대에서 내려오면 긴장한 채 성질을 부리다가 침울해졌다. 소임을 다하지 못할까 봐 노심초사했고, 남들 앞에 모습을 드러내야 할 때면 매번 두려워했다. 그리하여 몇 번이고 설교를 고쳐 썼으며, 행정 업무가 늘자 안절부절못했다. 번민에 시달리다가 격하게 부글부글 끓었고, 사소한 일조차 예민하게 단속했다. 우리는 휘파람을 불거나 바지 주머니에 손을 넣고 다닐 수 없었다. 느닷없이 숙제를 검사해서 누구든 제대로 읽지 못하고 더듬거리면 벌을 받았다. 귀가 너무 밝아서 시끄러운 소리가 들려오면 바로 미쳐 버렸다. 아버지의 침실과 서재는 방음벽에 둘러싸여 있었지만, 당시로서는 그리 많지 않던 스토르가탄 거리의 교통량을 두고도 사사건건 트집을 잡았다.

이중 임무를 수행하던 어머니는 지나친 긴장 속에 도통 잠을 이루지 못해서 강력한 수면제를 복용했다. 그 부작용으로 초조함과 불안감이 뒤따라왔다. 아버지처럼 어머니도 과도한 야망 앞에서 스스로가 모자란다는 느낌에 시달렸다. 가장 큰 괴로움은 자식들과 점점 멀어져 간다는 느낌이었을 텐데, 절망 속에서 유순하고 말 잘 듣는 여동생에게 기대려 했다. 형은 자살 시도를 한 뒤에 웁살라로 보내졌고, 나는 외면당한 내 삶 속으로 점점 더 깊이 침잠했다.

내가 무대 배경의 어둠을 부풀리는지도 모른다. 누구도 의문을 제기하지 않았고, 지정받은 배역이 뭐든, 줄거리가 터무니없든 아니든 깜냥대로 현실에 순종하는 게 삶이었다. 대안이 존재하지도, 아예 고려되지도 않았다. 아버지는 때때로 시골에서 목사 노릇을 했다면 나았으리라고, 아마 그랬다면 더 잘 적응하고 마음에도 맞았으리라고 말했다. 어머니는 비밀 일기장에, 결혼 생활을 접고 이탈리아에 정착하고 싶다고 적어 놨다.

어느 날 저녁, 교회 부설 출판사 대표이자 옛 친구인 페르 아저씨를 만나러 가는 어머니를 따라 나도 집을 나섰다. 그는 이혼하고 바사스타덴의 크고 어둠침침한 아파트에서 살았다. 놀랍게도 토르스텐 아저씨 또한 그 자리에 왔는데, 그는 양친의 어린 시절 친구이자 교구 감독으로, 벌써 결혼하여 많은 자녀를 두고 있었다.

나는 페르 아저씨의 대형 축음기를 트는 임무를 맡았는데, 식당 안에서는 주로 모차르트와 베르디의 오페라 음악이 쩌렁쩌렁 울렸다. 페르 아저씨는 자신의 서재로 사라졌고, 어머니와 토르스텐 아저씨는 거실 벽난로 앞에 있었다. 반쯤 열린 미닫이문 틈새로 들여다보니, 두 사람은 각자 안락의자에 앉아 어른거리는 벽난로 불빛을 받고 있었다. 그런데 토르스텐 아저씨가 어머니의 손을 잡고 있었다. 나직이 나누는 이야기 소리는 들리지 않았고, 내 귀에는 오직 음악만이 들렸다. 몸을 앞으로 숙인 토르스텐 아저씨가 우는 어머니의 손을 여전히 잡고 있는 모습이 보였다.

몇 시간 뒤, 페르 아저씨는 가죽 좌석에 짙은 빛깔의 목재 패널을 댄 커다란 검정 자가용에 우리를 태워 집으로 데려다주었다.

여름이나 겨울에는 5시에 저녁을 먹었다. 식당 괘종시계가 울리면, 우리는 손을 씻고 빗질한 채로 의자 옆에 서서 식사 기도를 올리고 자리에 앉았다. 아버지와 어머니는 식탁의 짧은 면에 앉았고, 여동생과 나는 긴 면에, 형과 아그다 양은 그 맞은편에 앉았다. 나긋나긋한 아그다 양의 본업은 초등학교 교사인데, 키가 커서 움직일 때마다 살짝 한들거렸다. 몇 해 동안 여름마다 가정 교사로서 참을성 있게 우리를 가르친 인연으로, 어머니와 허물없는 벗이 되었다.

청동 샹들리에의 전기 촛대가 탁자 위에 탁한 노란 불빛을 퍼뜨렸다. 부엌과 식당 사이의 식기류 보관실 문 옆에는 은그릇과 은수저 따위가 한가득 들어찬 육중한 찬장이 있고, 그 맞은편 피아노 위에는 지긋지긋한 연주 악보가 펼쳐져 있었다. 쪽모이 마루에는 동양풍 카펫이 깔려 있고, 창문에는 두꺼운 커튼이, 벽에는 화가 올로프 아르보렐리우스의 침침한 그림들이 걸려 있었다.

식사는 대서양 청어 절임과 감자, 발트해 청어 절임과 감자, 아니면 감자를 얹은 햄 오믈렛으로 시작했다. 아버지는 맥주와 스납스 독주를 반주로 곁들였다. 어머니가 식탁 밑에 숨겨진 벨을 누르면 검은 옷을 입은 식모가 나타나서 접시와 숟가락, 포크를 치우고 메인 코스를 내왔다. 잘 나와야 미트볼이고 최악은 마카로니 푸딩이었다. 양배추 롤이나 돼지고기 소시지는 그럭저럭 먹을 만했고, 생선은 싫었지만 굳이 불만을 표하지는 않았다. 음식을 남기면 안 되었으므로, 어쨌든 다 먹어 치웠다.

메인 코스가 다 나왔을 즈음이면 아버지는 남은 독주를 싹 비운 까닭에 이마가 살짝 벌게져 있었다. 모두가 조용히 식사를 하기에 아이들도 식탁에서 떠들지 않았고 단지 묻는 말에만 답했다. 오늘 학교는 잘 다녀왔느냐는 질문이 꼭 나왔고, 아이들은 매번 잘 다녀왔다고 대답했다. "재시험 보는 거 있니?" "아니요." "문제는 어땠니? 잘 풀었어?" "그럼요." "담임선생님한테 전화하니까 수학은 통과했다더라." "그래요?"

아버지는 빈정대는 웃음을 띠었다. 어머니는 약을 먹었다. 대수술을 받아서 지속적으로 약을 복용해야 했다. 아버지는 형더러 바보 닐손 흉내를 내 보라고 했다. 남들 흉내를 잘 내는 형은 곧바로 턱을 떨어뜨리고 눈알을 굴리면서 코를 꼬집은 채 쉰 목소리로 우물우물 횡설수설했다. 아버지는 웃음을 터뜨리고 어머니는 마지못해 눈웃음만 지었다. "페르 알빈 한손 총리는 총으로 쏴 죽이고, 사회주의자 패거리도 싹쓸이해야 해." 느닷없이 아버지가 내뱉었다. "그렇게 말하지 마요." 어머니가 침착하게 말했다. "왜 하면 안 되는데? 폭도와 도적 무리가 우리를 다스리잖아!" 아버지가 고개를 살짝 가로저었다. "교회에서 회의할 안건이나 살펴보자고요." 어머니가 말을 돌렸다. "그 말은 대체 몇 번이나 하는 거요?" 아버지의 이마가 시뻘겋게 달아올랐다. 어머니는 눈을 깔고 음식을 깨작댔다. "릴리안은 아직도 아프니?" 어머니가 여동생한테 살갑게 물었다. "내일은 학교 온대요." 마르가레타가 기어드는 목소리로 대답했다. "일요일에 우리 집에 저녁 먹으러 오라고 해도 돼요?"

다들 말없이 음식을 씹고, 포크와 나이프가 접시 위에서 달그락거리고, 노란 불빛에 찬장의 은그릇이 반짝이고, 식당 시계가 똑딱거렸다. 아버지가 말을 꺼냈다. "사제단이 올고르드에게 추천서까지 보냈는데 베로니우스를 임명했대. 지금처럼 앞으로도 쭉 그러겠지. 무능한 백치들 같으니." 어머니는 고개를 저으며 약간 조롱조로 말했다. "아르보렐리우스가 성금요일에 설교한다는데 진짜예요? 알아들을 사람도 없을 텐데." "차라리 그게 나을걸." 아버지는 껄껄 웃었다.

대입 시험을 치른 뒤, 안나 린드베리는 프랑스어 실력을 향상시키려고 프랑스로 어학연수를 갔다. 몇 년 후, 그곳에서 결혼하였고 소아마비에 걸렸다. 자녀는 둘을 두었고 남편은 전쟁이 발발한 지 이틀 만에 죽었다. 우리 사이의 연락은 싹 끊겼다. 그 대신 나는 다른 급우였던 세실리아 폰 고타르드에게 사귀자고 했다. 빨간 머리에 영리하고 재치가 넘쳤으며, 일개 추종자인 나보다 훨씬 더 성숙했다. 다른 남자를 다 제치고 왜 하필 나를 골랐는지는 수수께끼다. 나는 연인으로서 꽝이었고, 춤도 못 췄고, 대화도 주야장천 내 얘기만을 했다. 나중에 우리는 약혼하자마자 서로 바람을 피웠다. 세실리아는 내가 사람 노릇이나 제대로 할지 모르겠다며 관계를 끝냈다. 그런 판단은 내 부모나 내 주변에서도 별반 다르지 않았고, 나 스스로조차 부인할 수 없었다.

세실리아는 외스테르말름의 횅한 호화 아파트에서 어머니와 함께 살았다. 아버지는 행정부에서 중요한 인물이었는데, 어느 날 일찍 퇴근하고 잠자리에 들더니 일어나기를 거부했다. 정신 병원에 입원해 있다가 어린 간호사를 임신시켜 아이를 낳았고, 옘틀란드의 작은 농장에 거처를 마련했다.

세실리아의 어머니는 대놓고 개망신을 당했으니 하도 부끄러워서 식모가 쓰던 부엌 뒷방에 처박힌 채 두문불출했다. 이따금 해거름이나 돼야 모습을 드러냈다. 가발을 쓰고 짙게 화장한 얼굴에는 고통과 격정이 엇갈려 있었다. 좀체 알아듣기 어려운 쇳소리로 낮게 말하다가 돌연 어깨와 머리를 강박적으로 움찔거렸다. 세실리아의 젊은 아름다움 속에서 어머니의 그런 몸가짐이 그림자처럼 언뜻 비쳤다. 그래서 훗날 나는 스트린드베리의 「유령 소나타」에 등장하는 미라와 아가씨 역할을 한 여자 배우가 맡아야 한다는 결론에 이르렀다.

학교의 철통같은 굴레에서 풀려난 나는 미친 말처럼 폭주하기 시작했고, 6년 뒤 헬싱보리 시립 극장의 대표가 될 때까지 멈추지 않았다. 마르틴 람에게서 문학사를 배웠는데, 그는 농담도 섞으며 청중을 휘어잡는 어조로 스트린드베리를 강의했다. 그리하여 그는 작가를 무비판적으로 사랑하는 내게 상처를 입혔고, 그의 분석이 매우 명철했음을 훨씬 나중에야 깨닫게 되었다. 감라스탄의 메스테르올로프스고르덴이라는 청소년 활동에도 참여하고, 하루가 다르게 번창하던 극장 사업을 도맡는 큰 특권도 누렸다. 여기에다 학생 연극까지 더해졌다. 곧 나는 대학교에서 공부하게 되었지만 허울뿐이었고, 마리아와 잠자리할 때 말고는 연극에 빠져 살다시피 했다. 마리아는 「펠리컨」에서 어머니 역할을 맡았는데, 학생들 사이에서 이름난 인물이었다. 몸은 땅딸막하고 기울어진 어깨와 높은 가슴을 가졌지만, 엉덩이와 허벅지는 탄탄했다. 넓적한 얼굴에는 길고 잘 빠진 코와 넓은 이마가 자리 잡았고, 짙은 파란색 눈동자는 풍부한 표정을 품고 있었다. 입은 작았으나 입매가 야무졌다. 머리카락은 가늘고 새빨갰다. 언어를 다루는 솜씨가 상당해서 시집도 냈는데, 작가 아르투르 룬드크비스트에게 찬사를 들었다. 저녁이면 코르후세트 카페 구석 테이블에서 남들의 이목을 독차지하며 코냑을 마시고, 핏빛 인장이 찍힌 샛노란 양철 담뱃갑에 포장된 미국 버지니아산 골드플레이크로 줄담배를 피웠다.

나는 마리아를 만난 덕분에 여러 경험을 했고, 이 사건은 나의 지적 게으름, 영적 허술함, 심란한 정서를 가다듬는 시발점이 되었다. 게다가 마리아는 나의 육체적 굶주림을 달래 주며 철창에 갇힌 미치광이를 내쫓아 주었다.

우리는 스톡홀름 남부, 쇠데르말름의 비좁은 단칸 아파트에서 살았다. 책장 하나, 의자 둘, 독서등이 놓인 책상 하나, 베개와 이부자리가 깔린 매트리스 둘이 있었다. 조리는 찬장 자리에서 했고, 세면대는 설거지와 빨래를 하는 데에 두루 썼다. 우리는 각자 매트리스에 앉아서 일했다. 마리아는 연신 담배를 피워 댔다. 나도 질세라 맞불을 놓았다. 어느새 나도 골초가 되었다.

부모님은 내가 외박하고 있음을 곧 알아차렸다. 하나하나 따진 끝에 진실이 밝혀지자 나를 몰아세웠다. 아버지와 심한 말다툼을 벌이는 와중에, 나는 아버지에게 때리지 말라고 경고했다. 그러나 그는 때렸고 나도 맞받아쳤다. 아버지는 비틀거리다가 바닥에 주저앉았다. 어머니는 울면서 우리에게 이성의 끈을 놓으면 안 된다고 호소했는데, 내가 어머니마저 밀치자 크게 비명을 질렀다. 그날 저녁 나는 부모님에게 편지를 써서, 우리 다시는 보지 말자고 말했다. 후련한 마음으로 목사관을 떠나 몇 해 동안 돌아가지 않았다.

형은 자살을 시도했고, 여동생은 집안의 위신을 구실로 임신 중절을 강요당했으며, 나는 가출했다. 양친은 시작도 끝도 없이 피를 말리는 위기 속에서 살았다. 주어진 소임을 다하고 신에게 자비를 구했지만 그들의 규범과 가치관과 전통, 그 어느 것도 구원을 베풀지 않았다. 우리의 드라마는 모두가 지켜보는 가운데, 목사관의 환히 밝혀진 무대 위에서 펼쳐졌다. 두려움은 두려워하던 것을 실현한다.

전문적인 일거리 몇 건을 받았다. 연출가 브리타 폰 호른과 극작가 스튜디오 측은, 내가 전업 배우들과 함께 작업하도록 조치해 주었다. 놀이공원의 담당자가 어린이 공연을 연출해 달라고 청탁했으므로, 나는 시민 회관에서 소극장을 개시했다. 우리는 주로 어린이들이 보는 공연을 무대에 올렸지만 스트린드베리의 「유령 소나타」도 상연하려고 했다. 전문적인 배우들이라서 하룻밤에 10크로네를 받았다. 일곱 차례 공연을 마치고 모험은 일단락됐다.

순회 극단의 배우 하나가 찾아와서 자신을 주역으로 스트린드베리의 「아버지」를 연출해 달라고 제의했다. 나는 소품과 조명 담당으로, 순회공연에 동행하게 됐다. 미뤄 둔 문학사 시험을 치를 계획이었지만 유혹이 너무 컸다. 학업을 관두고, 마리아와 헤어지고, 요나탄 에스비외른손 극단과 함께 길을 나섰다. 스웨덴 남부 소도시에서 초연을 시작했다. 열일곱 명만이 입장료를 내고 들어왔다. 지역 신문은 혹평 일색이었다. 극단은 이튿날 아침 해산했다. 각자 알아서 집에 돌아가야 했다. 내 수중에 남은 건 삶은 달걀 한 개, 빵 반쪽, 6크로나가 전부였다.

퇴각은 민망하기 짝이 없었다. 나를 말렸던 마리아는 고소하다는 품새였고, 새로 애인이 생겼음을 숨기려 들지도 않았다. 우리 셋은 비좁은 아파트에서 함께 며칠 밤을 지냈다. 얼마 후 나는 눈에 멍이 들고 엄지손가락을 삔 채로 쫓겨났다. 마리아는 되는대로 차린 살림에 넌더리가 났고 경쟁자는 나보다 셌다.

같은 기간에 나는 오페라 극장에서 사실상 급여를 받지 않고 조감독으로 일했다. 발레단의 착한 아가씨 덕분에 몇 주 동안 끼니와 머물 곳을 해결할 수 있었다. 심지어 그 집의 어머니가 요리와 내 속옷 빨래까지 해 줬다. 그사이 위궤양이 나았고, 하룻밤에 13크로나를 받는 「저승으로 내려간 오르페우스」의 프롬프터 일자리도 구했다. 릴얀스플란의 셋방으로 이사해 끼니도 제대로 챙겨 먹게 됐다.

갑자기 희곡 열두 편과 오페라 한 편을 썼다. 학생 극장 대표 클라스 호글란드가 읽어 보더니 「카스페르의 죽음」을 무대에 올리자고 결정했다. 이 작품은 스트린드베리의 「카스페르의 참회 화요일」과 후고 폰 호프만스탈의 「만인이라는 옛 희곡」을 뻔뻔하게 표절했지만, 나는 조금도 꺼림칙하지 않았다.

초연은 성공을 거뒀고 《스벤스카 다그블라데트》에 평도 실렸다. 공연 마지막 날 밤, 스벤스크 필름인두스트리 영화사의 신임 대표 칼 안데르스 딤링이 얄마르의 후계자이자 시나리오 부서 책임자인 스티나 베리만과 함께 극장 일등석에 앉았다. 이튿날 나는 스티나에게 불려 가서 연중 내내 일하는 자리를 얻었다. 전용 사무실에는 책상, 의자, 전화기가 있었고, 쿵스가탄 30번지 주변의 지붕들이 내려다보였다. 월급은 500크로나였다.

나는 이제 매일 시간을 엄수하며 책상에 앉아 대본을 다듬고, 대사를 쓰고, 영화 초안을 작성하는 번듯한 직장인이 되었다. 나를 포함한 다섯 명의 대본 대필 작가들은 스티나 베리만의 유능하고 어머니 같은 지휘 아래 일했다. 간혹 감독이 우리 현장에 잠깐 들르기도 했는데, 특히 종종 얼굴을 비치던 구스타프 몰란데르는 친절한 만큼 우리와 거리를 뒀다. 나는 그에게 학창 시절을 다룬 대본을 보여 줬다. 몰란데르가 읽고는 영화로 만들어 보라고 권했다. 스벤스크 필름인두스트리에서 내 대본을 사들여, 나는 5000크로나라는 거액을 받았다. 내가 존경하던 알프 셰베리가 감독을 맡았다. 애걸복걸해서 나도 촬영 스태프에 합류할 수 있었다.

나는 '스크립트 보이'라는 감독의 조수 역할을 하겠다고 나섰는데, 셰베리가 넓은 아량으로 받아들였다. 사실 나는 영화 촬영에 참여한 적도 없고, 감독 조수가 해야 할 일이 뭔지도 몰랐다. 어쩔 수 없이 나는 거추장스러운 짐이 되고 말았다. 나는 종종 업무상 본분을 잊고 감독의 일에 끼어들었다. 혼나고 들볶이다가 잡동사니 보관실에 들어가 문을 잠그고 분에 겨워 울기도 했지만 관두지 않았다. 거장에게서 무궁무진하게 배울 수 있는 기회를 내팽개칠 까닭이 없었다.

나는 순회공연을 하면서 잘 어울려 놀았던 엘세 피셔와 결혼했다. 무용수이자 안무가인 그녀는 재능이 뛰어나고, 상냥하고, 재치있고, 유머가 넘쳤다. 우리는 아브라람스베리의 방 두 칸짜리 아파트에서 살았다. 나는 결혼식 일주일 전에 도망갔다가 다시 돌아왔다. 1943년, 크리스마스이브 전날에 딸이 태어났다.

「고뇌」를 촬영하는 동안, 헬싱보리 시립 극장의 대표직 제안을 받았다. 배경이 있었다. 헬싱보리는 전국에서 가장 유서 깊은 시립 극장을 운영했다. 그러다 시 보조금이 말뫼의 신설 극장으로 이전되며 문 닫을 처지에 놓였다. 헬싱보리의 애향 시민들은 역정이 났으나 가능하다면 계속 꾸려 나가기로 결정했다. 도와 달라는 요청을 받은 연극인 몇몇은 지역의 처지와 재정 상황을 파악하고는 뒷걸음쳤다. 극장 운영진은 하는 수 없이 《스톡홀름 티드닝엔》 신문의 저명한 연극 평론가 헤르베르트 그레베니우스에게 적임자를 알아봐 달라고 부탁했는데, 연극에 미쳤으면서 재능이 있고 행정 능력도 어느 정도 갖춘 자를 원한다면(나는 1년간 시민 회관의 어린이 극장을 이끌었다.) 베리만에게 연락해 보라는 답을 들었다. 극장 측은 약간 망설이다가 조언을 따랐다.

여태까지와는 다르게 안정적인 인상을 줄 수 있도록 생전 처음 모자까지 사서 쓰고 헬싱보리의 극장을 방문했다. 상태가 열악했다. 낡고 더러운 건물에서 일주일에 평균 두 차례 작품을 상연했으며, 통계 자료에 따르면 공연할 때 유료 관객은 스물여덟 명밖에 안 됐다.

그럼에도 나는 첫눈에 극장이 마음에 들었고, 여러 요구 사항을 내놓았다. 극단은 교체하고, 극장은 정비하고, 초연작은 늘리고, 예매제를 도입해야 한다고 제안했다. 놀랍게도 운영진은 이 모든 것을 받아들였다. 나는 스웨덴 역사상 최연소 극장 대표가 되었고, 배우나 다른 직원도 뽑을 수 있었다. 계약 기간은 8개월이고 나머지 넉 달은 각자 재주껏 해결하기로 했다.

극장에 갈색 개벼룩이 있었다. 기존 단원이야 면역돼 있었겠지만 젊은 피의 새 단원들은 심하게 물렸다. 극장의 식당 배수관이 남자 배우 탈의실을 지나갔는데, 벽에 붙은 라디에이터에서 오줌물이 뚝뚝 떨어졌다. 노후한 건물은 외풍에 취약했다. 어두운 천장에서 가늘게 윙윙거리며 새어 드는 바람은 저주받은 악령의 울음소리처럼 들렸다. 난방 설비가 제대로 작동하지 않았다. 객석 바닥을 뜯어내자 일산화탄소 중독으로 죽은 쥐가 수백 마리 보였고, 그중 산 것들은 겁도 없이 기운차게 거침없이 튀어나왔다. 극장 기사의 살찐 고양이는 쥐들의 공격을 받고 되레 꼬리를 감췄다.

향수에 잠기기는 싫지만 그곳은 내게 지상 낙원이었다. 외풍이 세고 더러웠지만, 어쨌든 아래쪽 조명 방향으로 바닥이 완만하게 기울어진 넓은 무대가 있었다. 무대 암막은 군데군데 찢겼지만 흰색, 빨간색, 금색이 칠해져 있었다. 탈의실은 원시적이고 비좁았으며, 세면대는 네 개뿐이었다. 화장실 두 칸을 열여덟 명이 함께 썼다.

하지만 매일 밤 자기 극장에 가서 자신만의 자리에 앉아 동료들과 더불어 공연을 준비할 수 있다는 사실이 모든 어려움을 뛰어넘었다.

우리는 끊임없이 공연하고 연습했다. 첫해에는 8개월 동안 프로그램을 아홉 개나 선보였다. 이듬해에는 열 개였다. 3주 동안 리허설을 하면 4주째에 초연을 했다. 스무 번 넘게 공연한 작품은 없다시피 하지만 두 번째 신년 풍자극만은 엄청난 성공을 거두어 서른다섯 번이나 무대에 올렸다. 우리는 아침 9시부터 밤 11시까지 극장에서 살았다. 우리는 이따금 진탕 마시고 떠들기도 했지만 재정 문제가 심각해서 자주 파티를 벌일 수는 없었다. 우리는 그랜드 극장의 우아한 식당에는 입장이 금지된 처지나 다름없었지만 그 옆에 딸린 값싼 식당의 사장이 맥주와 스납스 안주로 특별히 볶아 낸 잡탕 퓌티판나를 차려 줘서 맛있게 먹었다. 자주는 아니지만 가끔씩 외상도 봐줬다. 토요일 리허설을 마치면 우리는 스토르토리에트 광장에 있는 팔만 빵집에서 케이크와 함께, 전란으로 고생하던 시절에 먹었던 진짜 휘핑크림을 얹은 초콜릿을 대접받았다.

헬싱보리 사람들은 철철 넘쳐흐르는 친절로 우리를 환대해 주었다. 종종 상류층 집에서 저녁 식사 자리를 마련해 주기도 했다. 공연을 마친 단원들이 도착했을 때, 이미 식사를 마친 다른 손님들은 배곯던 배우들이 상다리가 부러지도록 거하게 차린 식탁에서 게걸스레 먹고 마시는 진풍경을 즐거이 지켜봤다. 맞은편으로 길을 비스듬히 건너면 부유한 식료품상의 가게가 있었다. 그곳에서는 1크로나만 내도 오늘의 요리가 나왔고, 다 쓰러져 가는 농가 안채의 방을 세주었다. 머루 덩굴이 창틀과 벽 틈새로 자랐고, 변소는 계단에 있었으며, 물은 자갈 깔린 마당의 펌프에서 퍼 와야 했다.

월급은 가장 많을 때가 800크로나, 적을 때는 300크로나였다. 우리는 돈을 빌리거나 가불도 받으며 그럭저럭 꾸려 나갔고, 궁상맞게 살지만 항의할 생각은 없었다. 밤마다 공연하고 매일 연습할 수 있다는, 감히 상상도 못 할 행운에 감사했다. 부지런히 힘쓴 덕분에 우리는 보상을 받았다. 첫해에 관객 6만 명을 맞이했고, 시 보조금도 돌려받았다. 이는 명명백백한 승리였다. 수도 스톡홀름 신문들이 우리 공연에 주목하기 시작했고, 우리의 자긍심 역시 높아졌다. 그해는 봄이 일찍 찾아왔고, 우리는 아릴드로 야유회를 가서 잔잔한 봄 바다가 보이는 너도밤나무 숲 언저리에 자리를 잡았다. 우리는 거기서 도시락을 먹으며 맛없는 적포도주를 마셨다. 나는 취해서 횡설수설했다. 우리 연극인들은 신의 열린 손안에서 살며 고통과 기쁨을 짊어지도록 특별히 선택되었다고 밑도 끝도 없이 강변했다. 누군가가 마를레네 디트리히의 「그대 생일에는 밤새 그대 곁에 있겠어(Wenn Du Geburtstag hast, bin ich bei Dir zu Gast die ganze Nacht)」를 연주했다. 아무도 내 말을 듣지 않고 다들 슬슬 떠들어 대기 시작하더니 몇몇은 춤까지 췄다. 이해받지 못한다고 느낀 나는 자리에서 물러나 구토를 했다.

헬싱보리에는 가족 없이 왔다. 그 봄에 엘세와 갓 태어난 우리 딸 모두가 결핵에 걸렸기 때문이다. 엘세는 알베스타 근처의 개인 요양원에 들어갔다. 입원비가 내 월급과 비등했다. 딸 레나는 삭스 어린이 병원에 입원했다. 나는 스벤스크 필름인두스트리에서 맡긴 대본을 다듬으며 가족을 먹여 살렸다.

　나는 대표이자 감독으로서 외로웠지만 내 옆에는 재무 이사가 있었다. 스톡홀름에 방물 가게도 여럿 차린 비범한 남자인데, 몇 년 동안 링베겐에서 불바르 극장도 운영했다. 나 역시 거기서 연극 몇 편을 무대에 올렸다. 내가 헬싱보리로 같이 가자고 요청하자 그는 바로 수락했다. 단역도 기꺼이 맡는 용한 아마추어 배우이기도 했던 그는 총각이었고 젊은 여자를 좋아했으며, 추한 외모 탓에 훌륭한 됨됨이가 종종 가려지곤 했다. 늘 돈을 잘 챙기고, 극장에 돈이 모자라면 방물 가게에서 융통해 벌충했다. 그는 나보고 미쳤다면서, 그래도 결정은 나한테 달린 것이라며 웃음 지었다. 그래서 나는 이따금 가차 없이 독단으로 일을 처리했다. 그러다 보니 적잖이 외로울 수밖에 없었다.

　극장의 안무가 겸 무용수 자리를 맡기로 했던 피셔는 자신을 대신할 사람으로, 마리 비그만과 함께하던 시절의 동료를 추천했다. 엘렌 룬드스트룀이라는 여자 안무가였다. 당시에는 무명이었던 사진작가 크리스테르 스트룀휠름과 막 결혼한 상태였는데, 그녀가 헬싱보리로 옮겨 오자 남편은 아프리카로 떠났다. 에로틱한 분위기를 풍기며 눈에 띄게 아름답던 젊은 엘렌은 재능이 넘치고 독창적이며 감성이 풍부했다.

　단원들 사이에 슬슬 풍기 문란이 만연해졌다. 얼마간 하나같이 모두 사면발니가 옮았고, 서로 질투하는 장면도 보였다. 극장은 물론 사실상 집이나 진배없었지만, 그래도 우리는 꽤나 갈팡질팡했고 마음 붙일 누군가를 그리워했다.

　나와 엘렌은 깊이 따지지 않고 관계를 시작했는데, 곧 임신까지 하게 됐다. 크리스마스 즈음에 요양소에서 외박을 나온 엘세와 스톡홀름의 어머니 집에서 만났다. 나는 자초지종을 말하고, 엘렌과 함께 살 테니 이혼하자고 요구했다. 엘세는 괴로움에 얼굴이 굳었다. 병으로 뺨이 벌겋던 그녀는 어린아이 같은 입을 굳게 다문 채 부엌 식탁에 앉아 있다가 매우 침착하게 물었다. "이제 당신이 생활비를 대야 하는데 감당이 되겠어? 한심한 인간아." 이에 나는 쏘아붙였다. "내가 염병할 요양원 비용으로 달마다 800크로나를 내는데 그깟 생활비 못 벌까 봐서? 걱정하지 마."

40년 전의 내가 어떤 사람이었는지 모르겠다. 불쾌한 심기와 억압 기제가 몹시 효과적으로 작동하는 까닭에 인상이든 형상이든 쉽사리 떠오르지 않는다. 이런 점에서 사진은 그다지 쓸모가 없다. 사진은 가장무도회처럼 가면만을 보여 줄 뿐이다. 나는 공격받았다고 생각하면 겁먹은 개처럼 물었다. 나는 아무도 믿거나 사랑하거나 그리워하지 않았다. 나는 성욕에 집착해 강박적으로 불륜과 충동적 행위를 저질렀고 욕정, 두려움, 불안, 양심의 가책으로 끝없이 고통받았다.

그래서 나는 고독 속에서 광분했다. 극장에서 하는 일은, 술이나 찰나의 오르가슴 말고는 해소할 수 없는 긴장을 다소나마 누그러뜨렸다. 스스로도 익히 알았듯이, 나는 설득력 있고, 원하는 대로 사람들을 움직일 수 있으며, 마음대로 통제할 수 있는 외적 매력마저 지니고 있었다. 겁을 주거나 죄책감을 일으키는 데 재능이 있다는 것도 자각했는데, 어린 시절부터 두려움과 양심의 메커니즘을 꽤 잘 알았기 때문이다. 한마디로 나는 권력을 가졌으나 정작 권력을 누리는 법은 배우지 못했다.

우리는 세계 대전이 코앞에 닥쳤음을 어렴풋이 깨달았다. 미군 비행단이 외레순드 해협 위로 날아갈 때면 배우들의 목소리가 엔진 굉음에 파묻혔다. 우리는 갈수록 음산해지는 머리기사를 쓱 훑어본 다음, 극장 소식으로 눈을 돌렸다. 덴마크에서 해협을 건너오는 난민들에게는 관심을 보이는 둥 마는 둥 했다.

우리의 연극 공연이 어땠는지 가끔 궁금해진다. 참고 삼아 사진 몇 장과 누렇게 빛바랜 스크랩 몇 장을 모아 뒀다. 당시 우리의 연습 기간은 짧았고 준비도 부족했다. 우리의 성취는 급조한 소모품이었다. 물론 좋은 면도 있고 실은 유용하기도 했다. 젊은이들은 부단히 새로운 과제에 부딪쳐야 한다. 도구는 거듭 써먹어야 단련된다. 기술은 관객과 끊임없이 접촉해야만 발전할 수 있다. 첫해에 극 다섯 편을 무대에 올렸다. 훌륭한 결과를 냈는지는 의문스럽지만 얻은 것은 적지 않았다. 나나 동료들이나 「맥베스」에서 제기하는 세상사의 문제에 푹 빠져들기엔 당연히 인생 경험이 일천했다.

어느 날 밤, 극장에서 집으로 가던 길에 「맥베스」후반부에 등장하는 마녀들을 어떻게 처리할지 퍼뜩 생각이 떠올랐다. 맥베스와 부인이 침대에 누워 있는데, 아내는 깊은 잠에 빠졌고 남자는 반쯤 깬 상태다. 열을 내는 그림자들이 벽을 가로질러 움직인다. 마녀들이 침대 발치 바닥에서 나타나더니 속삭이고 낄낄거리며 한데 묶여 있다. 팔다리는 흐르는 물의 수초처럼 흐느적거린다. 무대 뒤에서 누군가가 음정이 맞지 않는 피아노를 쾅쾅 두드린다. 반라의 맥베스는 침대에 무릎을 꿇고 앉아 고개를 돌리고 있으므로 마녀들을 보지 못한다.

나는 고요한 거리에 멈춰 서서 몇 분을 꼼짝도 않은 채 혼자 나직이 중얼거렸다. "거봐, 역시 나는 재능이 있다니까, 어쩌면 천재일지도 모르고." 그렇게 걷잡을 수 없이 터져 나오는 기운에 어질어질하고 몸이 달아올랐다. 비참함으로 응어리진 내 내면에, 한 줄기의 도저한 자신감이 쓰러질락 말락 하는 영혼의 폐허를 뚫고 강철 기둥처럼 솟아올랐다.

크게 보아서 나는 스승인 알프 셰베리와 올로프 몰란데르를 모방하려 노력했고, 훔칠 만한 것은 모조리 훔쳐서 내 것에 덧댔다. 나는 연극 이론을 훈련받지 않은 것이나 다름없었다. 젊은 배우들 사이에서 유행하던 스타니슬랍스키의 저작을 읽긴 했지만 이해하지 못했거나 이해하기 싫었다. 나는 해외에서 연극을 볼 기회도 없었고, 글자 그대로 독학자에다 동네 천재였다.

누군가가 나하고 동료들한테 왜 그렇게 노상 북새통을 벌이며 지내 왔는지, 그 까닭을 혹시라도 물어본다면 우리는 말문이 막힐 것이다. 우리는 연극을 했기에 연극을 했다. 누군가가 무대 위에 서서 어둠 속의 사람들을 마주하는 것이었다. 우리가 조명을 받은 것은 그저 운이 좋았을 따름이다. 뭔가를 배우는 학교였다면 모든 것이 굉장한 경험이었을 테지만, 실제 결과를 두고 보자면 확실히 의문이 많이 남는다. 나는 그토록 프로스페로가 되고 싶었는데, 대개 칼리반처럼 울부짖었다.

두 해 동안 여기저기 들이받으며 뜀뛰질을 하다가, 드디어 예테보리로 부름을 받은 나는 열정과 흔들리지 않는 자신감을 안고 떠났다.

예순두 살이던 토르스텐 함마렌은 예테보리 시립 극장이 창립된 1934년 이래로 줄곧 대표였다. 그 전에는 로렌스베리 극장의 대표였고 또한 존경받는 성격파 배우였다.

토르스텐의 위상은 높았고, 다들 그의 극단을 스웨덴 최고로 쳤다. 극장의 수석 연출가 크누트 스트룀은 독일 연출가 라인하르트 밑에서 훈련받은 늙은 혁명가였다. 스튜디오의 작은 무대를 선호하던 헬게 발그렌은 과묵하고 날카로우며 정확하게 연출을 했다. 배우들은 수십 년 동안 함께 무대에 섰다. 그렇다고 서로 사이가 좋은 것은 아니었다.

1946년 초가을에 엘렌과 나는 두 아이를 데리고 예테보리로 이사했다. 극장에서는 올로프 몰란데르가 객원 연출을 맡은 스트린드베리의 「유령 소나타」를 총연습하고 있었다. 나는 어둠이 깔린 거대한 무대 뒤로 살금살금 걸어갔다. 저 멀리 무대 앞쪽에서 배우들 목소리가 들리고, 동그란 조명 빛 안에서 어렴풋이 그 모습이 보이기도 했다. 나는 꼼짝도 않고 가만히 서서 귀를 기울였다. 온갖 가능성을 열어 두고 멋진 배우를 갖춘, 엄청난 기대감을 자극하는 웅장한 극장이었다. 두려웠다고 말하기는 싫지만 몸이 바르르 떨렸다.

갑자기 나는 혼자가 아니었다. 내 옆에는 작은 존재가, 어쩌면 유령이 서 있었다. 눈을 뗄 수 없는 우스꽝스러운 차림새로 미라의 앵무새 의상을 입고 하얀 탈을 쓴 극장의 최고참, 마리아 실드크넥

트였다. "베리만 씨 맞죠?" 그녀가 다정하면서도 소름 끼치게 속삭이며 씽긋 웃었다. 나는 내 신원을 확인시켜 준 뒤에 겸연쩍게 고개를 숙였다. 우리는 잠시 침묵 속에 서 있었다. "자, 보니까 어때요?" 작은 유령이 물었다. 꼬장꼬장하게 다그치는 목소리였다. "세계 희곡 역사상 손꼽을 만한 작품이라고 봅니다." 내 대답은 진심이었다. 미라는 차가운 경멸의 눈빛으로 나를 바라보았다. "이런! 이건 스트린드베리가 자기 소유의 소규모 극장에서 공연하려고 대충 날림으로 지은 개떡 같은 작품이에요." 그녀는 말을 마치더니 점잖게 고개를 까딱하고 자리를 떴다. 잠시 후 분장실에서 무대 위로 올라온 그녀는 마치 앵무새가 햇빛을 가리려 깃털을 세우듯이 질질 끌리는 의상을 흔들어 댔다. 그녀는 싫어하는 감독 밑에서 싫어하는 역할로 불멸의 연기를 펼쳤다.

나는 카뮈의 「칼리굴라」로 첫선을 보이게끔 너그러운 배려를 받았다. 스톡홀름 시절, 함께 산전수전 다 겪은 동료이자 동갑내기 친구인 안데르스 에크가 타이틀 롤로 데뷔했다.

주위에는 유명 배우들이 둘러서서 호의라고는 없는 의심 어린 눈초리로 우리 신출내기들을 지켜봤다. 나는 모든 면에서 극장의 기술적, 물질적 자원을 마음대로 사용할 수 있었다.

한창 연습 중이던 어느 날 오후, 토르스텐 함마렌이 예고도 없이 들이닥쳐 객석에 앉더니 우리의 분투를 하나하나 뜯어봤다. 언짧은 순간이었다. 안데르스 에크는 유독 튀게 연기를 했고, 다른 배우들은 교과서를 낭독하듯 대본을 읽었다. 아직 경험이 모자라던 내가 연습 상황을 장악하지 못하자 함마렌은 끙 소리를 내며 다리를 바꿔 꼬았다. 그러다 끝내 참지 못하고 고함을 질렀다. "씨발, 뭣들 하는 거야? 너희끼리 방구석에 모여 기도하면서 영혼의 딸딸이라도 치는 거야, 아니면 구슬치기를 하는 거야? 도대체 무슨 짓들이냐고?”

　　그는 상소리와 욕지거리를 퍼부으며 무대로 달려 올라가서 가장 가까이 서 있던 배우에게 왜 대본을 붙들고 있느냐며 잔소리를 늘어놓았다. 욕을 먹은 배우가 내 쪽을 힐끗 쳐다보며 새로운 방법과 즉흥 연기를 시도 중이라고 더듬거리자, 함마렌은 말을 뚝 끊고 무대 장치를 이리저리 바꾸기 시작했다. 나는 화가 치밀어 올라서, 그렇게 명령조로 지적하고 월권행위를 하면 더는 묵과할 생각이 없다고 소리쳤다. 함마렌은 내게 등을 돌린 채 대꾸했다. “입 다물고 극으로 가만히 있으면 뭐라도 배울 걸세.” 나는 혈압이 확 솟구쳐서 이대로 가만두지 않겠다고 소리를 질렀다. 함마렌은 무뚝뚝하지 않게 껄껄대고 외쳤다. “그럼 다 때려치우고 꺼지게나. 우물 안 개구리 같은 친구하고는.” 나는 출입구 쪽으로 달려가서 무거운 문을 열고 극장 밖으로 뛰쳐나갔다. 이튿날 아침 일찍, 극장 대표의 비서로부터 전화가 왔다. 그날 리허설에 참석하지 않으면 계약이 취소된다는 것이었다.

　　식었던 분노가 다시 끓어올랐고, 함마렌을 죽이고자 극장으로 달려갔다. 우리는 복도 모퉁이에서 느닷없이 마주쳤는데, 말 그대로 쿵 부딪쳤다. 둘 다 하도 어처구니가 없어서 웃음이 빵 터졌다. 토르스텐 함마렌이 나를 껴안았고, 그러자마자 그는 내가 신을 저버린 뒤 잃어버렸던 아버지상으로서 내 마음속 깊이 다가왔다. 내가 그 극장에서 보낸 몇 해 동안, 그는 아버지로서 맡은 바 역할을 성심껏 다했다.

　　덴마크 극작가 카이 뭉크의 「사랑」은 코코아 파티로 시작한다. 목사가 교구민들을 집으로 불러, 어떻게 방파제를 쌓을지 논의한다. 배우 스물세 명이 무대에 앉아 코코아를 마시는데, 누구는 대사가 좀 있고 몇몇은 그냥 앉아 있다. 함마렌은 대사가 없는 역할조차 하나하나 딱 걸맞은 배우에게 맡겼다. 지시가 살인적으로 꼼꼼하다 보니 인내심의 한계도 느꼈다. 콜비외른이 겨울 날씨에 관한 대사를 읊고 쿠키를 가져간 다음, 코코아를 휘젓는다. "그렇게 연습합시다." 콜비외른이 연습한다. 감독이 바꾼다. 반다가 왼쪽 주전자에서 코코아를 따르고 벵크트오케에게 방긋이 웃으며 말한다. "연습해야 해요. 그렇게요." 배우들이 연습하고 감독은 고쳐 준다.

나는 이러는 게 극장의 무덤을 파는 일이나 다름없고, 연극이라는 예술을 쇠퇴시킨다는 생각에 싱숭생숭하다. 함마렌은 확고부동하게 이어 나간다. 토레가 손을 뻗어 롤빵을 집고 에바에게 고개를 가로젓는다. 둘이 서로 말하는데 알아들을 수가 없다. "적당한 화젯거리 좀 찾아보죠." 에바와 토레가 제안한다. 함마렌이 동의하자 연습을 한다. 내 생각에는 그 꽉 막힌 늙은 독재자가 제 뜻대로 즐거움과 자연스러움을 쥐어짜는 바람에 이 장면이 싹 죽어 버렸다. 이런 공동묘지는 떠나는 편이 낫겠다. 그럼에도 나는 모종의 이유로 쭉 앉아 있는데, 쌤통이다 하고 뻐기는 한편 호기심이 발동했을 것이다. 쉼표들이 표시되거나 삭제되고, 동작들이 억양에, 억양이 동작들에 맞춰지며 호흡 역시 고정된다. 나는 못된 고양이처럼 하품을 한다. 끝도 없이 되풀이하고 멈추고 바로잡고 밀고 다듬는 시간이 지난 다음에야 함마렌은 처음부터 끝까지 장면을 쭉 연습할 때에 이르렀다고 생각한다.

이제 기적이 일어난다.

코코아 파티의 모든 사회적 몸짓, 눈빛, 속뜻, 의도된 무의식적 몸가짐을 통해 느긋하고 편안하며 재미있는 대화가 시작된다. 샅샅이 계획된 자신의 영역에 확신을 가진 배우들은 자유롭게 인물을 형상화한다. 그들은 예상에서 벗어나 유머러스한 공상을 펼치며, 절대 상대역을 손가락질하지 않고 전체와 리듬을 존중한다.

내가 받은 첫 수업은 함마렌의 「칼리굴라」 개입이었다. 무대 장면은 명확하고 방향성이 있어야 한다. 감정과 의도가 흐릿해지는 것을 금해야 한다. 행위자가 수신자에게 보내는 신호는 단순하고 질서정연해야 한다. 늘 한 번에 하나씩 하되 되도록 초 단위가 낫겠고, 이 암시가 저 암시와 상반될 수도 있지만 의도적이어야 한다. 그래야 동시성과 심층 효과의 환각이라는 스테레오 효과가 발생한다. 무대 위에서 사태의 진행은 순간순간 수용자에게 전달되어야 하며, 표현의 진실성은 그다음에야 온다. 하여간 훌륭한 배우라면 언제나 비춰진 진실을 중개할 자질을 품고 있다.

두 번째 수업은 카이 뭉크의 「사랑」의 코코아 파티였다. 진정한 자유는 공동으로 그리는 패턴, 속속들이 파고드는 리듬에 달려 있다. 연기는 반복의 예술이기도 하다. 따라서 다 같이 힘을 모으려면 관련 당사자 사이의 자발적 협력이 바탕에 깔려 있어야 한다. 감독이 배우에게 강요하면 연습하는 중에는 뜻을 관철할 수도 있지만, 막상 실제 연기를 맡겨 놓으면 배우는 의식적이든 무의식적이든 자신의 활동을 마음대로 교정하기 시작한다. 상대 배우도 같은 이유로 이내 바뀐다. 그리고 이렇게 쭉 이어진다. 다섯 차례의 공연이 끝난 뒤에는 감독이 마치 밤마다 호랑이들을 감시하듯 지켜봐야만 잘 길든 공연이 산산조각 나지 않는다. 겉으로는 코코아 파티도 조련사의 솜씨처럼 보였다. 그러나 실은 그렇지 않았다. 배우들은 명확하게 그려진 한계 안에서 기회를 엿보며, 적절하게 창의력을 발휘할 순간을 기쁘게 기다렸다. 코코아 파티는 결코 무너지지 않았다.

어느 날, 토르스텐 함마렌이 내 감독 일지를 건성으로 쓱 훑어

봤다. 무대 장면 같은 메모는 따로 해 두지 않았다. "어쩐지, 장면을 그려 놓지 않는구먼." 빈정거리는 말투였다. "예, 저는 배우들과 무대에서 직접 창조하는 게 더 좋거든요." "재미있군. 자네가 언제까지 그런 깡으로 버틸지 한번 보자고." 함마렌이 일지를 덮었다.

예측은 곧 들어맞았다. 이제 나는 아주 세세한 부분까지 준비하고 장면을 싹 다 그려야 한다. 리허설을 할 때는 공연의 모든 순간이 준비되어 있어야 한다. 내 지시는 바로 써먹을 만큼 분명해야 하고, 배우에게 힘도 북돋워 줄 수 있어야 한다. 꼼꼼히 준비한 사람만이 즉석에서 기회도 포착할 수 있다.

가족이 늘었다. 1948년 봄, 쌍둥이가 태어났다. 우리는 교외 신축 지구의 방 다섯 칸짜리 아파트로 이사했다. 나는 또한 극장 건물 꼭대기에 단출한 서재도 마련했다. 거기서 저녁에 대본도 퇴고하고, 희곡과 시나리오도 썼다.

엘렌의 의붓아버지가 스스로 목숨을 끊으면서 큰 빚을 남겼다. 장모가 어린 아들을 데리고 우리 집으로 들어와서, 엘렌과 나의 침실 옆에 있는 내 서재에 자리를 잡았다. 남편을 갓 여읜 과부는 밤에 자주 울었다. 게다가 엘세가 여전히 아팠기에 큰딸 레나도 우리와 함께 살았다. 여기에다가 집안일을 도울, 겉으로는 상냥하면서도 성격이 음울한 가정부까지 더해, 식구는 모두 열 명이 되었다. 엘렌은 집안 살림을 돌보느라 진이 빠져서 경력을 쌓을 겨를이 별로 없었다. 결혼 생활은 더욱 모진 풍랑에 흔들렸다. 성생활로 그나마 숨통이 트였지만 옆방에 장모와 어린 처남이 있으니 그것도 흐지부지됐다.

서른 살이던 나는 「위기」의 흥행 참패 후, 스벤스크 필름인두스트리에서 쫓겨났다. 가정 경제는 더욱 쪼들렸다. 이러저러한 다른 갈

등에 더해 우리 부부는 돈 문제로 심하게 다퉜다. 둘 다 헤펐고 돈을 간수할 줄도 몰랐다.

나의 네 번째 영화는 로렌스 마름스테트의 지혜와 배려, 인내 덕분에 그럭저럭 성공을 거두었다. 대본부터 개봉까지 영화에 살고 영화에 죽는 그는 진정한 제작자였다.

바로 그 사람한테 나도 영화 만드는 법을 배웠다.

나는 예테보리에서 스톡홀름으로 통근하기 시작했고, 브라헤가탄과 훔레고르스가탄 거리 모퉁이에 위치한 닐란데르 씨의 하숙집에 방을 구했다. 닐란데르 씨는 나이가 지긋한 귀부인이었는데, 그보다는 차라리 어느 자그마한 요정 같았다. 백발이 반짝이고, 눈동자가 검고, 무척 창백한 얼굴에 화장을 곱게 했다. 그 부인은 하숙집에 기거하던 많은 배우들을 마치 어머니처럼 보살폈다. 내가 머물던 방은 햇볕이 잘 들고 마당을 마주한 안식처이자 보금자리였다. 노부인은 세상 근심을 혼자 다 안아맡은 하숙생들이 하숙비도 밀리고 제멋대로 지내도 너그러이 눈감아 줬다.

나는 예테보리에서 그리 잘 지내지 못했다. 도시는 고립됐고 극장은 별개의 세계였으며, 일할 때 말고는 얘기 나누는 사람도 없었다. 가정은 아이의 울음소리, 빨랫줄에 널어 둔 기저귀, 흐느끼는 여자들, 질투로 미쳐 날뛰는 광경으로 들끓었다. 빠져나갈 방도는 없었고 나는 강박적으로 바람을 피웠다.

엘렌은 내가 진실하지 않음을 눈치채고 절망하여, 속이 썩어 문드러졌다. 내게 단 한 번만이라도 진실을 말해 달라고 빌었지만 나는 털어놓을 수 없었고, 진실이랄 게 대체 어디에 있는지도 몰랐다. 티격태격하다가 잠깐 쉴 때만은 서로 몸뚱이로 이해하고 용서하며 궁합이 잘 맞는다고 느꼈다.

엘렌은 사실 훌륭하고 굳센 동지였다. 사정이 여의찮아서 그랬을 뿐이지 달리 보자면 정말 함께 잘 살았을 터다. 그러나 우리는 스스로가 어떤 인간인지조차 몰랐고 세상살이가 다 그러하리라고 여겼다. 우리 처지나 조건이 나쁘다고 투덜대거나 후회하지도 않았다. 우리는 함께 사슬에 묶여 싸우며 쑥 가라앉고 있었다.

토르스텐 함마렌이 스튜디오에서 내 작품 두 편을 상연할 기회를 주었다. 대담하면서도 썩 간단하지만은 않은 배려였다. 이전에 발표한 내 몇 작품을 두고 비평가들은 거의 만장일치의 의견을 보였다. '베리만은 감독으로서 훌륭하고 재능도 겸비했지만 작가로서는 형편없다.' 형편없다는 소리는 너무 장중해서 어쭙잖고, 고등학생 습작처럼 여드름바가지에 땀내가 나고, 감상적이고, 어처구니없고, 가소롭고, 구질구질하고, 유머가 없고, 거북하고…… 요컨대 결함투성이라는 뜻이었다.

내가 존경해 마지않던 올로프 라게르크란츠가 나를 구박하기 시작했다. 그는 《다겐스 뉘헤테르》 신문 문화면의 고수로 차츰차츰 자리 잡으면서 더욱 그로테스크한 규모로 나를 공격했다. 「한여름밤의 미소」를 두고 그는 이렇게 평했다. "어린 여드름쟁이의 조악한 상상력, 미성숙한 심성의 같잖은 몽상, 참된 예술성과 인간성을 한없이 업신여기는 태도가 이 '촌극'을 만들어 낸 힘이다. 그걸 봤다는 게 부끄럽다."

오늘날 돌이켜 보면 익살맞은 골동품처럼 보이지만 당시에는 독화살처럼 상처와 아픔을 주었다.

담대하고 재미있는 사람이었던 토르스텐 함마렌은 어느 예테보리의 비평가에게 몇 해를 시달렸다. 그러다 「비송」이 재미있다고 널리 호평받자 바로 기회를 포착했다. 하도 신나게 보느라 기진맥진한

197

관객이 로비로 나가던 휴식 시간에, 함마렌은 커튼 앞으로 걸어 나와서 잠시만 주목해 달라고 요청했다. 그런 다음 새삼스레 생각에 잠기거나 적절한 표정을 지으며 비평가의 무자비한 혹평을 천천히 읽었고, 함마렌은 관객이 보내오는 열렬한 공감으로 보답받았다. 이제 공개적인 박해는 좀 더 정교한 박해로 대체되었다. 모욕받았다고 느낀 비평가는 함마렌의 배우 아내와 극장의 최측근들을 비방하는 쪽으로 옮겨 갔다.

요즘 나는 평론가들한테 예의 바르다 못해 아양 떠는 태도마저 보인다. 한때 엄청나게 지독한 인간 하나를 패야겠다고 생각하기도 했는데, 내가 한 방을 먹이려니까 그는 그새를 못 참고 보면대가 세워진 바닥에 주저앉고 말았다. 나는 5000크로나의 벌금을 물어야 했지만 이제 신문사에선 웬만하면 그에게 내 작품 평론을 맡기지 않을 테니 그만 한 값어치가 있다고 생각했다. 물론 내가 틀렸다. 그는 몇 년 동안 자취를 감췄다가 돌아오더니 울분을 쥐어짜서 나이깨나 먹고도 용쓰는 나를 발라 버리려 했다.

망나니 노릇을 충실히 하고자 굳이 뮌헨까지 출장도 왔던 그를 어느 봄날 저녁, 막시밀리안슈트라세 거리에서 봤다. 얇은 흰색 티셔츠에 몹시 꽉 끼는 벨벳 바지 차림의 그는 고주망태였다. 빡빡 깎은 머리를 처량하게 흔들며 행인들에게 말을 붙였지만 다들 매몰차게 뿌리쳤다. 아마도 그는 추워서 속이 메슥거리는 모양이었다.

별안간 그 가련한 사나이에게 다가가서 악수를 청해야겠다는 충동이 일었다. 세월도 한참 지났으니 화해할 수도 있겠고, 고릿적 난리 블루스 가지고 이제 서로 미워할 까닭도 없었다. 하지만 이내 감상적 충동을 후회했다. 저기 불구대천의 원수가 지나간다. 격퇴해야 할 놈이다. 마침 갈수록 글이 쓰레기가 되면서 자기 스스로를 파멸시키고 자빠졌으니, 조만간 나는 그놈 무덤에서 춤을 추며 지옥에서 그따위 평론이나 영원히 읽으라고 빌어야겠다.

헛된 모순으로 이루어진 인생이니, 연극 평론가이자 나의 소중한 친구인 헤르베르트 그레베니우스 얘기도 하고 넘어가련다. 우리는 왕립 연극 극장에서 거의 매일 만났으며, 이 글을 쓰던 당시 그는 여든여섯 살의 고령임에도 늘 잔재미 넘치는 독설을 던졌고 날마다 담배를 쉰 개비나 피웠다.

내 풋내기 시절에 토르스텐 함마렌과 헤르베르트 그레베니우스는 엄격한 천사처럼 버티고 서 있었다. 함마렌한테는 기법을, 그레베니우스한테는 논리 정연한 사고방식을 배웠다. 둘은 나를 꼬집고 반죽하고 나무랐다.

혹평과 공개적인 망신에 나는 너무나도 괴로웠다. 한번은 그레베니우스가 내게 이렇게 말했다. "분필 선이 있다고 상상해 보게. 자네는 선 이쪽, 비평가는 저쪽에 있지. 두 사람 다 관객 앞에서 솜씨를 뽐내는 거야." 이 말은 내게 도움이 되었다. 또 한번은 술독에 빠졌지만 비상한 배우와 함께 작업을 했다. 함마렌이 코를 풀며 말했다. "송장 똥구멍에서도 백합이 자라긴 할 테니까." 그레베니우스는 내 이전 영화를 하나 보고, 중간에 연기 구멍이 뚫렸다며 버럭 불평을 늘어놓았다. 평범한 사람을 연기하는 배우라고 내가 변호하자, 그레베니우스는 말했다. "평범한 사람 연기는 평범한 사람이 맡으면 절대 안 돼. 천한 여자를 천한 여자가, 우쭐한 프리마돈나를 우쭐한 프리마돈나가 연기해도 절대 안 되는 거야." 함마렌은 말했다. "배우들은 지독한 종자야. 새 얼굴을 들이마시면 헌 기억은 날려 버리거든."

나는 독일에서 지냈던 6주 말고는 해외에 나간 적이 없었다. 친구이
자 영화계 동료인 비르예르 말름스텐도 그랬다. 그런데 마침내 떠날
일이 생겼다. 우리는 칸과 니스 사이의 높은 산중에 숨겨진 작은 마
을 카뉴쉬르메르에 머물게 됐다. 당시에 관광객들에게는 알려지지
않았지만 화가들이나 예술가들은 부지런히 찾아가던 곳이다. 엘렌
은 리세베리 놀이공원에 안무가로 고용됐고, 아이들은 외할머니의
보살핌을 받으며 가정은 꽤 평화롭게 굴러갔다. 영화 한 편을 막 끝
내고 늦여름에 영화 계약을 또 맺었기에 집안 형편도 잠시 풀렸다.
4월 말에 카뉴에 도착한 나는 바닥에 붉은 타일이 깔려 있고 햇볕
이 잘 드는 방을 받았다. 바깥으로 골짜기의 카네이션 농장이 내려
다보였고, 바다는 호메로스 말마따나 때때로 와인색을 띠기도 했다.

비르예르 말름스텐은 그곳에 도착하자마자 아름답지만 결핵에
걸린 영국 여자에게 홀렸다. 그녀는 어지간히 바쁘게 살아온 시인이
었다. 홀로 남겨진 나는 8월에 착수할 영화의 시나리오를 쓰려고 테
라스에 자리를 잡았다. 당시에는 결정 과정과 준비 기간이 짧았다.
겁먹을 새도 전혀 없었으니 오히려 이득이었다. 영화는 헬싱보리 교
향악단의 젊은 음악가 부부의 이야기였다. 엘렌과 나의 얘기를 거의
형식적으로만 위장한 셈인데, 예술의 조건과 더불어 신의와 배반을
소재로 삼았다. 또한 영화에 음악이 스며들어 흐르도록 할 작정이
었다.

나는 철저히 혼자 남아 누구와도 이야기하거나 만나지 않았다. 밤마다 술에 취해 잠자리에 들 때에만 내 주벽을 걱정해 주던 어머니 같은 집주인의 부축을 받았다. 그러나 아침 9시면 책상에 앉아서 도리어 숙취 덕에 강화된 창의력을 발휘했다.

엘렌과 나는 조심스러우면서도 다정한 연애편지를 주고받기 시작했다. 우리의 고통스러운 결혼 생활에 미래의 희망이 싹튼 까닭에 영화 속 여자 주인공은 미모, 신실함, 지혜, 인간적 품위를 다 갖춘 경이로운 모습으로 그려졌다. 반면에 남자 쪽은 우쭐대는 범부일 뿐이라서 거짓되고, 충실하지 않고, 알맹이도 없이 말만 번드르르했다.

러시아계 미국인 화가가 내게 은근하고도 끈덕지게 구애를 했다. 그녀는 운동선수 같으면서도 신체 비율이 좋았다. 살갗이 까무잡잡하고 눈동자는 반짝이며 입매가 후해 보였다. 관능미를 한껏 내뿜는 조각상 같은 여걸이었다. 아내를 저버리지 않겠다는 내 마음가짐이 우리 두 사람 모두를 자극했다. 여자는 그림을 그리고 나는 글을 썼다. 두 고독이 뜻밖의 창조적 유대를 맺었다.

영화의 결말은 끔찍하게 비극적이었다. 여자 주인공은 석유 버너와 함께 폭발해 버렸고(어쩌면 내 은밀한 희망 사항이었을지도 모른다.), 베토벤 교향곡 9번 마지막 악장이 뻔뻔스럽게 악용되었으며, 주인공은 '환희보다 더 큰 환희'가 있음을 깨닫는다. 나도 30년 뒤에야 실체를 깨닫게 될 진실이었다.

나는 비르예르 말름스텐을 불두덩에서 떼어 데려왔다. 눈물을 글썽이며 프랑스 집주인 아주머니와 정열적 우정을 함께한 러시아 여인에게 작별 인사를 하고 귀국했다. 시나리오는 약간의 망설임이 있긴 했지만 통과됐다.

엘렌과의 재회는 후딱 지나갔고 별다른 소득도 없었다. 아내가 레즈비언 예술가와 어울리고 있음을 알고 격렬한 질투에 사로잡혔다. 우리는 그럭저럭 화해했다. 나는 스톡홀름으로 가서 촬영을 시작했고, 내 친구 비르예르 말름스텐과 스티그 올린이 두 겁쟁이 사내 역할을 맡았다. 마이 브리트닐손은 처절하게 이상화된 아내를 그럴싸하게 재현해 내며 천재성을 입증했다.

영화의 야외 촬영은 헬싱보리에서 했다. 8월 초의 어느 날, 시청에서 결혼식 장면을 찍었는데, 몇 해 전에 엘렌과 내가 식을 올린 바로 그곳이었다. 《필름 저널》이라는 주간지에서 특집 기사를 취재하러 우리를 찾아왔다. 우리에게 그런 영예를 안긴 매력적인 편집장 구닐라 홀게르가 동료 기자 군 하그베리와 동행했다. 제작진은 의무감뿐 아니라 편집장의 매력에도 흠뻑 빠져 몇 푼 있지도 않은 대표 계좌를 탈탈 털어 그란드 호텔에서 저녁 식사를 대접했다.

저녁을 먹고 군 하그베리와 나는 순드 해협을 따라 걸었다. 바람 한 점 없이 더운 여름밤이었다. 우리는 들뜬 기분에 입을 맞췄고 촬영하러 스톡홀름으로 돌아가면 만나자고 얼떨결에 약속했다. 《필름 저널》 기자들은 떠났고 나는 다 잊었다.

우리는 8월 중순에 스톡홀름으로 돌아왔다. 군이 전화해, 카텔린에서 저녁을 먹고 영화를 보러 가자고 제안했다. 그 순간엔 당황스러웠지만 흔쾌히 동의했다.

모든 것이 매우 빠르게 진행되었다. 주말에 우리는 트로사로 가서 호텔 방을 잡고 잠자리에 든 뒤 월요일 아침에 일어났다. 그런 다음 우리는 파리로 도망치기로 마음먹고, 각자 따로 가는 듯 비밀리에 함께 떠났다. 파리에는 작가 빌고트 셰만이 지원금을 받으며 머물고 있었다. 그의 데뷔 소설을 구스타프 몰란데르가 영화화하기로 했는데, 대본이 여러 차례 퇴짜를 맞은 상황이었다. 영화사 경영진이 최후의 수단으로 내게 내린 명령은, 방금 완성된 영화의 후반 작업을 멈추고 당장 파리로 가서 도통 말을 안 들어먹는 빌고트를 만나라는 것이었다. 군은 주간지에서 다룰 패션쇼를 취재할 참이었고, 그녀의 어린 두 아들은 핀란드인 유모가 맡아 능숙하게 보살폈다. 남편은 집안에서 운영하는 동남아시아 고무 농장에 머문 지 여섯 달째였다.

아내와 얘기를 나누러 예테보리로 갔다. 늦은 밤이라 이미 잠자리에 들었던 아내는 예고 없이 돌아온 나를 보고 반색했다. 나는 비옷도 벗지 않고 침대 끄트머리에 앉아서 할 얘기를 다 털어놓았다.

이에 더 관심 있는 독자는 「결혼의 풍경」 3부에서 벌어지는 일을 보면 된다. 유일한 차이점이라면 파울라로 묘사되는 여자 애인이다. 군은 오히려 그 반대였다. 언제나 탁월한 여자였다. 미모, 늘씬한 키, 뛰어난 운동 신경의 소녀, 강렬한 벽안, 함박웃음, 아름답고 도톰한 입술, 개방성, 금지, 진실성, 여성적 활력. 다만 그녀에겐 몽유병이 있었다.

그녀 스스로는 자신이 어떤 인간인지 전혀 몰랐고, 관심도 없었다. 달리 자기방어를 하거나 다른 의도 따윈 없이, 진실하고 담대하게 열린 마음가짐으로 삶을 맞닥뜨렸다. 툭하면 도지는 위궤양도 크게 개의치 않았고, 며칠간 커피를 끊고 약을 먹으면 다시 나았다. 남편과의 관계가 너무 나쁘긴 해도, 아무튼 결혼이란 조만간 지루해지기 마련이고 약간의 윤활유만 있다면 다시금 사이좋아질 테니 별로 신경 쓰지 않았다. 주기적으로 고뇌로 가득한 꿈을 꿔도, 어쩌면 몸에 안 받는 음식을 먹었거나 과음했기 때문일지도 모른다며 크게 근심하지 않았다. 그럼에도 현실적이고 거대한 인생에 맞설 순 없었다.

우리의 사랑은 가슴을 후벼 팠고, 애초부터 온갖 액운이 주렁주령 매달려 있었다.

1949년 9월 1일, 우리는 아침 일찍 출발해 정오쯤 파리에 도착했다. 오페라 대로로 이어지는 좁은 네거리, 생트안 거리에 위치한 평판 좋은 가족호텔에 묵기로 했다. 객실은 관을 닮은 긴네모꼴이었다. 침대는 나란히 있지 않고 일렬로 놓인 데다, 창문은 비좁은 마당 쪽으로 나 있었다. 창밖으로 몸을 내밀면 6층 높이에서 뜨겁고 새하얀 여름 하늘 한 조각이 보였다. 아래쪽 공기는 곰팡내가 나고 서늘하게 축축했다. 아스팔트 마당에는 호텔 주방의 채광을 위해 내놓은 창문이 몇 개 있었다. 그 깊은 곳에서 흰옷을 입은 여러 사람들이 송장 구더기처럼 꼼지락댔다. 그 구렁텅이에서 시궁창 냄새와 탄내가 솟아났다. 자세한 내용은 「침묵」에 그려진 연인의 방을 참조하면 된다.

우리는 녹초가 되고 겁에 질려 침대에 앉아 있었다. 그러고는 이게 내 최종적 배신에 내린 신의 형벌임을 곧바로 깨달았다. 예고 없이 귀가한 나를 반기던 엘렌과 그 미소가 무자비하고 생생하게 떠올랐다. 그 모습은 이후에도 또다시 떠올랐고 아직도 그렇다.

다음 날 아침, 군은 끗발 좋은 호텔 도어맨에게 프랑스어로 말하며 1만 프랑을 지폐로 건넸다.(당시 1000프랑은 15크로나였다.) 우리는 욕실이 딸린, 안락한 길가 쪽 방으로 옮겼다. 색유리 창문과 바닥 난방 설비, 거대한 세면대를 갖춘 그 방은 교회만큼 컸다. 나는 지붕 아래의 작은 다락방도 빌렸다. 흔들거리는 책상, 삐걱대는 침대, 비데가 있었고 창밖에는 에펠탑을 배경으로 파리식 옥상의 웅장한 파노라마가 펼쳐졌다.

우리는 파리에서 석 달간 머물렀다. 모든 면에서 우리 둘의 인생에 결정적인 시절이었다.

1949년 여름, 나는 서른한 번째 생일을 맞았다. 그때까지 밥벌이를 하는 내내 나는 제법 열심히 쉬지 않고 일했다. 그래서 따스한 가을날의 파리는 내게 전복적 체험이 되었다. 자유롭게 자라날 여유와 기회를 얻은 사랑은 닫힌 방을 열어젖혔고, 벽이 무너져 내리며 나는 비로소 숨을 쉴 수 있었다. 엘렌과 아이들을 저버린 마음은 안개 속 어딘가에 항상 존재하며 나를 묘하게 자극했다. 몇 달 동안, 타협 불가한 진실인 까닭에 결코 빼놓을 수 없는 대담한 연출이 현실 속에 살아 숨 쉬었다. 그리하여 청구서가 나왔을 때, 지독하게 비싼 값을 치러야 했다.

집에서 온 편지를 보면 기운이 나지 않았다. 엘렌은 애들이 아프고, 자신도 손발에 습진을 앓고 머리카락이 빠진다고 썼다. 나는 떠나면서 당시로서는 큰돈을 줬는데, 그것마저 거의 다 떨어졌다고 투덜댔다. 군의 남편은 고무 농장에서 서둘러 스웨덴으로 돌아왔고, 그 가족이 보낸 변호사는 소송을 걸겠다고 을렀다. 가족 재산의 일부가 군의 소유였다.

그러든지 말든지 우리 관심은 딴 데에 있었다. 풍요의 뿔에 담긴 온갖 감상과 체험이 우리의 머리 위로 흘러내렸다.

무엇보다 최고의 행운은, 내가 진정으로 몰리에르를 만났다는 것이다. 나는 문학사 세미나에서 그의 희곡 일부를 겨우겨우 읽었지만 아무것도 이해하지 못했다. 심지어 다 케케묵고 덤덤한 느낌이었다.

그러던 북유럽의 촌뜨기 천재가 코메디 프랑세즈 극장에 앉아 생기 있고 아름답고 몹시 감동적인 작품, 「인간 혐오자」를 보았다. 형용하기 어려운 체험이었다. 무미건조한 12음절 시구가 꽃을 피우고 소리를 불어넣었다. 무대 위의 사람들이 내 감각을 뚫고 마음속으로 걸어 들어왔다. 우스꽝스럽게 들리겠지만 정말 그랬다. 몰리에르는 그 해석자들과 함께 내 마음속으로 걸어 들어와, 평생 그곳에 머물렀다. 여태껏 스트린드베리와 이어져 있던 나의 영적 혈액 순환은, 그 순간 몰리에르에게 하나의 동맥을 열었다.

어느 일요일 오후, 우리는 국립 극장 별관인 오데옹 극장을 방문했다. 그곳에서는 비제의 음악으로 오페라 「아를의 여인」을 상연하고 있었다. 프랑스판 「베름란드 사람들」인데, 원작만은 못했다.

극장은 아이들을 데려온 부모들, 할머니들, 아주머니들, 아저씨들로 만원이었다. 기대감에 다들 술렁였다. 깨끗이 씻은 동그란 얼굴을 하고 일요일에 코코뱅 닭고기로 배를 채운 점잖은 사람들, 즉 프랑스 소시민들이 연극의 세계로 소풍을 나온 것이었다.

19세기에나 어울릴 법한 볼썽사나운 무대 위로 막이 올랐다. 은퇴할 나이가 족히 넘었을 유명 배우가 어린 아가씨 역할을 맡았는데, 배우 협회 소속이었다. 가녀리지만 강렬하게 연기했고, 흉악하리만큼 샛노란 가발 때문에 아담한 노파의 짙게 분칠한 얼굴 위로 뾰족 솟은 코가 더욱 도드라졌다. 모두가 걷거나 폴짝폴짝 뛰면서 대사를 읊었고, 주인공은 눈부신 각광을 받으며 현란한 몸짓으로 무대에 몸을 내던졌다. 35인조 오케스트라는 싱그럽고 감각적인 음악을 힘들이지 않고 연주하며 반복 악절을 건너뛰었다. 단원들이 오케스트라 연주석을 드나들고, 스스럼없이 잡담을 나누고, 오보에 연주자는 와인도 한 잔 마셨다. 여자 주인공은 가슴 찢는 비명을 내지르며 또다시 바닥에 쓰러졌다.

어두컴컴한 객석에서 묘한 소리가 들렸다. 주위를 둘러보니 놀랍게도 모두가 눈물을 흘리고 있었다. 어떤 이들은 손수건으로 눈물을 꾹꾹 닦으며 남몰래 흐느끼고, 다른 누군가는 아예 대놓고 펑

평 울었다. 단정하게 빗어 가르마를 타고 콧수염을 손질한 르브룅 씨가 내 옆에서 열에 달뜬 듯이 떨고 있었다. 검고 동그란 눈동자에선 맑은 눈물이 말끔히 면도한 장밋빛 뺨 위로 흘러내렸고, 통통한 작은 손은 빳빳이 다린 바지 주름을 잡을지 말지 갈피를 못 잡은 채 허둥댔다.

막이 내리고 박수가 터져 나왔다. 어쩌다 가발이 비뚤어진 늙은 소녀가 무대 앞으로 나왔다. 그녀는 가녀린 손을 앙상한 가슴팍에 대고 꼼짝도 않은 채 어둡고 그윽한 눈빛으로 객석을 바라보았다. 그녀는 여전히 무아지경에 빠져 있다가, 「아를의 여인」과 함께 평생을 살아온, 공연이 열리는 일요일만 되면 극장으로 순례 길에 오르는 충실한 관객들의 환호성에 천천히 깨어났다. 할머니의 손을 잡고 이곳을 찾았던 이들이 이제는 손주들과 함께 구경하러 왔다. 게를렌 부인이 해마다 정해진 시각에, 언제나 같은 무대에 서서 각광을 받고, 몸을 던지고, 쓰디쓴 인생의 서글픔을 한탄한다는 사실에 사람들은 마음속 깊이 안도감을 느꼈다.

모두가 환호했고, 모질도록 눈부신 공연장 위에 선 작은 노파는 의리 넘치는 청중을 다시금 감동시켰다. 연극이라는 기적이었다. 나는 이 같은 지상 최고의 구경거리를 젊고 야멸치고 호기심 어린 눈빛으로 바라보았다. "다들 냉정한 줄 알았는데 감상에 쉽게 젖는군." 나는 군에게 이렇게 말했다. 공연을 본 뒤에 우리는, 에펠탑 정도는 가 봐야겠다는 생각에 그곳으로 올라갔다.

우리는 공연을 관람하기 전에 오데옹 극장 맞은편의 고급 식당에서 점심을 먹었다. 거기서 먹은 콩팥 플랑베 요리는 우리를 따라 한 군데에 머무르지 않고 뒤이어 몇 시간 동안 여러 역을 통과했다. 우리가 에펠탑 꼭대기에 올라 그 유명한 파노라마를 내려다보고 있을 때, 콩팥 요리 속에 숨어 있던 수많은 대장균이 공세를 퍼부었다. 우리 둘 다 뒤틀리는 배를 움켜쥐고 승강기로 달려갔다. 거기에는 환경미화원들의 오랜 투쟁과 함께 동조 파업을 실시한다는, 즉 두 시간 동안 승강기를 닫는다는 큼지막한 안내문이 붙어 있었다. 달리 재난을 막을 방도가 없어서 구불구불한 계단을 내려갔다. 믿기지 않을 만큼 공손한 택시 기사가 뒷좌석에 신문지를 깔고 반쯤 얼이 나간, 냄새나는 한 쌍을 태워 호텔로 데려갔다. 우리는 이튿날까지 온종일 번갈아 또는 함께 침대에서 욕실로 기어가 변기통을 껴안고 지냈다. 연애 초기에는 서로 쑥스러워서 화장실을 편하게 사용할 수 없었다. 필요하다면 우리는 살금살금 걸어 나가서 복도에 있는 훨씬 덜 호화로운 공용 화장실을 이용했다. 그런 서먹함은 이제 한 방에 날아갔다. 신체적 고난을 함께 겪으며 우리는 분명히 한 걸음 더 가까워졌다.

드디어 빌고트 셰만이 시나리오를 완성하고 귀국해서 우리 모두 아쉬웠다. 단둘이 남은 우리에게 파리에 더 머무를 명분은 없었다. 날이 쌀쌀해졌다. 평원에서 안개가 몰려와 호텔 지붕 아래에서 바라다보이던 에펠탑을 집어삼켰다. 나는 「벌거벗은 요아킴」이라는 희곡을 썼다. 멜리에스를 뒤따르는 무성 영화 감독 요아킴의 허름한 스튜디오 밑으로는 바닥 모를 운하가 흐른다. 말하는 물고기를 잡고, 결혼 생활을 작살내고, 에펠탑이라는 사실이 지긋지긋한 에펠탑은 어느 날 제자리를 떠나 영국 해협에 서게 된 이야기를 들려준다. 나중에 탑은 양심의 가책을 느끼고 돌아온다. 요아킴은 자살을 의미 있는 의식으로 삼는 종교 집단에 귀의한다.

나는 이 희곡의 유일한 원고를 얼빠진 기대감으로 왕립 극장에 보냈으나 흔적도 없이 사라졌다. 그리 돼서 차라리 다행일지도 모른다.

우리는 정처 없이 시내를 헤매다가 길을 잃고, 찾고, 다시 길을 잃었다. 우리는 마른강의 수문들과 오퇴유 구역의 선창까지 내려갔다. 북호텔도 찾아가고, 뱅센 숲 옆의 작은 놀이공원에도 갔다.

인상파 전시회. 롤랑 프티 무용단의 「카르멘」. 카프카의 「심판」에서 요제프 K. 역할을 맡은 장루이 바로가 선보인 반심리적 연기 스타일은 낯설면서 매혹적이었다. 「목신의 오후」에서 늙은 괴물로 분한 세르주 리파르는 축축한 입술을 벌리고 1920년대의 악덕을 뻔뻔하게 죄다 내뿜는 뚱뚱한 창녀다. 토요일 아침, 샹젤리제 극장에서 열린 라벨의 「왼손을 위한 피아노 협주곡」 연주회. 이게 다가 아니다. 조용하지만 격렬한 라신의 「페드르」, 「파우스트의 저주」, 전체 장치를 갖춘 베를리오즈의 대형 오페라. 발란친의 발레. 눈부시게 하얀 옷깃에 땟자국이 묻은 기이한 랑글루아 씨의 시네마테크. 거기서는 내 영화 「고뇌」와 「감옥」을 상영했고, 나를 친절히 맞이해 주었다. 멜리에스의 영화를 비롯해 드레이어의 「사탄의 책」과 프랑스 무성 영화 소극인 「쥐덱스」도 보았다. 체험에 체험이 보태졌다. 채워지지 않는 허기였다.

어느 날 저녁, 우리는 지로두의 연극에 출연한 배우 루이 주베를 보려고 아테네 극장에 갔는데, 대각선 앞에 앉은 엘렌이 고개를 돌리더니 웃음을 지었다. 우리는 달아났다. 군을 잘 타이르라고 남편 쪽 친척들이 보낸 변호사가 하늘색 양복과 빨간 넥타이 차림으로 도착했다. 둘은 함께 점심을 먹기로 했다. 나는 호텔 창가에 서서 둘이 나란히 생트안 거리를 따라 멀어지는 장면을 지켜보았다. 군은 굽이 매우 높은 신발을 신어서, 몸집이 작고 손짓이 요란한 변호사보다 키가 훌쩍했다. 얇은 검정 드레스는 허리에 짝 달라붙었고, 짧게 친 잿빛 금발을 손으로 쓸어 넘겼다. 저녁에, 안 돌아올 줄 알았던 군이 불안하고 긴장한 모습으로 나타났다. 나는 펄펄 뛰며 딱 한 가지만 그악스럽게 거듭 물었다. "변호사랑 잤어? 그놈이랑 잤느냐고? 잔 거 맞잖아. 그놈이랑 잔 거 다 안다니까."

두려움은 두려워하던 것을 이내 현실로 만든다.

12월의 춥고 우중충한 날, 우리는 스톡홀름 스트란드베겐 거리의 하숙집에 들었다. 스웨덴의 숙박 규정에 따라 방 하나에 두 사람이 머무는 것은 금지된 일이었다.

군은 아이들을 잃게 되리라는 위협에 바로 무너져 리딩외의 저택으로 돌아갔다. 복수할 방법을 넉넉하고 느긋하게 궁리해 온 남편이 기다리는 곳이었다. 나는 당시 계약된 연출 작업을 하러 예테보리로 갈 참이었다.

우리는 만남도, 통화도, 서신 왕래도 금지됐다. 연락을 시도할 때마다 군은 아이들을 빼앗길 위험에 더욱 노출될 뿐이었다. 당시 법은 가정을 '버린' 어머니에게 엄격했다. 나는 간신히 작은 아파트를 구해서(여전히 세 들어 산다.) 축음기 음반 네 장과 꾀죄죄한 속옷, 이가 빠진 찻잔 하나를 들고 들어갔다. 슬픔에 잠긴 채 「여름 이야기」의 시나리오와 또 다른 영화의 시놉시스를 썼다. 희곡 한 편도 썼는데 사라져 버렸다. 제작자들이 정부의 흥행세 부과에 항의해 모든 영화 제작이 중단되리라는 소문이 돌았다. 두 가족을 부양하는 내가 그런 행동에 동조한다면 재정적 파탄으로 이어질 따름이었다.

크리스마스 이튿날, 군은 굴욕감을 벗어던지며 더는 남편의 협박에 놀아나지 않기로 했다. 우리는 터무니없이 비싼 월세를 치르며 가구가 딸린, 방 네 칸짜리 아파트로 들어갔다. 외스테말름의 아름다운 고옥 꼭대기 층이었다. 군의 어린 두 아들과 핀란드인 유모도 데려왔다. 군은 실직했고, 이제 내가 먹여 살릴 가족은 셋이나 되었다.

그다음에 일어난 일은 간략하게 얘기할 수 있다. 군은 임신했다. 여름이 끝날 무렵, 영화 제작이 모두 중단되고 나는 스벤스크 필름 인두스트리에서 해고되었으며, 새로 생긴 로렌스 마름스테트 극장에서 예술 감독을 맡을 예정이었으나 두 번이나 잇달아 작품을 무대에 올리지 못한 까닭에 거기서도 잘렸다.

어느 가을날 저녁, 군의 남편은 전화를 걸어 소송 대신 화해와 합의를 제안하며 둘이서만 만나자고 부탁했다. 두 사람이 합의하면 함께 변호사를 만나 합의서를 작성하기로 했다. 나는 남편을 따로 만나지 말라고 했지만, 군은 뜻을 굽히지 않았다. 이를테면 남편이 통화하면서 부드럽고 고분고분하게 굴며 울먹이더라는 것이었다. 저녁을 다 먹고 나니, 남편이 차로 군을 데리러 왔다. 새벽 4시에 돌아온 군은 얼굴이 얼어붙었고 목소리는 흔들렸다. 나중에 얘기하자며 곧바로 잠자리에 들고 싶어 했지만, 내가 그냥 넘어가지 않고 무슨 일이 있었는지 알려 달라고 캐물었다. 그러자 군은 남편이 릴얀스코겐으로 차를 몰고 가서 자신을 겁탈했다는 것이었다. 나는 혼자 뛰쳐나와 길거리를 달렸다.

실제로 무슨 일이 생겼는지는 결코 알 수 없었다. 육체적 의미에서 강간은 말도 안 되는 소리였다. 아이들을 데려가려면 성관계를 해야 한다고 전남편한테 심리적 폭력을 당했을 법하다.

난 뭐가 뭔지 몰랐다. 군은 임신 넉 달째였다. 나는 질투심 많은 아이처럼 굴었고, 군은 홀로 버림받았다. 빛과 소리를 가진 움직이는 그림들은 절대로 영혼의 영사기를 떠나지 않는다. 변함없는 선명

211

함, 불변의 객관적 명료함을 띠고 삶을 꿰뚫는 소용돌이 속으로 빨려 들어간다. 오직 스스로의 통찰만이 부단하고 매섭게 진실을 파고든다.

한 시간도 채 안 되어 우리가 함께 위기를 헤쳐 나갈 가능성은 소멸했다. 화해하려고 둘 다 필사적으로 매달렸지만 종말로 나아가는 출발이었을 뿐이다.

소송이 시작되려던 날 아침, 군의 변호사가 남편 측의 장부 조작을 공개하겠다고 위협하자 소송이 취하됐다. 자세한 사실 관계는 모르겠지만 이제 소송 위협은 사실상 사라졌다. 이혼 절차는 비교적 순조롭게 흘러갔고, 굴욕적인 조사가 진행된 끝에, 아동복지처는 군이 아이들의 양육권을 가져야 한다고 권고했다.

이로써 드라마는 끝났고, 우리는 사랑의 상처로 피를 흘렸으며, 금전적 어려움은 언제나 암울한 사실이었다. 돈은 떨어지고 영화 제작은 여전히 중단된 상태였는데, 전처 둘과 아이 다섯을 먹여 살리느라 다달이 상당한 돈을 치렀다. 양육비 납부가 이틀이라도 밀리면 분노한 아동복지처 여자 직원이 땅바닥에서 솟아나, 나보고 방탕하게 살지 말라며 훈계했다. 예테보리의 가족을 찾아갈 때마다 형식적인 예의로 시작해 한바탕 소동을 벌이며 드잡이하다가, 마침내 몸부림치는 아이들의 비명 소리로 마무리됐다.

결국은 굴욕을 감수하고 스벤스크 필름인두스트리에 돈을 꾸러 갔다. 돈을 빌리긴 했지만 평소에 대본과 감독 작업으로 받던 보수의 3분의 2만 받고 영화 다섯 편을 찍기로 계약을 맺어야 했다. 게다가 3년 안에 원금과 이자를 갚아야 했다. 회사가 내게 주는 봉급에서 빚이 자동으로 공제되는 식이었다. 돈 가뭄에서 잠시 벗어났지만 당분간 손발이 묶인 신세였다.

우리 아들은, 1951년 '발푸르기스 밤' 봄 축제 전날인 4월 말에 태어났다. 우리는 진통이 오도록 샴페인을 마시고, 덜컹대는 포드를 몰고 라두고르스에르데트 언덕을 돌아다녔다. 나는 군을 산파에게 맡기자마자 병동 밖으로 쫓겨났다. 그러고는 집에 돌아와 술을 더 마시고, 낡은 장난감 기차를 꺼내 묵묵히 끈질기게 가지고 놀다가 카펫 위에서 잠들었다.

영화 제작 중단이 풀리고, 군은 석간신문의 대리 기자로 취직하면서 번역 일도 맡았다. 나는 즉시 영화 두 편을 차례로 만들었는데, 직접 대본을 쓴 「기다리는 여인들」과 페르 안데르스 포겔스트룀의 소설을 바탕으로 한 「모니카와의 여름」이었다. 모니카 역에는 스칼라 극장의 시사 풍자극에서 망사 스타킹과 가슴이 푹 파인 옷을 차려입고 등장했던 젊은 여자 배우가 뽑혔다. 영화에 출연한 경험도 있었고, 마찬가지로 젊은 남자 배우와 약혼한 상태였다. 7월 말에 우리는 바깥쪽 군도로 야외 촬영을 나갔다.

「모니카와의 여름」은 제한된 자원과 최소한의 스태프를 갖춘 저예산 영화로 기획됐다. 우리는 오르뇌섬의 클로카르고르덴에서 지내며, 매일 아침 낚싯배를 타고 몇 시간 동안 가장 바깥쪽 군도의 이국적인 섬들로 향했다.

나는 즉시 도취적 평온함에 사로잡혔다. 일, 돈, 결혼 문제는 수평선 아래로 가라앉았다. 우리는 비교적 아늑한 야외 생활을 하며 낮이고 밤이고 새벽이고 날씨가 어떻든지 일했다. 밤은 짧았고 나는 꿈도 꾸지 않고 잠들었다. 3주를 애쓴 끝에 결과물을 현상소에 보냈는데, 기계 결함으로 필름 수천 미터가 망가져 버렸다. 하는 수 없이 거의 전부를 다시 찍어야 했다. 겉으로는 악어의 눈물을 몇 방울 흘렸지만, 우리는 자유를 더 누릴 수 있음에 은근히 기뻐했다.

영화 촬영은 매우 에로틱한 작업이다. 배우들과 거리낌 없이 가까워지며, 서로 모든 것을 내려놓는다. 카메라가 부리는 마법 앞에서 친밀감, 헌신, 의존, 다정함, 신뢰는 그저 착각일지도 모르는 따뜻한 안정감을 가져다준다. 긴장, 이완, 집단 호흡, 승리의 순간, 하강의 순간. 그 분위기는 도무지 내칠 수 없을 만큼 성욕으로 충만하다. 나는 오랜 세월이 흐른 뒤에야 언젠가는 카메라가 멈추고 조명등도 꺼진다는 사실을 깨달았다.

수년 동안 나와 함께 일한 하리에트 안데르손은 재주가 비상하고, 쉽게 상처받지만 유별나게 강한 여자다. 카메라를 다룰 때는 올곧고 감각적이다. 기술적으로 뛰어날 뿐 아니라, 몇 초 만에 강력한 공감과 냉철한 기록 사이를 넘나든다. 유머는 거칠지만 냉소와는 거리가 멀다. 사랑스러운 사람이며 내 소중한 친구 중 하나다.

군도 촬영 모험을 마치고 집에 돌아왔다. 나는 그간의 일을 군에게 말하면서 하리에트나 나나 둘 다 이 관계를 오래 유지하지 못할 테니, 몇 달만 유예해 달라고 부탁했다. 군은 불같이 화를 내며 나더러 차라리 나가 죽으랬다. 나는 그런 전례 없는 어마어마한 분노에 놀랐고, 또 크게 안도했다. 나는 짐을 조금 챙겨서 원룸으로 돌아왔다.

몇 해 뒤, 우리는 서로 원망이나 비난을 하지 않고 만날 수 있었다. 이혼한 후, 군은 슬라브어를 공부하기 시작하더니 심지어 박사 학위를 목표로 삼고 마침내 해냈다. 번역가로서도 점점 더 명성이 높아졌다. 친구도 사귀고, 연애도 하고, 해외여행도 다니며 점차 완전히 독립적인 존재로 변화해 갔다.

새로운 방식으로 가까워졌음에 몹시 기뻤지만 우리는 이기적이었다. 우리는 아들의 고통과 질투를 거의 눈치채지 못했다. 군이 교통사고로 세상을 뜨자 나는 아들 잉마르 2세와 함께 장례식에 참석하기로 했다. 그때 그레브투레가탄의 원룸 아파트에서 아들을 미리 만났다. 열아홉 살이던 아들은 훤칠하게 잘생겼고 나보다 컸는데, 이부형제에게서 빌린 다소 꽉 끼는 검정 양복 차림이었다. 우리 부자는 수년 동안 왕래가 없었다. 함께 조용히 앉아 있는 시간이 얼른 지나가길 바랐지만 더디게 흘러갔다. 아들이 단추를 달아야 한다며, 혹시 바느질 도구가 있느냐고 묻기에 실과 바늘을 찾아 줬다. 우리는 창가에 마주 앉았다. 아들은 바느질을 하느라 몸을 숙였다. 숱진 금발이 이마 위로 흘러내렸고, 억센 붉은 손으로 휙휙 바느질을 했다. 이따금 뜻대로 잘 안 되면 끙끙 소리도 냈다. 아들은 놀랍게도 제 할아버지의 학창 시절 사진과 꼭 닮았다. 암청색 눈동자부터 머리털 빛깔과 이마, 섬세한 입매까지 모두 똑같았다. 상대방에게 가까이 다가가지 않는 몸가짐마저 베리만 가문 그 자체였다. '나를 만지지 마. 가까이 오지 마, 건들지 마. 나도 염병할 베리만 집안이라고.'

아들한테 어머니 얘기를 어색하게 꺼내려 하자 격렬히 반발했다. 그래도 나는 고집을 꺾지 않았지만 쌀쌀맞은 경멸의 눈빛만이 돌아오니 결국 입을 다물고 말았다.

군은 내 영화에 등장하는 많은 여자의 모델이었다. 「기다리는 여인들」의 카린 로벨리우스, 「톱밥과 금속 조각」의 아그다, 「사랑 수업」의 마리안 에르네만, 「여자의 꿈」의 수산, 「한여름밤의 미소」의 데시레 아름펠트.

누구와도 비길 수 없는 배우 에바 달베크는 내가 생각하던 군을 제대로 해석했다. 두 여인은 함께 이따금 꽤나 막연해지던 내 대본에 구체적인 형상을 불어넣으며, 내가 상상할 수조차 없었던 방식으로, 굴복하지 않는 여성성의 목소리를 들려줬다.

내게는 거듭거듭 꾸는 꿈들이 있다. 가장 흔한 것은 일하는 꿈이다. 나는 영화 스튜디오에 서서 한 장면을 묘사하려고 한다. 배우, 카메라맨, 촬영 보조, 전기 기사, 엑스트라 등이 모두 거기에 있다. 왠지 오늘의 대본이 기억나지 않는다. 나는 늘 감독 일지를 봐야 하는데, 이해 안 되는 대사가 있다. 나는 배우들에게 돌아가서, 잠시 정지하는 대목을 설명하며 허세를 부린다. "일시 정지하는 부분이 나오면 카메라를 바라보고 대사를 말하는 거야. 잠깐, 목소리는 낮추고."

배우는 미심쩍은 눈초리로 나를 보다가 고분고분 지시를 따른다. 내가 카메라로 바라보니, 배우의 얼굴 반쪽과 응시하는 눈이 보인다. 이럴 리가 없다. 파인더로 살피면서 조정하고 확대하고 축소하는 스벤 뉘크비스트에게 물어본다. 그사이에 배우는 사라지고 없다. 잠깐 담배를 피우러 나갔다는 것이다.

문제는 극을 무대에 펼치는 것이다. 내가 무능한 탓에 수많은 배우와 엑스트라가 한구석에 빼곡히 들어차 있다. 그들 모두는 밝고 화려하게 무늬진 벽면에 몰려 있다. 가만 보니 그 장면은 조명 처리가 극도로 까다롭다. 위에서 뚝 떨어지는 조명과 이중 그림자를 꺼리는 스벤의 얼굴에 은근한 불만이 떠오른다.

나는 벽을 치우라고 명령한다. 그리하여 우리는 스스로 자유로워지고, 반대편에서 장면을 포착할 수 있다. 촬영 보조가 반쯤 고개를 돌리고 말하길, 벽을 옮길 수야 있지만 두 시간은 걸릴 테고, 이

중벽이라 육중해서 꼼짝도 않는다고 한다. 벽을 움직이다가 애벌칠이 망가질 수 있다. 내가 이중벽을 설치하라고 밀어붙인 장본인이므로 불편한 마음에 나직이 투덜댄다.

카메라를 문간으로 옮기라 지시하고 파인더로 들여다본다. 엑스트라들에게 배우가 가로막힌다. 배우가 보이려면 오른쪽으로 돌아야 하는데, 이전 촬영에서는 왼쪽으로 움직였다고 눈치 빠른 스크립트걸이 지적한다.

스튜디오 안은 매우 조용하다. 모두가 체념한 모습으로 참으며 기다린다. 나는 파인더를 필사적으로 들여다본다. 배우의 얼굴 절반과 응시하는 눈이 보인다. 국제적인 비평가들이 이 경이로운 장면을 호평하며 설명하리라고 잠시 생각하다가, 부정직한 발상이라 여기고 내친다.

문득 해결책이 나타난다. 트래킹 숏이다. 연기자 주위를 돌고 엑스트라를 지나치며 찍는다. 타르콥스키는 장면마다 트래킹 숏을 찍는데, 카메라가 달리고 날아다닌다. 내가 생각하기엔 변변찮은 기술이지만 내 문제를 해결해 준다. 시간은 흘러가니까.

가슴이 떨리고 호흡하기가 어렵다. 스벤 뉘크비스트는 트래킹 숏이 불가능하단다. 스벤은 왜 이리 껄끄럽게 굴까. 늙어서 자연스레 어려운 카메라 움직임이 두려운가 보다. 내가 절망에 빠져 바라보자, 딱하다는 듯 나의 등 뒤를 가리킨다. 뒤를 돌아보니 아무런 장식도 없고 스튜디오 벽만이 있다. 트래킹 숏은 불가하다는 말이 옳다.

악에 받친 나는 모인 사람들 앞에서 한마디 하기로 마음먹는다. 요컨대 나는 40년을 영화판에서 놀았고, 영화를 마흔다섯 편이나 만들었으며, 새로운 길을 모색 중이고, 영상 언어를 쇄신하고 싶으며, 결과에 끊임없이 문제를 제기해야 한다고 말이다. 능력도 있고 경험도 풍부한 내가 강조하고 싶은 바는 현재의 문제란 별것 아니라는 점이다. 내가 작정만 하면 뒤로 물러나 위에서 비스듬하게 전체 모습을 찍을 수 있다. 그러면 아마도 훌륭한 해결책이 될 것이다. 나는 신을 믿지 않지만 그건 그렇게 간단한 얘기가 아니다. 우리 모두는 마음속에 신을 품고 있다. 모든 것은 패턴이므로 간혹 보이는데, 특히 죽음의 순간에 엿볼 수 있다. 나는 이런 말을 하고 싶지만 부질없다. 사람들이 물러나 어두컴컴한 작업실 저쪽에 바짝 붙어 모여서 말싸움을 벌인다. 무슨 말들을 하는지는 안 들리고 뒷모습만이 보인다.

큰 비행기를 타고 가는 중인데 승객은 나 혼자다. 비행기는 활주로에서 이륙하지만 제대로 못 오르고, 굉음을 울리며 시내 도로 위로 지나간다. 건물 꼭대기 층과 높이가 같아서 창문으로 사람들의 움직임과 몸짓이 보인다. 공기가 답답하고 천둥소리가 들린다. 조종사의 기술을 믿지만 끝이 다가오는 눈치다.

이제 나는 비행기 없이 떠다니고, 특별한 방식으로 팔을 움직여 땅에서 쉽게 떠오른다. 너무 쉬워서 여태 날아 본 적이 없다는 사실이 놀라울 정도다. 한편 이게 특별한 재능이며, 모두가 날지는 못함을 알아챈다. 설령 날더라도 팔이 굽고 목의 힘줄이 팽팽해져 지치도록 힘을 쏟아야 한다. 나는 새처럼 거침없이 날아오른다.

나는 허허벌판에 있고, 보아하니 러시아의 대평원 같다. 나는 높은 다리가 놓인 큰 강 위를 떠다닌다. 다리 밑에 강 쪽으로 튀어나온 벽돌 건물의 높은 굴뚝에서 연기가 모락모락 피어오른다. 윙윙 기계 소리가 들리는 공장이다.

이제 강은 거대한 원호를 그리며 굽이친다. 강가엔 숲이 무성하고 파노라마는 끝없이 펼쳐진다. 해는 구름 속으로 사라졌지만 빛은 그늘 없이 강렬하다. 퍼렇게 빛나며 맑게 흐르는 물은 넓은 고랑을 만들고, 깊은 물속 바위 위로 움직이는 그림자가 이따금 보인다. 엄청난 물고기들이 어른거린다. 나는 차분하고 자신만만하다.

젊어서 잘 자던 때는 불쾌한 꿈에 시달렸다. 살인, 고문, 질식, 근친상간, 파괴, 미쳐 날뛰는 분노. 늙어 가면서는 회피적인 꿈을 꾸지만 친근하고 종종 위안도 된다.

가끔 많은 사람과 음악, 울긋불긋한 무대를 동원해 화려하게 연출하는 꿈을 꾼다. 나는 만족감에 겨워 혼잣말로 속삭인다. "이 무대는 내가 세웠어. 내 작품이야."

왕립 연극 극장의 자리를 약속받아 놓고 기분이 좋던 중에 극장 대표가 바뀌었다. 후임자는 그런 약속 따윈 알 바가 아니라는 식으로 나오면서, 내 자격이 국립 극장의 기준에 못 미친다며 굴욕을 줬다. 나는 스스로를 달래려고 희곡을 몇 편 썼는데 채택되지 않았다. 하리에트는 스칼라 극장에서 계속 망사 스타킹을 신고 가슴이 깊게 파인 옷차림을 하고 노래를 불렀는데, 후렴구는 다음과 같았다. "베리만이 바란다면야 그까짓 옷 못 벗겠어요?"

그러는 동안 우리 관계는 캄캄해졌다. 내가 옛일에서 질투의 악귀를 끄집어내는 바람에 서로 피폐해졌다. 나는 라두고르스란데트 구역과 릴얀스코겐 숲이 내다보이는 남부 극장 건물 꼭대기의 작은 여관방으로 거처를 옮겼다. 그곳에서 가슴속 깊이 응어리진 인간 혐오가 폭발하면서 「톱밥과 금속 조각」의 시나리오를 썼다.

수도 스톡홀름의 어떤 극장도 내가 연극 감독으로 일하길 원하지 않아서, 끝내 말뫼 시립 극장의 제안을 수락했다. 하리에트도 채용됐다. 우리는 미련 없이 림함으로 이어진 신축 주택가에 있는 방 세 칸짜리 아파트로 이사했다. 가구 몇 점을 사서 우리 아파트에 가져다 놨다.

그런 다음 우리는 극장으로 뛰어들었다.

말뫼 시립 극장은 오페라, 발레, 오페레타, 연극이 무대 두 곳에서 공연되는 널찍한 시설이었다. 하나는 너무 커서(1700석) '크게 우우', 다른 하나는 너무 작아서(200석) '작게 찍찍'이라고 불렸다. 결코 해결되지 않던 문제가 이 같은 건축 프로젝트를 가시화했다. 예컨대 원형 무대를 갖추고 민주적으로 일등석을 배치한 페르 린드베리의 기념비적 국민 극장과 크누트 스트룀이 꿈에 그리던 극장 사이의 충돌이었다. 스트룀의 극장은 프세볼로트 메이예르홀트와 막스 라인하르트의 영향을 받아 환상적인 무대 미술이 구현되도록 건설되었다. 음향 문제는 해결할 수 없었고, 곤란한 점이 많았다. 가령 오케스트라 공연장은 잔향이 너무 모자라고, 독백극과 대화극 극장은 무대 앞쪽의 너비가 무려 22미터에 달했다. 가령 오페라와 오페레타를 올리기엔 관객과의 거리가 너무 멀었고, 또 발레를 상연하기엔 철제 테두리가 움푹 들어간 무대 바닥 탓에 제약이 있었다. 비교적 인원은 많지만 급여가 낮은 직원들이 집채만 한 이 괴물을 받들며 해마다 족히 스무 편의 작품을 무대에 올렸다. 독단적인 극장 대표 라르스레비 레스타디우스는 위대한 부흥회 설교자의 직계 후손이었다. 박식하고 노련하고 대담하며 미친놈처럼 보일 만큼 거만했는데, 극장장으로서 몹쓸 성격들은 아니었다.

말뫼 시립 극장에서 보낸 8년은 그때까지의 내 인생에서 최고의 호시절이었다. 겨울에는 연극 세 편을 무대에 올렸고, 여름에는 영화 한두 편을 만들었다. 일은 내 자유재량에 따라 해치웠으며, 사생활은 거의 내팽개치고 우리 괴물이 잘 먹고살도록 애쓰는 집단에 둘러싸여 지냈다. 나는 행정 잡무 없이 작품 탐구에 자유로이 몰두할 수 있었다.

우리 극장은 점점 더 주목을 받았다. 저명한 배우들은 겨울에 훌륭한 연극을 하고, 여름에 베리만의 영화에 출연하는 것의 장점을 깨달았다. 차츰 우리 극단은 뛰어난 공연을 무대에 올리기 시작했다.

그리하여 우리는 세계적 수준의 연극으로 더더욱 과감히 나아갔다.

누가 우리 작업의 이유나 의도를 물었다면 딱히 할 말은 없었을 것이다. 나는 말뫼에서 올린 열세 편의 작품에 무슨 정치적, 종교적, 지적 의도가 있었는지 전혀 기억나지 않는다. 다만 극장에 프로그램이 필요하며, 큰 무대에서는 '촌놈들에게 바치는 캐비어'가 무의미함을 알았다. 관건은 파괴력과 명쾌한 설득력을 가진 레퍼토리를 보여 주는 것이었다.

무대를 연기가 가능한 장소로 만드는 것도 중요했다. 실험을 통해 우리는 프롬프터 박스에서 뒤로 1미터쯤 떨어진 곳이 음향과 시각 측면에서 유리한 무대 공간이라는 결론에 이르렀다. 이 지점에서 옆으로 몇 미터, 뒤로 몇 미터 들어가면 겨우 가로 6미터, 세로 4미터에 불과한 직사각형 공간을 얻을 수 있었다. 배우가 이 바깥에서 연기를 펼치면 관객의 반응은 크게 줄었다. 가로 22미터에 세로 36미터인 무대에서(회전 무대는 위스타드 쪽으로 반쯤 돌아간다.) 연기를 할 만한 공간은 24제곱미터가 겨우 될락 말락 했다.

또한 어쩔 수 없이 이동식 가리개를 세워 객석 측면을 쳐내는 바람에, 독백극과 대화극 극장은 관객을 받을 수 있는 좌석이 채 1000개도 안 됐다. 기계는 낡아서 기준에 못 미쳤고, 현대식 조명 시설은 독일 화물선에 실려 오다가 어뢰를 맞고 발트해 바닥에 가라앉았다. 따라서 1914년에 제작된 개폐 장치로 당분간 교체해 놓은 상태였다. 기술 담당자들은 일에 쫓겼고 인원은 부족했으며 항상 술에 절어 살았다. 물론 우리 골렘이 제구실을 하도록 뼈 빠지게 고생하는 예외적인 사람들도 있었다.

나는 매일 아침 9시 반에 극장에 도착해 구내식당에서 비스킷 여섯 개와 차 한 잔으로 아침을 때우고, 11시 반부터 1시까지 연습을 한 다음에 햄과 달걀을 먹으며 진한 커피 한 잔을 마시고, 4시까지 이어서 연습하고, 회의하고, 연극 학교에서 가르치고, 대본을 쓰고, 인체 공학적 구조의 안락의자에서 낮잠을 자고, 구내식당에서 늘 핏기 있는 고기 한 조각과 감자 한 알로 저녁을 해치우고, 다음 날을 준비하고, 과제를 탐구하거나 공연을 점검했다.

하리에트가 분장을 지우고 옷을 갈아입으면 우리는 집에 가서 잤다. 서로 더는 할 말이 별로 없었다. 나는 완성하거나 계획한 영화를 작업하러 스톡홀름에 꽤 자주 갔고, 그레브투레가탄에 있는 원룸 아파트에서 지내며 점심은 필름스타덴 스튜디오에서, 저녁은 단골 식당에서 먹었다. 옷가지는 바지 두 벌, 플란넬 셔츠 몇 장, 해진 속옷들, 스웨터 세 벌, 신발 두 켤레가 다였다. 단출하게 살았다. 내가 파헤친 해악의 구멍은 내 고통으로 메울 수 없었기에, 양심의 가책을 느끼더라도 결국 눈 가리고 아웅 정도밖에 안 된다고 마음을 굳혔다. 아마도 그런 마음가짐 아래에선 손에 잡히지 않는 어떤 과정이 진행되고 있었을 텐데, 만성 위염, 장염, 위궤양, 장궤양을 앓았고, 걸핏하면 구토하거나 복통과 설사에 시달리며 고생이 이만저만 아니었다. 1955년 가을, 「한여름밤의 미소」를 촬영한 뒤, 몸무게는 56킬로그램이 되었다. 암이 의심되어 카롤린스카 병원에 입원했다. 스투레 헬란데르 교수가 철저하게 검사했고, 어느 날 오후 내 병실에 엑스레이 사진을 들고 찾아왔다. 그러고는 자리에 앉더니 끈기 있게 차근차근 설명했다. 내가 달고 사는 건 이른바 '심신증'이라면서, 몸과 마음을 아우르는 이 아리송한 영역은 이제 막 진지하게 연구되기 시작했다고 얘기했다. 나더러 필미욀크[18]를 먹으라 하기에 그 권

18] Filmjölk. 요구르트와 비슷한 북유럽식 쉰젖.

고를 따랐다. 또 나에겐 이런저런 알레르기가 있으니 이것저것 먹어 보면서 괜찮은 것과 해로운 것을 가려내야 한다는 의견이었다. 능력, 친절, 지혜를 내뿜는 의사였다. 우리는 평생의 벗이 되었다.

　나는 빅토르 셰스트룀을 설득하여 「산딸기」의 주연을 맡겼다. 우리는 이전에 「즐거움」에서 함께 일한 적이 있지만 앞으로도 함께 해야겠다는 생각은 딱히 없었다. 지치고 병든 빅토르와 작업을 하려면 염두에 둘 게 많았다. 무엇보다도 매일 4시 반이 되면, 늘 그랬듯이 물에 희석한 위스키를 마시러 집에 가겠다고 했다. 나는 그래도 된다고 약속했다.

　협업은 시작부터 꼬였다. 빅토르는 신경질을 부렸고 나는 긴장했다. 내가 대중에 영합하는 과장된 연기라고 그를 지적하자, 그는 뾰로통하게 움츠러들더니 나를 만족시켜 줄 연기자가 어딘가에 있을 테니 자신은 언제든 의사한테 진단서를 받아 병가를 내겠다고 밝혔다.

　여자 배우들이 합류하자 분위기가 환해졌다. 장난스럽게 아양을 떠는 숙녀들 덕분에 늙은 매력덩어리는 무척 흡족해했고, 그들에게 꽃이나 작은 선물을 사 주면서 노닥거렸다. 나는 비비 안데르손이 목이 깊게 파인 세기말 스타일의 드레스를 입고 풀밭에 앉아 빅토르에게 산딸기를 먹이는 모습을 눈에 띄지 않게 비공개로 촬영했다. 빅토르가 비비의 손가락을 깨물자 둘 다 웃음을 터뜨렸다. 젊은 여자에게 알랑거리는 늙은 사자의 얼굴엔 기쁨이 역력했다.

　촬영을 하다가 쉴 때면 우리는 호기심 많은 아이들처럼 빅토르를 에워싸고 옛 시절, 지난날의 작업, 마우리츠 스틸레르나 찰스 마그누슨 같은 동료 감독들, 배우들, 옛날 필름스타덴 스튜디오의 얘기를 해 달라고 졸랐다. 그러면 그는 아주 신나서 기꺼이 들려줬다. 그는 종종 절망에 빠져 혼자 촬영장을 빠져나가서는 벽에 머리를 찧기도 한다고 실토했다. 그는 긴장이 풀리면 그제야 촬영장으로 돌아왔는데, 이따금 뒤통수나 이마에 혹을 달고 오기도 했다. 빅토르 셰스트룀은 감독으로서 「잉에보리 홀름」, 「유령 마차」, 「뺨 맞은 남자」도 연출했는데, 그 영화들이 딱히 대단하다고는 생각하지 않았다. 그는 주로 결점을 보면서, 스스로 솜씨가 모자라고 태만하다며 한탄했다. 스틸레르의 건방진 천재성에 끊임없이 감탄했으며, 자신과 비교하는 일은 꿈도 꾸지 않았다. 그는 배우들이 대본대로 똑같이 말하도록 주의를 줬다. 입술을 읽는 청각 장애인들은 대본과 배우들이 말하는 내용이 서로 다르면 짜증을 냈기 때문이다.

셰스트룀은 아내에 대한 사랑과 영화 「무법자와 그의 아내」[19]의 뒷이야기도 허물없이 털어놓았다. 그러다 말을 뚝 끊더니 입을 꾹 다물고 우두커니 있었다. 고통의 가면을 쓴 얼굴이었다.

촬영은 계속 진행되었고 어느 날 마지막 장면을 찍게 되었다. 이사크 보리가 젊은 시절의 연인에게 이끌려 양지바른 언덕으로 가고, 저 멀리서 손짓하는 부모가 보이는 장면이었다. 우리는 필름스타덴 근처를 촬영지로 골랐다. 오후 5시에 햇빛이 풀밭을 쓰다듬을 무렵, 숲은 어느덧 어둑해졌다. 빅토르는 고약하게 심통을 부렸다. 매일 4시 반에 귀가해서 위스키를 마시게 해 주겠다는 약속을 잊었느냐고 따졌다. 내가 싹싹 빌었지만 소용없었다. 빅토르는 자리를 박차고 나갔다가 십여 분 뒤에 돌아왔다. "그래, 우리 어디 한번 이놈의 장면

19] 1918년에 제작된 무성 영화. 원제는 「베리에이빈드와 그의 아내(Berg-Ejvind och hans hustru)」이다.

찍어 보자고.”

　　그다지 순순한 태도로 바뀌지는 않았지만 제 노릇은 다했다. 비비와 함께 양지바른 풀밭을 지나는 모습을 롱숏으로 찍었는데, 그가 구시렁대느라 사랑스러운 느낌이라곤 도무지 없었다. 클로즈업은 대강 후딱 찍었다. 그가 고개를 떨구고 뚱하게 앉아 있기에 위스키를 권했더니 코웃음을 치며 뿌리쳤다. 모든 것이 준비되자 골나고 지친 채로 조감독의 부축을 받으며 비틀비틀 나타났다. 카메라가 돌고 촬영 시작을 알리는 딱따기 소리가 났다. 그러자 돌연 인상이 풀리고 표정이 부드러워지더니 몸가짐까지 잔잔하고 온화해졌다. 은총의 순간이었다. 카메라는 잘 돌아갔다. 현상소도 필름을 망치지 않았다.

　　뒤늦게야 알아챘지만 위스키와 4시 반의 귀가 약속을 둘러싸고 빅토르가 난리굿을 치고 몽니를 부린 까닭은 가뜩이나 지쳐서 연기하기가 내키지도 않는데 제 구실도 못 하고 실력마저 떨어졌을까 봐 걷잡을 수 없이 두려워했기 때문이다. ‘하기 싫고, 할 수도 없고, 누가 내게 요구할 권리도 없고, 그 배역을 맡기 싫고, 속았고, 꾐에 넘어갔고, 다시는 싫고, 겁나고, 모자라고, 또 하고 싶지 않고, 단호하게 뿌리쳤고, 더 이상 싫고, 안 해도 되고, 누구든 내게 억지로 시킬 수 없고, 늙고, 지쳤고, 아무 의미도 없는데 내가 왜 이 고생을 하지? 육시랄, 혼자 있고 싶고, 오늘 할 일을 다 마쳤는데 무자비하게들 아픈 사람이나 괴롭히고, 난 더 이상 감당이 안 되고, 촬영이고 나발이고 내 알 바 아니야. 그래도 거기 가서 해 봐야겠지. 그래야 녀석들이 스스로를 탓할 테니까. 잘될 턱이 없고 그리될 수도 없다고. 거기 가서 더는 할 수 없고, 내 힘에 부친다는 걸 똑똑히 보여 줘야겠군. 코흘리개 감독한테 늙고 병든 인간을 몰아세우면 안 된다고 단단히 일러야겠어. 그 친구 역시 첫날부터 내가 무능했다는 걸 다시금 명확하게 확인할 테지.'

늙은 예인(藝人)은 어쩌면 그렇게 생각했을지도 모른다. 나도 거의 비슷한 궁지에 몰리게 된 오늘날에야 그 노여움의 의미를 파악했다는 게 유감이다. 무사태평한 놀이는 끝나서 이제 돌이킬 수 없고, 권태가 얼굴을 찡그린다. 무능력이 두려워서 벌벌 떨고 있으면 급기야 가지고 있던 능력마저 가로막히고 멈춰 버린다. 과거에 나는 자유롭게 날고 남들을 들어 올렸다. 그런데 지금의 나는 남들의 신뢰와 의욕을 필요로 하며, 내가 날고 싶은 의욕이 생기도록 남들이 나를 들어 올려야 한다.

두 번째로 「죽음의 춤」을 시작했을 때, 안데르스 에크가 백혈병 진단을 받았다. 그는 심한 통증을 강한 진통제로 달랬다. 움직일 때마다 가혹한 고통 탓에 극의 절정에서 군도(軍刀)를 들고 도무지 춤출 수 없는 상태였다. 그런데 의사가 막연하게나마 약속하기로는 치료가 진행되면 통증이 줄어든대서 상연을 연기하기로 했다. 연습은 삐걱거렸고 시간은 느릿느릿 흘러갔다. 우리 모두는 작품을 이대로 무대에 올리기가 불가능하다는 사실을 눈치챘다. 나는 당연한 이유로 안데르스 에크가 알아서 빠지기를 바랐다. 내 바람대로 되지는 않았다.

우리는 1940년대 초부터 함께 일해 왔다. 다투고 서로 욕을 퍼붓다가 화해하고는 더 싸웠다. 그렇게 버럭버럭 화내며 갈라섰다가 후회하고 처음부터 다시 시작했다. 「죽음의 춤」은 우리 공동 작업의 정점이 될 터였다. 마르가레타 크로크와 얀올로프 스트란드베리처럼 빼어나고 그릇이 큰 동료들도 있었다.

내가 보기에는 불만스럽고 서글펐다. 안데르스 에크가 죽음의 공포를 '대위' 역할에 투사하여 동일시했기 때문이다. 짠하고 다소 우스꽝스러운 건강 염려증 환자를 그린 스트린드베리의 문장은 안데르스 에크에 의해, 아무리 금욕적으로 억누르더라도 기어이 튀어나오고야 마는 사무라이의 공포처럼 해석됐다. 참담하고 뻔뻔하고 속절없었으므로, 연극 작업은 바보같이 보였다.

어느 날 아침, 나는 안데르스 에크의 분장실로 불려 갔다. 화장대에 손을 얹은 채 앞에 앉은 그의 얼굴은 환한 가을날 햇살에도 불면증과 통증으로 잿빛이었다. 그는 이제 관두겠다며, 계속 진통제를 복용한 탓에 판단력이 흐려졌다고 해명했다. '대위'의 두려움을 묘사하려고 죽음을 앞둔 스스로의 공포를 이용했음을 깨달았다는 것이다. 그는 나보고 왜 침묵하느냐며 서럽게 질타했다.

배우들과 나는 안뜰의 고택 꼭대기, 시네마토그라프 사무실에 모였다. 우리는 「가을 소나타」 촬영을 함께 준비 중이었다. 잉그리드 버그먼은 우렁찬 목소리로, 몸짓과 표정을 동반해 대본을 읽어 냈다. 버그먼은 거울 앞에서 이미 다 연습하고 스스로 결정한 뒤였다. 충격을 받은 나는 골이 지끈거렸고, 당황한 스크립트걸은 계단으로 나가 울었다. 1930년대 이후로 아무도 들어 본 적 없는 작위적인 억양이 너무 많았다. 그 스타는 대사도 독단적으로 삭제하고, 비속어 사용도 배격했다.

이야기가 다소 지루해서 흥겨운 말투로 분위기를 띄워야 좋겠다는 것이었다. "잉마르, 글을 왜 그렇게 재미없게 써요? 원래 재미있는 사람이잖아요." 영화 초반 분위기가 고조될 때, 쇼팽 전주곡을 먼저 딸이 연주하고 그다음에 어머니가 연주하는 장면을 두고 그녀는 이렇게 말했다. "세상에나, 이 지루한 음악이 두 번이나 나온다고요? 잉마르, 생각 좀 해 보세요. 관객이 잠들걸요. 이보다 더 아름답고 짧은 곡은 찾아보면 얼마든 있잖아요. 너무 따분해서 하품만 하다가 죽겠다니까요."

잉그리드 버그먼이 맡은 역할은 유명 피아니스트다. 혹시 루빈스타인이라면 몰라도 웬만한 피아니스트는 요통을 앓았다. 허리가 아픈 피아니스트는 바닥에 눕기를 좋아한다. 바닥에 눕는 장면을 부탁했더니 잉그리드가 웃음을 터뜨렸다. "완전히 미쳤군요. 제발, 잉마르. 이건 진지한 장면이잖아요. 바닥에 누워서 연기할 수는 없다니까요. 우스꽝스러워서 관객들이 낄낄댈 거라고요. 물론 애처로운 이야기라서 웃을 일은 별로 없겠지만, 왜 꼭 엉뚱한 데서 사람들을 웃겨야 하는지 얘기 좀 해 주실래요?"

가뜩이나 어려운 촬영은 초장부터 불안했다. 일단 보험 회사는 잉그리드 버그먼이 암 수술을 받았다는 이유로 보험 가입을 거부했다. 촬영이 시작된 지 일주일 만에, 런던에서 정기 검진을 받은 잉그리드가 암이 전이되어 즉시 재수술과 방사선 치료를 받아야 한다고 연락해 왔다. 우리한테 영화부터 끝낼 테니, 일정을 며칠이라도 줄일 수 있는지 사무적으로 물었다. 불가능하다면 애당초 계약한 대로 촬영에 임하겠다고 했다.

잉그리드는 아무 일도 없었던 것처럼 작업을 이어 갔다. 처음 며칠의 소란은 기운찬 업무적 공격으로 탈바꿈했다. 내 본심을 모르겠다며 타박하고 말을 분명히 하라며 다그쳤다. 나는 생각을 똑 부러지게 말했고, 우리는 촬영 화면을 보며 논쟁을 벌였다.

한편으로 잉그리드는 직업인으로서 여태까지 경험한 적 없는 현상을 발견했다. 우리 제작진 중에는 강하고 독립적이며 직업적으로나 개인적으로 경험이 풍부한 여성들이 있었다. 그들은 끈끈한 결속력과 자매애로 똘똘 뭉쳐 있었다. 제작부장 카팅카 파라고, 의상 담당 잉에르 페르손, 분장사 실라 드로트, 편집 기사 쉴비아 잉마르손, 무대 미술가 안나 아스프, 스크립트걸 셰르스틴 에릭스도테르, 총무 일을 보는 내 아내 잉리드 베리만, 배우 리브 울만이 바로 그들이었다. 잉그리드 버그먼은 고마워하며 이 튼튼한 공동체에 녹아들었고 감정에 휘둘리지 않는 자매들과 동지적 우애를 나누며 잠시나마 평온할 수 있었다.

잉그리드는 녹슨 양철통에 어린 시절과 성장기를 찍은 필름 몇 개를 담아, 전 세계 어디를 가든 지니고 다녔다. 사진작가였던 그녀의 부친은 이따금 영화 카메라도 빌렸다. 14분짜리 녹화물에는 아름다운 어머니의 무릎 위에 앉은 꼬마, 어머니 무덤가에 있는 상복 차림의 어린 여자애, 피아노 앞에서 웃으며 노래하는 야윈 소녀, 사랑스럽게 방긋 웃으며 온실 옆에서 장미에 물을 주는 젊은 처자가 보였다. 잉그리드는 필름이 손상될까 봐 걱정했다. 약간 어려움이 있었지만, 나는 낡아 위태위태한 질산염 필름 조각을 받아서 사본과 사진 원판을 새로 만들어 줬다.

잉그리드는 분노와 조바심으로 병에 맞섰지만 강한 육체는 이내 쇠퇴하고 정신마저 잠식당했다. 그녀는 스튜디오에서 극도로 감정을 자제했다. 일단 반대 의견이 있어도 적당히 순응하고, 남들이 결정한 대로 따라야 한다는 사실에 자극을 받았다. 어느 날 아침, 그녀는 휙 돌아서서 내 따귀를 (재미로?) 때리더니 장면을 어떻게 마무리할지 바로 말하지 않으면 나를 박살 내겠다고 했다. 느닷없는 날벼락에 씩씩대던 내가 답했다. "아무 짓도 하지 말라고 골백번도 더 빌었잖아요. 염병할 아마추어들만이 매 순간 뭘 할지 생각한다고요." 그러자 그녀는 감독 개인으로서의 내 명성을 우스개 던지듯 조롱했다. 나도 잉그리드의 전성기에 함께 일할 수밖에 없었던 감독들이 가엾다고, 똑같은 말투로 대꾸했다. 우리는 조금 더 입씨름을 벌이다가 웃음을 터뜨렸고, 다시 스튜디오로 들어갔다. 사람들이 호기심을 품고 기다리고 있었다. 잉그리드는 차분해졌고 울음을 참은 듯 눈꺼풀이 부어 있었다. 꽉 조여 있던 가면이 벗겨지고, 카메라는 괴로움에 찬 인간의 얼굴을 담았다.

촬영 도중에 다큐멘터리를 만들었는데, 다 찍고 보니 거의 다섯 시간짜리였다. 여섯 달 뒤에 잉그리드가 포뢰를 찾아와서는, 마음에 안 들 게 뻔한 다큐멘터리를 보겠다고 고집했다. 상영이 끝나고도 잠시 조용히 앉아 있었는데, 잉그리드로서는 매우 이례적이었다. 그러고는 흉내조차 낼 수 없는 그녀만의 어조로 말했다. "촬영 들어가기 전에 이거부터 볼 걸 그랬어요."

어느 날 오후, 우리는 무대 장치 뒤에 앉아 조명이 준비될 때까지 기다렸다. 어스름이 깔릴 때쯤, 우리는 해진 가죽 소파를 한 귀퉁이씩 차지하고 앉아 있었다. 잉그리드는 손으로 얼굴을 여러 번 쓸어내렸는데, 여자 배우라면 여간해선 하지 않을 법한 몸짓이었다. 그런 다음 깊은숨을 쉬고는, 다정하게 가까이 다가앉지도 않고 나를 바라보았다. "내가 지금 살아가는 시간은 덤(On borrowed time)이잖아요. (방긋 웃음.)"

시대를 초월하는 출중한 배우로서 수많은 왕, 영웅, 악당, 희대의 거짓말쟁이, 우스꽝스러운 미치광이를 연기한 배우이자 스트린드베리 작품의 등장인물처럼 온갖 그림자가 줄지어 뒤따르는 천재인 안데르스 에크가 일흔일곱 살의 나이에, 왼쪽 다리의 혈액 순환 장애로 고통받고 있었다. 수술을 받아야 했지만 그는 거부하고 죽음의 공포에 사로잡혔다.

연극은 삶이었고 왕립 연극 극장이 안식처였던 그와 죽음 사이에 이제 공허함만이 남았다. 그러나 그는 극심한 고통을 무릅쓰고 계속 연기를 했다. 초연이 끝난 뒤, 나는 멋진 공연에 감사를 표했다. 그는 더러운 목욕 가운 차림에 분장도 지우지 않은 채 아픈 다리를 의자에 올리고 분장실에 앉아서, 경멸의 눈빛으로 거울 속의 나를 차갑게 바라보며 말했다. "괜한 수작 부리지 말고 썩 꺼지시오. 당신 속셈을 모를 줄 알고?"

왕들, 악당들, 스트린드베리의 등장인물들, 희대의 거짓말쟁이들, 우스꽝스러운 미치광이들이 그를 에워싸고 말없이 서 있었는데, 내가 어릴 적부터 보아 온 이들이었다. 배우의 증오심은 명약관화했다. 나는 결코 갈채를 보내는 극장 대표가 아니라, 예술가들의 휴게실을 식당으로 바꾸고, 그를 대형 무대에서 소형 무대로 내쫓고, '리어왕' 역할도 맡기지 않은 위선적인 돼지였다. 검푸른 발의 통증도 내 탓이고, 소품 창고에서 죽음을 꺼낸 이도 나였다.

배역과 공연이 슬슬 끊기자 그는 노구를 이끌고 극장에 와서 모두가 지나다니는 게시판 옆에 자리를 잡았다. 면도도 하지 않고 씻지도 않은 채 술에 취해 필록테테스처럼 버럭버럭 성질을 부렸다. 최면에 걸린 듯한 푸른 눈빛에서 공포를 번득이며 행인들을 붙들어 멱살을 잡고 히틀러-베리만에 대한 증오를 토해 냈다. 침묵은 깊어졌고, 그림자엔 눈이 없었다. 거울은 산산이 부서졌고, 파편들은 공허함을 비췄다. 귀에 익지만 은폐된 목소리가 계단통에 울려 퍼졌다. 다들 괴로웠고 말문이 막혀 아무도 대꾸하지 않았다. 그는 하루가 멀다 하고 극장에서 최후의 끔찍한 공연을 펼치듯이 거기에 서 있었다. 극장은 그가 모든 왕 중의 왕이었던 곳이었다. 조용하지만 알아볼 수 있는 그림자의 행렬이 그를 둘러쌌다. 무명인, 햄릿, 리처드 3세, 윌란데르, 히코리, 아버지, 브렌델, 에드가르 대위, 오린, 제임스 타이론, 오이디푸스, 교황 비오 7세, 장교, 구스타프 바사, 예란 페르손, 훔멜 노인, 구스타브 3세. 그리고 칼 12세.

나는 말뫼 시립 극장에서 바로 왕립 연극 극장으로 자리를 옮겼는데, 어마어마한 배우들을 데려다 놓고 「갈매기」 공연을 망쳐 버렸다. 그럼에도 영화에 전념하려고 휴가를 요청했다. 당시 나는 난데없이 성공해서 돈푼깨나 만지게 된 덕분에 식구들을 먹여 살리느라 생긴 노이로제마저 사라진 상태였다.

이제 보헤미안처럼 사는 데 물린 나는 잘나가는 피아니스트 케비 라레테이와 결혼했다. 우리는 유르스홀름에 있는 으리으리한 저택으로 들어갔는데, 거기서 잘 정돈된 부르주아처럼 살 셈이었다. 우리는 온통 새롭고 열렬한 무대를 연출하다가 이내 새롭고 장렬한 파국으로 치달았다. 각자의 삶을 지키면서도 안정감을 찾으려 했던 두 사람은 서로 맞춰야 한다는 필요를 인정하고 각자의 역할을 마음에 새겼다. 그러나 처음으로 비바람이 몰아치자 가면은 금세 쩍쩍 갈라지며 땅바닥에 뚝 떨어졌다. 누구에게도 상대방의 얼굴을 가만히 바라볼 만한 참을성이 없었다. 둘 다 눈을 돌린 채 소리쳤다. "나를 봐. 나를 보라고." 하지만 아무도 눈을 맞추지 않았다. 몹시 애썼으나 결실을 맺지는 못했다. 두 존재의 고독은 사실이었고, 인정하기 싫어도 파탄은 현실이었다. 피아니스트는 순회공연을 가고 감독은 연출을 하고 아이는 적임자에게 맡겼다. 겉으로 보이는 그림은 성공적인 상대와 계약을 맺은 안정적인 결혼이었다. 그야말로 세련된 장식에 멋지게 배치된 조명이었다.

어느 날 오후, 교육교회문화부 장관이 편집실에 전화해서 나에게 왕립 연극 극장의 대표가 되고 싶은지 물었다. 나를 만나자마자 장관은 대뜸 소망을 밝혔다. 참으로 훌륭한 왕립 연극 극장이지만 조직과 행정은 시대에 뒤떨어져 있으니 현대적으로 만들어 달라는 것이었다. 나는 돈이 꽤 드는 일이라고 지적했다. 장관은 내가 일만 맡아 준다면 돈은 얼마든지 대겠다고 답했다. 정치인들이 그때그때 상황을 봐서 약속을 지킨다는 사실을 몰랐던 나는 서면 확약을 요청하지 않았다. 나야 최선을 다하겠지만 잡음도 많으리라는 점을 분명히 밝혔다. 장관에게는 내 말이 훌륭한 기획안처럼 들렸고, 나는 그 극장의 대표가 됐다.

내 생각에 극장 내부의 초기 반응은 비교적 우호적인 편이었다. 퇴임하는 전 대표와 함께 다른 후임자를 임명했던 이사회는 아무래도 떨떠름했지만 울분을 삼키고 겉으로는 공손한 척 나를 대했다.

물러나는 전 대표가 처세 차원에서 사임을 가능한 한 오랫동안 비밀로 유지했기에, 내가 첫 시즌을 준비하는 데는 여섯 달밖에 여유가 없었다. 게다가 봄까지는 텔레비전에서 방영될 대작에, 여름에는 영화 제작에 묶여 있었다.

극장에서 내 손아귀에 있던 조직은 제구실을 하지 못했다. 극작과 연출에서 자문이나 도움을 구할 사람도 거의 없었다. 상임 연출가 여섯 명은 관망하는 태도를 취했다. 희곡 낭독, 레퍼토리 결정, 계약서 작성, 기획을 나 혼자 도맡아 처리하기란 여간 고된 일이 아니었다.

극장 대표로 취임하고 취한 첫 조치 중 하나는 의사 결정 과정의 민주화였다. 빈 필하모니 관현악단을 본보기로 삼아 배우 다섯 명으로 구성된 단원 선정 대표단을 임명했다. 이들은 극장 대표와 함께 극장을 운영하고 레퍼토리를 책임지고 배우를 뽑고 배역을 정하며, 극장의 재정과 행정을 완전히 파악하는 위치에 서게 되었다. 의견이 일치하지 않을 경우, 대표를 비롯한 전원이 투표하여 정하기로 했다. 그 대신에 대표단은 극단을 책임지기로 했다. 이리하여 정치 공작과 허위 소문, 음모가 발붙일 틈조차 없도록 했다.

배우들은 내 제안을 조금 머뭇거리며 받아들였다. 공동 책임을 지기보다 머리 위에서 내려진 결정에 불평하는 수동적 태도가 항상 더 편하다. 이러한 배우 회합에 의구심을 품은 이가 많았지만, 그 의혹은 이내 불식됐다. 중책을 짊어진 대표단은 극장 운영에 매진하는 모습을 보였다. 놀랍도록 객관적인 방식으로 사익과 좁아터진 이기적 견해를 내칠 수 있었고, 균형 잡힌 예리함과 통찰로 동료들을 바라보았다. 대표단과 협력할 만큼 강한 대표는 지지든 비판이든 천금으로도 못 바꿀 혜택을 입었다.

행정 쪽은 인력이 모자라서 자주 과로에 짓눌렸다. 극장 대표의 비서가 홍보실장도 맡았다. 의상 스튜디오는 와해된 상태였다. 상임 무대 미술가들은 병들었거나 술고래였다. '의사소통'은 다들 생소한 개념이었다.

왕립 연극 극장 건물에는 음식도 맛대가리라곤 전혀 없고 자주 미심쩍은 손님들이 방문하는 데다 자리만 크게 차지해서 아주 악명 높은 식당이 있었다. 나는 장관과 함께 현장을 시찰했다. 고기를 손질하는 방은 하수구가 막혀 바닥 위로 구정물이 몇 센티미터나 고였고, 벽에는 퉁퉁한 회색 구더기가 더덕더덕 달라붙어 있어서 비위가 상했다. 식당을 내보내고 그 자리에 우리가 들어갔다.

온통 망가지고 더러워서 어디부터 손대야 할지 감도 안 잡혔다.

이전에 보수 공사도 했지만 상황이 딱히 나아질 기미는 없었다. 돈이 다 떨어지자 건축 위원회는 작업을 중단해 버렸다. 그러는 바람에 1층 화장실에서 나오는 통풍관에 환풍기를 설치하지 못해 지붕 바깥으로 공기를 배출할 수 없었고, 2층 휴게실 바로 뒤로 통풍관이 이어졌다. 바람 부는 방향에 따라 고약한 악취가 여기저기 떠돌았다.

예술적으로도 골치 아픈 문제가 있었다. 특히 심각한 것이 올로프 몰란데르였다. 수십 년 동안 알프 셰베리와 앞서거니 뒤서거니 달리던 거장이었지만 이제 일흔이 넘은 나이였다. 그는 나이가 들면서 불안과 완벽주의가 더 극심해졌고, 배우들과 제작진을 달달 볶았다. 볶고 볶이느라 서로가 고달팠다.

공연 준비 일정은 한량없이 늘어졌다. 올로프의 기분대로 하다 보니 극장 분위기는 창의적이 아니라 파괴적으로 변했다. 그의 뛰어난 재능을 다들 인정했지만 같이 일하기는 꺼렸다. 이사회는 나더러 올로프 몰란데르에게 이제 극장에서 그만 일해도 된다는 내용을 전하라고 했다.

내가 서신으로 면담을 요청하자, 그는 내 방에 직접 찾아오겠다고 했다.

평소와 다름없이 잘 다린 정장과 밝은 흰색 와이셔츠 차림에 어두운색 넥타이를 매고 광낸 구두를 신은 멋쟁이 올로프는 아름답고 하얀 손의 손톱 하나가 갈라져 살짝 짜증을 냈다. 맑고 써늘한 눈빛은 내 오른쪽 귀 너머 어디께에 머물렀고 카이사르 같은 무거운 머리를 갸웃하며 정체불명의 미소를 지었다.

그로테스크한 상황이었다. 내게 연극의 가장 심오한 마법을 보여 줬던 연극인인 올로프 몰란데르를 통해 나는 가장 강력한 원초적 자극을 받은 적이 있었다. 이사회가 내게 맡긴 임무는 문득 감당 못 할 일처럼 느껴졌다. 그는 다음 시즌의 계획을 이야기하기 시작했다. 「다마스쿠스까지」 3부작 전부를 소형 무대에서 배우 단 몇 명만을 기용해 상연할 생각이며, 유일한 무대 장치로 벤치만을 두겠다고 했다. 그는 말하는 동안 부러진 손톱을 매만지면서 시선을 벽에 고정한 채 미소를 지었다. 앞으로 일어날 일을 미리 감지하고 상황을 더 당혹스럽게 연출하고자 부러 이러고 있다는 생각이 문득 떠올랐다. "몰란데르 선생님, 이사회가 저한테 맡긴 일이 있습니다." 그가 처음으로 나를 바라보더니 말을 잘랐다. "이사회가 맡겼다지만 스스로는 생각이 없소?" 나도 이사회와 의견이 같다고 답했다. "그럼 베리만 감독과 이사회의 의견이라는 게 뭐요?" 그의 미소가 좀 더 따뜻해졌다. "송구스럽지만 몰란데르 선생님은 다음 시즌에 이 극장에서 작품을 올리실 수 없다는 말씀입니다." 그는 웃음기가 쏙 빠진 큰 머리통을 오른쪽으로 갸웃했고, 새하얀 손은 부러진 손톱을 만지작거리느라 여전히 분주했다. "아, 그래요?" 침묵이 이어졌다. 나는 생각했다. '이것은 가당찮은 일이고 내가 끔찍한 실수를 저지르는구나. 우리가 아무리 엉망이 되더라도 저분은 왕립 극장에 남을 사람인데. 내가 잘못하는 거야. 이러면 안 돼. 터무니없는 실수야.' "베리만 감독, 그 결정으로 좀 곤란한 일도 생길 텐데, 생각해 보셨나?" "몰란데르 선생님도 예전에 극장 대표로서 못마땅한 결정을 많이 내리셨잖습니까." 그는 고개를 끄덕이고 웃음을 지었다. "언론은 베리만 감독이 추진하는 새로운 작업에 그다지 호의를 보이지 않을 텐데." "저는 언론이 두렵지 않습니다. 겁낼 게 뭐가 있겠습니까?" "그래요. 잘된 일이네요. 그렇다면 당신 영화는 그럴싸한 허구인가 보군." 그는 차분히 말하더니 벌떡 일어났다.

"감독이나 나나 피차 더 할 말 없죠?" 나는 생각했다. '손해를 감수하고 처음부터 다시 시작할 수 있을까? 아니, 이제는 너무 늦었다. 극장 대표로서 이렇게 지독한 실수를 저지르다니.' 나는 작별 인사를 하며 악수를 청했지만, 그는 내 손을 잡지 않고 떠나면서 말했다. "이사회에 내 의견서를 제출하겠소."

예로부터 왕립 연극 극장 드라마텐의 대표는 큰 것부터 사소한 것까지 모든 결정에 관여했다. 독단적으로 결정을 내릴 수도 없어서 끝없는 회의가 폭풍처럼 몰아치지만 여태까지 항상 그래 왔고 지금도 여전히 마찬가지다. 왕립 연극 극장은 어쩔 도리 없는 권위주의 기관이며, 대표는 대내외 활동을 조직할 기회가 많다. 권력은 맛도 좋고 자극적이었다. 반면에 내 사생활은 복잡한 파국으로 접어들고 있었다. 그러나 아침 8시부터 밤 11시까지 극장에 있으면서 애써 들여다보지 않았다. 나는 대표로 재직하는 42개월 동안 연극 일곱 편을 무대에 올리고, 영화 두 편을 찍고, 대본 네 편을 썼다.

전반적으로 근면 성실했다. 그해 우리는 작품 스물두 편을 제작했는데, 대형 무대와 소형 무대에 열아홉 편을 올리고 청소년 작품을 공연하는 중국 극장에도 세 편을 올렸다.

배우들이 받는 보수는 형편없었는데, 나는 배우가 부목사나 주교만큼 유용하다고 생각했기에 급여를 평균 40퍼센트 올렸다. 리허설과 공연을 쉬는 주간도 도입했다. 열심히 노력하는 배우들은 휴가를 반기며 아르바이트로 그 기간을 활용했다.

처음에는 우리 조치가 어리둥절했는지 말없이 있던 사람들이 스웨덴식으로 부루퉁하게 저항을 조직화했다. 국내의 다른 극장 대표들은 윌레네 우테른 호텔에서 만나 대책을 논의했다. 극장이 갑자기 커지면 당연히 내부 비판이 생겨난다. 석간신문에 누가 정보를 흘리기 시작했다. 우리 학생 극단이 중국 극장에서 공연하고, 아동 극단은 대극장에서 공연했다는 이유로 비판을 받았다. 우리 공연이 너무 많다, 너무 적다, 너무 잦다, 너무 드물다, 고전이 너무 많다, 신작이 너무 많다…… 뭘 해도 불만들이 빗발쳤다. 스웨덴 현대극을 상연하지 않는다고 비난하기에 새로이 무대에 올렸더니 욕만 먹었다. 국립 극장은 수세기에 걸쳐 이런 수모를 당해 왔지만 딱히 뾰족한 수는 없다.

그때 어떻게 지냈는지 잘 모르겠지만, 광기 어린 재미 덕분에 섬뜩하면서도 신났던 듯싶다. 욕지기날 만큼 불안하면서도 매일매일 새로운 하루를 맞이할 때면 호기심이 불타올랐던 기억이 난다. 사령탑이라 할 수 있는, 비서실과 대표실로 이어지는 좁은 나무 계단에 들어설 때 공황과 흥겨움이 뒤섞인 감정에 취해 있던 느낌이 기억난다. 나는 모든 일에 삶과 죽음이 결부되어 있지만 정작 중요한 것은 많지 않고, 이해와 오해는 샴쌍둥이처럼 따라오며, 역경으로 갈려 버리는 경우가 훨씬 많고, 자신감 부족이 가장 위험하며, 아무리 강한 사람이라도 체념하면 망가지고, 천장과 벽을 타고 떠다니는 불평불만은 기운차게 윙윙대며 잘 돌아가는 기계의 소리처럼 안정감을 준다는 점을 터득했다. 우리는 꽥꽥, 칭얼칭얼, 투덜투덜 소리를 내지만 자주 깔깔거린다.

직업적 관점에서 엄밀히 말하자면, 극장 대표로 일한 세월은 헛되이 날려 버린 시간이었다. 나는 발전이 없었고, 스스로 생각할 겨를도 없었으며, 이미 시도된 해법에 의지할 뿐이었다. 10시 반에 무대에서 내려오면 내 머릿속은 오전에 극장에서 처리할 문제들로 가득했다. 연습이 끝나면 밤늦게까지 면담과 회의가 이어졌다.

내가 무대에 올린 작품 가운데, 입센의 「헤다 가블러」가 유일하게 만족스러웠다. 나머지는 서둘러 만든 짜깁기였다. 내가 헤다와 인연을 맺은 이유는, 사실 스웨덴 연극계의 빼어난 여성 중 한 사람인 예르트루드 프리드가 가을에 아무 주연도 맡지 않았기 때문이다. 나는 약간 내키지 않았지만 작품에 착수했다. 작업을 진행하면서 탁월한 설계자가 일부러 꾸며 낸 가면 뒤에 숨겨 둔 작가의 얼굴이 드러났다. 나는 입센이 자신의 소품과 설명, 예술적이지만 너무 꼼꼼하게 구성된 장면, 커튼을 닫기 전의 대사, 아리아와 이중창에 얽매여 살았음을 깨달았다. 이토록 꽉꽉 들어찬 겉치레의 잡동사니 이면에는 스트린드베리보다 더 도드라지는 자기 노출에 대한 집착이 있었다.

첫해가 끝날 무렵, 역경이 슬슬 고개를 들었다. 일정이 다소 산만한 스톡홀름 축제 기간으로 변경된 하리 마르틴손[20]의 「위나라의 칼 세 자루」[21] 초연은 폭삭 망했다. 그러고는 며칠 뒤에 내 코미디 영화 「이 모든 여인들」이 개봉했는데, 흥행 참패는 당연한 귀결이었다.

그해 여름이 너무 무더웠던 까닭에, 아내와 나는 별장을 찾아나설 경황도 없고, 그럴 기분도 아니었다. 우리는 더위를 먹고, 천둥 치는 궂은 날씨에 축 처진 상태로 유르스홀름에 머물렀다.

어쩌다 쓰던 일기에 나는 이렇게 적었다. "인생은 스스로 부여하는 값어치에서 한 치도 어긋나지 않는다." 물론 진부한 표현이었지만, 내게는 숨이 막힐 만큼 새로운 깨달음이라서 쉬이 이해할 수 없었다.

20] Harry Martinson(1904~1978). 스웨덴의 작가로, 1974년에 노벨 문학상을 수상했다.

21] 원제는 'Tre knivar från Wei'이다.

팀이라는 내 한결같은 조수도 힘겨운 여름을 보냈다. 말뫼 시립 극장 발레단의 무용수였던 팀은 기량이 뛰어남에도 키가 작은 탓에 비중이 큰 역할은 못 맡고 마흔두 살이 되던 해에 은퇴했다. 그리하여 내가 조수로 그를 고용했다. 나는 국제적으로 유명해지면서 살아가는 양상이 복잡해졌다. 누군가는 전화를 받고, 편지를 쓰고, 결제와 회계를 맡고, 조직을 돌보고, 수고스럽게 내 오른팔이 되어 주어야 했다.

팀은 넓은 이마와 염색한 머리, 좁고 우아한 코, 긴 속눈썹에 어린아이처럼 커다란 벽안을 가진 단정한 남자였다. 흐릿한 입매엔 독한 기운이 없었다. 싹싹하고 말이 빠른데 성격은 느긋했으며, 연극에 빠졌지만 평범함은 혐오했다.

그는 자녀도 여럿 둔 기혼자인 남자 친구와 함께 행복하게 살았는데, 남자 친구의 슬기로운 아내는 그런 관계를 허용하고 격려했다. 나에게 팀은 없어서는 안 되는 존재였지만 우리의 친분이 딱히 복잡하지는 않았다. 비극은 예기치 않게 갑작스레 닥쳤다. 팀의 남자 친구가 다른 사람과 사랑에 빠진 것이다. 팀은 안전한 가족 공동체와 유대감 있는 일상으로부터 내쫓기고 말았다. 알코올 중독, 약물 남용, 지독하게 처절한 성욕의 수렁에 무작정 빠져들었다. 다정함과 친밀감은 엽색, 매춘, 노골적인 횡령으로 탈바꿈했다. 깔끔하고 성실하며 시간을 엄수하던 사람이 돌연 게으름을 피우면서, 자신을 학대하는 이상한 존재들에게 몸을 내맡겼다.

이따금 며칠씩 자리를 비웠고, 간혹 전화를 걸어 위장염이라고 핑계를 댔는데, 그는 늘 위장염에 걸려 있었다. 나는 그에게 정신과 치료를 받으라고 권했지만 아무 소용이 없었다. 놀란 토끼처럼 커다랗던 눈은 흐리멍덩 풀려서 벌게지고, 좁은 입매는 점점 더 매서워지고, 몸단장은 점점 더 헝클어지고, 머리 염색은 얼기설기 빠지고, 옷에선 찌든 담배 연기와 향수 냄새가 진동했다. "동성애자들은 아이를 가질 수 없으니 정절이 없어요. 그런데 나는 엄마 노릇을 꽤 잘했을 것 같지 않나요? 다들 꼭 다정함이나 친밀감보다는 똥구멍 속에 코를 쑤셔 박고 사느라 숨이 막혀 죽는 거잖아요. 어떻게 생각하세요? 구원 따위는 안 믿어요. 아니, 입속 가득 머금고 똥구멍으로 뿜어내는 게 내 복음이거든요. 어쩌면 우리 둘은 어떤 육체적 관계도 맺지 않아서 더 좋았나 봐요. 그건 질투와 적개심을 불러일으킬 뿐이에요. 당신이 아무런 시도조차 않았다는 건 좀 아쉽군요. 그건 그렇고 나는 여자이면서 남자이니까 당신보다 유복해요. 아무튼, 씨발, 내가 더 똑똑하다니까요."

팀은 어느 일요일 아침, 속옷 차림에 도널드 덕이 그려진 앞치마를 두르고 아침을 차리다가 죽었다. 그렇게 쓰러진 채 누워 있었는데 아마 몇 초 사이에 세상을 떠났을 것이다. 짐승 같은 삶보다 자비로운 저승사자를 훨씬 두려워하던 씩씩한 작은 사나이에게 어울리는 죽음이었다.

알프 셰베리는 「알케스티스」에 등장하는 합창단원으로 막 연극학교를 마친 전도유망한 마르가레타 뷔스트룀을 비롯해 키 큰 젊은 여자 배우들을 뽑았다. 그런데 다른 연출가가 마르가레타에게 큰 역할을 맡기려 해서, 나는 셰베리에게 묻지도 않고 독단적으로 그녀를 그쪽에 보내 버렸다. 대표단이 승인한 결정이었고, 배역 공고는 게시판에 붙어 있었다. 몇 시간 뒤, 이중문과 잘 방음된 대표실의 두꺼운 벽을 뚫고 으르렁거리는 소리가 들렸다. 요란한 소음과 고함이 이어졌다. 분노로 허옇게 질린 알프 셰베리가 쳐들어와서 마르가레타 뷔스트룀을 즉시 돌려 달라고 요구했다. 나는 불가능한 일이고, 드디어 배우가 제대로 된 기회를 얻었으며, 또한 강요에 무릎 꿇지 않겠다고 말했다. 셰베리는 이제 내 턱주가리를 갈기겠다고 했다. 내가 회의 탁자 뒤로 물러서서, 쌍놈의 짓거리는 좀 관두시라고 대꾸하자, 더욱 격분한 감독은 내가 부임해 온 첫날부터 쭉 훼방만 놓았다며 이제 더는 참을 수 없다고 선언했다. 나는 그에게 다가가서, 이런 말다툼이 도움 된다고 생각하면 당장 때리라고 말했다. 나는 겁이 났지만 애써 미소를 지었다. 셰베리는 얼굴을 달달거리며 온몸을 부들부들 떨었다. 우리는 거칠게 숨을 몰아쉬었다. 그러더니 그는 나보고 옷자락이 휘날리게 춤이나 추라고 쏘아붙였다. 그 순간 우리는 지금의 상황이 미치광이 코미디 같음을 깨달았지만 도저히 웃을 수는 없었다.

셰베리는 가까운 의자에 앉더니, 배울 만큼 배운 두 사람이 어떻게 이런 바보짓을 할 수 있는지 의아하다고 했다. 나는 대표단이 캐스팅 변경을 허락하면 마르가레타 뷔스트룀을 다시 데려오겠다고 약속했다. 그는 개소리 집어치우라는 듯 손사래를 치고 방을 나섰다. 우리가 다음에 만났을 때, 더는 그 문제를 이야기하지 않았다. 그 뒤로 우리는 예술적으로나 인간적으로나 격렬하게 충돌하곤 했지만 서로 정중하게 악의 없이 대했다.

나는 1930년 크리스마스 때, 처음으로 왕립 연극 극장을 방문했다. 당시 극장에선 예예르스탐의 동화극 「키다리 클라스와 땅딸보 클라스」를 상연하고 있었다. 스물일곱 살의 연출가 알프 셰베리가 두 번째로 맡은 작품이었다. 나는 조명, 무대, 민속 의상을 입은 작은 요정들 위로 떠오르는 해, 강 위의 배, 성 베드로가 문지기인 오래된 교회, 단면의 집을 비롯해, 그때 보았던 무대를 세세히 기억한다. 나는 2층 출입문과 가까운 두 번째 좌석에 앉아 있었다. 리허설을 마치고 저녁 공연이 시작되기 전 고요한 시간에, 나는 바로 그 자리에 앉아 비실용적이고 다 허물어져 가는 이곳이 진정한 내 집임을 느끼며 향수에 젖곤 했다. 침묵과 어스름 속에서 휴식하는 이 공연장은 바로…… 나는 엄청 주저하다가 이렇게 쓴다. "시작이자 끝이자 그 사이의 거의 모든 것이다." 글자로 옮기면 우스꽝스럽고 과장되게 보이지만 이보다 더 딱 들어맞는 표현을 찾을 수 없기에 그냥 두기로 한다. "시작이자 끝이자 그 사이의 거의 모든 것이다."

한번은 알프 셰베리가 자신은 무대의 넓이를 잴 때 자나 측정 도구를 따로 사용하지 않는다고 말했다. 정확한 척도는 그의 손이 이미 알고 있었다.

그는 젊고 열정적인 배우로서 처음 데뷔한 이래, 계속 왕립 연극 극장에 머물렀다.(스승인 마리아 실드크넥트에 따르면 "재능 넘치는 젊은 배우였지만, 너무 게을러서 결국 감독이 되었다.") 다른 극장에서 두세 차례 객원 연출가로 작품을 올린 적 있지만 줄곧 이곳에 머물렀고, 결국 그는 이 극장의 군주이자 포로가 되었다. 나는 자신 안에 그토록 분명한 대비를 지닌 사람을 본 적이 없다. 그의 얼굴은 모든 것이 의지와 무자비한 매력으로 통제되는 광대의 가면이었다. 결연한 모습의 이면에서는 사회적 불안, 지적 열정, 자기 인식, 자기기만, 용기와 비겁함, 블랙 유머와 치명적인 진지함, 온화함과 잔인함, 조급함과 무한한 인내심이 공존하거나 충돌하고 있었다. 모든 연출가가 그렇듯이 그는 연출가 역할마저 연기했다. 훌륭한 배우였기에 연기도 설득력이 있었다. 그는 이상주의자이자 실용주의자였다.

나로서는 셰베리와 겨룬 적이 없다. 연극에서는 늘 나보다 뛰어났으며, 나는 그 사실을 거리낌 없이 받아들였다. 그의 셰익스피어

245

해석은 정말 빈틈없어서 내가 덧붙일 것이 아무것도 없었다. 나보다 많이 알았고, 깊이 보았으며, 본 것을 구체화했다.

그는 종종 야박하고 맥 빠진 비판을 받더라도 호기로웠다. 그렇게 재를 뿌리는 투정에 그가 얼마나 흔들렸는지는 나 역시 알 수 없다.

셰베리는 아마도 우리 시대의 편협한 문화 혁명으로 가장 크게 타격받았을 터다. 나와 달리 정치적으로도 몰입했고, 연극이 무기라며 열변을 토했다. 68운동의 바람이 드라마텐에 불어닥치자 젊은이들과 함께 바리케이드에 오르려 했다. 드라마텐을 불태워야 하며 셰베리와 베리만의 목을 뉘브로플란의 토른베리 시계탑에 매달아야 한다는 내용을 어쩔 수 없이 읽고 그의 비탄은 더욱 커졌다.

언제고 어떤 용감한 학자가, 68운동이 얼마나 우리의 문화생활에 직간접적으로 해악을 끼쳤는지 조사를 감행할지도 모르겠다. 가능하겠지만 그럴 일은 없을 것이다. 좌절한 혁명가들은 여전히 편집실 책상을 붙들고 앉아 '교착 상태에 빠진 혁신'을 두고 분통을 터뜨린다. 그들은 자신들의 노력이, 결코 뿌리부터 잘라 내선 안 되는 발전에 치명적인 타격을 입혔다는 사실을 깨닫지 못하고 있다.(그럴 위인들도 못 되겠지만!) 여러 사상이 동시에 번성하도록 허용하는 다른 나라에서는 전통과 교육이 마구잡이로 청산되지 않았다. 예술가와 교사가 모욕과 조롱을 받은 곳은 중국과 스웨덴뿐이었다.

나 자신도 아들 눈앞에서 국립 연극 학교로부터 쫓겨났다. 나는 혁명적 메시지를 전달하려면 어린 학생들이 연기를 똑바로 배워야 한다고 주장했다. 그러자 그들은 작고 붉은 책을 흔들며 휘파람을 불었고, 당시 학교 교장이던 니클라스 브루니우스는 그들을 열렬히 성원했다.

젊은이들은 신속하고 영리하게 조직적으로 대중 매체를 장악했다. 한편 우리 늙다리들은 내팽개쳐진 채 잔혹한 고립 속에 소모되어 갔다. 개인적으로 나는 일을 거의 방해받지 않았다. 나는 다른 나라에 있는 관객 덕분에 먹고살면서 기운도 차렸다. 나는 어릴 때부터 광신을 경멸했고 딱 보면 알아챘다. 시궁창 같은 정념의 밑바닥은 모두 동일하고 조짐만이 다를 뿐이었다. 신선한 바람은커녕 기형적 행태, 종파주의, 불관용, 소심한 야합, 권력 남용이 횡행했다. 패턴은 변하지 않으며, 관념들은 관료화되고 부패한다. 때로는 급격히 진행되고 때로는 백 년도 더 걸리는데, 1968년에는 엄청나게 빨랐다. 단기간에 엄청난 피해가 생겼고, 복구는 어려웠다.

말년에 알프 셰베리는 대작 여러 편을 내놓았다. 폴 클로델의 「마리아에게 고함」을 번역하고 각색한 작품은 불멸의 공연이었다. 거대한 벽돌 세트를 만들어 브레히트의 「갈릴레이의 생애」를 선보이기도 했다. 마지막으로 몰리에르의 「아내들의 학교」를 장난스러우면서도 차분하게, 어둡지만 감상적이지 않게 연출했다.

우리는 2층 안쪽에 자리한 같은 복도에 방이 있어서 리허설이나 회의를 하러 바삐 오가는 길에 자주 마주쳤다. 때때로 우리는 삐딱거리는 나무 의자에 앉아 수다나 잡담을 늘어놓거나 불평도 했다. 우리는 서로를 찾아간 적이 드물고 따로 만난 적도 없으며, 어쩌다 마주치면 나무 의자에 앉아 이따금 몇 시간씩 마치 기나긴 의식처럼 한담만 나눴다.

오늘날에도 나는 창문이 없고 답답하고 졸린 불빛이 어른거리는 복도를 급히 걸어 내 방으로 가면서 생각한다. '우리 혹시 마주치려나?'

외레브로에 새로 생긴 극장의 개관 축하 행사에 왕립 극단이 초

빙됐다. 우리는 그 도시의 이름난 문제아 얄마르 베리만의 아직 발표되지 않은 희곡을 골랐다. 「공작 각하의 정부」라 불리는 이 작품은 우아하지만 「공작 각하의 유언」에 나온 인물을 독창성 없이 재활용한 데다, 느닷없이 사랑스러운 정부가 등장한다. 수십 년간 공작 각하 역을 맡아 온 올라프 산드보리에게, 내가 다시 한 번 의상과 코를 분장하고 무대에 서 달라고 청하자 그는 기꺼이 수락했다.

그런데 리허설을 시작하기 얼마 전에, 올라프 산드보리는 건강상의 이유로 하차할 수밖에 없었다. 그리하여 나는 홀게르 뢰베나들레르에게 역할을 맡아 달라고 부탁했는데, 비평가들이 탁월한 배우 산드보리와 견주며 자신의 연기를 깎아내릴 걸 뻔히 알았기에 그는 시큰둥하게 응했다. 외레브로로 출발하기 며칠 전에, 연출가 페르악셀 브란네르는 고질적인 요통 때문에 집 밖으로 나오지 못했다. 나는 몇 주 동안 지독한 감기에 시달렸지만, 행사에 참석하여 연설을 하고 선물도 전달해야겠다고 생각했다.

끔찍한 콘크리트 흉물이라 할 수 있는 새 극장엔 연극이라는 예술을 향한 뿌리 깊은 멸시가 깃들어 있었다. 외레브로에는 스웨덴에서 손꼽히게 아름다운 극장이 있었으나, 스웨덴식 문화 전통에 대한 무관심 탓에 방치되고 있었다.

초연을 하루 앞두고 우리는 리허설을 하며 조명을 맞췄다. 비크베리 역을 맡은 안데르스 헨릭손이 돌연 아파서 심한 어지럼증을 앓다가 잠깐 의식마저 잃었다. 그럼에도 그는 의사를 부르지 말라면서, 행사를 망치지 않도록 공연하겠다고 했다. 공연 당일 아침, 나는 40도의 고열에 시달리며 연거푸 구토를 하는 바람에 결국 소임을 포기하고 재무 이사에게 진두지휘를 부탁했다.

엄숙한 개막식이 시작되었다. 라르스 포르셀이 쓴 훌륭한 서두를, 얄마르 베리만의 「사간」에서 타이틀 롤로 등장한 비비 안데르손이 낭독했다. 막 낭독을 시작했을 때, 두 번째 줄에 있던 남자가 픽 쓰러져 죽더니 급히 실려 나갔다. 점점 기묘해지는 분위기 속에서 서두가 다시 시작되었다. 안데르스 헨릭손은 몸 상태가 더욱 악화되었지만 끝까지 강행하겠다고 우겼다. 결국 프롬프터가 주연을 맡는 해괴한 공연이 됐다. 평론은 혹독했고 안데르스 헨릭손은 자신의 용기 덕분에 욕을 먹었다.

　　연극인들은 모두 미신을 믿는데 이해할 만한 일이다. 우리의 예술은 비합리적이고 해명할 수 없는 부분도 있으며 우연의 장난질을 온몸으로 받는다. 물론 농담이긴 하지만, 혹시 얄마르 베리만이 우리의 공연을 방해한 거 아니냐고 얘기하기도 했다. 어쩌면 자기 작품이 공연되기를 바라지 않았을지도 모르겠다.

　　나도 여러 차례 비슷한 일을 겪었다. 최근 몇 년 동안 스트린드베리가 내게 불만을 표했다. 「죽음의 춤」을 준비하던 중에 나는 경찰한테 체포당했다. 다시 「죽음의 춤」을 준비하려니 안데르스 에크가 심하게 앓았다. 뮌헨에서 「꿈의 연극」을 연습할 때는 '변호사'가 미쳐 버렸다. 몇 해 뒤에 「미스 줄리」를 작업하던 도중엔 '줄리'가 실성했다. 스톡홀름에서 「미스 줄리」의 공연을 기획할 때는 배역을 맡은 '줄리'가 임신했다. 「꿈의 연극」 준비를 시작하자 무대 미술가가 우울증에 걸렸다. '인드라의 딸'은 아이를 가졌고, 나조차 수수께끼 같은 병균에 감염돼 결국 기획마저 위태로워졌다. 이렇게 많은 역경이 우연일 리 없다. 무슨 이유인지 스트린드베리는 나를 원하지 않았다. 그 생각에 울적해졌다. 나는 그를 사랑했기 때문이다.

　　그러던 어느 날 밤, 그가 내게 전화를 걸어 왔고 우리는 칼라베겐 거리에서 만나기로 약속했다. 난 가슴이 두근거리고 황송했지만 이름의 올바른 발음부터 기억하기로 했다. 그는 아우구스트가 아니고 오구스트[22]였다. 막상 만나 보니 친절하고 생각보다 다정했다. 그는 소형 무대에서 「꿈의 연극」을 봤다면서도, 애정이 듬뿍 담긴 나의 '핑갈의 동굴' 패러디에 대해선 한마디도 언급하지 않았다.[23]

이튿날 아침, 나는 스트린드베리와 작업하려면 얼마간 그의 눈 밖에 날 수밖에 없음을 깨달았다. 이참에 오해가 풀린 것이다.

이 모든 일이 재미있는 옛이야기처럼 들리겠지만, 내 어린애 같은 마음 깊숙한 곳에서 나는 웃음기 없이 진지하다. 나는 어릴 때부터 유령과 악령 그리고 이름도 태어난 곳도 없는 정령들에게 둘러싸여 살아왔기 때문이다.

나는 열 살 때 소피아헴메트 병원 영안실에 갇혔었다. 병원에는 알고트라는 관리인이 있었는데, 큰 덩치에 짧고 누리끼리한 머리털과 동그란 머리통, 하얀 눈썹을 가졌고 가느다란 벽안의 눈매가 날카로웠다. 퉁퉁한 손은 푸르뎅뎅하고 불그죽죽했다. 주검을 운반하는 알고트는 죽음과 죽은 자, 단말마의 고통과 가사 상태에 관한 이야기를 즐겼다.

영안실은 가족들이 작별 인사를 건네는 예배당과 검시를 마친 뒤 주검을 염습하거나 단장하는 안쪽 방, 이렇게 두 공간으로 나뉘었다.

22] 'August'의 스웨덴어 발음은 '아우구스트'인데, 프랑스어를 본뜬 스웨덴어 이름들 중 하나이므로 흔히 '오구스트'라고도 발음한다. 여기서는 현행 외래어 표기법에 따라 작가 스트린드베리의 이름을 '아우구스트'로 적는다. 일본어와 러시아어도 대개 '아우구스트'로 표기한다.

23] 스트린드베리는 1912년에 세상을 떴고 베리만은 1918년에 태어났으므로 실제 일어난 일은 아니다.

햇살 좋던 늦겨울의 어느 날, 알고트는 나를 안쪽 방으로 불러들이더니 막 도착한 주검의 천을 벗겼다. 긴 어두운색 머리카락과 도톰한 입술에 둥근 턱을 가진 젊은 여자였다. 내가 그 여자를 바라보는 동안 알고트는 다른 일을 했는데, 갑자기 쾅 소리가 났다. 바깥문이 닫히고 나는 죽은 자들과 혼자 남겨졌다. 아름답고 어린 여자와, 벽을 따라 선반에 누워 있는 대여섯 구의 주검이 얼룩진 누런 천으로 대충 덮여 있었다. 문을 두드리며 알고트를 불렀지만 소용이 없었다. 거기 혼자 있으려니 죽거나 가사 상태에 빠진 누군가가 언제든 벌떡 일어나서 달려들 것 같았다. 젖빛 창유리로 햇살이 들어오고, 머리 위에 쌓여 가는 정적은 장엄한 궁륭처럼 하늘까지 닿을 듯했다. 심장은 귀에서 쿵쾅거리고 호흡하기조차 힘겨웠으며 뱃속과 살갗은 얼어붙었다.

나는 예배당의 등받이 없는 걸상에 앉아 눈을 감았다. 소름이 끼쳤지만 뒤에서 무슨 일이 일어날지 몰랐으므로 한시도 눈을 뜰 수 없었다. 나직한 꾸르륵 소리에 정적이 깨졌다. 나는 그게 뭔지 알았다. 알고트는 시체가 죽도록 방귀를 뀌어 댄다고 말하곤 했는데, 소리가 딱히 무섭지는 않았다. 예배당 바깥을 지나가는 사람들의 목소리가 들렸고 유리창 너머로 어렴풋이 보였다. 그러나 놀랍게도 나는 소리를 지르거나 움직이지 않았다. 슬슬 다들 멀어져 갔고, 목소리마저 사라졌다.

어떤 강렬한 충동에 사로잡혀 온몸이 근질거렸다. 일어나서 죽은 이들이 있는 방으로 갔다. 방금 염습을 받던 젊은 아가씨가 바닥 한가운데, 나무 테이블 위에 누워 있었다. 내가 천을 벗기자 알몸이 드러났다. 목부터 두덩뼈까지 붙인 반창고 말고는 맨몸뚱이였다. 손을 들어 어깨를 만졌다. 죽으면 몸이 식는다고 들었는데, 살갗은 차

251

갑지 않고 뜨끈했다. 나는 손을 가슴으로 옮겼다. 작고 흐물흐물한 가슴에 검은 젖꼭지가 빳빳이 서 있었다. 배에는 거뭇한 솜털이 자랐고, 숨을 쉬는 것 같았다. 아니, 숨을 쉴 리야 없고 입이 벌어졌을까? 입술 틈새로 하얀 치아가 보였다. 나는 자리를 옮겨 음부를 보고 싶었지만 감히 만질 엄두는 못 냈다.

주검은 눈꺼풀을 반쯤 감은 채 나를 바라보고 있었다. 모든 게 뒤죽박죽 뒤섞이고 시간은 멈추었으며 밝은 빛은 더욱 환해졌다. 젊은 간호사한테 장난을 친 동료의 이야기를 알고트가 들려준 적이 있다. 동료가 간호사의 침대 이불 밑에 절단된 손을 넣어 뒀는데, 아침 기도 시간에 그녀의 모습이 보이지 않았다. 그리하여 간호사를 찾으러 방에 갔더니 그녀가 벌거벗고 앉아 손을 씹고 엄지를 떼어 내서 자신의 아랫구멍에 꽂고 있었다는 것이다. 나도 같은 방식으로 미쳐 버릴 듯싶었다. 내가 출입구 쪽으로 돌진하자 문이 저절로 열렸다. 나는 그 젊은 여자 덕분에 내뺄 수 있었다.

나는 이미 「늑대의 시간」에서 이 사건을 묘사하려다 실패하여 모조리 들어낸 바 있다. 이는 「페르소나」의 프롤로그에서 다시 시도됐고, 죽은 사람이 죽지 못하고 산 사람을 괴롭히는 「외침과 속삭임」에서 최종 형태를 갖추었다.

유령, 악마, 악령, 선한 존재, 악한 존재, 아니면 그냥 짜증 나는 존재들이 내 얼굴에 바람을 불고 밀치고 바늘로 찌르고 옷자락을 잡아당겼다. 좀체 이해하기는 힘들지만, 절대 무시할 수 없는 분명한 목소리로 내게 말하고 쏘아붙이고 속삭였다.

20년 전에 나는 수술을 받았다. 간단한 수술이었지만 마취가 필요했는데, 실수로 너무 많은 양의 마취제를 투여받았다. 내 인생의 여섯 시간이 사라졌다. 꿈도 기억에 없고, 시간도 흐름을 멈췄다. 여섯 시간, 6마이크로초 또는 영원.

수술은 성공적이었다. 내가 의식을 가지며 살아가는 동안, 신과 나의 관계는 고통스러울 뿐 기쁨이란 없었다. 믿음과 불신, 죄과, 형벌, 은총과 유죄 판결은 부인할 수 없는 현실이었다. 나의 기도에서는 번민, 간청, 저주, 감사, 기대, 지겨움, 절망의 고약한 냄새가 풍겼다. 신은 말했고 신은 침묵했으니, 나를 뿌리치지 마소서.

수술로 사라진 시간이 가져다준 메시지가 나를 달랬다. '너는 목적 없이 태어나 의미 없이 살아간다. 삶은 그 자체가 의미다. 죽으면 꺼진다. 존재에서 비존재로 바뀐다. 신은 점점 더 변덕스러워지는 우리 원자들 사이에서 반드시 거주하지는 않는다.'

이렇게 실감하여 얻어 낸 확실한 안정감이, 불안과 소란을 결정적으로 물리쳐 주었다. 하지만 나는 영적인 삶이라는 내 두 번째(혹은 첫 번째) 삶을 결코 부인한 적이 없다.

외레브로에서 집으로 돌아오자 열이 41도까지 올랐고 의식을 잃을 뻔했다. 의사에게 양측 폐렴을 진단받았다. 나는 항생제를 잔뜩 먹은 뒤, 침대에 누워 희곡을 읽었다.

점차 기력을 찾았으나 회복되지는 않았고 며칠 내내 고열에 시달렸다. 결국 소피아헴메트 병원에 입원해 검사받게 됐다. 내 병실은 공원에 면해서 언덕 위 노란색 목사관과 예배당이 보였고, 검은 옷을 입은 사람들이 관이 있건 없건 드나드는 모습이 보였다. 나는 다시 원점으로 돌아왔다.

할 수 있는 한 자주 극장에 얼굴을 비치며 내 죽음이 임박했다는 소문을 불식시켰다. 그런데 건강은 더 나빠졌다. 갑작스러운 균형 장애가 발생했다. 나는 꼼짝도 않고 방 안의 한 지점에 시선을 고

정해야 했다. 머리를 움직이면 벽과 가구가 내 위로 떨어져 내리며 구토가 일었다. 나는 노인처럼 보였고, 조심스레 한 발 한 발 움직여 문설주를 붙잡은 채 천천히 말해야 했다.

어떤 날은 몸의 말썽이 줄어서 거의 정상처럼 보였다. 소중한 친구 잉리드 폰 로센이 나를 차에 태워 스모달라뢰섬으로 데려갔다. 북쪽 산비탈엔 눈이 드문드문 남아 있고, 바람을 등진 쪽은 따뜻한 4월의 화창한 날씨였다. 우리는 늙은 참나무 옆의 여름 별장 계단에 앉아 샌드위치를 먹고 맥주를 마셨다. 잉리드와 나는 서로 7년을 알고 지냈다. 많은 이야기를 나누지는 않았지만 함께해서 즐거웠다.

나는 병원의 일과를 잘 따랐다. 일찍 일어나서 아침을 먹고, 잠깐 공원 산책도 나가고, 최근의 재난을 논의하고자 극장에 전화를 걸고, 신문을 읽거나 혹시 창의적인 일을 할 수 있을지 궁리해 보려고 책상에 앉았다.

한 달 넘게 기다린 뒤에야 이미지들이 마지못해 내 의식으로부터 떨어져 나왔고, 어정쩡한 단어와 어설픈 문장으로 겨우 형체를 갖출 수 있었다.

6월부터 영화 촬영을 시작하기로, 스벤스크 필름인두스트리와 계약을 맺었다. 「식인종」이라는 꽤 거대한 프로젝트였다. 3월 말에 이르자, 비현실적인 사업임을 깨닫게 되었다. 결국 여자 둘이 출연하는 소품을 제안했다. 영화사 대표가 어떤 영화냐고 정중하게 묻기에, 두 젊은 여자가 큰 모자를 쓰고 해변에 앉아 서로의 손을 비교하느라 정신없는 이야기라고 얼버무렸다. 대표는 아이디어가 기발하다며 능청스럽게 열광했다. 그래서 4월 말, 나는 병실 책상에 앉아 목사관과 영안실 주위에 찾아온 봄기운을 기록했다.

두 여자는 여전히 손을 견주고 있었다. 어느 날, 나는 알게 됐다.

254

그중 하나는 나처럼 벙어리였고, 또 다른 하나는 나처럼 입심이 좋고 오지랖이 넓으며 뒤치다꺼리를 잘했다. 나는 일반적인 각본 형식으로 글을 쓸 여력이 없었다. 장면들은 무리에 무리를 거듭한 수고 끝에 탄생했는데, 단어와 문장을 빚기가 거의 불가능했다. 상상력의 기계와 구체화의 톱니바퀴 사이에 접촉이 끊기거나 심하게 망가졌다. 내가 하려는 말을 알고 있음에도 말이 나오지 않았다.

작업은 갑작스러운 발열, 균형 장애, 절망감의 피로로 뚝뚝 끊기면서도 날마다 느릿느릿 앞으로 나아갔다. 시간이 점점 촉박해졌다. 배우들을 고용해야 했다. 그 문제의 답은 빤했다. 일주일에 한 번쯤 함께 저녁을 먹었던 내 친구 스투레 헬란데르는 의사이자 헌신적인 아마추어 사진가였다. 노르웨이 로포텐섬에서 크누트 함순의 『목신판』을 각색해 「여름은 짧다」라는 유망한 제목으로 영화를 촬영하고 있었는데, 헬란데르와 그의 아내는 비비 안데르손과 가까운 친구였으므로 마침 촬영 현장에 놀러 왔다. 의사는 사진을 많이 찍었다. 사진 보기를 좋아하는 내게 자신의 수확물을 보여 주었는데, 대부분 아내와 산을 찍은 것들이었다. 그런데 유독 나를 사로잡은 사진이 두 장 있었다. 검붉은 나무 벽에 기대앉은 비비 안데르손이었다. 그 옆에 앉은 닮은 듯 안 닮은 젊은 여자 배우가 낯익었는데, 1년 전에 왕립 연극 극장을 방문한 노르웨이 배우 대표단의 일원이었다. 촉망받는 배우라서 이미 줄리엣과 「파우스트」의 그레트헨을 모두 연기한 바 있었다. 바로 리브 울만이었다.

두 여인은 촬영을 마치고 유고슬라비아로 부부 동반 휴가를 떠난 터였다. 하지만 우리는 그들의 소재(所在)를 파악했다.

왕립 연극 극장의 시즌이 끝나자 나는 드디어 원고에서 손을 뗐고 드디어 만난 내 여자 배우들은 앞으로 맡을 일에 즐거움과 두려움을 품고 있었다.

기자 회견 도중, 나는 균형 장애 증상에 끈질기게 시달렸다. 사진 기자들이 자작나무 아래에서 여자 배우들과 함께 포즈를 취해 달라고 요구했으나 거절해야만 했다. 몸이 말을 안 들었다. 그럼에도 찍힌 사진 속의 창백하고 약간 불안해 보이는 세 사람은 모두 고개를 왼쪽으로 갸웃하고 있었다. 셸 그레데가 사진을 보더니 말했다. "나이 든 여자 배우가 그레이하운드 두 마리를 바람 쐬러 데리고 나왔나 봐."

일정이 잡혔고 야외 촬영 장소는 포뢰섬이었다. 선택은 쉬웠다. 포뢰는 수년 동안 내 비밀스러운 사랑이었다. 사실 놀라웠다. 내가 자란 달라르나의 강, 능선, 숲, 황무지는 내 의식 속에 깊이 각인된 풍경이다. 그럼에도 그 자리는 포뢰가 차지했다.

1960년에, 나는 「창문을 통해 어렴풋이」라는 영화를 만들려던 참이었다. 어느 섬에 사는 네 사람의 이야기다. 어스름에 너울대는 바다에서 그들이 나오는 모습이 첫 장면이었다. 가 본 적은 없지만 영국 오크니제도에서 촬영하고 싶었다. 제작부는 비용에 난색을 표하며, 스웨덴 해안에서 후딱 마땅한 곳을 찾도록 헬리콥터를 마련해 줬다. 답사하고 돌아오니 오크니제도에서 촬영하겠다는 결심이 더욱 굳었다. 다급한 제작부가 포뢰를 대안으로 내놨다. 포뢰는 오크니제도와 비슷하지만 더 저렴하고 더 실용적이고 접근도 더 쉬웠다.

폭풍우가 몰아치는 4월의 어느 날, 우리는 모든 논의를 마무리하고자 포뢰를 잠깐 둘러본 다음에, 오크니제도로 최종 확정을 하려고 고틀란드로 향했다. 비스뷔에서 우리를 맞이한 고물 택시가 비와 눈을 뚫고 여객선 정류장에 데려다줬다. 거친 파도를 여러 차례 지나 포뢰에 다다랐다. 해안을 따라 미끄럽고 구불구불한 길을 덜컹

거리며 돌아다녔다.

영화에는 해변으로 밀려온 난파선이 등장한다. 절벽 모퉁이를 도니 거기에 내가 묘사한 것과 똑같은 러시아 연어잡이배가 난파돼 있었다. 작은 정원에 늙은 사과나무가 있는 오래된 집을 원했는데, 마침 정원을 찾았고 집만 지으면 되었다. 자갈 해변도 있기를 바랐는데, 우리는 가없이 펼쳐진 자갈 해변을 발견했다.

우리를 태운 택시는 마침내 섬 북쪽의 라우크[24] 지역으로 갔다. 우리는 폭풍을 등지고 서서 부서지는 파도와 어두워지는 수평선을 향해 무거운 이마를 치켜드는, 이 신묘한 신들의 형상을 눈물을 글썽이며 바라보았다.

사실 무슨 일이 일어났는지는 잘 모르겠다. 무게를 잡자면 나의 풍경, 나의 진짜 집을 찾았다고 말할 수 있다. 웃기게 말하자면 첫눈에 반한 사랑이었다고 이야기할 수 있다.

나는 스벤 뉘크비스트에게 여생을 이 섬에서 살고 싶다고, 영화 세트장이 있던 바로 그 자리에 집을 짓고 싶다고 말했다. 스벤은 남쪽으로 몇 킬로미터 떨어진 데서 찾아보자고 제안했다. 그리고 지금 거기에 내 집이 있다. 집은 1966년에서 1967년에 걸쳐 지어졌다.

내가 포뢰에 묶인 데는 여러 가지 이유가 있다. 먼저 내 직관이 반응했다. 베리만, 이건 너의 정경이야. 네 가슴속 가장 깊은 곳에서 그리는 모양, 비율, 색상, 수평선, 소리, 침묵, 빛, 반사와 일치하거든. 여기에 평안이 있어. 이유는 묻지 마. 설명해 봐야 나중에 어설프게 합리화하는 데에 불과하니까. 예컨대 너는 생업에서 단순화, 균형, 긴장, 이완, 호흡을 찾잖아. 포뢰의 정경은 이 모든 것을 한가득 베푼다고.

24] rauk. 주로 고틀란드섬의 바닷가에 많은 석회암 기둥 따위의 기암괴석.

또 다른 이유가 있었다. 극장 일과 사생활의 균형추가 필요했다. 바닷가에서 나는 바락바락 악쓰며 소리칠 수도 있었다. 기껏해야 갈매기가 날아오를 뿐이었다. 무대에서 그랬다간 파국이었다.

감상적인 이유도 있었다. 나는 낙향해서 그간 못 읽었던 책을 읽고, 묵상하고, 내 영혼을 정화할 참이었다. 그런데 한두 달쯤 지나자 나는 섬 주민들의 문제에 어쩔 수 없이 관여하게 됐고, 그 결과 「포뢰 다큐멘터리 69」가 제작됐다.

감상적인 이유는 또 있다. 「페르소나」를 촬영하는 동안, 리브와 나는 격정에 휩싸였다. 섬에서 함께 살겠다는 생각으로 집을 지었으나 엄청난 오판이었다. 나는 리브의 생각을 물어보지도 않았다. 훗날 그녀의 자서전 『변신』을 읽고서야 깨달았는데, 리브의 증언은 대체로 정확하고 글투가 다정했다. 함께 지낸 몇 년 동안 우리는 서로 죽일 듯 그악스럽게 싸웠다. 그러다 리브가 「이민자들」[25]에서 크리스티나 역할을 맡게 되어 멀리 떠났다. 우리는 서로 끝났음을 알았다.

자초한 고독은 그럭저럭 괜찮았다. 나는 섬에 틀어박혀 규칙적인 일상을 꼼꼼하게 지켰다. 일찍 일어나서 산책하고 일하고 책을 읽었다. 5시에 이웃집 아주머니가 와서 저녁을 짓고 설거지를 하고 떠났다. 7시면 다시 홀로 남겨졌다.

기계를 뜯어내서 부속과 부품을 살펴보아야 할 이유가 있었다. 나는 최근의 영화와 연출이 마음에 안 들었는데, 꼭 뒷북을 치듯 불만을 느꼈다. 작업을 진행하는 동안엔 작품을 나 스스로나 파괴적인 자기비판으로부터 보호하느라, 시간이 흐른 뒤에야 비로소 실책과 약점을 간파할 수 있었다.

25] 얀 트로엘 감독의 1971년 영화로, 원제는 'Utvandrarna'이다.

1939년 봄, 나는 왕립 연극 극장의 대표 파울린 브루니우스를 찾아 갔다. 나는 연극을 배울 수 있다면 무슨 일이든 할 테니 극장에 들어가도록 허락해 달라고 청했다. 브루니우스 부인은 희멀건 얼굴, 살짝 튀어나온 크고 새파란 눈, 잘 다듬어진 목소리를 지닌 날씬하고 고운 여인이었다. 대학교를 졸업하기만 하면 나를 기꺼이 받아 주겠다고 3분 만에 답하면서, 특히나 감독이 되려 하는 주제넘은 친구들은 처음부터 교육을 잘 받는 것이 연극 예술의 지름길이라고 강조했다. 내가 크게 낙담하자 그녀는 팔을 다독이며 말했다. "베리만 씨, 우리가 지켜볼게요." 4분 뒤 나는 산산이 깨진 꿈을 안고 거리로 나섰다. 브루니우스 부인만 만나면 희망이 무한히 부풀 줄 알았다.

극장 대표와 공무로 알고 지내던 아버지가 그녀에게 몸소 연락해서, 내가 학업부터 마치길 바란다고, 당신의 뜻을 전했다는 얘기는 한참 나중에야 듣게 됐다. 당시로서는 그게 최선이었을 것이다.

지푸라기라도 잡는 심정으로, 나는 왕립 오페라 극장에 무슨 일이든 무보수로 하겠다고 지원했다. 이제 막 대표로 취임한 하랄드 안드레는 불그스름한 살갗과 눈처럼 하얀 머리, 콧수염을 지닌 키가 큰 남자였다. 째진 눈을 가늘게 뜨고 내 불안을 바라보며 인자하게 중얼거렸는데, 도통 무슨 말인지 안 들렸다. 나는 곧장 조연출로 채용되었다. 19세기 중반에 만들어진 규정에 따라 연봉 94릭스달레르를 받았다.

하랄드 안드레는 뛰어난 연출가이자 노련한 우두머리였는데, 당시 레오 블레히, 닐스 그레빌리우스, 이사이 도브로벤을 지휘자로 두고 있었다. 극장에는 자격을 갖춘 상임 단원, 꽤 실력이 좋은 합창단과 좀 시원찮은 발레단, 우글거리는 무대 담당자 무리와 카프카풍의 행정 부서가 있었다. 레퍼토리는 광범위했는데, 가령 「미뇽」부터 「니벨룽의 반지」에 이르기까지 다양했다. 관객은 적으나 충실하며 보수적이었고, 총애하는 작품이 무대에 오르면 꼬박꼬박 극장을 찾았다.

무대 사무실은 극장이라는 바퀴의 중심이었다. 늘 자리를 지키던, 마부제 박사[26]처럼 생긴 작은 사내가 그곳을 다스렸다.

무대는 널찍해도 작업하기가 수월하지 않았고, 바닥은 경사로 쪽으로 기울어진 데다 옆쪽 공간은 없고, 네 군데의 무대 밑 지하실과 엄청난 규모의 천장 무대 장치가 있었다.

수많은 무대 장치는 모두 토롤프 얀손이 만들었다. 주로 구식의 장대한 무대 그림이었다. 이를테면, 빌헬름 페테르손베리에르의 「아른요트」 속 옘틀란드 풍경 한가운데에 있는 잊지 못할 생생한 자작나무, 스트린드베리의 「왕관 쓴 신부」 속 여울과 오두막이 있는 위험한 숲, 바그너의 「뉘른베르크의 명가수」 속 경연 무대인 봄 초원 말이다. 그의 무대 장치는 착상이 번뜩이면서 경륜(經綸)이 묻어났다. 배경과 측면을 이루고, 음향상 유리하도록 잘 만들어진 그림들은 교체와 보관이 용이했다.

살짝 복고적인 이러한 아름다움과는 대조적으로 「카르멘」, 「호프만 이야기」, 「오셀로」는 온안드의 유머러스한 독일식 표현주의를

26] 1922년 공개된 프리츠 랑 감독의 영화 「마부제 박사」의 등장인물이자 악역이다. 변장과 최면술에 능한 무시무시한 존재다.

드러냈다.

조명은 1908년에 제작된, 상상도 못 할 정도의 골동품이었는데, '불꽃 달인'이라 불리는 나이 지긋한 귀족과 그의 과묵한 중년 아들이 관리했다. 이들은 무대 왼편의 좁은 복도 같은 공간에서 작업을 하느라 무대에서 일어나는 일을 볼 기회가 거의 없었다.

발레 연습실 바닥 역시 무대처럼 기울어지고, 환기가 잘 안 되는데도 외풍이 불고 더러웠다. 반면, 무대 근처의 칸막이 객석은 넓고 창문도 달려 있었다. 그러나 위층으로 올라갈수록 상태가 나빠졌고, 위생도 극도로 열악했다.

상당한 인력이 동원돼 무대 장치를 세우고 해체하고 나르고 싣고 내렸다. 어찌 보면 신기했다. 오늘날은 이 모든 걸 컴퓨터로 세련되게 처리하는 것 같아도 1930년대의 둔탁한 장치보다 시원찮다.

이런 신비한 수수께끼는 하나의 열쇠로 풀어낼 수 있다. 무대에서 밤낮으로 일하는 상비군은 다소 연로하고 얼마간 술에 절어 있었지만, 단호한 개인주의자이자 안목을 갖춘 도사들이었다. 그들은 맡은 책임을 잘 알고, 무대를 다룰 때 언제 뭘 갈아야 할지 알았다. 어쩌면 그들은 교대로 일했을 텐데, 사실 나는 잘 모른다. 내가 보기엔, 똑같은 늙은이들이 낮이고 밤이고, 달이 가고 해가 가도 늘 동일한 밧줄을 당기는 것 같았다. 술을 끊으려 해도 바그너의 긴 음표와 이졸데의 길고 지루한 죽음 때문에 방해받았을지 모른다. 그럼에도 무대 장치와 소도구는 제때 드나들고 배경은 적절한 속도로 오르락내리락했으며, 커튼은 예술적 기교로 움직였는데, 기계 장치로 속도를 조절해서는 이렇게 할 수 없다. '방황하는 네덜란드인'의 배가 항해하고, 나일강이 달빛 아래 반짝이고, 삼손이 성전을 무너뜨리고, 뱃노래 울리는 곤돌라가 베네치아 운하를 미끄러지듯 지나가고, 요정

빌리가 날아다니고, 봄 폭풍이 훈딩의 집 벽을 부수어 근친상간을 한 오누이가 막이 내리기 딱 열여섯 마디 전에 도망치도록 길을 열어 준다.

가끔 일이 꼬일 때도 있었다. 어느 날 저녁, 에이나르 베이론과 브리타 헤르츠베리가 출연한 「로엔그린」이 상연되었다. 나는 악보의 연출 지시대로 때맞춰 조명을 비추는 역할이었다. 피날레까지 모든 것이 계획대로 진행되었다. 로엔그린은 성배 이야기를 노래했다. 강을 향해 좁고 잘록하게 뻗은 땅 위에서 합창단은 맑은 목소리로, 위풍당당한 배를 끌고 온 백조가 금발의 영웅을 데려가려 한다고 알린다. 흰옷 차림의 엘자는 망연자실한다. (나는 브리타 헤르츠베리를 열렬하고 비밀스럽게 사랑했다.) 백조는 토롤프 얀손과 기술 감독이 함께 빚어낸 아름다운 창조물이었다. 백조는 미끄러지듯이 헤엄치고, 기다란 목을 움직이며, 날개를 퍼덕였다.

하지만 뭍에 닿기 몇 미터 전에, 백조가 멈춰 버렸다. 움찔거렸지만 전혀 나아가지 못했다. 항로를 벗어난 배는 옴짝달싹 못 했다. 이 파국적 상황에 전혀 관심 없는 듯 백조는 긴 목을 움직이며 날개를 떨었다. 바그너의 지시에 따르면 백조는 정해진 소절에 잠수해야 했다. 그러고는 사악한 오르트루트의 마법에서 풀려난 엘자의 남동생이 나타나 죽어 가는 누나의 품에 뛰어드는 설정이었다. 그런데 백조가 멈춰 서는 바람에 엘자의 동생이 먼저 등장하고 말았다. 그러자 무대 지하 1층에서 일하는 이들이 놀라 허둥지둥했다. "염병할 백조는 어디 갔어? 애를 너무 일찍 올려 보냈어. 다시 내려오게 해야 돼."

엘자의 동생은 뚜껑 문을 나서기도 전에 사라졌다. 이제 소년은 악보보다 훨씬 늦게 다시 등장했고, 발을 헛디디며 엘자를 넘어뜨리는 바람에 더욱 어수선해졌다. 바그너에 따르면 이제 비둘기가 천장 장치에서 내려와 황금색 끈을 배에 매달고, 합창단이 건네는 애도의 작별 인사를 받으며 로엔그린이 배에 올라타면, 배는 이 비둘기에 이끌려 왼쪽 무대 뒤로 사라져야 했다. 그러나 백조는 꿈쩍 않고, 배는 좌초되었다. 결국 로엔그린은 필사적으로 황금 줄을 잡고, 직접 배를 끌며 앞으로 나아갔다. 이에 합창단의 소리 역시 점점 잦아들었다. 백조는 아리따운 목을 살랑살랑하며 날개를 퍼덕였다. 엘자는 쓰러진 채 동생의 품에 안겨 덜덜 떨었다. 느릿느릿 막이 내렸다.

몇 주 동안 나는 마치 투명 인간처럼 서성거리며 돌아다녔다. 아무도 날 주목하지 않았다. 조심스레 접촉을 시도했지만 매몰차게 거절당했다. 저녁 무렵, 나는 무대 사무실 구석에 앉아 있었다. 층고가 낮고, 바닥에서 천장까지 이어진 아치형 창문이 나 있는 넓은 방이었다. 전화가 울리고 사람들이 오가고 소식을 주고받는 와중에, 어느 때는 문간에 유명인이 떡하니 나타나기도 했다. 나는 일어나서 인사했고 누군가는 나를 멀거니 바라봤다. 시계가 막간이 끝났음을 알리면 모두 담배를 끄고 자리로 돌아갔다.

어느 날 저녁, 마부제 박사가 내 옷자락을 붙잡고 말했다. "남들은 자네가 막간에 여기 앉아 있으면 떨떠름하게 본다고. 무대 뒤 통로에 가 있게." 나는 무용실 문 뒤에 숨어 굴욕의 눈물을 삼켰다. 이탈리아 이름을 가진 예쁜 엑스트라가 돌연 무용실의 불을 켜더니 나를 보고 말했다. "발레에 너무 관심이 많으시네요. 우리가 연습할 때 쳐다보시는 거 별로예요."

절망의 무인 지대에서 몇 달을 표류한 뒤, 나는 샤를 구노의 「파우스트」를 무대에 올릴 랑나르 휠텐카발리우스를 만나게 됐다. 이른

263

바 피아메타(Fiametta)[27]라고도 불리던 그는, 지나치게 귀족적인 용모에 후리후리하고 껑충한 사람이었다.

어쨌든 내가 보기엔 능력자였는데, 나는 그가 수도 없이 영화를 감독하고 대본도 쓰고 오페라도 상연했음을 알았다. 가수 그리고 합창단과 함께 무대에서 작업하는 모습을 본 적도 있었다. 그는 목소리가 쉬었고 다소 혀짤배기소리를 냈으며, 고개는 앞으로 뻗고 어깨는 움츠린 채 긴 손을 팔랑거렸다. 능수능란한 기분파에, 구닥다리임을 알 수 있었다. 스타들에게는 부드럽고 사근사근하게 굴며 우스갯소리도 잘했지만, 졸병들에게는 빈정거리고 성질부리고 모질었다. 그의 얇은 입술은 기분이 어떻든 항상 미소를 머금었다.

그는 내가 덜떨어졌음을 금세 알아차리고, 잡일이나 시키면서 구박했다. 때때로 내 볼도 꼬집었다. 사실 나로서는 빈정거림의 먹잇감이라도 되는 게 감지덕지였다. 내 마음속에서 경멸과 두려움이 뒤섞인 채 꿈틀댔지만, 매 순간 그의 세심한 가르침으로부터 많은 것을 배웠다. 그는 드라마텐의 유능한 무대 장치가 스벤 에리크 스카보니우스와 함께 구노의 옛날 대중 악극을 분위기 있게, 공들여 연출해 냈다.

악보를 읽을 줄 모르는 위대한 베이스 가수 레온 비외르케르가 내게 말했다. "당신 참 거만해 보이는데, 혹시 호모요?" 나는 그를 멀거니 쳐다보았다. '거만하다고?' 비외르케르는 거듭 말했다. "우리는 보통 이 극장에서 서로 보면 인사하잖아요. 매일 서로 스쳐 지나다니는데도 댁이 인사하는 모습을 못 봤거든요. 그쪽이 그의 애인이냐고요?" 도대체 무슨 말인지 머릿속에서 정리되지 않았으므로 대답

27] 발레 「피아메타」에 등장하는 큐피드가 만들어 낸 환상적 존재.

조차 할 수 없었다. 당시 나는 피아메타한테 동성 애인이 새로 생겼다는 소문을 전혀 듣지 못했던 것이다.

피아메타는 막되고 잘 비아냥대며 속을 뒤집었지만 결코 성가시게 굴지는 않았다. 실상은 내가 좋아했고, 그가 불굴의 뚝심을 가지고 정진하는 모습에 탄복했다. 그는 바야흐로 가식적이고 심술궂고 지독히 평범한 노신사가 됐지만, 한때 찬란한 미래를 촉망받던 젊은이였으리라.

연습이 끝난 어느 날 오후, 그는 침통하게 의자에 앉더니 내가 악보에 장면 표시를 기록하던 테이블에 몸을 기댔다. 나직하게 빌듯이 내게 말했다. "베리만 군, 내가 어떡해야 좋을까? 예르디스가 고집을 피우는데, 죽어도 땋아 올린 머리를 하겠다네. 보기가 영 안 좋다니까. 그 여자 앞짱구잖아!" 그는 조용히 앉아서 의자를 흔들대다가 이렇게 덧붙였다. "베리만 군, 자네도 괴상한 업계를 골랐구먼. 나이 먹을수록 끝 간 데 없이 낭패감만 커질 걸세."

이사이 도브로벤은 무소륵스키의 「호반시나」를 지휘하고 연출할 참이었고, 조수들을 대동했다. 보조원들도 그를 구름처럼 에워쌌다. 그 기회를 틈타 도브로벤의 작업을 엿본 것은 내게 원체험이 됐다.

도브로벤은 원래 모스크바 출신의 러시아계 유대인이다. 이력은 화려했는데, 성격이 까다롭다는 평판부터 들려왔다. 그러나 우리가 만난 공손하고 명성이 자자한 남자는, 체구가 작지만 얼굴은 잘생기고 관자놀이의 잿빛 머리칼이 잘 어울리는 사람이었다. 그는 무대나 지휘대에 오르면 변신했다. 우리는 그에게서 사람에게 신경 쓰기보다 단호히 극장의 예술적 수준을 높이려 애쓰는 유럽적 역량을 보았다. 사람들은 그 앞에서 차례차례 심경이 바뀌었는데, 처음엔 순전히 경악하다가(뭐? 사람한테 그런 말을 하다니, 나도 똑같은 인간으로서 존중받을 자격이 있다고!) 차차 분노를 억누르고(저놈 주둥이에 주먹맛 좀 보여 줄까!) 납작 엎드리더니(잡귀 같았는데 알고 보니 귀신같군!) 마침내 열렬하게 숭배했다.(우리 극장에 이런 경사가 나다니!)

나는 이 작달막한 사나이가 무대를 가로질러 덩치 큰 비외르케르를 잡으려고 한두 번이 아니라 서른 번이나 쫓아가는 모습을 말없이 즐겁게 바라봤다. 아름답게 까무잡잡한 우리의 대단한 알토 가수 예를트루드 폴손베테르그렌은 사랑에 미쳐서 예전처럼 아름답게 노래하지 못했다. 에이나르 베이론은 당연히 매일 욕을 먹었다. 연신 채찍질한 효과가 슬슬 나타나더니, 변변찮은 시골 프리마돈나가 진정한 가수는 아닐지언정 (모든 기적에는 한계가 있으니) 훌륭한 배우로 거듭났다. 도브로벤은 오페라 합창단이 시원찮게 훈련받았음에도 훌륭한 재목들임을 재빨리 간파해 냈고, 애정과 꼼꼼함으로 도맡았다. 그는 합창단과 함께 최고의 순간을 보냈다.

나는 그와 몇 차례 이야기를 나눌 기회가 있었는데, 존경심과 언어적 어려움이 커다란 장애물이었지만, 일부는 이해할 수 있었다. 「마술피리」가 무대 연출과 음악적 측면에서 다 두렵다고 하며, 지나치게 심오하고 과중하게 이미지를 배치하는 무대 미술가들에게 불평했다. 초연 무대의 규모는 역사상 큰 적이 없었다. 타미노와 세 개의 문을 생각하면 된다. 음악은 문부터 문까지 몇 걸음씩 걸어야 하는지를 언급하고, 장면 전환은 간단하고 빠르며, 장소를 바꾸는 것은 배경과 측면뿐이므로 잠시 쉬면서 무대를 다시 세울 틈은 없었다. 「마술피리」는 가장 단순한 장비와 비할 바 없이 훌륭한 음향을 갖춘 친근한 목조 극장에서 탄생했다. 합창단은 무대 뒤에서 피아니시모로 '파미나는 아직 살아 있다(Pamina lebt noch)'를 부른다. 도브로벤은 '젊은' 가수, '젊은' 거장을 원했다. 그런데 메달리온 아리아, 라단조 아리아, 밤의 여왕 콜로라투라 등 대단한 아리아들은 지나치리만큼 중년의 거물급이 독차지했다. 젊은 불, 젊은 열정, 젊은 장난기가 없으면 우스꽝스러울뿐더러 비웃음만 산다.

나는 가장 큰 감동을 받은 장면을, 훗날 내 영화「늑대의 시간」에서 묘사하려고 했다. 날은 어둑하고, 궁전 뜰에 홀로 남겨진 타미노가 의심과 절망에 사로잡혀 외치는 장면이다. "어두운 밤이여! 너는 언제 사라지는가? 나는 언제 어둠 속에서 빛을 찾을 것인가?" 합창단은 사원 내부에서 피아니시모로 답한다. "곧, 곧, 아니면 다시는 없겠지!" 타미노가 말한다. "곧? 곧? 아니면 다시는 없겠지. 너희 숨은 존재들은 답해 달라. 파미나는 아직 살아 있는가?" 합창단은 머뭇거리며 대답한다. "파미나, 파미나는 아직 살아 있다!"

이 열두 마디는 인생의 궁극적 한계에 관해 두 가지 질문과 두 가지 대답을 제시한다. 모차르트는 이 오페라를 쓸 당시, 이미 병에 걸렸고 죽음의 예감에 흔들리고 있었다. 그는 견딜 수 없는 절망의 순간에 외친다. "어두운 밤이여! 너는 언제 사라지는가? 나는 언제 어둠 속에서 빛을 찾을 것인가?" 합창단은 모호하게 답한다. "곧, 곧, 아니면 다시는 없겠지!" 죽을병에 걸린 모차르트는 어둠을 마주하고 질문을 던진다. 그리고 이 어둠 속에서 자신의 질문에 스스로 답한다. 아니면 답을 얻은 것일까?

그리고 다음 질문을 던진다. "파미나는 아직 살아 있는가?" 음악은 대본의 간단한 질문을 가장 중대한 질문으로 뒤집는다. "사랑은 살아 있는가? 사랑은 실재하는가?" 떨리지만 희망적인 목소리가 파미나의 이름을 특이하게 끊어서 답한다. "파-미-나-는 아직 살아 있다!" 이제 더는 매혹적인 젊은 여인의 이름은 문제가 아니다. 사랑의 암호가 들린다. "파-미-나-는 아직 살아 있다! 사랑은 존재한다. 사랑은 인간 세상에 실재한다."

「늑대의 시간」에서 카메라는 음악의 힘으로 잠시 휴식을 취한 악마들 위로 패닝하다가 리브 울만의 얼굴에서 멈춘다. 애틋하지만 속절없는 사랑의 이중 고백.

몇 해 뒤에 나는 「마술피리」를 제작하자고 '스웨덴 라디오'에 제안했는데, 망설이고 당황하는 이가 적잖았다. 당시 음악 라디오의 수장이던 망누스 엔회르닝이 맹렬하고 열정적으로 끼어들지 않았다면 이 프로젝트는 결코 결실을 맺지 못했을 것이다.

이 일을 하면서 나는 악극 작품을 많이 다루지 않았다. 이유는 참 난감하다. 내게 음악은 짝사랑과 비슷한데, 괴롭게도 나는 선율의 진행을 기억하거나 재현할 수 없기 때문이다. 들으면 금방 알아차려도 배치하는 데에 애를 먹으며, 휘파람도 못 불고 노래도 못 부른다. 음악 한 곡을 웬만큼 숙지하기란 내게는 달걀로 바위 치기다. 날이면 날마다 녹음기와 악기를 끼고 앉아 있어도, 이토록 재능이 없으므로 때로는 맥이 빠지고 때로는 한심하다.

어쩌면 나의 처절한 발버둥엔 긍정적인 점도 있을 터다. 마디, 박자, 순간 하나하나를 제대로 들으려고 끊임없이 작품에 전념할 수밖에 없기 때문이다.

음악에서 내 상상력이 나온다. 다른 길로는 갈 수가 없다. 내 한계가 걸림돌이다.

케비 라레테이는 연극을, 나는 음악을 좋아했다. 우리는 결혼을 통해 자연스럽게 감정이 우러나던 순진한 사랑을 서로 파괴했다. 연주회에서 들은 음악에 취해 행복하게 케비를 돌아보면 그녀는 내게 의심의 눈길을 보냈다. "그게 정말 좋았다고?" 극장에서도 똑같이 무참하게 엇갈렸다. 케비는 좋아해도 나는 싫어하거나 아예 그 반대였다.

우리는 이제 허물없는 친구가 되어 아마추어답게 감상한다. 하여간 케비와 함께 살면서 음악을 많이 배웠다는 사실만큼은 부인할 수 없다.

특히 케비의 스승(음악가라면 누구든 스승이 있다.)은 교육자로서 탁월하고, 삶의 숙명이 경이로운 까닭에 오래도록 깊은 인상을 남겼다.

토리노의 부유한 상류층 가문에서 태어난 안드레아 코렐리는 당시 관습에 따라 수녀원 기숙 학교에 들어가 고전과 어학을 철저히 교육받고 로마 음악원에 입학했다. 재능이 넘쳐 전도유망한 피아니스트였고, 가족과 가깝게 살면서 신앙심도 깊었다. 요컨대 이탈리아 상류 계급의 관습 안에서 철저히 보호받았다.

아름답고 발랄하며 종종 공상에 잠기고 지적 호기심이 많은 젊은 여성이라, 구애하거나 쫓아다니는 남자도 적지 않았다. 매우 매력적인 데다, 이른바 좋은 배필로 여겨졌기 때문이다. 그런데 중년의 바이올린 거장 요나탄 포글러가 음악원에서 수업을 하게 됐다. 관자놀이에 회색 머리칼이 나고, 사시가 심한 검은 눈동자는 유독 크며, 다소 희멀겋고 뚱뚱한, 베를린 출신의 이 중년 남자는 뛰어난 연주와 악마적 광채로 열정을 일깨웠다.

안드레아는 몇몇 음악원 연주회에 포글러와 동행하도록 선발되었다. 그리하여 사랑에 빠진 안드레아는 가족과 학교를 떠나, 중년에 접어든 바이올리니스트와 결혼하고는 온갖 곳을 떠돌았다. 나중에 현악 4중주단을 결성한 포글러는 국제적으로 유명해졌다. 안드레아는 그의 앙상블이 피아노 5중주를 연주할 때 참여했다. 둘은 딸을 낳아 친척에게 맡기고, 급기야 기숙 학교에 보냈다.

안드레아는 남편이 바람피우고 있음을 곧 눈치챘다. 이 신사는 여자라면 가리지 않았고, 작은 키와 사팔눈에다 똥배와 심장병, 호흡 곤란 증세에도 불구하고 엄청난 향락주의자이자 총명한 음악가였다. 안드레아가 떠나자 포글러는 자살하겠다고 맹세했으나, 아내가 돌아오니 다시 평소처럼 지냈다.

이제 자신의 무조건적 사랑을 자각한 안드레아는 모든 관습을 버리고 4중주단의 관리자이자 책임자가 되었을 뿐만 아니라, 남편의 연애를 꿋꿋하고 유머러스하게 다스리기까지 했다. 남편 애인들과 친구가 되었고, 역장처럼 배우자의 성적 교통을 감독하였으므로 남편의 사생활에 정통했다. 포글러는 타고난 거짓말쟁이 버릇을 끝내 못 고쳤지만 더는 난봉기를 감출 필요가 없었다. 결단력과 관리 능력을 바탕으로 안드레아는 끝없이 어어지는 국내외 순회공연에서 음악가들을 이끌었다.

전간기(戰間期)에 부부는 여름마다 슈투트가르트 근교의 대저택으로 초대받았다. 산수가 어우러진 경관과 탁 트인 전망을 자랑하는 지역에 자리한 집이었다. 여자 주인은 다소 괴팍한 마틸데 폰 메르켄스였는데, 거물 남편을 사별한 뒤 이제 저택과 함께 본인도 쇠락하고 있었다.

그럼에도 노부인은 카잘스, 루빈스타인, 피셔, 크라이슬러, 푸르트벵글러, 메뉴인, 포글러와 같은 유럽 최고의 음악가들을 매년 초대했다. 여름마다 그들은 이러한 부름을 좇아, 칭송이 자자한 부인의 식탁에서 식사하고 좋은 포도주를 마시고 자기 아내나 남의 아내와 동침하고 멋진 음악을 선사했다.

안드레아는 이탈리아식 걸쭉한 입담이 여전했고, 웃음도 시원시원했다. 광기 넘치고 기괴하고 외설스럽고 익살맞은 그녀의 이야기들은 영화 소재로 안성맞춤이었고, 나는 안드레아의 동의를 얻어 그 모든 것을 코미디 영화로 만들겠다고 마음먹었다.

그러나 나는 아쉽게도 요점을 놓쳤는데, 촬영이 끝난 뒤에야 깨달았으므로 돌이킬 수 없었다.

안드레아는 유르스홀름까지 케비와 나를 찾아와, 여름에 마틸데 폰 메르켄스의 저택에서 촬영한 사진 몇 장을 보여 줬다. 나는 유독 한 사진을 보고 서글퍼지고 말았다. 딱 보니 진수성찬을 먹고 테라스에 모인 일행을 찍은 것이었다. 난간과 돌계단 위로 우거진 신록은 모자이크 장식을 뚫고 조각상과 장식품에까지 뻗어 있었다. 유럽 음악을 대표하는 천재 몇몇이 갈라진 테라스 바닥 여기저기에 부러져 흩어진, 고리버들 의자에 누워 쉬고 있었다. 시가를 피우고 땀을 흘리며 수염이 까끌까끌하게 자라난 모습이었다. 웃어 대느라 흐릿하게 나온 사람은 알프레드 코르토였다. 자크 티보는 무언가 말하려고 앞으로 몸을 숙인 채 모자를 코끝까지 눌러썼다. 에트빈 피셔는 난간에 배를 기댔다. 마틸데 폰 메르켄스는 한 손에 커피잔을, 다른 손엔 시가리요를 들었다. 포글러는 눈을 감고 조끼 단추를 풀었다. 푸르트벵글러는 카메라를 발견하고 괜히 악동처럼 히죽인다. 높은 창문 뒤로 어렴풋이 보이는 여자들의 얼굴은 늙고 붓고 지쳐 있다. 옷차림새와 머리단장이 고아한 젊은 여인이 살짝 비켜서 있는데, 동양적 아름다움이 돋보이는 안드레아 포글러코렐리는 다섯 살배기 딸아이의 손을 잡고 있다.

벽의 회칠은 조금 벗겨졌고, 유리창은 나무판으로 교체됐으며, 큐피드 석상의 머리는 사라졌다. 사진은 값비싼 식사와 뜨거운 땀, 음탕함, 고요한 쇠락의 냄새를 발산한다. 이 신사들이 트림하고 방귀 뀌고 저녁에 술과 커피를 섞어 마신 뒤, 마틸데 폰 메르켄스의 넓고 퀴퀴한 응접실에 모여 음악을 한다. 그러면 천사처럼 완전해진다.

쥐구멍을 찾고 싶을 만큼 피상적이고 인위적인 나의 코미디가 부끄러웠다. 교훈적이지만 불쾌한 영화였다. 막 드라마텐 대표가 되어 첫 시즌을 맞이하니 유념할 게 너무 많았다. 그리하여 끝까지 파고들 엄두가 안 난다는, 가장 간단한 해결책에 의지했다. 관두고 싶었지만 약속은 지켜야 했다. 계약서도 다 썼고, 모든 것이 꼼꼼히 준비된 상태였다. 대본은 재밌었고 모두가 기뻐했다.

간혹 로켓을 발사할 때보다 자동차 브레이크를 걸 때 훨씬 더 많은 용기를 내야 한다. 나는 그런 용기가 모자랐고, 어떤 영화를 만들어야 했는지를 뒤늦게 깨달았다.

기어코 벌을 받고 말았다. 관객 반응으로나 흥행 수입으로나 처량한 실패작이었다.

전쟁이 터졌다. 포글러 4중주단은 연주 여행을 이어 갔다. 총력전이 시작되자 극장과 연주회장은 문을 닫았다. 4중주단은 몇몇 다른 극단 및 악단과 더불어 연주 여행을 계속해도 된다는 특별 허가를 받았다.

어느 가을날, 안드레아와 나머지 음악가들은 동프로이센의 쾨니히스베르크 근처에 머물고 있었다. 해안가의 작은 휴양 리조트에 묵으며 인근에서 음악회를 열었다.

작열하는 태양이 안개 속으로 저물고 바다는 움직이지 않던 어느 날 저녁, 안드레아는 해변을 혼자 거닐었다. 멀리서 포격 소리가 들렸다. 안드레아는 우뚝 서서, 두 가지 강렬한 체험을 동시에 겪었다. 바로 아이가 생겼다는 것과 천사에게 보호받고 있다는 것이었다.

며칠 뒤, 소련 군대가 쾨니히스베르크 주변 도시들을 점령했다. 안드레아와 딸, 남편, 다른 음악가들은 서둘러 집결지로 향했다. 소련군은 특별 여행 허가를 의심했으므로 그들을 모두 지하실에 가뒀다. 높은 창문 너머로 아스팔트 교정이 보였다. 군인들은 악기를 빼앗아 갔다. 요나탄 포글러는 옷을 벗으라는 명령을 받았고, 다른 수감자들과 함께 총살되도록 마당으로 끌려갔다. 행정 절차가 다소 지연되는 바람에 다들 몇 시간 동안 벽 앞에 서 있다가 다시 지하실로 돌아가라는 명령을 받았다. 다음 날도 똑같은 일이 반복됐다.

보초들은 여성 수감자들을 강간했다. 딸이 위협받지 않도록 안드레아가 사내들에게 몸을 맡겼다. 어림잡아 스물서너 번 정도 겁탈을 당했다고 한다.

또 며칠이 지나고, 도시에 도착한 소련의 정예 부대는 행정부를 설치하고 일부 불량한 소련 병사를 시범적으로 총살했다. "붉은 군대는 가난한 사람을 약탈하거나 무방비 상태의 여성을 겁탈하지 않습니다."

이제 지하실은 감옥에서 숙소로 변모했다. 옷을 돌려받은 포글러는 신경 쇠약에 걸려 오들오들 떨며 구석에 조용히 누워 있었다. 안드레아와 음악가들은 먹을 것을 찾아 나섰다.

안드레아는 밖을 돌아다니다가 그 지역 극장장과 몇몇 배우를 만났다. 그들은 어떤 식으로든 연극과 음악 활동을 재개하고자 점령군 사령관에게 다 같이 간청하기로 결정했다. 러시아어를 할 줄 아는 안드레아가 그 기획에 관심을 보이던 중령에게 이야기했다. 곧바로 처리되지는 않지만, 우여곡절 끝에 음악가들은 악기를 곱게 되찾았다.

며칠 뒤 안드레아와 극장장은 시청 대강당에서 저녁 공연을 열겠다고 발표했다. 위층은 불탔지만 연회장은 비교적 멀쩡했다. 8시가 되자 도시 주민, 난민, 소련 점령군 들로 가득 찼다. 바흐, 슈베르트, 브람스의 곡이 연주됐다. 극장장과 단원들은 「파우스트」를 무대에 올렸다. 공연은 몇 시간 동안 이어졌다. 그러다 폭우가 내려 바닥까지 빗물이 흘러드는 바람에, 그날 행사는 도중에 막을 내렸다. 이후 공연은 되풀이되며 큰 성공을 거뒀고, 입장료는 석탄 한 덩어리, 달걀 한 알, 버터 한 덩이 또는 기타 생필품이었다. 안드레아는 관리 감독을 하면서 남편과 음악가들에게 연습을 게을리하지 않도록 종용했다.

전쟁이 끝난 뒤, 요나탄 포글러는 아내를 버리고 독일 어느 음악원의 교수가 되었다. 이제 완연한 백발에다가 분필로 화장한 듯한 살갗, 불씨가 사그라든 석탄 같은 검은 눈동자에 더해, 몸매는 기괴해졌고 툭하면 심장병이 도졌다. 그는 내연녀 세 명과 함께 살았다.

안드레아는 슈투트가르트에 정착하여 피아노 교사로 자리 잡았다. 그러고는 열성적인 제자 케비 라레테이를 감상적이지 않은 다정함과 대쪽 같은 단호함으로 가르쳤다.

케비의 문제는 심각했다. 재능 있는 음악가의 관대함과 따뜻함, 열망뿐 아니라 아름다움과 카리스마까지 갖춘 그녀는 피아니스트로서 경력을 쌓아 갔다. 문제는 이 눈부신 건축물의 기초가 불안정하다는 점이었는데, 요컨대 그녀에겐 안정적인 기교가 모자랐다. 매혹적인 자신감 뒤에는 위험한 불안이 도사렸다. 연주회는 이런저런 사정에 따라 화려할 수도, 너절할 수도 있었다.

케비 라레테이는 아름다운 건축물 아래 견고한 기초를 다지려고 안드레아 포글러코렐리를 찾았다. 여러 해에 걸쳐 인내심을 시험하는 고생길이 훤할 터였다. 그러는 동안 두 여자 사이에는 깊은 우정이 자라났다.

때때로 나는 그 레슨을 참관하곤 했는데, 토르스텐 함마렌처럼 혹독한 교육이 실시됐다. 악구에서 구성 요소를 떼어 낸 다음, 몇 시간 동안 꼼꼼하게 운지법으로 연습하게 했다. 그러다 때가 무르익으면 종합적으로 연습을 지도했다.

안드레아는 케비의 큰 손과 열망, 음악적 재능을 좋아했지만, 나태함에는 잔디를 깎아 내듯 가차 없었다. 케비는 뻗대다가 무릎을 꿇었다. 모든 것이 분석되고 파헤쳐졌다. 해결책은 대개 기술적 성격을 띠었지만 지도 과정에서 정신적 문제로 전환되었다. "손가락 관절, 손, 팔뚝, 위팔, 어깨, 등, 자세, 운지법에 유의하고, 농땡이 피우지 말고, 감이 안 잡히면 서두르지 말고 잠시 멈춰 생각하고, 마디를 잘 보면 전체 악구까지 해결되니까, 그래, 숨 쉬고, 왜 자꾸 숨을 참는 거야, 애야, 이제 30분밖에 남지 않았으니 조금만 참아. 그 뒤엔 차 마셔도 돼, 다른 손가락 관절이 불편하다면 문제는 여기라고.(제자의 어깨뼈 사이를 반지 낀 집게손가락으로 만지며.) 이제 올림바음을 스무 번, 아니, 서른 번 쳐, 상상하면서! 먼저 집게손가락으로, 그다음엔 중지로, 건반을 칠 때 어디서 힘이 나오겠어, 그래, 배에서 힘이 나오니까 자세 똑바로 해. 베토벤이 고요의 세계에서 상상했던 역동성을 재현할 수 있는 악기는 여태 없었고 앞으로도 없을 거야. 이제 예쁘게 들리잖아, 네 내면의 풍부한 아름다움을 드러낼 줄 알아야지. 이제 쭉 가자고, 여기는 스물아홉 마디 뒤에 뭐가 찾아올지 예고돼 있어. 물론 웬만해선 알아차릴 수 없지만 중요하지. 베토벤의 작품엔 지루한 도입부가 없는데, 호소력 있게, 미쳐 날뛰며, 서럽게, 유쾌하게, 고통스럽게 말하지 결코 웅얼거리지 않아, 틀에 박힌 듯 치면 안 돼! 틀려도 스스로 뭘 원하는지 알아야 한다고. 의미와 맥락을 살펴봐. 모두 강조하라는 게 아니야. 강조와 의미는 다르거든. 더 가자고, 조금만 참고, 인내심을 연습하고, 포기하고 싶을 때는 두 배로 노력할 수 있도록 특수 배터리를 꽂아 봐. 예술적인 문제에서 양심의 가책만큼 나쁜 것도 없어. 여기서 멈추고. 내 친구 호로비츠는 매일 아침 식사를 마치고 그랜드 피아노 앞에 앉아 다장조 화음을 여러 번 쳤대. 그렇게 귀를 씻었대.”

나는 안드레아에게 귀를 기울이며 연극과 나 자신, 배우들을 생각했다. 우리의 태만과 무지. 돈을 받았으니 볼거리를 내놓는다는 빌어먹을 식상함.

우리의 외딴 문화적 풍경 속에도 확실히 전문적 기본기가 없는 저명한 배우가 몇몇 있는데, 그들은 자명한 카리스마만을 믿고 무대에 올라 관객과 일종의 성적 관계를 형성한다. 그 관계가 뜻대로 이뤄지지 않으면 혼란에 빠져 대사를 까먹고(결코 제대로 외우지 않았으니), 우물우물하며 동료 배우와 프롬프터에게 악몽을 선사한다. 그들은 순간, 어쩌면 저녁 내내 번뜩 떠오르는 직관대로 행동하는 비범한 아마추어였을 테지만, 대개는 변덕, 자극제, 약물, 알코올 덕에 가까스로 버티고 있었다.

위대한 예스타 에크만이 좋은 예시다. 풍부한 경험, 마법 같은 아우라, 다분한 끼는 그 스스로에게 도움이 되지 않았다. 영화에서 그런 비참함이 엿보인다. 카메라는 그의 허장성세, 공허함, 불확실성, 성적 정체성의 결여를 적나라하게 드러낸다.

그의 초연은 분명 대단했다. 그런데 다섯 번째였나 쉰 번째 공연이었나? 여느 때와 다르지 않은 목요일에 그의 ‘햄릿’을 봤다. 그의 무대는 갈수록 우왕좌왕하는 프롬프터와 부지런히 대화를 나누며, 오만함과 얼토당토않은 가식으로 점철된 개인 쇼였다.

케비와 나는 몇 해 여름을 오르뇌군도에 자리한, 돌로 지은 허름한 귀족 별장을 빌려 지냈다. 별장은 융프루피에르덴만과 달라뢰섬의 입구가 내다보이는 곳 위에 위치했다. 접근하기 어려운 원시림이 곶과 섬의 나머지 부분을 갈라놓았는데, 그 숲은 이미 집 앞까지 뻗어 나오며 딸기밭과 감자밭을 잠식한 상태였다. 축축한 어둠이 깔리자 야생 난초가 황혼 속에서 빛나고, 맹렬하게 달려드는 모기떼는 독을 잔뜩 품고 있었다.

이 다소 이국적인 환경에서 나는 케비, 장모, 독일인 가정부 로지와 함께 우리의 여름을 만끽했다. 케비는 임신 중이었고 무해하지만 극도로 성가신 질환을 앓았다. 하지 불안 증후군인데, 무릎과 발가락이 자꾸 간지러운 까닭에 환자는 연신 다리를 움직여야 한다. 이로 인해 불면증에 시달렸으므로 밤은 최악이었다.

사소한 일에도 자주 투덜대는 케비는 인내심과 두꺼운 러시아 소설로 고통을 견뎌 냈다. 잠든 집 안을 끝없이 헤매거나, 이따금 걸어 다녔다. 막상 잠들었다가 깨어나면 아무것도 기억하지 못했지만 뭔가 일을 저질렀음을 알게 되기도 했다.

어느 날 밤, 나는 쿵 소리와 공포의 비명에 잠에서 깼다. 케비가 계단 아래 누워 있었다. 잠든 채 걷다가 굴러떨어졌는데, 놀라긴 했지만 약간의 찰과상만을 입고 적당히 지나갔다.

내 상황은 나빠졌다. 이때의 충격으로 수면 리듬이 깨져 불면증과 수면 부족은 아예 만성화됐다. 너덧 시간만 자도 지낼 만은 하다. 종종 나는 마치 소용돌이처럼 깊은 잠에서 빠져나온다. 거스를 수 없는 그 힘이 어디에 숨어 있는지 궁금하다. 막연한 죄책감일까, 아니면 현실을 통제하려는 억누를 수 없는 욕구일까? 잘 모르겠고 딱히 상관없다. 중요한 것은 책, 음악, 비스킷, 생수로 밤을 견딜 만하게 하는 것뿐이다. 3시부터 5시까지, 늑대의 시간이 가장 힘들다. 그때 울분, 지겨움, 두려움, 격노 따위의 악귀들이 찾아온다. 그것들을 밀어내 봤자 더 나빠질 뿐이니 부질없다. 책을 읽다가 눈이 뻑뻑하면 음악을 들었다. 눈을 감고 집중한 채 귀를 기울이며, 악귀들을 놓아준다. '어디 한번 해 봐. 내가 너희를 알지. 어찌할지 다 알아. 지칠 때까지 계속하라고. 맞서지 않을게.' 악귀들은 점점 더 펄펄 날뛰다가 어느새 나가떨어지고 우스운 꼴로 사라진다. 그러면 나는 몇 시간 잠을 청한다.

1962년 9월 7일, 다니엘 세바스티안은 제왕 절개로 태어났다. 케비와 안드레아 포글러는 마지막 시간까지 쉬지 않고 일했다. 케비가 일곱 달을 고생하다가 출산한 날 저녁에 잠이 들자, 안드레아는 책장에서 「마술피리」의 악보를 꺼냈다. 나는 내가 꿈꾸던 연출을 이야기했고, 안드레아는 '문지기들'과 '불타는 투구들'의 합창을 찾아봤다. 안드레아는 가톨릭교도인 모차르트가 대본 작가 에마누엘 시카네더와 자신의 메시지를 관중에게 전하고자 바흐에게서 영감받은 합창단을 선택했다는 점을 지적하며 음표를 가리켰다. "이건 틀림없이 배의 용골이에요. 「마술피리」는 조종하기 어려워요. 용골이 없으면 전혀 움직이지 않거든요. 바흐의 합창단이 용골이죠."

우리는 악보를 뒤로 넘겨, 모노스타토스로부터 파파게노와 파미나가 즐겁게 도망치는 대목에 이르렀다. "여기 보세요." 안드레아가 악보를 가리키며 말했다. "여기에 삽입구처럼 메시지가 또 있어요. 사랑은 삶에서 가장 좋은 것. 사랑은 삶에서 가장 심오한 것."

연출은 시간과 꿈을 통해 깊게 뿌리를 뻗는다. 나는 이 뿌리들이 특별한 영혼의 방에 자리한다고 즐겨 상상한다. 거기서 그것들은 편안히 누워 훌륭한 치즈처럼 익어 간다. 어떤 것들은 마지못해 혹은 기꺼이 찾아오거나 꽤 자주 나타나지만, 전혀 보이지 않는 것도 있는데, 꾸준히 진행되는 창작에 참여할 필요성을 느끼지 못하기 때문일 터다.

이제 오래 머무는 구상이든 바로 착수할 수 있는 아이디어든, 재고가 슬슬 줄어들고 있다. 슬픔이나 미련은 없다.

내가 만든 영화 몇 편은 좀 어정쩡했지만 돈은 꽤 벌었다. 그러나 나 자신은, 리브 울만이 주연을 맡고 포뢰섬의 기암괴석을 배경으로 거창하게 구상한 작품을 말아먹고 꼴이 영 말이 아니었다. 주인공 한 명은 떠났고 나는 현장에 남았다. 나는 「꿈의 연극」을 꽤 괜찮게 연출하고 젊은 여자 배우와 사랑에 빠졌는데, 이 같은 반복의 메커니즘에 진절머리가 나서 내 섬에 틀어박힌 채 오래도록 우울한 상태로 영화 「외침과 속삭임」의 대본을 썼다.

나는 저축한 돈을 그러모아 주연 배우 네 명이 동업자로서 출연료를 투자하도록 구슬리고, 영화 협회에서 50만 크로나를 빌렸다. 그러자 곧바로 많은 영화업자들이 분개하며 베리만이 가난한 스웨덴 동료들을 등쳐서 벼룩의 간을 내먹는다는 볼멘소리가 흘러나왔다. 요컨대 해외에서 자금을 끌어오면 되지 않느냐는 것이었다. 그러나 현실은 그렇지 않았다. 어설픈 실패가 몇 차례 이어진 뒤 국내든 해외든 투자자가 나타나지 않았다. 그러려니 했다. 영화가 해외에 나가면 무자비하지만 솔직한 평가를 받는다. 시장 가치를 의심할 필요가 없다. 내 가치는 제로였다. 일부 글쟁이들이 내 영화 인생은 종 쳤다며 슬슬 떠들어 댔는데, 그전에도 한 차례 겪은 일이었다. 이상하게도 나는 이러한 침묵이나 철저한 무관심에 영향을 받지 않았다.

우리는 유쾌하고 자신감 넘치는 분위기 속에서 영화를 만들었다. 장소는 마리에프레드 외곽의 황폐한 저택이었다. 공원은 초목이 무성했고 아름다운 방은 상태가 너무 열악하여 우리가 원하는 대로 다시 만들기로 했다. 8주 동안 우리는 농가에서 지내며 일했다.

가끔 나는 이제 영화를 만들지 않는 스스로가 애석하다. 그것은 자연스러운 감정이고 곧 지나간다. 나는 스벤 뉘크비스트와 함께하던 때가 가장 그립다. 아마도 우리 둘 다 빛이라는 문제에 송두리째 사로잡혔기 때문일 것이다. 부드럽고, 위험하고, 꿈같고, 생생하고, 죽어 있고, 맑고, 흐리고, 뜨겁고, 강렬하고, 벌거벗고, 느닷없고, 어둡고, 봄 같고, 들어오고, 나가고, 곧고, 비스듬하고, 관능적이고, 움츠리고, 절제되고, 유독하고, 마음을 달래고, 밝은 빛. 빛.

「외침과 속삭임」은 마무리하는 데 꽤 오래 걸렸다. 음향 작업과 현상소 테스트는 시간도 비용도 많이 든다. 나는 결과를 기다리지 않고 마치 장난치듯 「결혼의 풍경」을 시작했다. 한창 촬영하던 도중에 변호사로부터 전화가 왔다. 한 달 안에 돈이 다 떨어질 거랬다. 나는 북유럽 방영권을 스웨덴 텔레비전 측에 팔고, 딱히 남는 이문 없이 여섯 시간짜리 영화를 완성했다.

「외침과 속삭임」은 미국 배급사를 찾기가 어려웠다. 나의 에이전트인 노련한 미국 사업가 폴 코너가 애썼지만 허사였다. 저명한 배급업자가 상영이 끝난 뒤 코너에게 소리쳤다. "이런 빌어먹을 영화나 보여 주다니 돈은 당신이 대라고." 공포 영화와 성인 영화를 전문으로 다루는 작은 회사가 드디어 선처를 베풀었다. 뉴욕의 고급 영화관 한 군데에 빈자리가 생겼다. 이탈리아 감독 비스콘티의 영화가 제때 완성되지 않았기 때문이다. 크리스마스를 이틀 앞두고 「외침과 속삭임」이 세계 최초로 개봉됐다.

잉리드와 나는 11월에 결혼해서 칼라플란의 아름다운 집으로 이사했다. 거기는 한때 스트린드베리가 하리에트 보세와 함께 살았던 붉은 집이 있던 곳이다. 첫날 밤, 나는 마룻바닥에서 희미하게 새어 나오는 피아노 음악 소리에 잠에서 깼다. 스트린드베리가 즐겨 든던 슈만의 「비상」이었다. 정다운 인사였을까?

우리는 미래를 막연히 걱정하면서 크리스마스를 준비했다. 케비는 돈에 신경 쓰지 않지만, 만약 돈이 있으면 딴 데 더 신경 쓸 수 있을 테니 좋으리라고 말하곤 했다. 시네마토그라프의 운영이 사실상 종료돼 조금 아쉬웠다.

크리스마스이브 전날, 폴 코너가 전화를 했다. 그가 이상한 목소리로 중얼거렸다. 극찬이에요(It is a rave), 잉마르! 나는 '레이브'가 무슨 뜻인지 몰랐다. 몇 분이 지나서야 엄청나게 성공했음을 깨달았다. 열흘 뒤, 「외침과 속삭임」은 영화관이 있는 대부분의 나라에 팔려 나갔다.

시네마토그라프는 널찍한 곳으로 이전했다. 우리는 완벽한 장비를 갖춘 아름다운 시사실을 마련했고, 우리 사무실은 즐거운 만남의 장소이자 차분히 뻗어 나가는 사업의 중심이 되었다. 나는 제작자로 자리매김했고 다른 감독들과 함께 기획을 실행했다.

나는 썩 좋은 제작자가 되지 못한 것 같다. 군림하지 않으려고 애쓰다 보니, 솔직하게 말하기보다 격려만 하거나 아무 요구도 하지 않았기 때문이다. 나는 제작자로서 훌륭한 역량을 가진 로렌스 마름스테트에 대해 자주 생각한다. 그는 굳건함, 매서움, 올곧음, 투지를 두루 갖췄고 재치, 이해력, 감수성까지 겸비했다. 얀 트로엘, 빌고트 세만, 케이 폴라크, 로이 안데르손, 마이 세텔링, 마리안 아르네, 셸 그레데, 보 비데르베리 등 재능 넘치는 영화감독들은 마름스테트만 한 실력을 갖춘 제작자가 한 사람만 더 있었더라면 더욱 빛나는 보석으로 가공됐을 것이다. 불확실과 불안정 속에서 아무 결실 없이 자신만만하게 오래 버티더라도 기획은 퇴짜 맞기 일쑤다. 그러다 느닷없이 수백만 달러가 들어와 침묵과 무관심 속에서 작품이 제작되고 개봉까지 이어지더라도 반응은 미적지근하다. 잘하려다 사고가 생기거나 실패가 기정사실화되면 칙칙하게 히죽인다. '거봐, 우리가 뭐랬어?'

결혼 생활은 순탄하고 친구들과 잘 지내고 회사도 순항했다. 잔잔한 바람이 불어와 살짝 튀어나온 내 귀를 어루만졌고 그 어느 때보다 사는 맛이 났다. 「결혼의 풍경」은 성공을 거뒀고 「마술피리」도 그랬다.

한 번쯤 명사들과 어울리려고 나는 잉그리드와 함께 할리우드로 여행길을 나섰다. 공식적으로는 로스앤젤레스 영화 학교에서 세미나를 개최하도록 초청받았는데, 정말 시의적절했다. 겉으로는 흠잡을 데 없는 명분이 있었고, 은밀히는 평소와 다른, 거의 금지된 환락을 바랐다.

모든 것이 기대를 뛰어넘었다. 로스앤젤레스의 유독한 노란 하늘. 감독, 배우 들과의 공식 오찬. 시내와 태평양이 내려다보이는 디노 드 로렌티스의 궁궐에서 열린 형언할 수 없는 저녁 식사. 1950년대의 완벽한 미인이던 그의 아내 실바나 망가노는 잘 화장한 두개골에 불안하고 상처 입은 눈이 달린, 걸어 다니는 해골이 되어 있었다. 아버지와 각별한 열다섯 살 난 어여쁜 딸, 맛없는 음식, 번지르르하지만 무신경한 친절.

또 다른 저녁 식사. 할리우드의 베테랑 에이전트 폴 코너는 윌리엄 와일러, 빌리 와일더, 윌리엄 웰먼 등 노장 감독들을 식사에 초대했다. 분위기는 화기애애했고 흥청대기까지 했다. 우리는 미국 영화의 직선적이고 독보적인 극작법을 논했다. 윌리엄 웰먼은 1920년대 초반에 2막극을 감독하면서 일을 배웠다는데, 2막극에선 상황을 신속하게 설정하는 것이 관건이었다. 술집 바깥으로 먼지 날리는 거리가 보이는 장면이다. 작은 개가 계단에 앉아 있다. 주인공이 문밖으로 나와 개를 쓰다듬은 뒤 말을 타고 떠난다. 악당 역시 문밖으로 나와 개를 발로 걷어차더니 말을 타고 떠난다. 드라마가 시작된다. 관객에겐 1분 만에 반감과 호감이 자리 잡는다.

나는 그해 초에 아서 재너브의 『원초적 외침(Primal Scream)』을 읽었는데, 논쟁의 여지가 많은 격문이었지만 감탄했다. 이 책에서 그는 적극적인 환자와 상대적으로 수동적인 치료사가 참여하는 정신과 치료를 제시했다. 이론은 신선하고 대담했다. 명쾌하고 흥미진진한 내용이 펼쳐졌다. 나는 크게 고무되어 재너브의 지침에 따라 네 부분으로 구성된 텔레비전 영화 제작에 착수했다. 그의 클리닉이 마침 로스앤젤레스에 있었기에 폴 코너에게 회의를 주선해 달라고 요청했다. 아서 재너브는 아름다운 여자 친구와 함께 코너의 사무실에 왔다. 그는 가냘파서 부스러질 지경이었고 희끗희끗한 곱슬머리가 매력적인 유대인이었다. 우리는 바로 쿵짝이 맞았다. 둘 다 호기심이 많고 스스럼없었기에 인사치레는 건너뛰고 단도직입적으로 본론에 들어가고자 했다.

수년 전 제롬 로빈스가 아름다운 동양인 동반자를 데리고 필름스타덴 스튜디오까지 나를 찾아온 적이 있었다. 그때도 비슷한 일을 겪었다. 명백한 접점과 가볍지만 불꽃 튀는 밀착. 이별의 그리움과 곧 다시 만나자는 굳센 다짐.

그러나 그런 일은 일어나지 않았고 앞으로도 없을 것이다. 촌스러운 베리만식 어색함과 변덕스러운 감정에 직면한 소심함으로는 얼른 비켜서서 입 다물고 물러나는 게 상책이다. 안 그래도 인생은 충분히 위험한 법이니, 고맙다고 하면서 살금살금 뒤로 물러서야 한다. 호기심은 불안으로 바뀌기 마련이므로, 잿빛 일상이 차라리 낫다. 일상은 조망하고 감독하면 되니까.

「고독한 여심」은 꿈과 현실을 그리면서, 꿈은 역력한 현실이 되고 현실은 녹아 꿈이 되는 영화를 만들 참이었다. 나는 「페르소나」, 「톱밥과 금속 조각」, 「침묵」, 「외침과 속삭임」에서 몇 차례 꿈과 현실 사이를 거리낌 없이 넘나들었다. 그러나 이번에는 어려웠다. 의도에 맞는 영감이 떠오르지 않았다. 꿈의 시퀀스는 인위적이었고, 현실은 뻐예졌다. 여기저기 자리한 안정적인 장면과, 사자처럼 분투한 리브 울만의 힘과 재능 덕분에 영화는 모양새를 갖췄지만 그녀도 클라이맥스에 다다라서는 추스르지 못했다. '원초적 외침'은 열정적이지만 부주의한 독서가 만들어 낸 결실이었다. 예술적 체념이 얇은 장막 너머에서 얼굴을 찡그렸다.

난 어둠을 보지 못했건만 서서히 어둑해졌다.

이탈리아 텔레비전에서 예수의 생애를 다루는 영화를 만들고자 했다. 든든한 투자자가 프로젝트를 지원했다. 대표단 다섯 명이 스웨덴에 도착하여 작품 제작을 위촉했다. 나는 구세주의 생애 마지막 48시간을 상세한 시놉시스로 만들어 응답했다. 각 에피소드는 극의 주요 등장인물들인 빌라도와 아내, 부인하는 베드로, 예수의 어머니 마리아, 막달라 마리아, 가시관을 엮은 병사, 십자가를 지고 간 구레네 사람 시몬, 배신자 유다를 그렸다. 돌이킬 수 없이 현실이 파괴되고 삶이 바뀌는 수난극 속에 각자 저만의 에피소드가 있었다. 나는 포뢰에서 영화를 촬영하고 싶다고 전했다. 비스뷔 방벽이 예루살렘을 둘러싸는 벽이 되고, 기암괴석 바다는 갈릴리 바다가 되는 것이다. 나는 랑함마르의 자갈 언덕에 십자가를 세우고 싶었다.

이탈리아인들은 시놉시스를 읽고 궁리하더니 시들한 투로 물러섰다. 그들은 내게 돈을 후하게 치르고, 정작 작업은 프랑코 제피렐리 감독에게 맡겼다. 그리하여 예수의 삶과 죽음은 아름다운 그림책이 되었고, 진정한 빈자들의 성서(biblia pauperum)로 거듭났다.

어두워지고 있었지만 나는 어둠을 보지 못했다.

내 삶은 즐거웠고 마침내 소모적인 갈등에서 해방되었다. 나는 악마들을 다룰 줄 알게 됐다. 어린 시절의 꿈도 하나 이룰 수 있었다. 포뢰의 뎀바에 있는 복원된 집에는 백 년 된, 반쯤 무너진 헛간이 있었다. 우리는 그것을 개조해서 「결혼의 풍경」을 찍을 원시적인 영화 스튜디오로 사용했다. 촬영이 끝난 뒤, 그 스튜디오는 건초 다락 위에 편집실을 갖춘 상영실로 개조되었다.

「마술피리」 편집이 끝나자 우리는 함께 일한 사람들과 섬 주민들, 어린이들을 첫 상영에 초대했다. 8월의 보름달이 떴고 안개가 뎀바 늪지를 감쌌다. 낮게 깔린 차가운 빛 속에서 오래된 집들과 풍차가 빛났다. 그 집의 유령인 '의로운 판관'이 라일락 덤불에서 한숨을 쉬었다.

휴식 시간에 우리는 폭죽에 불을 붙이고 샴페인과 청량음료를 든 채 용과 이야기꾼의 누더기 장갑, 딸을 얻은 파파게나, '마술피리'를 짐 속에 넣고 한평생 함께해 온 여정의 성공적인 마무리를 축하하며 건배했다.

나이가 들수록 오락의 필요성은 줄어든다. 무사하고 평온한 낮과 적당히 잠 못 이루는 밤이 고맙다. 나의 포뢰 상영실은 끝없는 즐거움을 선사한다. 영화 협회 시네마테크가 내 부탁을 친절히 들어준 덕분에 옛 영화를 화수분처럼 빌릴 수 있다. 의자는 편안하고, 방은 아늑하며, 어둠이 내려앉으면 흔들리는 첫 영상이 흰 벽에 각인된다. 조용하다. 방음이 잘되는 엔진룸에서 영사기 돌아가는 소리가 어렴풋이 들린다. 그림자들이 움직이고 나에게 얼굴을 돌리며 자신들의 운명에 주의를 기울이기를 바란다.

60년이 흘렀지만 나는 변함없이 자극을 받는다.

1970년에 로렌스 올리비에 감독이 나를 구워삶아서 매기 스미스가 타이틀 롤을 맡은 「헤다 가블러」를 런던 국립 극장 무대에 올렸다. 짐을 꾸려 길을 나선 나는 강한 내적 저항과 불길한 예감에 시달렸다. 예감은 현실이 됐다.

호텔 방은 어둡고 더럽고, 밖에서는 교통 소음이 요란했다. 건물이 흔들리고, 창문은 덜컹거리고, 습기 탓에 곰팡이 냄새가 나고, 문 오른쪽의 라디에이터는 굉음을 냈다. 욕조에 서식하던 작고 반짝이는 벌레들은 보기에 예뻤지만 거기에 있어서는 안 되었다. 새로 작위를 받은 올리비에 경과 배우들이 함께한 환영 만찬은 낭패였는데, 낯선 자바 음식이라 좀체 먹을 수가 없었다. 배우 하나가 환영 건배주부터 이미 만취하더니, 입센과 스트린드베리는 이제 상연이 불가능한 골동품들이며, 부르주아 연극의 붕괴를 만천하에 드러낼 뿐이라고 우겨 댔다. 그래서 내가 대체 왜 「헤다 가블러」에 참여했는지 물으니, 런던엔 일거리 없는 배우가 5000명이나 된다고 답했다. 올리비에 경은 마지못해 약간 웃으면서, 우리 친구가 훌륭한 배우인데 취하면 혁명가가 되는 것뿐이니 깊이 신경 쓰지 말라며 거들었다. 우리는 일찍 자리를 파했다.

국립 극장은 임대 건물 두 군데에서 임시로 공연을 했다. 그사이에 새 극장이 강변에 세워졌다. 연습실은 넓은 마당에 콘크리트와 골강판으로 만든 창고였는데, 냄새나는 쓰레기통들이 즐비해 있었다. 햇볕이 강판에 내리쬐기 시작하면 열기를 견딜 수 없었다. 창문도 없었다. 5미터 간격으로 지붕을 지탱하는 쇠기둥이 서 있는데, 이 기둥 앞뒤로 무대 배경을 설치해야 했다. 연습실과 행정 관리 막사 사이의 짧은 복도에는 화장실이 두 칸 있었다. 항상 구정물이 흥건했고 지린내와 썩은 생선 냄새가 진동했다.

배우들은 훌륭했고 몇몇은 우뚝했으며, 나는 그들의 장인 정신과 진행 속도에 좀 놀라기도 했다. 그들의 작업 방식이 우리와 다르다는 것도 이내 깨달았다. 첫 연습에서는 대사를 숙지했다. 무대 배경이 세워지면 빠른 템포로 연기에 돌입했다. 내가 조금 더 천천히 하라고 요청하자 따르기는 했지만 갈팡질팡하는 듯싶었다.

극장 대표 올리비에는 암에 걸렸지만 매일 아침 9시에 행정 막사로 들어가 하루 종일 일하고, 일주일에 며칠은 샤일록을 연기했으며, 하루에 두 차례 공연하는 날도 있었다. 어느 토요일에 첫 공연을 마친 뒤 올리비에 남작을 찾아갔는데, 갑갑하고 좁아터진 분장실에서 속옷과 찢어진 가운 차림을 하고 새하얗게 질린 얼굴로 식은땀을 흘리고 있었다. 접시 위에는 맛없는 샌드위치 몇 조각이 널브러져 있었다. 그는 샴페인을 한 잔 마시더니 두 잔, 석 잔 또 마셨다. 그런 다음 분장사가 와서 분장을 고치고 의상 담당자가 샤일록의 해진 프록코트를 입혀 주자, 그 역할에 사용하는 유독 하얀 틀니를 붙이고 중산모자를 집어 들었다.

낮에는 연습하고 저녁에는 공연해야 한다며 투덜대는 젊은 스웨덴 배우들이 생각나지 않을 수 없었다. 낮에도 저녁에도 공연하는 더 나쁜 경우도 있다. "지친다고요! 예술성도 망가지잖아요! 다음 날도 정말 힘들어요! 가정생활이 엉망이라니까요!"

나는 제멋대로 사보이 호텔로 옮겼고, 비용은 얼마든지 내가 대겠다고 다짐했다. 그러자 올리비에 경은 나에게 시내 부촌 고층 건물 꼭대기에 자리한 자신의 숙소 아파트를 내주며, 성가시게 하지 않을 테니 묵으라고 했다. 자신은 아내 조안 플로라이트와 브라이턴에 살며, 이따금 이곳 숙소에 와서 묵을 테지만 나와 서로 난처한 일은 없을 거라고도 했다. 나는 그의 배려에 고마움을 표하고 그곳으로 들어갔는데, 노트르담의 꼽추를 닮은 가정부가 반갑게 맞이해 주었다. 아일랜드 여자였는데, 키가 120센티미터밖에 안 되었고 비뚜름하게 걸었다. 저녁마다 기도를 올리는 소리가 너무 우렁차서 처음에는 방에 확성기라도 설치한 줄 알았다.

아파트는 언뜻 우아해 보였지만 알고 보니 속속들이 더러웠다. 값비싼 소파들은 꼬질꼬질하고 벽지는 너덜너덜했다. 천장은 습기로 얼룩덜룩하고, 곳곳이 먼지투성이에 끈적거렸다. 아침 식사용 컵은 설거지가 안 됐고, 잔에는 입술 자국이 묻었고, 카펫은 넝마 같았고, 조망 창엔 줄무늬 얼룩이 있었다. 거의 날마다 아침에 올리비에경과 식사했다.

나에게 유익한 자리였다. 로렌스 올리비에는 커피잔을 앞에 두고 세미나를 열어 셰익스피어 강의도 했다. 내 환희는 끝이 없었다. 내가 물으면 올리비에는 넉넉히 답해 주었고, 종종 아침 회의도 취소하고 커피를 한 잔 더 마시며 이야기를 들려주었다.

그의 고혹적인 목소리가 셰익스피어와 함께한 삶과 발견, 좌절, 통찰, 경험을 읊어 주었다. 나는 영국 배우들을 짓누르거나 속박할 법한 자연의 힘을 신경증 없이, 실용적으로 다루는 그들의 솜씨와 깊은 친화력을 서서히 즐겁게 이해했다. 이들은 전통 속에서 상당히 자유롭게 살았다. 다정하고 거만하며 공격적이지만 방해받지 않았다. 짧은 연습 시간, 외부의 강한 압박, 관객에게 다가가려는 강박으로 점철된 그들의 연극은 곧바르고 다차원적이며 무정부적으로 전통에 접근했다. 로렌스 올리비에는 전통을 이어받았으나 곧이곧대로 따르지만은 않았다. 똑같이 가혹하면서도 창의적인 조건에서 살아가는 젊거나 늙은 동료들과 부단히 협력함으로써 압도적인 것과 맺는 관계를 끊임없이 변화시켰다. 그런 관계를 파악하고 다룰 수야 있지만 늘 놀랍고 위험이 도사리는 도전이었다.

우리는 몇 차례 더 만나고 더 이상 안 보게 됐다. 올리비에는 자신이 무대에 올렸던 「세 자매」를 영화화했는데, 내가 보기에 영화는 엉성했다. 편집도 어설펐고 촬영도 꽝이었다. 또한 클로즈업도 부족했다. 나는 이 모든 것을 되도록 정중하게 말하려 했고, 연기와 배우들의 자질, 특히 비할 바 없이 마샤를 표현해 낸 조안 플로라이트에 대해선 칭송했다. 그러나 소용없었다. 로렌스 올리비에는 느닷없이 매우 격식을 차렸고, 전에는 따뜻한 동료애로 대하더니 그 뒤로는 사소한 일로도 말다툼을 벌이게 됐다.

그는 「헤다 가블러」 총리허설에 30분 늦게 도착하더니 사과는 일언반구도 없이 연출의 단점만을 비아냥댔는데, 그의 견해에 일리가 있긴 했다.

초연 당일, 나는 온몸으로 진저리를 쳤던 런던을 떠났다. 스톡홀름에 도착하니 밝은 5월 저녁이었다. 나는 노르브로 다리에 서서 녹색 통발을 싣고 나룻배를 타고 가는 낚시꾼들을 지켜봤다. 쿵스트레드고르덴에서는 관악단이 연주하고 있었다. 그리고 이토록 아름다운 여인들을 본 적이 없었다. 공기도 맑고 숨 쉬기도 편했다. 귀룽나무는 향기롭고, 흐르는 물에선 아린 한기가 솟아올랐다.

찰리 채플린이 새로 출간한 자서전을 홍보하고자 스톡홀름을 방문했다. 그의 책을 발행한 라세 베리스트룀이 그 위대한 인물을 그랜드 호텔에서 만날 의향이 있는지 묻기에, 나는 물론 만나고 싶다고 했다. 아침 10시에 우리가 객실의 문을 노크하자 채플린이 몸소 문을 열었다. 어두운색 맞춤 정장을 입은 말쑥한 차림이었고, 재킷 옷깃에는 레지옹 도뇌르 훈장이 빛났다. 그는 다양한 음색의 쉰 목소리로 우리를 정중히 환영했다. 그의 아내 우나와 가젤처럼 어여쁜 어린 두 딸이 안쪽 방에서 나왔다.

우리는 바로 자서전 얘기로 들어갔다. 내가 그에게 언제 처음으로 사람들에게서 웃음을 끌어냈다는 사실을 깨달았는지 묻자, 그는 흥분한 채 고개를 끄덕이며 기꺼이 답했다. 그는 키스톤 스튜디오에 고용돼 '키스톤 경찰'이라는 예술가 집단에 소속되어 있었는데, 정지된 카메라 앞에서 마치 무대 위의 버라이어티 쇼처럼 아슬아슬한 연기를 펼치곤 했다. 어느 날 그들은 얼굴을 허옇게 칠하고 수염을 기른 거구의 무뢰한을 쫓아가는, 늘 하던 연기를 했다. 한참을 달리고 넘어지다가 오후가 돼서야 악당을 붙잡아 바닥에 꿇어앉혔다. 그러고는 악당을 빙 둘러싸고 곤봉으로 머리를 때렸다. 이때 지시받은 대로만 연기하지 않겠다고 작심한 채플린은 카메라에 잘 잡히는 곳에 자리를 잡고 몇 번이나 치명적인 일격을 가하려다 마지막 순간에 멈췄다. 마침내 세심한 준비 끝에 곤봉을 내리쳤지만 결국 곤봉은 빗나가고 채플린은 자빠졌다. 영화는 곧 니켈로디언에서 개봉했고, 찰리 채플린은 그 결과를 보러 갔다. 그가 의도한 대로 타격이 빗나가자 극장의 관객들은 처음으로 찰리 채플린을 보고 웃음을 터뜨렸다.

그레타 가르보가 스웨덴 의사를 만나러 모국에 잠깐 들렀다. 친구는 내게 전화를 걸어 그 스타가 오후 늦게 필름스타덴 스튜디오를 방문하고 싶어 한다는 소식을 전했다. 환영 행사는 제치고 옛날 일터를 둘러보려는데 내가 안내해 줄 수 있겠느냐는 것이었다.

쌀쌀한 초봄 6시가 조금 지났을 무렵, 번쩍이는 검정 리무진이 필름스타덴 마당에 멈춰 섰다. 조수와 내가 그녀를 맞이하며 잠시 겸연쩍고 싱거운 안부 인사를 주고받았다. 그러고는 내 수수한 서재에 그레타 가르보와 나, 단둘이 남게 되었다. 그 스타를 따라온 친구에게는 내 조수가 코냑을 대접하며 말동무 노릇을 했다.

비좁은 서재에는 책상 하나, 의자 하나, 주저앉은 소파 하나가 있었다. 탁상등을 켜고 나는 책상에 앉았고, 그레타 가르보는 소파에 앉더니 주위를 둘러보고 이내 말했다. "여기는 마우리츠 스틸레르의 방이었어요." 나는 뭐라고 대꾸할지 몰라서 구스타프 몰란데르가 전임자라고 답했다. "뭐, 스틸레르 감독이 썼던 방인 건 확실해요." 우리는 스틸레르와 셰스트룀 얘기도 나눴는데 별다른 알맹이는 없었다. 그레타는 스틸레르가 이미 해고된 상태에서 감독한 할리우드 영화에도 출연했다. "사실은 감독 자리에서 잘리고 몸도 성하지 않았는데 나는 아무것도 몰랐어요. 그 양반이 불평한 적도 없고, 난 나대로 문제도 있었으니까요."

둘 다 말이 없었다.

그레타 가르보가 얼굴을 온통 덮은 선글라스를 쓱 벗더니 말했다. "아 참, 내 얼굴도 봐야죠, 베리만 감독님." 장난기 서린 찰나의 미소가 눈부셨다.

위대한 신화가 진정 신화이기에 면면히 마력을 뿜는지, 아니면 극장의 단골손님들이 만들어 낸 환상이 그 마력의 원천인지는 말하기 어렵다. 그러나 그 순간에는 의심의 여지가 없었다. 비좁은 어둑한 방에서 빛나던 그녀의 미모는 남달랐다. 내가 만난 이가 복음 속 천사였다면 아름다움이 후광처럼 비쳤다고 말했을 것이다. 그것은 얼굴의 뚜렷한 윤곽과 이목구비, 이마, 눈매, 고상한 모양의 턱, 날렵한 콧날 주위를 맴도는 활력으로 존재했다. 그녀는 내 반응을 바로 감지하더니 들떠서 셀마 라겔뢰프가 쓴 『예스타 베를링 이야기』를 스틸레르 감독과 작업한 이야기를 시작했다. 우리는 소형 스튜디오로 올라가서 서쪽 구석을 살펴봤다. 에케뷔 화재로 움푹 들어간 바닥이 여전히 방치돼 있었다. 그녀는 촬영 보조와 전기 기사의 이름을 대며 나한테 그들에 대해 물었는데, 한 사람 빼고는 모두 그곳에 없었다. 바로 그 한 사람은 이유가 딱히 짐작되진 않지만, 스틸레르가 스튜디오에서 쫓아냈다고 한다. 그는 혼나는 내내 차렷 자세로 묵묵히 서 있다가, 행진하듯 뒤돌아서 자리를 떠났다. 이후 다시는 필름스타덴 스튜디오 실내에 발을 들이지 않았고, 관리인이자 정원사로 일했다. 그는 마음에 드는 감독에게는 차렷 자세로 갈퀴를 들어 받들어총 경례를 하거나, 때로는 국가를 몇 소절 부르기도 했다. 싫어하는 감독의 차 앞에는 종종 나뭇잎이나 눈 더미를 쌓아 뒀다.

그레타 가르보는 해맑게 깔깔 웃으며, 정원사가 집에서 만든 생강 쿠키를 먹으라고 줬던 일을 떠올렸는데, 호의를 거절했다가는 큰일 날까 봐 공손히 건네받았다는 것이었다.

우리는 서둘러 그곳을 둘러봤다. 우아한 바지 정장을 입고 활기차게 움직이는 가르보의 몸은 생기와 매력이 넘쳤다. 가파른 길이 미끄러워서 내 팔을 잡았다. 함께 내 방으로 돌아왔을 때는 유쾌하고 편한 모습이었다. 내 조수는 손님과 옆방에서 왁자지껄하게 떠들고 있었다.

"알프 셰베리가 함께 영화를 만들자고 한 적이 있었어요. 유르고르덴에서 여름밤 내내 차에 앉아 이야기를 나눴는데, 워낙 말발이 세다 보니 뿌리칠 수가 없었어요. 제의를 받아들였다가 이튿날 아침 후회하고 거절했죠. 그렇게 멍청할 수가 없었어요, 베리만 감독님 생각도 그런가요?"

그녀가 책상으로 몸을 숙였고 책상 램프에 비친 하관이 보였다.

그러자 여태 한 번도 보지 못한 모습이 드러났다! 입가가 뜻밖에도 보기 흉했는데, 가로 주름에 둘러싸여 허옇게 푹 파여 있었다. 기분이 묘하고 속상했다. 이 모든 아름다움과 그 아름다움의 한가운데에 도사린 불협화음. 그 입과 그것이 들려주는 바는, 어떤 성형외과 의사나 메이크업 아티스트의 마법으로도 감출 수 없다. 그녀는 내 생각을 바로 읽었는지 곧 침묵이 흐르고 따분해졌다. 몇 분 뒤, 우리는 작별 인사를 나눴다.

나는 그녀가 서른다섯 살에 찍은 마지막 영화를 살펴봤다. 얼굴은 아름답지만 긴장이 역력하고, 입가는 굳었고, 눈빛은 초점이 흐릿하고, 코미디 영화임에도 슬펐다. 아마 관객도 화장 거울이 그녀에게 속삭여 준 얘기를 짐작했을 것이다.

1983년 여름, 나는 잘츠부르크 축제에서 몰리에르의 「돈 주앙」을 연출했다. 3년은 족히 진행했던 기획인데, 스가라넬 역할을 맡으려던 레지덴츠 극장 대표인 오스트리아 사람 쿠르트 마이젤과 내가 사이좋을 때 시작된 일이었다. 나중에 극장 대표가 나를 쫓아냈음에도 잘츠부르크와의 계약은 굳건했다. 나는 스가라넬 역할로 동독에서 냉대받던 힐마르 타테를 새로 캐스팅했다. 또한 나이를 먹어 가는 '돈 주앙'을 연기할 미하엘 데겐이 속한 훌륭한 극단도 내 휘하에 있었다.

리허설은 뮌헨에서 시작하고 마무리 작업은 2주에 걸쳐 잘츠부르크의 흉측스럽고 비좁은 궁정 극장에서 했다. 그곳에 단 한 가지 장점이 있었으니 유독 냉방 장치가 잘 작동한다는 것이었다. 그해는 관측 이래 가장 더운 여름이었다.

나는 국민성을 믿지 않지만, 오스트리아인은 특별한 종족 같다. 모르기는 몰라도 그들은 잘츠부르크 축제를 중심으로 번성하는 부류다. 그들은 끝없이 상냥했지만 효율성 부족, 과도한 조직, 허위, 관료주의, 뺀질뺀질한 게으름에 완전히 젖어 있었다.

얼마 지나지 않아 집행부는 내가 연출한 「돈 주앙」이 고삐 풀린 망아지 같음을 눈치챘다. 미소는 점점 차가워졌지만 맹위를 떨치던 더위를 식힐 만큼은 아니었다.

내가 초대받아 찾아간 헤르베르트 폰 카라얀은 자신의 가장 자랑스러운 창작물인 슈트라우스의 오페라 「장미의 기사」를 '잘츠부르크 축제 대극장'에서 재상연하기 위해 준비하던 중이었다.

전용차가 나를 태워 거대한 건물 깊은 곳의 개인 사무실로 데려갔다. 몇 분 늦게 도착한 남자는 작고 홀쭉했으며 머리가 너무 컸다. 그는 반년 전에 허리 대수술을 받고 한쪽 다리를 질질 끌고 다녔으므로 수행원이 부축해 줬다. 우리는 회색 음영이 멋들어진, 편안한 내실에 자리를 잡았다. 그곳은 적당히 딱딱한 분위기에 시원하며 우아했다. 조수, 비서, 수행원은 자리를 비켰다. 30분 뒤에, 오케스트라와 솔리스트들이 함께하는 「장미의 기사」 리허설이 기다리고 있었다.

마에스트로는 곧바로 본론으로 들어갔다. 나를 감독으로 삼아 「투란도트」를 텔레비전용 오페라 영화로 만들고 싶다며, 서늘하게 반짝이는 눈으로 나를 바라보았다. (나는 평소 「투란도트」를 불쾌하고 다루기 까다로운 변태적인 잡탕이며, 지난 시대의 산물이라고 여겼다.) 나는 그 작은 사내의 최면을 거는 듯한 맑은 눈빛에 빨려 들어가서, 항상 투란도트에 매료되어 왔기에 큰 영광이라고 엉겁결에 말해 버렸다. 심지어 음악이 신비로우면서도 강렬하므로 헤르베르트 폰 카라얀과 함께하는 것보다 더 고무적인 일은 세상에 없으리라고 덧붙였다.

제작 일정은 1989년 봄으로 정해졌다. 카라얀은 오페라계의 여러 스타를 지명하고 무대 미술가와 스튜디오도 제안했다. 또 영화는 1987년 가을에 녹음할 음반 작업에 바탕을 둘 참이었다.

느닷없이 모든 것이 비현실로 바뀌었고, 「투란도트」 제작만이 유일한 현실이었다. 나는 앞에 있는 남자가 일흔다섯 살이며 나보다 열 살 손위임을 알고 있었다. 1989년에 여든한 살의 지휘자와 일흔한 살의 감독이 함께, 이 기묘한 미라에 숨결을 불어넣을 텐데도 기괴한 프로젝트라고는 여겨지지 않았다. 내가 꼼짝없이 매료되었기 때문이다.

예비 기획을 일단락 짓자, 마에스트로는 슈트라우스와 「장미의 기사」 이야기를 꺼냈다. 스무 살 때 처음으로 이 곡을 지휘하고 평생 동안 이 곡과 함께 살았으며, 끊임없이 새로운 도전 의식을 느낀다고 했다. 그러다 갑자기 내게 말을 건넸다. "「꿈의 연극」을 보았습니다. 감독님은 마치 음악가처럼 연출하고, 리듬감과 음악성에다 선율 감각도 있더군요. 「마술피리」에서도 그게 보였어요. 매력적인 대목도 있었지만 내 마음에 썩 들지는 않았는데, 마지막에 몇 장면을 바꿨더군요. 모차르트는 그러면 안 돼요. 모든 게 유기적이거든요."

수행원이 문을 두드리며 리허설 시간이 되었음을 알렸다. 카라얀이 잠깐 기다리라며 손짓하더니 힘겹게 일어서서 지팡이를 잡았다. 조수가 나타났고, 우리는 돌로 포장된 복도를 지나서 '축제 대극장'으로 안내되었다. 그곳은 관객 수천 명이 들어차면 기가 죽을 법한 곳이었다. 우리는 천천히 나아갔고, 그사이 조수들, 수행원들, 남녀 오페라 가수들, 알랑거리는 비평가들, 굽실대는 기자들, 상심한 딸 하나까지 줄줄이 붙는 바람에 황실 행차로 변모해 버렸다.

무대 위의 솔리스트들은 1950년대의 무시무시한 세트에 둘러싸여 준비를 마쳤다. 나는 본래의 무대를 세세하게 되살리는 편인데, 오늘날의 무대 장치가들은 미쳤거나 멍청하거나 둘 다였다. 오케스트라석에선 빈 필하모니가 기다리고, 객석에는 이 제국의 관리 수백 명과 당최 정체를 가늠할 수 없는 시민들이 앉아 있었다. 호리호리한 인물이 다리를 질질 끌고 나타나자 모두가 일어났다. 그러고는 마에스트로가 오케스트라석 위로 들어 올려져 지휘대에 설 때까지 기다렸다가 도로 앉았다.

연습이 바로 시작되었다. 우리는 가슴을 후벼 파고 가증스러울 만큼 아름다운 파도에 빠져들었다.

내 자발적 망명은 1976년 봄, 파리에서 시작되었다. 나는 얼마간 방랑하다가 우연히 뮌헨에 다다르게 됐다. 그리고 우연이 또 겹쳐 바이에른의 레지덴츠 극장에 들어갔다. 그곳은 스웨덴 드라마텐에 상당하는 곳이었는데, 무대가 셋이고 인원 규모도 거의 비슷한 데다 정부 자금의 규모나 상연되는 작품 수마저 같았다. 거기서 나는 열한 편의 작품을 무대에 올렸으며, 소중한 경험을 허다하게 쌓고 약간 더 많은 바보짓을 저질렀다.

건물 자체는 막스 요제프 광장을 정면으로 바라보고, 오페라 극장과 주택가 사이에 끼어 있었다. 이런 장난기는 바이에른 사람들이 슈납스이데[28]라고 부르는 것과 비슷하다. 건물은 전쟁 직후에 급조됐고 웅장한 오페라 극장과 달리 안쪽이든 바깥쪽이든 그렇게 흉측한 것은 세상 어디서도 찾아볼 수 없었다.

객석은 천 명 이상 들어차며 나치 시대의 영화관과 매우 흡사했다. 객석 바닥은 판판하므로 뒤쪽에서는 무대가 잘 안 보이고, 좌석도 좁고 다닥다닥 붙어 지독히 불편했다. 키가 작으면 다소나마 앉기야 편하겠지만 시야 확보가 안 되었다. 스웨덴 평균 키의 사람이라면 관람하는 데엔 문제없으나 죔틀에 갇히는 셈이다. 무대와 객석의 사

28] Schnappsidee. 술(Schnapps) 취했을 때는 그럴싸해 보여도 사실은 정신 나간 생각.

이에 간격이 없다고 할 만한데, 어디서 무대가 시작되고 객석이 끝나는지 알 수 없었다. 색상은 쥐색과 지저분한 벽돌색이고, 열마다 세운 벽은 금빛 장식으로 요란했다. 천장에선 으스스한 네온 샹들리에가 깜박이고, 벽에선 네온 촛대가 엄청 크게 윙윙댔다. 극장의 무대 장치는 너무 낡아서 인명 사고가 날지도 모른다는 당국 판단에 따라 전원을 꺼 놨다. 관리실과 분장실은 좁아터져서 사람이 머물 만한 곳이 아니었다. 머릿니를 없앨 때 쓰거나 매음굴에서 사용할 법한 독일 세척제 냄새가 맴돌았다.

서독에는 시립 극장이 많았고 보수가 높거나 명성을 잃을 위험이 없는 몇몇 극장에는 첫손가락에 꼽히는 사람들이 모여 있었다. 극장 대표나 비평가는 방방곡곡 돌아다니며 여러 극장에서 어떤 작품을 내놓는지 확인했다. 다른 나라와 달리 이곳 사람들은 주요 신문 문화면에 매우 관심이 많았으며, 연극이 비디오나 팝 부문으로 격하되면 곤란하다고 여기는 듯싶었다. 하루도 빠짐없이 연극 행사가 상세히 보도됐고, 격렬한 연극 논쟁이 끊이지 않았다.

상임 연출가나 무대 미술가가 별로 없다는 것은 큰 장점이었다. 배우들은 해마다 새로 계약을 맺고 언제든 해고될 수도 있었는데, 단 15년 넘게 근속했다면 해고할 수 없었다. 그래서 모두 불안해했지만 장단점도 있었다. 장점은 뻔해서 보탤 말이 없고 단점은 권모술수, 갑질, 공격성, 알랑대기, 걱정, 정처 없는 삶이다. 극장 대표가 새로 취임하면 그전 일터에서 스무 명에서 서른 명쯤 배우를 데리고 오니, 기존 배우는 그만큼 거리로 나앉아야 했다. 이런 구조를 노조 역시 받아들였고 이의 제기도 딱히 없었다.

작업 속도가 맹렬했다. 본관 무대는 연극이 최소 여덟 편, 별관은 네 편, 실험 무대는 그때그때 작품이 올라갔다. 매일 공연하고 휴식 주간은 없었으며, 일주일에 엿새를 저녁에도 연습했다. 레퍼토리는 고수하되 프로그램은 날마다 바뀌었는데, 그중 수년간 공연한 작품은 약 서른 편이었다. 평가가 좋은 작품은 10년 넘게 공연되기도 했다.

불평 없이 역경, 박해, 불안을 견딜 수 있는 능력, 지식, 실력과 마찬가지로 전문성도 수준급이었다.

작업은 힘들지만 연습 기간이 웬만해선 8~10주를 넘지 않았다. 분위기가 온화하고 아마추어리즘에 열정적인 태도를 보이는 나라에서는 감독과 배우에게 개별적 해법을 제공하지만 이곳은 재정적 기반이 빈약했다. 따라서 매우 결과 지향적으로 활동하는 한편, 독일만큼 극장이 무정부적이고 의문시되는 데도 없었다. 어쩌면 폴란드도 그럴지 모르겠다.

뮌헨에 발을 디뎠을 때는 내가 독일어를 꽤 잘하는 줄 알았다. 하지만 그건 착각이었다.

내가 최초로 부닥친 문제는, 스트린드베리의 「꿈의 연극」 대본을 처음으로 함께 읽었을 때 발생했다. 훌륭한 배우 마흔네 명이 자리에 앉아 호의는 물론이고 기대에 찬 눈빛으로 나를 바라보았는데, 내가 다 망쳤다. 말을 더듬거나 까먹고, 발음과 구문이 꼬이고, 얼굴은 벌게져서 땀이 삐질삐질 나고, 머릿속엔 여기서 살아남는다면 뭐든 해낼 수 있겠다는 생각뿐이었다. "인간이 불쌍하다."는 독일어로 번역하면 "Es ist Schade um die Menschen."인데, 말의 뉘앙스가 다르며 스트린드베리의 나긋하게 온건한 탄성과는 거리가 멀었다.

처음 몇 해는 힘들었다. 나는 팔다리를 잃은 불구자처럼 느껴졌고, 눈 깜짝할 사이에 찾아내던 적확한 말이야말로 감독 개인으로

서 내가 사용하던 가장 단단한 연장이었음을 깨달았다. 작업 리듬을 깨지 않으며, 배우가 몰입하고 내가 귀 기울이는 순간을 흩트리지 않는 말. 짧고 효율적이라 태생부터 직관적이고 딱 들어맞는 말. 화나고 서글프고 안달했지만 내 엉성한 독일어에서는 그런 말이 태어나지 않았다. 그저 한계를 절절히 실감할 따름이었다.

몇 해를 배우들과 부대끼다 보니 내가 말하려는 바를 배우들이 눈치껏 알아듣게 됐다. 우리는 마침내 그럭저럭 만족스러운 감정과 밀착된 신호 체계를 구축해 낸 것이다. 이러한 걸림돌에도 불구하고 내가 몇몇 으뜸가는 작품들을 뮌헨에서 연출할 수 있었던 까닭은, 이해력이 빠른 독일 배우들이 훌륭한 감수성과 참을성으로 내 횡설수설을 잘 넘어섰기 때문이다. 내 나이에 언어를 새로 익힌다니 도무지 말이 안 됐다. 나는 자투리 지식으로 근근이 버티면서 오다가다 얻어걸리면 시나브로 배워 나갔다.

뮌헨의 연극 관객에겐 뭔가 대단한 것이 있다. 충실하고 식견이 높은데, 모든 사회 계층이 그렇다. 극도로 비판적인 태도를 드러내기도 해서 곧잘 휘파람과 야유로 불만을 알린다. 그런데 흥미롭게도 이 관객들은 남들이 공연을 깎아내리건 띄우건 개의치 않고 극장에 간다. 요컨대 관객이 일간지 비평을 불신한다는 말이 아니고, 그걸 읽되 공연을 좋아할지 말지는 스스로 결정할 권리를 누린다는 것이다.

좌석은 90퍼센트 남짓 차며 저녁 시간이 즐거웠다면 뜨거운 박수갈채가 터진다. 공연이 끝나면 다들 못내 아쉬워 느릿느릿 극장을 나와, 여기저기에 무리 지어 서서 저녁 공연 감상을 두고 토론을 벌인다. 결국 막시밀리안슈트라세 거리의 술집과 카페는 이들 손님으로 가득 찬다. 저녁 공기는 습하고, 산 너머 어딘가에서 천둥소리가 들리고, 차량이 빵빵대며 붐빈다. 나는 걱정과 설렘 속에 그 자리에 서서 음식 연기, 자동차 매연, 어둑한 공원의 짙은 향내를 들이마시며 수천 명의 발소리와 타국어를 듣는다. 내 나라를 떠났음을 새삼 느낀다.

문득 향수에 젖어, 고국에서 나의 관객들이 너무나 따뜻하게 보내오는 커튼콜을 받고 싶다. 그러고는 다들 불이라도 난 듯 썰물처럼 극장을 나서는 사람들. 뉘브로플란에 다다르면 먼지 쌓인 고요한 대리석 궁전 주위로 눈보라가 휘몰아친다. 바다 너머 툰드라에서 바람이 불어오고, 허옇게 을씨년스러운 가운데 누더기를 걸친 펑크족 여럿이 외로움에 울부짖는다.

처음에 뮌헨은 나를 두 팔 벌려 열렬히 맞이했다. 북쪽 사회주의 지옥에서 탈출한 베리만이 민주적 복지의 피신처 바이에른의 주지사, 프란츠 요제프 슈트라우스의 곰처럼 커다란 품에 살포시 안겼다는 것이다.

그 거물이 당시 선거 유세를 하던 동안, 내 환영 파티에서 함께 찍은 사진을 자꾸 써먹는 바람에 나는 그 같은 명예를 정중히 사절해야 했다.

연이어 환영 행사가 벌어졌다. 으리으리한 축제의 일환으로 시내의 가장 큰 영화관에서 「마술피리」가 상영됐다. 텔레비전에서는 「결혼의 풍경」이 방영되었고, 이에 관한 토론과 후속 프로그램도 나왔다. 환대와 호기심이 파도처럼 밀려들었다. 나는 이 모든 호의에 부응하려 했고 어떤 식으로든 힘써 예의를 갖췄지만, 바이에른이 정당과 파벌로 깊게 분열된 철저히 정치화된 사회라는 사실을 너무 늦게 깨달았다.

단시간에 나는 다방면에서 바보짓을 저지르는 위업을 이룩했다.

나는 세계의 변방이라는 적당한 바람막이 뒤에서 오랜 직업 생활을 통해 습득한 원칙과 사고방식을 가지고 레지덴츠 극장으로 뛰어들었다. 독일 상황에서 스웨덴 모델을 시험한 게 결정적으로 어리석은 선택이었다. 이러구러 나는 극장의 의사 결정 과정을 민주화하는 데에 상당한 시간과 공을 들였다.

그야말로 치명적인 반편짓이었다.

나는 단원 회의를 진행해서 자문을 맡을 다섯 명의 배우 대표단을 용케 발족했다. 그리고 말 그대로 지옥문이 열렸다. 여기서 미리 언급하건대, 바이에른의 국립 극장엔 이사회가 없고 바이에른 문화부에 직속되어 있었다. 이곳을 담당하는 장관은 거드름 피우는 오르간 연주자였는데, 중국의 황제보다 알현하기가 어려웠다.

마침내 단원들의 번뇌 속에서 자문 기구가 만들어지고 기능하게 되자 내가 얼마나 흉측한 괴물을 낳았는지 깨달았다. 수년간 곪아 터진 증오가 마각을 드러냈고, 알랑방귀와 두려움은 상상도 못할 수준이었다. 여러 파벌의 적대감이 높이 불타올랐다. 스웨덴의 교회 인사들 사이에서도 용납되지 않을 법한 수준과 규모로 협잡과 간계가 곳곳에서 판쳤다.

우리 극장 대표는 빈 출신으로, 70대의 빛나는 배우였다. 그가 결혼한 여자 배우는 아름다웠지만 아쉽게도 재능이 부족했고, 권력에 굶주려 연극적으로 행동했으며 흉계를 잘 꾸몄다. 대표는 클리타임네스트라 같은 아내와 함께 극장을 독재하듯 다스리고 고군분투하며 독일 연극의 굴욕과 영광을 헤쳐 나갔다.

이 극장 대표는 자신이 아버지의 지혜로 통치한다는 환상 속에 살다가, 새로 결성된 배우 대표단 덕에 처참하게 망상에서 벗어났다. 당연히 나를 아버지와 자식 사이의 사랑을 망친 파괴자이자 숙적으

305

로 여겼다. 그 아내도 열성적으로 거들고 나서던 와중에 내가 연출한 「세 자매」에서 올가 역을 맡았는데, 제 딴엔 섹시하다고 여겼는지 자꾸 목구멍에서 가르랑거리는 소리를 냈다. 이에 짜증이 난 내가 발성 강사를 구하라고 진지하게 조언했더니 단단히 토라졌다.

나와 대표가 다투기 시작했고, 이를 목격한 배우들은 한쪽을 두둔했다. 우리의 무기는 무뎠다. 이전에는 우리가 진심으로 서로를 아끼고 우러러봤기에 싸움은 더욱 모양새가 우습고 슬펐다.

이 모든 소란의 결과로 극장 분위기만 쓸데없이 딱딱해졌다. 나는 최선을 다해 모든 것을 바로 세우려는 열망에 사로잡혀 오히려 중요한 사실을 까먹었다. 이를테면 이 배우들은 아무런 안전망도 없이 살아가고 있었다. 그들의 소심함도 이해됐고, 용기는 꿈도 못 꿨다.

1981년 6월에 나는 즉각 쫓겨났다. 내 공연은 레퍼토리에서 제외됐고 나는 출입 금지당했다. 이와 더불어 나를 겨냥한 비난과 모욕이 언론과 문화부에 전달됐다. 내가 부당한 대우를 받았다는 느낌은 딱히 없었다. 내가 대표였더라도 마찬가지였겠고 어쩌면 더 서둘렀을 것이다.

반년 뒤에 나는 극장으로 돌아왔다. 옛 대표가 사임했고, 바이에른 사회보다 개방적인 사회에서는 생각도 못 할 지저분한 언론 공세와 선거 운동을 통해 새로운 사람이 취임했다.

구경꾼들에게는 교훈도 있고 흥미로운 사건이었을 테지만, 직격탄을 맞은 이들에게는 끔찍하고 망신스러운 일이었다.

나는 그 밖에도 멍청한 짓들을 저질렀는데, 뮌헨에서 해명을 잘해도 모자랄 판에 언론과의 접촉을 모두 거부했다.

평단의 크고 작은 유력자들과도 의사소통하기를 기피했다. 꽤 어리석은 짓이었는데, 사형수와 사형 집행인 사이의 어떤 상호 작용이 바이에른에서 고도로 의례화된 게임인 '비행기 태웠다가 나락으로 보내기'에 중요한 요소로 작용했기 때문이다.

언젠가 내 친구 엘란드 요세프손이 말하길, 사람들을 알아 갈수록 더 조심하랬다. 누군가를 알게 되면 점점 좋아하게 마련이라 방심을 경계하라 했건만, 실제로 나 역시 그렇게 됐다. 많은 동료에게 애착이 생겼고 유대감을 끊기가 고통스러웠다. 이렇게 끈에 묶여서 작별하기까지 못해도 2년은 걸렸다. 살다 보면 그럴 수 있다!

뮌헨에서 보낸 9년만큼 그토록 악평에 시달린 적은 내 평생 없었다. 연극이나 영화로 인터뷰를 하거나 어딘가에 출연하면 신기하다 싶을 만큼 경멸과 밑도 끝도 없는 모욕을 받았다. 그래도 물론 예외는 있었다.

설명을 좀 보태자면, 내 첫 연출은 정말 좋지 않았다. 불안하고 관습적이라서 따분했다. 당연히 근본적인 혼란을 야기했다. 게다가 나는 내 연출에 깔린 생각이 뭔지 언급하기를 원칙적으로 거부했다. 그래서 남들에게 더욱 짜증을 불러일으켰다.

이후 나는 더 능숙해지고 때로는 정말 잘하기도 했지만 역경은 이미 다가온 뒤였다. 스스로가 뭐라도 되는 줄 아는 이 괘씸한 스칸디나비아인에게 다들 점점 분노하기 시작했다. 그리하여 욕설이 내 귓가를 맴돌기 시작했고, 급기야 「미스 줄리」 초연에서는 야유를 받았다. 놀라운 자극을 얻은 체험이었다.

적어도 초연 무대에서는 연출가가 배우들과 함께 꾸벅 인사를 해야 하는데, 만약 나타나지 않으면 난리가 난다. 배우들이 무대에 나서자 박수와 환호가 터졌고, 내가 나가자 귀청이 터질 듯한 야유가 쏟아졌다. 그럼 어떡해야 할까? 아무것도 안 한다. 그냥 그 자리에 서서 멍청하게 벙긋 웃으며 인사한다. 그러면서 생각한다. '자, 베리만, 이런 일은 처음 겪지만, 어쨌든 좋은 거야. 사람들이 이렇게 버럭버럭하다니 말이야. 아무 까닭도 없이, 헤쿠바 때문에.'[29]

무대 바닥은 온통 괴물의 콧물로 범벅이 되어 있다. 입센의 가엾은 유령들은 끈적끈적한 콧물이 묻은 발을 질질 끌고 다닌다. 이 괴물의 콧물은 누구나 금세 눈치채듯 부르주아의 타락을 나타낸다. 햄릿의 아버지는 물론 벌거벗은 채로 병상 밑에서 유령을 짓누른다. 「베니스의 상인」은 계획된 대로 근처 다하우 강제 수용소의 연병장에서 상연된다. 관객들은 버스를 타고 그곳으로 향한다. 공연이 끝나고 샤일록은 수용소 복장 차림으로 조명을 세게 받으며 홀로 서 있다. 바그너의 「방황하는 네덜란드인」은 널찍한 비더마이어 살롱에서 시작되며, 배들이 벽을 뚫고 지나간다. 엔첸스베르거의 「타이타닉의 침몰」을 공연할 때는 무대 중앙에 무시무시한 잉어 한 마리가 헤엄치는 거대한 수조를 두었다. 재난이 일어나면서 배우들은 차차 잉어 쪽으로 성큼 다가선다. 같은 극장에서 「미스 줄리」는 세 시간짜리 무성 영화 소극처럼 상연된다. 배우들은 하얗게 분장하고 끊임없이 소리를 지르며 광란의 몸짓을 한다……. 이 모든 것이 처음에는 다소 놀랍다. 그러나 곧 이것이 섬세한 독일 연극의 전통임을 이해하게 된다. 끈질기고도 생생한 전통이다. 전적인 자유이자 전문가적 절망이 꿰찌르는 총체적 문제 제기다.

젖먹이 때부터 글자를 그대로 따르는 충실함을 흡수한 북쪽의 야만인에게는 이 모든 것이 무시무시하면서도 재미있다.

관객들이 격분하고 열광하며, 비평가들도 격분하고 열광한다. 머리가 뜨거워지고, 발밑의 땅이 흔들린다. 내가 보는 게 무엇인가,

---

29] 셰익스피어의 「햄릿」 2막 2장에서 나오는 햄릿의 독백을 차용한 것이다.

내가 듣는 게 무엇인가, 나인가, 아니면?

이제 나도 슬슬 마음을 정하고 입장을 취할 때다. 누구나 그렇듯 그래야 기분이 나아지기 때문이다. 설령 다음 날에 정반대의 입장을 취하게 되더라도 말이다. 그러니까 독일 무대에서 나에게 들이닥친 것 대부분은 전적인 자유가 아니라 전적인 노이로제였다.

그런데 이 불쌍한 녀석들이 뭘 생각해 내야 관객과, 특히 비평가들의 눈길을 한 번이라도 잡아끌 수 있을까. 젊은 감독에게 「깨어진 항아리」의 연출이라는 중요한 임무가 주어진다. 그 작품을 각기 다른 무대에서 일곱 번 봤다는 그는, 이곳 관객들이 어린 시절부터 그 작품을 이미 스물한 번이나 봤음을, 또 비평가들이 쉰여덟 번이나 하품했음을 안다. 두각을 나타내려면 이제 뻔뻔해져야 한다.

자유는 아니다.

이런 혼란 속에서 훌륭한 연극 체험과 기발한 해석, 결단력 있고 폭발적인 돌파가 꽃핀다.

사람들은 극장에 가면 투덜대든가 즐긴다. 아니면 투덜대면서도 즐긴다. 언론은 따라다닌다. 지방 극장에선 위기가 끊임없이 터지고, 스캔들이 연이어 일어나고, 비평가들이 서로 욕하고 헐뜯는다. 한마디로 아수라장이다. 위기가 많지만 정작 위험은 드물다.

아프리카 사막에서 일어난 뜨거운 바람이 이탈리아를 지나 알프스를 넘으며 축축한 기운을 내뿜는다. 그러고는 고원을 따라 쇳물처럼 흘러내리며 뮌헨을 덮친다. 아침에는 진눈깨비가 내려 영하 2도까지 떨어지기도 하지만, 한낮 내내 컴컴한 극장에 있다가 바깥에 나오면 영상 20도가 넘어 아지랑이가 피어오른다. 지평선 끝자락 알프스산맥은 손에 닿을 만큼 가깝다. 사람과 동물이 약간 미쳐 가는데, 안타깝게도 좋은 방식은 아니다. 교통사고가 늘고, 중요한 수술들이 더 많이 중단되고, 자살률이 높아지며, 순한 개들이 이빨을 드러내고, 고양이들은 벼락 치듯 쏘다닌다. 극장에서의 연습도 평소보다 더욱 감정적으로 고조된다. 도시는 저릿저릿해지고 나는 잠 못 이룬 탓에 성을 낸다.

푄이라 불리는 이 바람은 당연히 두려운 대상인데, 석간신문에서는 머리기사로 다루고 뮌헨 사람들은 잔 바닥에 즙이 많은 레몬 조각을 깔고 밀로 양조한 맥주를 마신다.

1944년, 겨울 공습으로 뮌헨 도심의 교회들과 유서 깊은 건물들, 웅장한 오페라 하우스에 이르기까지 전부 가릴 것 없이 폭삭 주저앉았다. 사람들은 전쟁이 끝나자마자 재난 이전과 동일하게 보이도록 모조리 재건하기로 결정했다. 오페라 하우스는 마지막 잔손질까지 아기자기하게 복원됐다. 그곳에는 무대가 전혀 보이지 않고 오로지 듣기만이 가능한 좌석이 아직도 200개나 있다.

푄이 불고 쨍한 날에 카를 뵘은 이 엄청난 건물에서 「피델리오」의 총리허설을 지휘했다. 나는 지휘대 뒤쪽 맨 앞줄에 비스듬하게 앉아서 늙은 거장의 세세한 동작과 기분까지 따라갈 수 있었다. 연출은 끔찍했고, 무대 배경이 너무 쓸데없이 유행만을 좇은 까닭에 견디기 어려웠던 기억이 어렴풋이 떠오른다. 방자하지만 능란한 바이에른 연주자들을 작은 손놀림으로 지휘하는 카를 뵘의 신호를 합창단과 독주자가 어떻게 알아보는지는 여태 수수께끼다. 지휘자는 웅크려 앉아 팔도 들어 올리지 않고 일어서지도 않은 채 악보 한 장조차 넘기지 않았다.

겨우겨우 굴러가던 이 괴상망측한 오페라 실패작은 느닷없이 샘물처럼 맑게 변신했다. 나는 난생처음 「피델리오」가 듣는 것임을 이해하게 되었다. 그동안 들어 왔음에도 결코 깨닫지 못했던 점이다. 결정적이고 근본적인 체험, 내면의 떨림, 희열, 감사, 예상하지 못한 온갖 반응.

하나같이 단순해 보인다. 음표는 제자리에 있고, 화려한 기교나 놀라운 대목은 없고, 아예 들어 본 적이 없는 템포다. 이런 해석은, 약간 아이러니하게도 독일인들이 '베르크트로이'[30]라 부르는 것과 들어맞는다. 이것은 다름 아닌 기적이다.

몇 해 전에 월트 디즈니의 만화 영화를 보았다. 영화 속에서 남태평양을 그리워하던 펭귄은 마침내 도망쳐 따뜻하고 푸른 물 한가운데에 있는, 야자수가 산들거리는 섬에 다다른다. 그러고는 남극 대륙의 그림을 야자수에 못으로 박아 놓고 고향을 그리워하면서 남극에 타고 갈 배를 부지런히 만든다.

나는 그 펭귄과 같다. 레지덴츠 극장에서 일할 때 나는 드라마텐 극장을 자주 생각하며 나만의 언어, 동지, 소속감이 있는 고향을 그리워했다. 고국에 돌아온 이제는 뮌헨에서 겪은 도전과 싸움, 피비린내 나던 전투와 더불어 죽음 따위는 코웃음 치던 그곳 예술가들이 그립다.

내 나이에는 불가능에 달려드는 충동이 생긴다. 현기증에 시달리면서도 교회 탑을 오르기 시작하는 입센의 '건축가 솔네스'가 이해된다. 분석가들은 불가능을 향한 충동이 성기능 감소와 관련이 있다고 사려 깊게 말한다. 그런 소리 말고는 딱히 분석가가 할 말이 따로 있겠는가?

30] werktreu. '작품에 충실한'이라는 뜻이다.

나는 다른 동기로 움직이는 것 같다. 실패는 시원하고 톡 쏘는 맛을 내기도 하며, 역경은 공격성을 불러일으키고 삶을 뒤흔들어 창의력을 일깨운다. 에베레스트산의 서북쪽 암벽을 기어오르면 짜릿할 터다. 나는 생물학적 이유로 침묵하기 전에 반론과 질문을 받고 싶다. 나는 날마다 스스로에게 그러고 있으니 남한테도 말이다. 나는 한자리에 얽매이지 않고, 약을 올리고, 성가신 인간이 되고 싶다.

불가능한 것은 몹시도 유혹적이고 내가 잃을 것이라곤 전혀 없다. 얻는 것이라고 해 봐야 몇몇 신문의 호평뿐인데, 갈채를 보내는 독자도 10분이면 잊고 나 역시 열흘이면 잊는다.

그런데 우리 해석에 담긴 진실은 시간에 묶인다. 우리의 연극 공연은 자비로운 땅거미 속으로 가라앉았을지 모르지만, 순간의 찬란함과 비참함은 문득문득 나긋하게 반짝인다. 반면에 영화는 그대로 남아 예술적 진실의 난폭한 변덕을 증언한다. 기암괴석 몇 조각이 유행이라는 산산이 부서진 조약돌 더미 위로 솟아오른다.

분노로 눈이 맑아지는 순간, 내 연극은 1950년대의 것이고 스승들의 작품은 1920년대에 나왔음을 깨달았다. 이러한 깨달음은 나를 더욱 경계하게 하고 조급하게 한다. 깊이 배어든 개념과 중요한 경험을 떨쳐 내고 오랜 해법은 깨뜨려야 하겠으나 꼭 새것으로 갈아치울 필요는 없다.

극을 짓는 에우리피데스는 늘그막에 마케도니아로 유배당한 뒤 「박코스 여신도들」을 쓴다. 그는 맹렬하게 벽돌들을 하나하나 쌓아 올린다. 모순은 모순과, 숭배는 신성 모독과, 일상은 의례와 충돌한다. 교화는 넌덜머리가 나고, 신들과의 놀이도 마침내 끝장났음을 깨닫는다. 평자들은 늙은 시인의 권태에 대해 얘기하지만 실은 정반대다. 에우리피데스의 육중한 조각품은 텅 빈 하늘 아래 무정하고 무의미하게 움직이는 인간들, 신들, 세상을 묘사한다.

　「박코스 여신도들」은 거푸집을 부수는 기개를 증언한다.

1983년 12월 27일 화요일, 황혼 무렵에 스톡홀름이 정전되었다. 우리는 드라마텐의 지붕 아래 널찍하고 아름다운 방에서 배우와 단역, 제작진까지 예순 명이 모여 「리어왕」을 연습하고 있었다.

실성한 임금은 온갖 어중이떠중이에 둘러싸인 채 무대 중앙에 서서 인생은 바보들의 무대라고 주장한다. 불이 나가자 모두가 웃는다. 블라인드가 올라가자 바람에 흩날리는 진눈깨비가 유리창으로 들이닥친다. 굼뜬 일광이 머뭇머뭇 연습실로 흘러든다. 누군가가 인터폰으로 극장과 동네, 어쩌면 온 도시가 캄캄해졌으리라고 알린다.

나는 잠시 기다리자고 제안한다. 대도시의 정전은 길어야 몇 분이면 끝난다. 우리는 바닥과 의자에 자리를 잡고 조용히 이야기를 나눈다. 골초 몇 명이 대기실로 나갔다가 곧바로 돌아온다. 바깥은 칠흑 같은 어둠이 다스린다.

시간이 흐르며 그림자 없는 일광이 잿빛으로 변한다. 왕은 여전히 넓은 검정 망토 차림에 '오필리아'나 '안나' 또는 '스가나렐'이 썼을 부스스한 화관을 쓴 채 조금 떨어져 서서, 눈을 감고 입술을 움직이며 손으로 박자를 맞춘다. 후벼진 눈 위에 피 묻은 붕대를 감은 '글로스터'는 앞을 바라보며 자신이 청어 튀김의 대가라고 힘줘 말하면서 약간 더듬는다. 아름다운 엑스트라 몇몇은 구석에 앉아서 운동복 차림에 장화를 신고 검을 찬, 풍자적인 행색의 올버니 공작이 하는 말을 듣는다. 연습실 분위기가 거북하진 않아도 다소 가라앉았기에 때때로 고맙다는 듯이 웃어도 다들 차분하다.

안전 관리자 '에드거'가 비계엔 반드시 난간이 있어야 한다며 안경을 벗고 열변을 토하자, 무대 감독이 받아 적는다. 정직한 '켄트'는 요통이나 다른 빌어먹을 일 때문에 큰대자로 누워 있다. 예쁜 '코델리아'는 양초를 찾아내서 어두운 대기실을 헤치고, 소변과 담배라는 끈덕지게 성가신 두 가지 욕구를 해결하러 성큼성큼 걸어 나간다.

30분이 지나자 눈보라가 거세져 구석진 곳들은 한결 깜깜하다. 연습실 한가운데에선 음악적 재능과 미성을 지닌 우리 단역 소년 소녀들이 지휘자와 함께 불타는 촛불 다섯 개를 둥그렇게 둘러싸고 앉아 마드리갈을 부른다.

우리는 말없이 귀를 기울인다. 부드럽게 휘감는 목소리에 휭휭 눈보라가 친다. 더욱 빠르게 사라지며 죽어 가는 희미한 일광은 어떤 가로등 불빛에도 무력하다. 노래는 우리 감각 속을 떠돌고, 우리 얼굴은 흐릿해진다. 시간이 멈추고 이제 우리는 그 안에, 항상 존재하는, 아주 가까운 세계 깊숙이에 있다. 비록 우리가 닿을 수 없다고 여기더라도 마드리갈, 눈보라, 불 꺼진 도시만 있으면 친숙한 공간에 둘러싸인다. 우리 업(業)은 시간을 늘리거나 줄이고, 멈춰 세운다. 그렇게 시간을 가지고 논다. 물론 그 현상은 딱히 생각하지 않더라도 일어나는 일이다. 시간은 쉽게 바스러지는 허울뿐인 구조이고, 지금 그것이 통째로 사라졌다.

「리어왕」은 대륙이다. 우리는 다양한 기술과 성공을 바탕으로 탐험대를 꾸려서 황무지, 강, 해변, 산, 숲을 지도에 그린다. 세계의 모든 나라가 원정대를 꾸린다. 때때로 우리는 돌아다니다가 만나서 어제의 내해가 오늘은 산으로 변했다는 사실을 절망적으로 확인한다. 우리는 지도를 그리고 논평하고 설명하지만 아무것도 들어맞지 않는다. 숙련된 해석자가 4막을 명확하게 설명한다. 그러니까 왕은 명랑하고 미치광이는 너그러워야 한다. 곧이어 그 해석자는 2막의 화산 같은 폭발에 이르러 우중충하고 무력해진다. 극은 부조리하게 전개된다. 온통 왁작왁작한 잔칫날 분위기로 가득한 놀이처럼 만드는 게 최선이다. 왕은 그럴싸하지만 위험한 생각을 떠올리고 껄껄 웃는다. 그런데 방랑극이라니? 전향이라고? 극한의 회한을 묘사할 힘과 육체적 인내력은 누구에게 있는가? 처음엔 다 질서 정연해도 세상은 1초 만에 혼돈 속으로 빠져들어 재앙을 펼쳐 낸다.

나는 그게 무슨 얘기인지 알았고 영혼의 촉각으로 극을 체험했다. 흉터는 아물지 않았다. 내 경험을 어떻게 옮겼어야 나의 왕이 무질서와 굴욕에 맞서 공들여 굳건히 지켜 낸 국경을 무너뜨릴 수 있었을까?

우리의 연기가 깊은 생각에 짓눌려서도 안 된다. 날쌔고 명료하게 바깥으로 드러나야 한다. 우리는 경험과 전통도 없는데 교육마저 잘못 받았다. 열망으로 기교를 때울 수 있을까? 아니면 우리는 언어의 늪에서 허우적대다 죽음을 맞이할까? 우리 스웨덴 배우들은 달리 풀어낼 도리 없이, 반듯한 스트린드베리의 대사만을 연습해 왔다. 보통의 배우가 과연 글로스터의 이중적 고뇌, 켄트의 기쁨에 찬 분노, 에드거가 연기한 광기, 리건의 악마적 사악함을 표현할 수 있을까?

우리 탐험대는 불볕더위에 구슬땀을 뻘뻘 흘리며 황무지를 가로질러 나아간다. 달궈진 돌처럼 태양이 뚝 떨어져 어둠은 뚫을 수 없고, 가만 보니 우리는 바닥 모를 수렁에 빠졌다. 하루하루가 흘러간다. 마침내 우리는 진실의 순간에 고정된 점으로부터 차분히 체계적으로 발걸음을 옮긴다. 여기에서 저기까지 2미터 17센티미터라고 적어 둔다. 또다시 재 보는 게 좋겠다. 이제 1만 4000미터다.

관객, 감독, 배우, 평론가는 저마다 직관과 느낌으로 착각하거나 막연하게 파악한 채 「리어왕」을 본다. 어떤 설명을 시도하든 헛되지만 매혹적이다. 자, 그럼 함께 개념을 가지고 놀이를 해 보자. 누군가는 코를 서북쪽으로 돌려 태양을 바라보며 점을 친다. 또 누군가는 눈을 감고 턱을 가슴까지 내린 채 남쪽을 향해 중얼거린다. 베토벤 현악 4중주 나단조 작품 번호 130의 3악장 「안단테 콘 모토, 마 논 트로포(Andante con moto, ma non troppo)」는 누가 가장 잘 해석할까? 읽히고 들리게 할까? 내 생각에 그 작품은 좋은 곡이다. 조금 지루하지만, 그래도 훌륭하다! 대우주, 자리바꿈, 대위법, 구조화, 변증법, 모방. 더 빠르거나 아니면 더 느리게? 더 빠르고 더 느리게? 실은 더 구조적이긴 하지만 말이다. 귀먹는 고초를 겪으면서 만들어 낸 소리에 난 감격해서 울었다. 음악은 설명을 하면 꼭 허황된 말처럼 들린다. 음색의 떨림이 감정에 영향을 미치기 때문이다. 반면 연극은 설명할 수 있다고 여겨지는데, 언어가 이성적으로 파악될 것 같기 때문이다. 퍽이나!

입센과 거짓말쟁이들, 스트린드베리의 지진, 몰리에르의 음험한 12음절 시구 위로 미끄러지는 분노, 셰익스피어의 대륙. 염병할! 차라리 부조리하거나 유행에 민감하거나 창의적인 사람들이 낫다. 모든 것이 예측 가능하고 재탕하기 쉬우며 간질이듯 웃음을 자아내는 쾌락, 하찮고 간편한 열광이자 참을성 없는 이들을 위한 패스트푸드를 선사하므로.

이제 사랑하는 내 친구의 팔을 잡고 조심스럽게 흔든다. 내 말 들리는가? 너는 날마다 이 말을 여러 차례 되풀이했다. 이 말들이 너의 경험에 호소한다는 사실을 알아야 한다. 그 대사들은 수고스럽거나 쾌락적으로, 어지러울 만큼 빠르거나 집요하게 만들어진 것이다. 난 너의 팔을 흔든다. 너와 내가 깨닫고, 나와 네가 이해하듯, 승리의 순간이다. 하루가 헛되지 않았고, 우물쭈물 살던 우리가 마침내 의미와 색채를 쟁취했다. 나태한 오입질이 사랑으로 변모했다. 이럴 수가, 대체 이게 말이 되는가!

누군가가 나보고 친구들 얘기를 하란다. 내가 아주 늙었거나 친구들이 이승을 떴다면 모를까, 현실과 동떨어진 요청이다. 잘못하다간 무분별함과 비밀을 유지하는 것 사이에서 아슬아슬 줄타기를 하느라 넋이 빠질 터다. 괜한 걱정은 붙들어 매고 내가 쓰는 걸 읽으면 된다.

누군가가 상세한 고백서를 썼는데, 당연히 원고를 읽은 예전 내연 상대는 화장실에서 토한 뒤 자기 이름을 지워 달라고 했다. 필자는 그 요구를 들어주는 한편, 긍정적인 의견을 빼고 부정적인 내용을 더 많이 집어넣었다.

우정도 사랑처럼 눈이 무척 날카롭다. 우정의 본질은 개방성과 진실성을 포함한다. 친구의 얼굴을 보거나 전화로 목소리를 듣거나 더없이 거북하고 시급한 일로 이야기를 나누면 안심이 된다. 혹은 어지간해선 상상조차 못 했던 일들을 친구가 털어놓기도 한다. 우정에는 때로 관능의 기색도 있다. 친구의 윤곽, 얼굴, 눈, 입술, 목소리, 움직임, 음색이 우리 의식 속에 새겨져 있다. 이것은 신뢰와 연대감을 여는 비밀 코드다.

애정 관계는 갈등을 겪다가 곪아 터지기가 예삿일인데, 우정은 더 알뜰해서 한바탕 티격태격하거나 새삼 수습해야 할 까닭이 별로 없다. 그럼에도 언제고 민감한 접촉면 사이에 자갈이 끼면 쓰라리고 껄끄러울 터다. 저 바보가 없어도 상관없는데 뭘. 그러다 시간이 흐르면서 언짢은 기분은 종종 선명하게 종종 은근하게, 여러 층위로 나타난다.

그러면 안 되니까 이제 연락을 취한다. 소중한 재산을 잃으면 안 된다. 쓸고 닦고 제자리로 되돌린다.

결과는 불확실하다. 좋아질지 나빠질지 그대로일지 알 수 없다. 우정은 결코 맹세나 선서, 시간과 공간에 좌우되지 않는다. 우정은 딱 하나만을 요구한다. 그게 바로 성의인데, 하나뿐이지만 어렵다.

내 절친한 벗이 활기차고 외향적인 활동을 접고 이민을 갔다. 리비에라 해안에 자리를 잡고 방 세 칸짜리 아파트를 얻어 발코니에 앉아 융단을 짠다. 훨씬 젊은 그의 여자 친구는 이곳에서 계속 일하다가 매년 몇 달씩 안락한 발코니로 찾아간다. 내 친구는 말이 줄고 메시지는 점점 암호화되고, 우리 대화도 턱턱 막혀 소통을 이어 가려니 시간과 수고가 든다. 대체 지중해의 발코니로 왜 날아간 거야! 자네는 시반(屍斑)도 없이 느릿느릿 공손히 죽어 가고 있어. 우리는 의례적으로 얘길 나누지만, 난 친구에게 털어놓지 못한 걱정거리가 있음을 안다. 그래도 고마운 일이다. 이게 어디냐. 야자수에 눈이 내릴지언정 목련은 꽃을 피운다.

그의 근심거리를 내가 안다고 얘기할 수는 없다. 성의 없음을 탓하며 상처 입히고 싶지는 않다. 게다가 우리는 동갑이고, 진짜 노년은 이렇게 시작되는지도 모른다. 우리는 어두컴컴한 강당과 더럽고 꼬불꼬불한 복도를 헤매다가 부실한 인터폰으로 서로 이야기를 나누고, 찾아보기 힘든 단서 조항에 걸려 속절없이 비틀거린다.

배우인 친구가 쓴 라디오 극본이 매혹적이라서, 내가 연출할 수 있도록 부탁했다. 몇 달 뒤, 내가 연출하는 「햄릿」의 망령과 주연 배역을 맡아 달라 청했으나 친구는 고심 끝에 거절했다. 나는 화가 치밀어서, 그렇다면 라디오극을 연출하지 않겠다고 단언했다. 친구는 적잖이 충격을 받았는지 둘이 무슨 상관이냐고 따졌지만 내 생각은 달랐다. 우리는 여러 번의 논의를 거치며 갈등을 풀려고 했으나 입장은 그대로였다. 우정은 타격을 받았다.

사회적, 정치적으로 성공한 어떤 친구는 직접적인 공격성이라면 뭐든 병적으로 두려워한다. 그는 농담 삼아 스스로를 베서비서[31]라 칭하는데, 실제로도 그렇다. 나는 그에게 배우는 게 많아서 기꺼이 가르침을 받는다. 몇 해 전, 그는 국제 영화 시장에서의 내 어정쩡한 지위를 여러 차례 짚고 넘어갔다. 나야말로 그 상황을 잘 안다. 일곱 번째까지는 그의 설교를 듣다가 여덟 번째에 이르니 부아가 끓어올랐다. 나는 그에게 닥치고 꺼져 버리라고 다소 거칠게 말했다. 우리 우정은 수년이 지나서야 회복됐다.

내게 누구와 동무하는 재주가 있다는 환상은 딱히 없다. 난 의리는 지키지만 의구심도 많다. 실망감을 느끼면 바로 등을 돌리고, 절교당했다 싶으면 곧장 인연을 끊는다. 매우 미심쩍고 베리만스러운 재능이다.

나는 여자인 친구들과 함께 있으면 더 편하다. 당연히 아량이 넓고(착각일까?), 요구하는 것은 전혀 없으며(내 딴에는), 절대 뒤통수를 치지 않는다.(그렇다고 치자.) 직관은 선입견으로 꺾이지 않고, 느낌은 숨기지 않으며, 위신도 세우지 않는다. 갈등이 생겨도 신뢰 덕에 망가지지 않는다. 우리들은 있을 법한 온갖 산전수전을 함께 겪었다. 고통, 다정함, 열정, 어리석음, 배신, 분노, 희극, 권태, 성애, 거짓말, 기쁨, 탄생, 벼락, 달빛, 가구, 가재도구, 질투, 시샘, 큰 침대, 좁

31] 독일어 'Besserwisser'로, '다 아는 체하는 사람'을 의미한다.

은 침대, 간통, 경계 침범, 선의 — 이게 끝이 아니다. — 눈물, 에로, 오직 에로, 재난, 승리, 지루함, 욕지거리, 싸움, 불안, 번민, 상사병, 난자, 정자, 출혈, 이별, 팬티 — 철도가 끊기기 전에 끝내야 할 텐데 더 있다. — 발기 부전, 정욕, 공포, 죽음의 임박, 죽음, 어두컴컴한 밤, 잠 못 이루는 밤, 백야, 음악, 아침 식사, 가슴, 입술, 사진, 카메라 쪽으로 몸을 돌려 내 손을 보니 그 오른손에 들린 개요서, 가죽, 개, 의식, 구운 오리, 고래 스테이크, 상한 굴, 속임수와 사기, 강간, 아름다운 옷, 보석, 접촉, 키스, 어깨, 엉덩이, 낯선 빛, 거리, 도시, 라이벌, 유혹자, 머리카락 빗질, 긴 편지, 설명, 온갖 웃음, 늙음, 질병, 안경, 손, 손, 손 — 이제 끝나는 아리아 — 그림자, 상냥함, 내가 도와줄게, 해안선, 바다 — 이제 조용하다. 책상 위에선 유리에 금이 간 아버지의 낡은 금시계가 똑딱거리며 12시 칠 분 전을 가리킨다.

아니, 난 친구들 얘기는 쓰지 않겠다. 그럴 수 없다. 아내 잉리드 얘기도 쓰지 않으련다.

몇 해 전, 나는 별로 성공하지 못한 영화 「연인 없는 사랑」의 대본을 썼다. 서독 생활을 파노라마처럼 그렸고, 죄수의 무기력한 분노에 물들어 아무래도 제대로 만든 작품이 아니었다.

나는 스스로 죽은 이 거인으로부터 고깃덩어리 한 점을 떼어 내서 「마리오네트의 생」이라는 텔레비전 영화를 만들었다. 비록 호평받진 못했지만 내 최고의 영화 중 하나로 꼽히는데, 나처럼 생각하는 이는 별로 없다.

상영 시간이 넉넉잡아 여섯 시간이었다가 난파한 대본은 기본 구조가 눈 뜨고 못 봐 줄 정도로 난장판이었다. 그래서 나는 그걸 벌충하려고 오비디우스의 필레몬과 바우키스 이야기를 부연했다. 나는 무너진 교회 깊은 곳의 멀쩡한 제단처럼 그 이야기를 배치했다.

신은 피조물을 탐구하고자 변장한 채 땅을 거닐다가, 어느 서늘한 봄날 저녁에 바닷가 마을의 다 쓰러져 가는 외딴집에 이르는데, 거기에는 늙은 농부와 아내만이 살고 있다. 부부는 나그네에게 저녁을 대접하고 하룻밤 묵도록 해 준다. 이튿날 아침, 신이 길을 나서기 전에 소원 하나를 들어주겠다고 하니, 노부부는 자신들이 죽음으로 갈라지지 않게 해 달라고 빈다. 그리고 그들은 마을을 지키는 커다란 당산나무로 변신한다.

아내와 나는 서로 가까이 지낸다. 우리 둘 다, 한쪽이 생각만 해도 상대한테서 대답이 나온다. 우리의 천생연분을 말로 설명하기는 어렵다.

해결할 수 없는 문제가 있다. 언젠가는 우리도 일격을 당해 갈라질 것이다. 우리를 당산나무로 만들어 줄 인자한 신도 없다. 내게는 인생 대부분의 상황을 상상하는 재능이 있다. 직관에 상상력을 연결하면 적절한 감정이 흘러들어 색깔이 생기고 차츰 깊어진다.

그런데 이별의 순간만큼은 상상할 도리가 없다. 또 다른 삶, 경계선 너머의 어떤 삶에 대해선 상상할 마음도 깜냥도 없기에 떠올리기만 해도 몸서리쳐진다. 나는 뭔가였다가 아무것도 아닌 존재로 바뀐다. 누군가와 함께했다는 기억조차 없는 존재가 된다.

7월 중순, 보롬스에서 휴가를 보내던 아버지는 불안하고 풀이 죽어 있었는데, 홀로 한참 동안 숲속 산책을 나가고 잠은 오두막이나 헛간에서 잤다.

어느 일요일, 아버지는 암스베리 교회에서 설교를 하게 됐다. 아침에는 천둥이 치고 햇볕과 등에 떼 때문에 피부가 따가웠다. 남쪽 능선 위에는 짙푸른 구름이 거대한 벽처럼 서 있었다.

그날 나도 함께 가기로, 이미 오래전에 결정된 상태였다. 아버지는 나를 자전거 앞쪽 짐바구니에 올려 태웠고, 뒤에는 목사 가운이 담긴 가방과 도시락을 실었다. 나는 맨발에 파란색 줄무늬 반바지 그리고 칼라가 접힌 같은 옷감의 셔츠를 입었다. 모기에 물려 생긴 상처를 긁어 덧난 탓에 손목엔 붕대를 감고 있었다. 아버지는 자전거 걸쇠가 달린 검정 바지, 끈 달린 검정 장화, 흰색 셔츠, 흰색 모자, 얇은 여름 재킷 차림이었다. 최근에 사진을 봤기에 당시 아버지의 모습이 이랬음을 다 안다. 우리 가족의 젊은 친구인 에르트루트가 배경에 어렴풋이 보이는데, 사랑스러운 눈으로 아버지를 바라보며 장난꾸러기처럼 웃음 짓는다. 나는 내가 몹시 좋아하던 에르트루트도 따라왔으면 했는데, 잘 웃고 아버지를 기분 좋게 해 주며 함께 노래를 부르곤 했기 때문이다. 또 배경에 보이는 외할머니는 변소로 가는 중이다. 형은 지긋지긋한 수학 숙제를 하느라 고개를 숙였겠고, 여동생은 아직 자고 있으며, 나는 곧 여덟 번째 생일을 맞는다. 사진 찍기를 좋아하던 어머니는 카메라를 매만졌다.

그렇게 우리는 고랑과 개미집으로 둘러싸인 가파른 숲 비탈길을 내려갔다. 그곳에선 송진과 후끈한 이끼 냄새가 풍기고, 블루베리 가지에는 아직 익지 않은 열매가 가득했다. 우리는 정원사가 빨래를 널어 놓은 곳을 지나갔다. 몇 주 전에 형은 선교원 친구들과 딸기를 훔쳐 으깨서 퇴른크비스트 부인의 시트에 음란한 그림을 그렸다. 우리는 모두 유력한 용의자였으나 증거 불충분으로 풀려났고, 정원사의 아들들은 잘못이 없음에도 호되게 야단맞았다. 나는 형한테 앙갚음할 이유가 있었기에 일러바칠지를 고민했다. 일전에 형은 대롱대롱 매달린 통통한 갯지렁이 한 마리를 흔들며 말했다. "이 벌레 먹으면 5외레 줄게." 나는 벌레를 씹었다. 남김없이 삼키자 형이 말했다. "갯지렁이나 날름 받아먹는 바보한텐 5외레도 아까워."

나는 귀가 얇은 편이라서 잘 속았다. 게다가 콧속 용종 탓에 자주 입을 벌리고 숨을 쉬다 보니 멍청해 보였다.

언젠가 형은 이런 말도 했다. "외할머니 우산 가져와서 펴 봐. 내가 도와줄 테니까, 위층 베란다에서 뛰어내리면 날아갈 거야." 나는 막판에 관두게 돼서 울었는데, 형한테 속아서가 아니라 외할머니 우산으로는 날 수 없었기 때문이다.

늙은 랄라는 내게 이렇게 말했다. "잉마르는 일요일에 태어난 아이라서 엘바 요정들을 볼 수 있어. 근데 그러려면 나뭇가지를 십자 모양으로 만들어 가슴에 품어야 돼." 랄라 스스로도 그걸 믿기나 했을지 나 역시 모르겠다. 난 무턱대고 믿었다가 슬그머니 빠져나왔다. 엘바 요정은 못 봤어도 얼굴이 반질반질하고 요사스러운 데다 몸집이 작은 잿빛 남자는 봤다. 그는 내 가운뎃손가락보다 키가 작은 소녀의 손을 잡고 있었다. 나는 그들을 붙잡고 싶었지만 난쟁이 톰테 요정은 딸과 함께 도망쳤다.

우리가 빌라가탄에 살았을 때, 시골 악사들이 자주 찾아와서 연주하곤 했다. 어느 날, 가족 악단이 왔다. 아버지가 식당으로 들어서며 말했다. "우리가 잉마르를 팔아넘긴다니까 집시들이 값을 후하게 쳐 주대." 나는 겁에 질려 울부짖었다. 모두 너털웃음을 터뜨리자, 어머니는 나를 무릎에 앉히고 머리를 쓰다듬으며 얼렀다. 우스갯소리도 곧이듣는 내가 다들 어이없었나 보다. "얘는 왜 이리 잘 속고 유머 감각도 없다니?"

이제 우체국 옆 오르막길에 이르렀기에 난 자전거에서 내려 걸어가야 했다. 수없이 밟혀 부드러워진 풀이 나 있는 길가를 맨발로 걸었다. 우리가 인사를 건넨 우체국장은, 크뤼보행 아침 열차에 맞춰 작은 수레에 우편 가방을 싣고 기차역으로 향하던 중이었다. 계단에 앉아 팔을 흐느적대던 껑다리 라세가 우리를 보더니 고개를 까딱이며 어흥 하고 소리쳤다. 나는 뜨뜻미지근하게 인사했다. 예전에 라세한테 노래를 배운 적이 있었다. "자지랑 보지랑 떡방아 찧다가 자지가 힘차게 빻아서 보지를 벌렸대." 나는 노래의 뜻도 내용도 잘 몰랐지만 그게 찬송가가 아니라는 점은 알았다.

비탈길이 끝나서 다시 자전거에 올라탄 나에게, 아버지는 발을 잘 뻗으라고 당부했다. 1년 전에, 나는 에른스트 삼촌의 자전거 바큇살에 오른발이 걸려 잔뼈 몇 개가 부러졌다. 우리는 더 힘차게 페달을 굴려 베리룬드의 큰 농장을 단숨에 지나갔다. 아이들이 몰래 우유를 가져다 먹고 사과를 서리하던 곳이다. 돌리는 목이 다 쉬도록 왈왈 짖으며 소나무 두 그루 사이 철조망에 묶인 목줄째로 따라오려고 했다. 농가는 흉가로 버려졌다가 선교원으로 바뀌었는데, 프뤼크홀름 부부가 하느님을 섬기러 아프리카 땅으로 떠난 동안 자식 여럿이 거기서 살았다. 선교원은 법이나 강압 없이, 기쁨과 사랑이 넘치는 기독교 정신으로 운영됐다. 아이들은 온종일 맨발로 다녔고 안 씻어도 됐다. 배가 고프면 식탁 모서리에 서서 음식을 먹었고, 벵트 프뤼크홀름은《알레르스 가족 신문》에 나온 지침에 따라 손수 만든 마법 극장도 소유했다. 아이들은 자신들이 즐겨 부르던 노래를 선교원 안에선 단 한 번도 부른 적이 없었다.

> 내 고향은 아프리카
> 우리 아빠는 거기서 왕
> 기린과 악어, 원숭이는
> 우리 어릴 적 장난감
> 초하들리알루!
> 뚱뚱한 선교사 넣고 랍스코이스 고깃국 끓이자.

이제 우리는 솔바카의 기다란 비탈길을 휙 내려갔다. 길이 강가를 따라 죽 이어지고, 태양은 불타고, 윙윙 도는 자전거 바퀴가 덜그럭거리고 물은 거울처럼 번쩍였다. 구릉 너머에 남은 천둥 구름이 부풀어 올랐다. 아버지는 혼자 노래를 흥얼거렸다. 멀리서 아침 열차가 신호를 보냈다. 내 기차가 그리웠다. 보롬스에 있었다면 지하실로 철로를 놓을 수도 있었을 텐데. 아버지와 떠나는 여행길은 늘 모험이었다. 어떻게 끝날지 도통 알 수 없었다. 이따금 하루 종일 기분이 좋다가도, 어떤 때는 마귀에 씐 듯 아무 말 없이 무신경해지거나 성질을 부렸다.

나루터에는 교회로 가는 사람들을 태운 마차 몇 대, 지저분한 소를 끌고 온 꼬부랑 늙은이, 수영과 농어 낚시를 하러 윕셰른 호수로 향하는 소년 몇몇이 이미 기다리고 있었다.

　강을 가로질러 강철 케이블이 놓여 있었고, 그 케이블에 철제 고리와 녹슨 바퀴로 연결된 나룻배는 손으로 조작할 수 있었다. 남자들이 타르를 칠한, 육중한 목제 집게 장치를 케이블에 걸고 잡아당기면 바닥이 판판한 배의 옆면이 물에 떠다니는 통나무에 쿵쿵 부딪히며 어두운 강물 위로 미끄러져 나아갔다.

　아버지는 작은 마차에 탄 여자들과 금세 말문을 텄다. 나는 뱃전 앞쪽에 걸터앉아 컴컴한 물속에 발을 담갔다. 한여름에도 얼음처럼 차가웠고, 내 다리와 발을 빨아들일 듯 세차게 흘렀다.

　어린 시절부터 그 강은 내 꿈속에 있었다. 늘 어두운 철교 옆 그로단강처럼 소용돌이치고, 통나무는 나무껍질과 송진 냄새를 풍기며 세찬 강물 속에서 서서히 돌고, 거울 같은 수면 아래서 날카로운 돌들이 위협적으로 솟아난다. 가느다란 오리나무와 자작나무가 자리 잡은 둑 사이로 깊은 강이 흐르고, 물은 햇살에 잠시 반짝이다가 더욱 시커메지고, 낮은 소리로 출렁이며 굽이를 향해 거침없이 움직인다. 때때로 우리는 강둑 옆에서 미역을 감고, 보롬스 옆의 비탈진 오솔길을 따라 내려가서 철로 제방과 국도를 건너고, 베릴룬드의 목초지를 가로질러 우리에게는 꽤 야트막한 둑을 내려갔다. 거기에 정박한 나무 뗏목에서 우리는 풍덩 뛰어내릴 수 있었다. 한번은 내가 뗏목 아래로 내려갔다가 올라오지 못했다. 전혀 두렵지 않았다. 나는 물속에서 눈을 뜬 채로 나풀거리는 물풀, 내가 내뿜는 기포, 갈색 물을 비추는 햇빛, 바닥 진흙에 가라앉은 돌 사이에 숨은 작은 물고기들을 봤다. 나는 꼼짝도 하지 않은 채 서서히 사라졌다. 그다음에는 내가 뗏목에 드러누운 채 물과 가래를 토하고 모두가 수군거렸다는 기억만이 떠오른다.

나는 나룻배 가장자리에 앉아 타는 듯한 발바닥과 모기에 물린 발목 주위를 식혔다. 그런데 누군가가 내 어깨를 홱 낚아채더니 내 동댕이쳤다. 성난 아버지가 내 뺨따귀를 후려갈겼다. "그러지 말랬잖아. 잘못하다 빠져 죽으면 어쩌려고 그래?" 거듭 귀싸대기를 맞았다. 나는 낯선 사람들 앞에서 울지 않았다. 울지는 않았지만 그가 미웠다. '저 인간은 왜 맨날 두드려 패는 거야. 죽여 버리겠어. 용서 따위는 없어. 집에 가면 고통스럽게 죽이는 방법을 생각해 봐야지. 살려 달라고 구걸하겠지. 공포에 질려 울부짖는 비명 소리를 들을 거야.'

통나무가 뱃전에 쿵쿵 부딪치고 물이 좔좔 흘렀다. 나는 구석에 섰다. 아버지의 눈에 잘 보이는 곳이었다. 아버지는 나룻배가 앞으로 나아가도록 도우며 무거운 목제 장치를 잡고 낑낑댔는데, 딱 봐도 화가 잔뜩 나 있었다.

우리가 뭍에 다다르자 배와 부두를 잇는 널빤지 위로 물이 넘실거렸다. 마차가 배에서 내리자 부두가 기우뚱 흔들렸다. 붙임성 좋은 아버지는 사람들에게 작별 인사를 건넸다. 소년 낚시꾼들도 해맑게 웃으며 낚싯대를 들고 갔다. 노인은 지저분한 암소를 몰고 비탈을 터벅터벅 올라갔다.

"가자, 이 바보야." 아버지가 나긋하게 말했다. 나는 그 상냥한 목소리에 눈물이 글썽했으므로 가만히 고개만 돌렸다. 아버지가 다가와서 등을 툭 쳤다. "내가 얼마나 겁먹었는지 알지? 네가 빠져 죽었어도 아무도 모를 뻔했다고." 아버지가 또 나를 툭 치고서 젖은 판자 위로 자전거를 끌고 갔다. 뱃사공은 새 손님들을 태웠다.

아버지가 큰 손을 내밀어 내 손을 붙잡았다. 대번에 내 분노가 사그라들었다. 그가 겁먹었다는 말도 이해는 됐다. 겁에 질리면 화도 나게 마련이다. 다정해진 아버지는 날 후려쳤음을 뉘우쳤다.

329

나루터부터 가파른 비탈길이었으므로 나는 자전거를 밀었다. 산마루에서 벽처럼 솟은 열기가 덮쳤고, 시원한 기운이 전혀 없는 회오리바람이 잠시 고운 모래를 일으켰다. 아버지의 검정 바지와 장화는 이미 먼지투성이였다.

우리는 10시 종소리가 댕 울릴 때 딱 도착했다. 공동묘지는 그늘 졌고 검은 옷을 입은 여자 몇몇이 무덤가 꽃에 물을 줬다. 갓 깎은 풀과 타르 냄새가 풍겼다. 돌문 아래는 살짝 서늘했다. 종을 울린 교회 장로가 아버지를 따라 성물실로 갔다. 캐비닛에 대야와 주전자가 있었다. 아버지는 윗도리를 벗고 씻은 다음, 깨끗한 셔츠로 갈아입고 옷깃이 빳빳한 목사 가운을 입었다. 그러고서 책상에 앉아 쪽지에 찬송가들을 적었다. 나는 장로를 따라가서 찬송가 번호를 잘 게시하도록 도와줬다. 우리는 중요한 임무를 수행하고 있었으므로 입을 꾹 다물었다. 번호가 하나라도 틀리면 난리가 난다.

이제 아버지 혼자 남아야 됨을 알았기에 나는 묘지로 나가서 어린이 구역의 묘비를 읽었다. 짙은 물푸레나무의 무성한 잎사귀 위로 둥근 천장 같은 하늘이 허옇게 보였다. 열기는 꼼짝도 안 했다. 뒝벌 몇 마리. 모기 한 마리. 음매 우는 소 한 마리. 졸린다. 잠깐 존다. 잔다.

「겨울 빛」[32] 제작을 준비하면서 초봄에 우플란드를 돌아다니며 교회 몇 군데를 찾아갔다. 교회 서기 겸 오르간 연주자에게 열쇠를 빌려, 몇 시간 동안 교회 안에 앉아 있었다. 그러고는 실내를 떠도는 빛을 지켜보며 영화를 어떻게 마무리할지 고민했다. 마지막 장면만

32]   1963년 영화로, 원제는 「성찬을 받는 사람들(Nattvardsgästerna)」이다.

빼고, 대본 작성과 영화 기획은 끝난 터였다.

어느 일요일, 나는 아침 일찍 아버지에게 전화를 걸어 함께 나들이하고 싶은지 물었다. 어머니는 첫 심근 경색으로 입원했고, 두문불출하던 아버지는 손발 상태가 나빠져서 지팡이를 짚고 정형외과용 신발을 신었다. 일흔다섯 살에도 그는 자제력과 의지력으로 왕궁 교구에서 직무를 다했다.

하얀 눈이 밝게 빛나는 안개 낀 초봄이었다. 우리는 웁살라 북부 작은 교회에 때맞춰 도착했다. 우리 앞에는 신도 네 명이 예배를 기다리며 앉아 있었다. 교회 장로와 관리인이 교회 현관에서 속삭였다. 오르간 특별석에서 여성 악단장이 야단스레 떠들어 댔다. 예배 종소리가 평원 너머로 잦아들었을 때도 목사는 나타나지 않았다. 하늘에도 땅에도 긴 침묵이 이어졌다. 아버지는 안절부절못하며 꿍얼거렸다. 몇 분이 더 지나자 미끄러운 비탈길을 쌩 달리는 자동차 엔진 소리가 나고, 곧 문이 쾅 닫히더니 목사가 헐레벌떡 들어왔다. 그는 제단 난간에 이르자 돌아서서 벌게진 눈으로 좌중을 내려다보았다. 장발에 말랐고, 잘 손질된 턱수염이 쑥 들어간 턱을 겨우 가렸다. 스키 선수처럼 팔을 휘두르며 콜록댔는데, 정수리 위가 덥수룩하고 이마는 빨갰다. "제가 좀 아픕니다. 감기에 걸려 열이 38도까지 올랐어요." 동정심을 바라는 눈치였다. "제가 교구 목사님께 전화했더니 단축 예배도 괜찮다고 허락해 주셨습니다. 따라서 제단 예배와 성찬식은 생략합니다. 우리 함께 찬송가부터 부릅시다. 제가 최선을 다해 설교하고 한 곡 더 부르면 될 겁니다. 이제 성물실로 가서 옷을 갈아입고 오겠습니다." 목사는 고개를 숙인 채 박수나, 하다못해 동의 표시라도 기대하는듯 엉거주춤 서 있다가 아무런 반응도 없자 육중한 문 뒤로 사라졌다.

잔뜩 화가 난 아버지가 슬슬 일어났다. "저 인간한테 한마디 해야겠다. 나 좀 지나가자." 아버지는 지팡이를 짚고 신도석을 벗어나 절뚝거리며 성물실로 들어갔다. 격앙된 말이 짧게 오갔다.

몇 분 뒤 장로가 겸연쩍게 웃으며 나타났다. 그러고는 제단에서 예배도 올리고 성찬식도 진행한다고 설명했다. 연배 높은 동료 목회자가 목사를 돕게 됐다고도 했다.

시작 찬송은 오르간 연주자와 소수의 신도들이 불렀다. 둘째 소절이 끝날 무렵 아버지가 하얀 제의 차림에 지팡이를 짚고 떡하니 나타나더니, 노래가 그치자 우리를 돌아보며 차분하고 막힘없는 목소리로 말했다. "거룩하다, 거룩하다, 거룩하다, 만군의 여호와여, 그 영광이 온 땅에 충만하도다."

이렇게 나는 「겨울 빛」의 마지막 장면을 얻었다. 그렇게 내가 줄곧 따랐고 앞으로도 쭉 따를 규칙을 성문화하게 됐다. '무슨 일이 있어도 너만의 예배는 거르지 말라.' 방문자에게 중요하고 네게는 더 중요하다. 신에게도 중요할지는 두고 봐야 한다. 희망만이 너의 신이라면 그 신에게도 중요하다.

응달진 벤치에서 푹 자던 나는 어느새 예배 종소리가 울리자 맨발로 슬금슬금 교회로 들어갔다. 목사 부인이 내 손을 잡더니 설교단 아래 맨 앞줄 자기 옆자리로 끌어다 앉혔다. 나라면 오르간 특별석에 앉았겠지만 사모가 임신부라서 비집고 지나갈 수 없었다. 곧 오줌이 마려웠고, 아무래도 용쓰며 참아야 할 것 같았다.(아침 예배와 후진 연극만큼 긴 건 없다. 세월이 쏜살같다고 느낀다면 교회나 극장에 가라. 그럼 시간이 멈추고, 시계가 고장 났나 싶을 것이다. 스트린드베리도 『뇌우』에서 말했다. "인생은 짧지만 지나가는 동안은 길지도 모른다.")

　모든 시대의 여느 신도처럼 나도 제단화, 제단 장식, 십자고상, 스테인드글라스, 벽화에 푹 빠졌다. 거기에는 고통을 당하는 피투성이 예수와 도적들도 있고, 요한에게 기댄 성모 마리아도 있다. 어머니는 아들을 보고 아들은 어머니를 본다. 근래에 누가 죄인 막달라 마리아와 잤는가? '기사'는 '죽음의 신'과 체스를 둔다. 죽음의 신이 생명의 나무를 톱질하고, 겁에 질린 가련한 자는 우듬지에 앉아 손을 뒤튼다. 죽음의 신은 깃발처럼 낫을 들어 암흑의 땅으로 춤을 이끌고, 군중은 길게 줄지어 춤추고, 광대는 그들 꽁무니를 따라온다. 악마들은 가마솥을 연신 끓이고, 죄인들은 불속으로 곤두박질쳐 떨어지고, 아담과 이브는 자신들이 알몸임을 깨닫는다. 신은 금지된 나무 뒤에서 빠끔히 바라본다. 어떤 교회의 내부는 마치 수족관 같아서 빈 구석이 없다. 곳곳에 사람, 성인, 선지자, 천사, 악마, 악령이 살며 번성한다. 이승과 저승이 벽과 아치 너머로 솟아난다. 현실과 상상이 튼튼한 합금으로 녹아든다. 죄인이여, 네가 저지른 짓을 보라, 모퉁이를 돌면 무엇이 기다리는지 보라, 네 등 뒤의 그림자를 보라!

　나는 몇 년 동안 말뫼의 연극 학교에서 교사로 일했다. 우리는 공연을 하게 됐는데 뭘 무대에 올리면 좋을지 몰랐다. 그러다가 나는 어린 시절, 교회 벽을 가득 채웠던 벽화가 떠올랐고, 며칠 뒤 학생마다 역할이 돌아가는 「목판화」라는 소품 희곡을 썼다. 학교에서 외모가 가장 준수한 젊은이는 안타깝게도 재능이 제일 모자랐는데, 오페레타를 할 예정이었다가 결국 '기사' 역할을 맡았다. 그 기사는 사라센 사람들에게 혀가 잘린 벙어리였다.

　「목판화」는 점차 「제7의 봉인」이 되었고, 그 영화는 조악한 여건 속에서 활력과 욕망으로 이글대는 무리와 함께 만든 까닭에 모양새가 들쭉날쭉하지만 내게는 각별하다. 마녀가 처형된 밤의 숲 장면을 보면 나무들 사이로 로순다의 고층 건물 창문들이 살짝 비친다. 채찍질 행렬은 새 현상소를 세울 집터를 쓱 지나갔다. 먹구름 아래서 이뤄지는 죽음의 춤은 대부분 하루 일과를 마친 배우들과 후다닥 찍어 덧붙인 것이다. 촬영 보조와 전기 기사, 분장사에다 심지어 영문도 모른 채 끌려온 피서객 두 명까지 죽음을 선고받은 이들의 의상을 입게 됐다. 무성 영화 카메라를 놓고 구름이 흩어지기 전에 찍었다.

나는 아버지가 설교할 때 존다는 생각은 꿈도 못 꿨다. 아버지 눈에는 다 보였다. 가족의 지인 중 한 사람이 소피아헴메트 병원 예배당에서 성탄 아침 예배를 보다가 꾸벅꾸벅 졸았다. 아버지는 설교를 멈추고 아주 차분하게 말했다. "일어나게 에이나르, 자네 얘긴데 듣고 자야지." 그리고 꼴찌들이 첫째가 되리라고 설교했다. 에이나르 삼촌은 외무부 기록 보관소의 부소장이었고 소장이 되기를 꿈꿨다. 바이올린도 켜는 총각이었다.

아침 예배가 끝난 뒤 목사관에서 커피를 대접했다. 목사 부부에게는 내 또래의 뚱뚱하고 머리가 노란 아들이 있었다. 우리는 주스와 롤빵을 받았다. 오스카르는 생김새가 영 추접스러웠는데, 버짐이 생긴 두피에 땟자국이 불그죽죽히 얼룩진 가제 붕대를 두건처럼 감고 쉴 새 없이 긁적댔다. 독한 소독약 냄새도 났다. 어른들은 우리를 아이 방으로 보냈는데, 오스카르는 그곳에 제단과 촛대, 십자고상을 놓고 창문에 여러 빛깔의 화장지를 붙여 교회처럼 꾸몄다. 한쪽 구석에 풍금이 있고, 벽에는 성경을 주제로 한 그림들이 걸려 있었다. 소독약과 죽은 파리 냄새가 코를 찔렀다. 오스카르는 내게 설교를 듣고 싶은지, 아니면 장례식 놀이를 하고 싶은지 물었다. 옷장에는 작은 어린이 관이 있었다. 나는 신을 안 믿는다고 말했다. 오스카르는 머리를 긁적이며 신의 존재는 과학적으로 입증됐고, 아인슈타인이라는 세계 최고의 러시아인 과학자가 수학 공식에 깊이 박혀 있는 신의 얼굴을 슬쩍 봤다고 힘줘 말했다. 나는 그런 사기에 안 넘어간다고 응수했다. 말다툼이 몸싸움으로 이어지기 직전이었다. 나보다 힘센 오스카르가 내 팔을 비틀며 신의 존재를 인정하라고 윽박질렀다. 아프고 겁도 났지만 살려 달라고 소리치지 않았다. 오스카르는 아마도 미쳤을 텐데, 바보들의 화풀이에 훼방을 놓다가는 무슨 봉변을 당할지 모른다. 나는 다급히 신의 존재를 믿는다고 실토했다.

내가 억지로 승복하긴 했지만 우리는 둘 다 부루퉁해져서 따로 놀았다. 그러다가 작별 인사를 하고 헤어졌다. 목사 가운과 칼라를 챙긴 아버지는 모자를 뒤통수로 젖히고 나를 자전거 앞자리에 앉혔다. 목사 부부는 우리더러 폭풍우가 그치면 가라고 했다. 이미 태양은 두꺼운 구름 가장자리에서 밝게 빛나고 있었다. 비가 다가오는지라 날이 푹푹 쪘다. 아버지는 고맙다면서, 우리끼리 잘 가겠노라고 미소 지었다. "비 좀 맞으면 시원하고 좋겠죠." 사모는 땀내를 풍기며 퉁퉁한 가슴팍과 툭 불거진 배로 나를 껴안았다. 나는 자전거에서 떨어질 뻔했다. 목사는 악수를 청했는데, 입술이 두껍고 얘기할 때마다 침을 튀겼다. 오스카르는 어디에 갔는지 안 보였다.

우리는 마침내 길을 나섰다. 둘 다 아무 말도 없었지만, 아버지는 마음이 홀가분해졌는지 여름 찬송가를 흥얼거리며 페달을 굴렸다. 우리는 씽씽 달렸다.

윱세른 호수로 가는 갈림길을 지나자, 아버지가 잠깐 몸 좀 담갔다 가자고 했다. 나도 그 제안에 동의했고, 우리는 오솔길로 꺾어 양치류와 해묵은 갈대가 시큼한 냄새를 풀풀 풍기는 풀숲을 지났다.

둥근 호수는 깊디깊어 보였다. 오솔길 끝으로 좁은 모래땅과 맞닿은 호수가 가파르게 쑥 들어가 있어서 제법 어두웠다. 우리는 옷을 벗었다. 아버지는 뒤로 물에 뛰어들더니 푸푸거렸다. 나는 물속에서 조심스레 몇 번 팔을 휘젓고, 수면 밑으로 푹 잠겨 들어갔다. 거기엔 바닥도, 물풀도, 아무것도 없었다.

우리는 무더위 속 물가에 앉아서 날벌레에 둘러싸인 채 몸을 말렸다. 아버지는 어깨가 반듯하고, 가슴이 높고, 다리는 길고 튼튼했다. 그리고 커다란 성기에는 털이 거의 없었다. 근육질 팔의 흰 살갗에는 점이 많았다. 나는 빛바랜 제단화 속 신의 무릎 사이에서 십자가에 매달린 예수처럼 아버지의 무릎 사이에 앉았다. 웬만한 꽃과 새는 다 알던 아버지는 물기슭에서 짙은 보라색 꽃을 발견하고 그 이름을 궁금해하며 뜯어 살폈다.

목사관에서 융숭히 대접받아 배불렀지만 우리는 샌드위치도 먹어 치우고 사이다도 나눠 마셨다.

날이 어두워지고 말벌 몇 마리가 샌드위치로 달려들었다. 그런데 반짝이는 수면 위로 불현듯이 무수한 고리가 생기자마자 사라져 버렸다.

우리는 그곳을 뜨기로 했다.

어머니가 돌아가신 뒤 나는 아버지를 종종 찾아가서 정담을 나눴다. 어느 날, 나는 가정부와 현실적 문제를 논의하고 있었다. 그때 복도에서 느릿느릿 어기적거리는 소리가 들리더니, 자다 깬 아버지가 문을 두드리고 들어와서 밝은 빛에 실눈으로 우리를 바라보며 놀란 듯 말했다. "카린, 아직 안 왔어?" 그 말이 떨어지자마자 아버지는 자신의 착각을 고통스레 깨닫고 쑥스러운지 웃음 지었다. 저세상으로 떠난 지 벌써 4년이나 지난 어머니를 바보처럼 찾았다. 아버지는 누가 말을 꺼내기도 전에 관두라는 듯 지팡이를 흔들며 방으로 돌아갔다.

1970년 4월 22일 작업 일지. 아버지가 죽어 간다. 지난 일요일에 나는 소피아헴메트 병원을 찾아갔다. 밤낮으로 함께 있던 에디트 아주머니가 코를 골며 잠들어 있던 아버지를 깨운 뒤 방을 나갔다. 얼굴은 다 죽어 가는데 눈은 맑고 남달리 표정도 풍부한 아버지가 뭔가를 속삭였지만 알아듣기 어려웠다. 의식이 좀 혼미했던 듯싶다. 희한하게 수차례 눈빛을 바꾸며 요구, 의문, 조바심, 두려움, 연락 요청을 표현했다. 내가 떠나려 하자 아버지는 덥석 내 손을 잡고 웅얼거렸다. 뭔가를 읊고 있었다. 난 축도문임을 이내 알아챘다. 죽어 가는 아버지가 아들에게 축복을 내려 달라고 신께 빌고 있었다. 모든 일이 예기치 않게 느닷없이 일어났다.

1970년 4월 25일. 아버지는 아직 살아 있다. 의식은 없고 심장만 힘차게 뛴다. 에디트가 손을 꼭 붙잡은 채 얘기를 주고받는다고 상상하며 말을 건네면 아버지가 손으로 답한다. 그 모습이 오묘하면서도 가슴이 찡하다. 둘은 동갑내기 소꿉동무니까.

1970년 4월 29일. 아버지가 돌아가셨다. 일요일 오후 4시 20분에 세상을 떠났고, 고통 없는 마지막이었다. 내가 임종을 지키며 느낀 감정은 좀처럼 정리되질 않는다. 도무지 알아볼 수 없던 아버지 얼굴은, 특히나 강제 수용소의 주검 사진들을 연상시켰다. 죽음의 신의 얼굴이었다. 상심의 틈새에서 애틋하게 아버지를 생각한다. 바다는 밝게 빛나도 베리만은 오늘 운수가 사납다. 마침내 뭔가가 나를 어루만지고 내게 은총이 있으리라는 갈망. 오늘은 나쁜 날이다.

내 상태는 찌뿌둥하지 않고 오히려 그 반대다. 다만 영혼은…….

우리가 자작나무 숲을 벗어나, 경작지가 널따랗게 펼쳐진 들판으로 들어서자 능선 너머로 마른번개가 번쩍했다. 굵은 빗방울이 떨어진 흙바닥에 점점이 무늬가 생겼다. 내가 말했다. "우리 이렇게, 아버지랑 나랑 둘이서 온 세상을 돌아요." 아버지는 껄껄 웃으며 나더러 모자를 잘 간수하라고 건넸다. 우리 둘 다 기분이 좋았다. 버려진 마을 옆의 오르막길에서 우박을 만났다. 머지않아 후드득 쏟아지더니, 번개가 암흑을 뚫고 지나가자 천둥소리도 우르릉우르릉 잇달아 울렸다. 폭우는 굵은 얼음덩어리로 변했다. 아버지와 나는 가장 가까운 폐가로 뛰어갔다. 짐수레 몇 대가 버려진 헛간이 있었다. 지붕은 부서졌지만 건초 다락 밑에서 비를 그을 수 있었다.

우리는 커다란 들보에 앉아 열린 덧문으로 바깥을 내다보았다. 언덕배기에 우뚝한 자작나무가 두 번이나 거푸 벼락을 맞자 줄기에서 짙은 연기가 피어오르더니 나뭇잎 뭉텅이가 몸부림치듯 뱅뱅 돌았다. 와지끈뚝딱 소리가 땅을 뒤흔들었다. 난 아버지 무릎에 바짝 붙어 앉았다. 아버지 바지에서 젖은 냄새가 났고, 얼굴에서 뚝뚝 떨어지는 물기를 소매로 닦았다. 나도 빗물을 소매로 닦았다. "무섭니?" 아버지가 물었다. 안 무섭다고 대답했지만 어쩌면 천사들이 나팔을 불고 '쑥〔蓬〕'이라는 별이 바다에 떨어지는 최후의 심판일지도 모른다고 생각했다. 난 비록 신의 존재를 부인했으나 벌은 받지 않으리라고 여겼는데, 신의 오른쪽 자리를 차지한 아버지라면 내가 숨을 곳을 마련해 줄 것 같았기 때문이다.

돌풍이 휭 불어 쌀쌀해지더니 갈수록 추워졌다. 이가 딱딱거렸다. 아버지가 웃옷을 벗어 내 몸을 감쌌는데, 축축했지만 아버지의 온기 덕분에 포근했다. 거센 빗줄기가 장막을 쳐서 이따금 경관을 가렸다. 우박은 그쳤지만 땅엔 둥근 얼음덩어리가 남았다. 헛간 바깥에 큰 물웅덩이가 생겨 주춧돌 아래로 흘러들었다. 해넘이가 없는 어스름처럼 우중충한 빛이 넘실댔다. 천둥소리는 멀어지면서 묵직해졌고, 당최 그칠 기미가 없자 점차 무서웠다. 비는 억수같이 쏟아붓다가 조금 잦아들었지만 여전히 주룩주룩 내렸다.

길을 떠났다. 집을 나선 지 한참이라 벌써 저녁때가 지났다. 길은 군데군데 물살이 센 개울처럼 바뀌었고 자전거를 몰기가 힘겨웠다. 자전거가 휙 미끄러지자 나는 다리를 들어 풀이 무성한 비탈 쪽으로 몸을 던졌다. 아버지는 길 위에 자빠졌는데, 내가 일어나서 보니 한쪽 다리가 자전거에 깔려 있었다. 그렇게 미동도 없이 앞으로 고개가 꺾인 채 누워 있었다. '아버지가 죽었구나.'

이윽고 아버지가 고개를 돌려 내게 멀쩡한지 물었다. 그러고는 평소처럼 호쾌하게 웃음을 터뜨리며 일어나더니 자전거를 바로 세웠다. 아버지는 뺨이 좀 긁혀서 피가 났고, 우리 둘 다 진흙투성이에 푹 젖은 터라 지저분했다. 여전히 비가 내렸다. 우리는 나란히 걸었고, 아버지는 안도한 듯 가끔 껄껄댔다.

나루터를 코앞에 두고 큰 농가가 보였다. 아버지는 문을 두드리고 전화 좀 써도 될지 물었다. 주인 할아버지는 천둥 번개로 전화가 끊겼다고 말했다. 할머니가 커피를 대접하고, 나보고 옷을 벗으라더니 거친 수건으로 온몸을 닦아 줬다. 그런 다음 팬티, 까끌까끌한 메리야스, 잠옷, 카디건, 두꺼운 양말을 건넸다. 처음에는 여자 옷이라 안 입으려 했지만 아버지의 호통에 고분고분 따랐다. 아버지는 노인에게서 바지를 빌려 입고 성직자 가운 위에 낡은 가죽조끼를 걸쳤다. 우리는 덮개 달린 마차를 얻어 타고 땅거미가 질 무렵 보룸스에

339

다다랐다.

모두가 우리 행색을 보고 깔깔댔다.

그날 저녁, 내 형과 선교원의 동갑내기 친구 두 명이 창문을 지나 마법의 넝마 깔개를 타고 숲 너머로 날아갔다. 공모자들은 아이 방 안쪽, 비좁은 공간에 매트리스를 끌어다 놓고 잠들었다. 나는 침대에 누워 꼼짝도 말라는 엄명을 받았다.

나는 아직 어려서 비행에 동참하는 일은 꿈도 못 꿨다. 깔개에 세 사람 넘게 탈 수 있을지도 불확실했다. 반쯤 열린 문틈으로 속삭이는 대화와 웃음을 참는 소리가 들렸다. 멀리서 천둥이 우르릉거렸고 지붕 위로 빗방울이 또르르 흘렀다. 소리 없는 번갯불에 이따금 방이 환해졌다.

이윽고 안에서 창문 열리는 소리가 똑똑히 들렸다. 마법의 깔개를 현관 지붕 위로 내던진 뒤, 비행사들도 뒤이어 기어올랐다. 집에 바람이 휭 불어닥쳐 벽이 삐걱거리고, 빗줄기는 좀 더 굵어졌다. 나는 못 참고 옆방으로 달려갔다. 깔개가 사라진 방은 텅 비었고, 밤하늘로 열린 창문에선 커튼이 펄럭였다. 번개가 번쩍이자 빨간 체크무늬 넝마 깔개를 타고 벵트, 스텐 프뤼크홀름 형제와 함께 숲 언저리 너머로 둥둥 떠가는 형이 보였다.

이튿날 아침 다들 지쳐서 말이 없었다. 가족과 아침을 먹으며 내가 비행 얘기를 꺼내려 하자 형이 위협적인 눈길을 보내기에 입을 다물었다.

12월 어느 일요일, 나는 헤드비그 엘레오노라 교회에서 바흐의 크리스마스 오라토리오를 들었다. 오후였고 온종일 바람 한 점 없이 고요히 눈이 내렸다. 그러다 해가 떴다.

나는 둥근 천장 아래로 높이 솟은 위층 특별석 왼쪽에 앉았다. 일렁이는 금빛 햇살이 교회 맞은편의 목사관 창문에 강하게 반사되며 궁륭의 가장 안쪽 아치 버팀대에 다채로운 형상과 무늬를 드리웠다. 직사광선은 날카로운 칼날처럼 비스듬하게 돔을 가로질렀다. 제단 옆 모자이크 창문이 잠시 불타오르다 사그라들었다. 검붉고 파란 광채와 황금빛으로 물든 갈색이 소리도 없이 폭발했다. 어두컴컴한 공간을 흐르는 성가를 들으니 위안이 됐다. 믿음 없이 고통받는 우리를 경건한 바흐가 달랜다. 불안하게 떨리는 빛의 무늬가 벽에 부딪혀 상승하더니 차차 좁아지며 힘을 잃고 스러진다. 라단조의 트럼펫들이 구원자에게 환호성을 올린다. 온화한 회청색 어스름이 느닷없는 정적, 만고불변의 고요함으로 교회 안을 가득 채운다.

날이 추워졌는데 가로등은 아직 불을 밝히지 않았다. 눈을 밟으니 벌써 뽀드득거리고, 숨을 쉬면 입김이 나온다. 대림절에 벌써 동장군이 찾아왔으니 한겨울은 어떨까. 견디기 어려울 것이다. 바흐의 성가는 의식의 방에서 떠다니는 울긋불긋한 베일처럼 여전히 생동하며 문지방을 넘는다. 그렇게 열린 문을 오가며 환희를 선사한다.

잠시간의 무모함으로, 나는 마음속 정경을 통해 일요일의 한적한 스토르가탄 거리를 건너 목사관으로 들어선다. 딱 50년 전과 매한가지로 가루비누와 거룩함의 냄새가 난다.

넓은 집은 조용하고 아무도 없다. 응접실 천장엔 흰 눈에 반사된 빛이 어른거리며, 어머니 방엔 책상 스탠드가 켜져 있고 식당은 어두컴컴하다. 누군가가 몸을 약간 앞으로 숙이고 간이식당 통로를 후다닥 지나간다. 멀리서 여자들의 목소리, 한가로이 도란대는 대화, 숟가락이 그릇 안에서 달그락거리는 소리가 나직이 들린다. 부엌 식탁에서 일요일 오후의 커피를 마시고 있다.

나는 외투와 신발을 벗고 새로 광낸, 삐걱거리는 식당 마룻바닥을 사뿐사뿐 걷는다. 어머니는 안경을 코에 걸치고 아직 백발이 아닌 머리를 살짝 헝클어뜨린 채 책상 앞에 앉아 있다. 그렇게 허리를 숙이고 가느다란 만년필로 일기를 쓴다. 글씨체는 고르고 힘차지만 매우 작다. 책상 깔개 위에 놓인 왼손 손가락은 짧고 억세며, 손등엔 도드라진 파란 핏줄이 엇갈려 있고, 묵직한 결혼반지와 다이아몬드 반지가 빛난다. 손톱은 짧게 깎았고 거스러미는 깔끔하지 않다.

어머니는 재빨리 고개를 돌려 나를 본다.(내가 간절히 기다려 왔던, 어머니의 죽음 이후로 줄곧 그리워했던 순간.) 어머니는 좀 딱딱한 미소를 지으며 바로 일기장을 덮고 안경을 벗는다. 나는 자식답게 어머니의 왼쪽 눈 옆 갈색 반점과 이마에 입을 맞춘다.

"제가 거치적거리죠? 지금은 어머니만의 시간이라는 거 알아요. 아버지는 저녁 식사 전에 쉬시고, 어머니는 책을 읽거나 일기를 쓰시니까. 방금 교회에서 바흐의 크리스마스 오라토리오를 듣고 왔어요. 아름다웠죠. 빛도 아름다웠고요. 줄곧 생각했어요. 이제 시도해 봐야겠다, 이번엔 성공할 거라고요."

어머니의 미소에 빈정거림이 엿보인다. 어머니의 생각을 알겠다.

'넌 극장으로 가는 길에 스토르가탄을 자주 지나가잖아, 매일같이 말이야. 근데 우리를 보러 올 생각은 거의, 아니 전혀 안 했다고.' '그랬던 것 같아요. 네, 맞아요. 베리만 집안의 피가 어디 가겠어요. 걸리적거리거나 끼어들지 말자. 게다가 항상 제 애들 얘기를 꺼내시는데, 딱히 할 얘기가 없어요. 거의 안 보니까요.' 그러자 어머니는 정을 내세워 억지를 부린다. '좀 그래 주면 어디 덧나니?' '심통 부리지 마세요, 어머니! 우리가 속마음 터놓고 얘기해 봤자 뭐 하겠어요. 부질없다니까요. 난 이 낡은 의자에 잠시 앉아만 있을 테니, 우리 서로 얘기 안 해도 돼요. 일기에다 식기세척기 얘기를 쓰셨을 때, 사 드려야 했는데, 염병할.' 식기세척기를 마련해 드리면 좋겠다고 가끔 생각했지만 단지 그뿐이었다.

어머니는 자리에서 일어나 어두운 식당으로 재빨리 사라진다. 늘 잰걸음이다. 잠시 거실에서 뭔가 헤집더니, 둥근 탁자의 램프를 밝히고 검붉은 이불을 덮어 둔 침대에 누워 회청색 양모 숄을 두른다.

"난 여전히 피곤하구나." 말투를 듣자 하니 미안한 눈치다.

"어머니한테 무척 궁금한 게 있어요. 몇 해 전, 아마도 1980년 여름 같군요. 포뢰섬 서재 의자에 앉아 있는데 비가 왔죠. 부슬부슬 하루 종일 내리는 비요. 요즘은 그런 비가 좀체 안 와요. 책을 읽으며 빗소리를 듣는데, 어머니가 제 곁에 가까이 다가오신 느낌이었죠. 손을 뻗으면 어머니 손을 잡을 수 있을 것 같았거든요. 잠들지도 않았고 초자연적 체험도 아니었어요. 확실해요. 방에 계시는 줄 알았는데 제 상상이었을까요? 도무지 알 수가 없어서 여쭤보는 거예요!"

어머니는 나를 골똘히 바라보다가 고개를 돌리고, 작은 초록색 격자무늬 베개를 집어 배 위에 올려놓는다.

"내가 아니었을 거야." 차분한 말씨였다. "나 아직도 너무 고단하단다. 다른 사람 아니었을까?"

괜히 성가시게 군 것 같아서 허탈해진 나는 고개를 젓는다.

"우리 친해지기로 하지 않았나요? 어머니와 아들이라는 낡은 역할은 관두고 친구처럼 지내기로요. 솔직하게 허물없이 얘기 나눴잖아요? 안 그래요? 어머니의 삶을 이해하게 됐을까요? 제가 이해하는 시늉이라도 하게 됐나요? 아니면 친구처럼 지낸다는 건 환상이었나요? 제가 자책감에 빠져 당황해한다고 생각하지는 마세요. 전혀 그렇지 않아요. 우정이라고요? 역할은 그대로고 대사만 새로 쓴 거 아닌가요? 연극은 제 조건대로 진행됐죠. 하지만 사랑은요? 우리 가족은 그런 용어 안 쓰잖아요. 아버지는 교회에서 하느님의 사랑을 말씀하시지만 집에서는요? 우리한텐 어땠나요? 우리는 찢긴 마음, 억눌린 증오를 어떻게 다뤘나요?"

"그런 얘기는 다른 사람이랑 해라. 너무 피곤하구나."

"누구와요? 저는 스스로와도 얘기를 못 해요. 어머니야 당연히 피곤하시겠죠. 저도 뼛골부터 살가죽까지 한가득 피로해요. 어머니 말씀이 생각나네요. 이제 혼자 놀아라. 가서 새 장난감 가지고 놀렴. 난 누가 어루만지는 거 싫단다. 넌 너무 달라붙어. 꼭 계집아이처럼 구는구나."

"외할머니는 결코 어머니를 받아들이지 않았고, 죽은 막내에게 온 사랑을 쏟았다면서요. 그럼, 어머니의 사랑은 누가 받았죠?"

어머니가 불 켜진 책상 스탠드로 고개를 돌리자, 화답할 수도, 견딜 수도 없는 그늘진 눈빛이 보인다.

나는 급히 말을 내뱉으며 떨림을 주체하지 못한다. "꽃이 피고 덩굴이 뻗고 새싹이 파릇파릇했어요. 꽃은 활짝 피는데 우리는? 왜 모든 게 이토록 비참해졌죠? 베리만 집안의 기운이 쇠하기라도 한 건가요, 아니면 뭔가요?"

"형 때문에 슬펐던 일이 기억나네요. 우리가 응접실에 서 있을 때 어머니가 이 방에서 나와 복도를 지나며 왼쪽으로 비틀거리셨어요. 내 생각은 그랬죠. 어머니가 연기를 하는데, 과장돼서 별로 공감이 안 되네. 우리가 본 건 얼굴이 아니고 가면인가요? 우리가 받은 건 애정이 아니고 히스테리예요? 우리는 온정과 용서를 받지 못한 채, 오직 수치심과 죄책감만을 쌓았나요?"

어머니는 머리카락을 매만졌다. 시무룩한 눈빛은 꿈쩍없고 눈마저 깜빡이지 않는 듯싶다.

"형은 왜 불구자가 됐고, 여동생은 왜 짓밟혀 절규했으며, 저는 왜 온몸이 덧나서 아물지 않은 상처를 떠안은 채 살아왔을까요? 빚을 갚으시라는 얘기가 아니에요. 저는 빚쟁이가 아니거든요. 우리가 끔찍하게 비참해지는 줄은 모르고, 어쩌다 부질없이 남들 앞에서 체면이나 차려 댄 까닭이 궁금할 뿐입니다. 보살핌과 지원, 신뢰를 받았음에도 왜 우리 남매는 그토록 피비린내 나는 고통을 겪었죠? 저는 왜 오래도록 정상적인 인간관계를 맺을 수 없게 됐나요?"

어머니는 일어나 앉아서 시선을 돌리고 심호흡한다. 왼쪽 집게손가락에 붙은 반창고가 보인다. 침대 옆 탁자 위에선 작은 금시계가 부지런히 똑딱거린다. 어머니는 연거푸 침을 삼킨다.

"저는 감정을 느끼고, 몸을 움직이거나 어떤 불쾌감을 느낄 때, 언제든 그것에 딱 들어맞는 말을 찾아낼 수 있는 무기고를 가지고 있어요. 그런 낱말을 꺼내서 설명하면, 다들 바로 그거라며 이해한다는 듯이 고개를 끄덕이죠. 그럼에도 저는 삶의 심연으로 곤두박질쳐요. 삶의 심연으로 곤두박질쳤다고 하니 꽤나 거창하게 들리네요. 어쨌든 심연은 실재하고, 게다가 그 밑바닥은 까마득해요. 돌투성이 협곡이나 물에 뛰어들어도 죽지 못하죠. 어머니, 제가 늘 부르던 어머니를 부릅니다. 밤에 열이 났을 때, 하교했을 때, 유령에 쫓기듯 황혼 녘 병원 공원을 뛰어다녔을 때, 포뢰에서 비 내리던 오후 어머니를 잡으려고 손을 뻗었을 때처럼. 모르겠네요. 아무것도 모르겠어요. 우리가 함께 뭘 겪고 있을까요? 우리 이래서는 안 돼요. 정말 그래요. 제가 고혈압이 있거든요. 굴욕과 모멸감을 느낄 때 생겼죠. 뺨이 화끈거리고 누군가가 울부짖는 소리가 들리는데, 아마 나 자신일 거예요."

"이제 저를 다스리고 진정해야겠군요. 이 만남은 제 생각대로 되지 않았어요. 우리끼리 좀 섭섭한 듯 수수께끼를 풀거나 어머니가 제 말을 듣고 설명해 줬다면, 바흐의 성가처럼 전부 순수하고 완벽했을 테죠. 우리는 왜 아버지와 어머니에게 친근하게 반말한 적이 없나요? 우리는 왜 높임말을 쓰며 어색하게 거리를 뒀을까요?"

"우리는 금고에서 어머니의 일기를 발견했어요. 어머니가 돌아가시고서 아버지는 매일 두꺼운 돋보기를 들고 깨알 같은 글씨를 암호처럼 해독하려 애썼죠. 그러면서 50년 동안 부부로 살았던 여자를 전혀 몰랐다는 사실을 서서히 깨달았어요. 어머니는 왜 일기를 안 태웠나요? 잘 계획된 보복인가 봐요. 이제 제가 말하는데 꿈쩍도 안 하시네요. 깊은 속내를 털어놓고 있으니 그렇게 묵묵부답하지 마세요. 제가 애원하고 울고 악을 썼을 때 늘 그랬듯이 침묵만 하지 말라고요."

이제 어머니의 모습이 녹아 없어지고 있음을 본다. 다리는 솔 아래로 사라졌고, 목에서 떨어진 창백한 얼굴은 동양풍 커튼 앞에 떠 있으며, 눈은 반쯤 감겼다. 어두운 시선은 안으로 향하고, 작은 반창고가 붙은 집게손가락은 금시계 가장자리에 가만히 놓였다. 가냘픈 몸은 침대 덮개의 무늬 속으로 가라앉았다. 나는 애썼지만 너무 힘들이지는 않았다.

"우리끼리 다투다가 어머니가 제 얼굴을 때리자 저도 맞받아쳤죠. 왜 싸웠을까요? 끔찍한 대결, 문을 쾅 닫는 소리, 격노한 눈물. 왜 다퉜죠? 입원한 아버지 문제로 부딪쳤던 마지막 싸움 말고는 기억나지 않네요. 질투 탓인가요, 아니면 관계를 유지하고 싶었나요? 아니면 그렇게 양육돼서? 화해와 가벼운 안도감은 기억나네요. 하지만 거짓말은요?"

부엌에서 청어구이 냄새가 살짝 풍겼다. 아버지가 멀리 서재에서 기침을 하고, 바야흐로 낮잠에서 깨어나 책상에 앉아 시가를 피우며 히브리어 문법책을 본다.

몇 해 전, 어머니 얼굴에 대한 단편 영화를 만들었다. 8밀리미터 카메라와 특수 렌즈로 찍었다. 아버지가 별세한 뒤 나는 가족의 사진 앨범을 모조리 빼내서 상당한 양의 자료를 확보했다. 영화는 어머니의 얼굴, 카린의 얼굴을 얘기한다. 세 살 때 촬영한 첫 사진부터 마지막 심근 경색이 오기 몇 달 전에 찍은 여권 사진까지.

매일매일 나는 확대경과 축소경으로 사진 수백 장을 들여다봤다. 늙은 아버지가 자랑스럽게 친애하는 귀엽고 도도한 여자아이. 1890년, 로사 아주머니의 예비 학교에서 급우들과 함께 있는 여자 학생. 괴로움에 몸을 뒤트는 소녀는 다른 급우들과 달리 커다란 자수 앞치마를 둘렀다. 러시아식으로 재단해 만든 값진 흰색 블라우스 차림으로 견신례를 받는, 갈망과 수수께끼로 충만한 체호프풍의 소녀. 제복을 입은 젊은 간호사, 단호하고 자신감 넘치는 전문직 여성. 1912년 오르사에서 찍은 약혼 사진. 직관적 이해를 이끌어 내는 절묘한 순간. 머리를 잘 빗은 신랑은 단정한 첫 사제복 차림으로 테이블에 앉아 책을 읽고, 같은 테이블에 앉은 약혼녀는 수틀을 앞에 두고 자수를 놓으며 몸을 약간 앞으로 기울여 카메라를 바라본다. 위에서 떨어진 빛이 커다랗게 뜬 눈에 어두운 그림자를 드리운다. 경계선이 겹치지 않는 두 개의 고독이다. 다음 사진은 감동적이다. 충직하게 지켜보는 회색 개를 곁에 두고 어머니는 높은 안락의자에 앉아 쾌활하게 웃는다.(어머니가 웃는 몇 안 되는 사진 가운데 하나.) 갓 결혼한 터라 자유롭다.

'엄마'와 '착한 목사님'(어머니가 부르던 별명) 사이의 불화로부터 멀리 떨어진 헬싱에 숲속의 작은 사제관. 첫 임신 중에 다소 기운 빠진 어머니가 기댈 수 있게 어깨를 내준 아버지는 보호자로서 과하지 않을 만큼 뿌듯하게 웃음 짓는다. 어머니의 입술은 여러 차례 입을 맞춘 듯 부어 있고, 시선은 흐릿하며 부드러운 얼굴은 환하다.

그다음은 스톡홀름 사진들. 조용한 외스테르말름의 한적한 거리의 햇살이 잘 드는 아파트에서 살며 예쁘고 단정한 아이들을 둔 아름다운 부부. 깔끔한 머리, 말쑥한 옷차림, 내색을 감춘 눈빛, 형식적인 미소, 아름다운 보석, 활기와 매력. 다들 각자가 맡은 역할을 열정적으로 연기한다.

어머니가 웃는 또 다른 사진. 보롬스 현관 계단에 앉은 어머니의 무릎에 넉넉히 어림해 봐야 네 살 남짓인 내가 앉아 있고, 여덟 살인 형은 난간에 기대어 있다. 어머니는 가볍고 소박한 면 원피스를 입고, 더위에도 기다랗고 튼튼한 장화를 신었다. 내 배를 꼭 껴안은 어머니의 손은 짧고 튼튼하며, 손톱은 짧게 깎았고, 거스러미가 갈라져 있다. 깊이 파인 생명선, 메마르고 말랑한 피부, 핏줄이 퍼렇게 뻗은 어머니의 손은 내 기억 속에 또렷이 남아 있다. 꽃, 아이, 동물. 책임감, 보살핌, 힘. 때때로 다정함. 항상 의무감.

　나는 앨범을 죽 뒤적인다. 어머니는 와글와글한 가족사진 속에서 점점 사라진다. 이제 수술을 받아 자궁과 난소를 들어낸 어머니가 우아하고 밝은 원피스 차림에 실눈을 뜨고 앉아 있다. 하지만 그녀의 미소는 더 이상 눈에 닿지 않는다. 다른 사진들. 어머니는 화분에 꽃을 심고 등을 곧게 편다. 흙투성이 손을 둘 곳이 없어 자세가 좀 어정쩡하다. 피로, 아마도 불안. 아버지와 어머니는 버려졌다. 자식들과 손주들은 떠났다. 역시 베리만네 아이들이다. 건들거나 끼어들면 안 돼.

　마지막으로 여권 사진이다. 어머니는 여행, 연극, 책, 영화, 사람들을 좋아했다. 여행, 즉흥적인 방문, 낯선 사람을 질색하던 아버지는 병이 깊어지면서 말을 더듬고, 머리를 흔들고, 점차 걷기 어려워진 스스로에게 당혹했다. 어머니는 점점 더 아버지에게 구속됐지만 이따금 자유로이 이탈리아로 여행을 갔다. 여권이 만료돼 새로 받아야 했고, 딸은 결혼해서 영국으로 갔다. 여권 사진을 찍었다. 어머니는 심근 경색을 두 번 겪었다. 얼굴에 칼바람을 맞은 듯 윤곽이 좀 바뀌었다. 시선이 흐릿하고, 더는 예전처럼 책도 못 읽고, 심장은 혈액을 공급하는 데에 인색하다. 넓적한 이마 위의 검푸르죽죽한 머리카락은 뒤로 빗어 넘겼다. 사진이라 웃음 짓기는 했으나 입매가 어색하다. 뺨의 보드라운 살갗은 축 늘어져 여기저기 주름살이 움푹 파였고 입술은 말라붙었다.

　그렇게 나는 대림절이 시작되는 일요일 오후에, 헤드비그 엘레오노라 교회에 다녀왔다. 둥근 천장에서 반사되는 빛을 보고 4층 아파트에 가게 됐다. 고개를 숙이고 일기를 쓰던 어머니는 대화할 수

349

있도록 허락해 줬다. 나는 가슴에 묻어 뒀다고 여겼던 것들을 곧장 두서없이 묻기 시작했다. 추궁하고 비난했다. 어머니는 피곤하다는 데 최근 몇 년 사이에 자주 그랬다. 이젠 너무 야위어서 보이지도 않을 지경이다. 내가 잃거나 결코 소유하지 못한 것 말고, 내가 가진 것을 생각해야겠다. 내 주변의 보물을 모으련다. 어떤 것은 특별한 광채로 빛난다.

어머니가 절망의 나락에서 겪었을 고통을 잠시나마 이해한다. 아버지처럼 거짓말쟁이도, 신앙인도 아니었던 어머니는 책임 소재가 꺼림칙하더라도 그것을 책임질 수 있을 만큼 강인했다. 열정적으로 연기하는 순간에도 통찰력은 흐려지지 않았고, 그런 통찰력으로 인생의 파국을 꿰뚫어 봤다.

그래서 이제 나는 어머니의 의자에 앉아 그녀가 짓지도 않은 죄를 추궁한다. 대답 못 할 질문을 던진다. 세세한 세부 사항에 탐조등을 비춘다.

나는 어떻게, 왜 그런지 집요하게 물었다. 아마도 나는 덧없는 내 혜안으로, 부모가 펼친 드라마의 배후에서 외할머니의 냉혹한 힘을 엿봤을 것이다. 외할머니는 젊었을 때, 나이도 크게 어리지 않은 아들 셋을 둔 노인과 결혼했다. 남편은 얼마 못 살다가 죽었고, 아내에게 아이 다섯을 남겼다. 아내는 무엇을 억누르고 없애야만 했을까?

수수께끼는 분명 단순할 텐데 여전히 풀리지 않는다. 내가 확실히 아는 바는, 우리 가족이 과중한 요구와 양심의 가책, 죄책감이라는 재앙 같은 유산을 물려받은 선의를 지닌 사람들이었다는 것이다.

나는 어머니가 1918년 7월에 쓴 비밀 일기를 찾았다. 내용은 다음과 같다.

지난 몇 주는 너무 아파서 글을 쓸 수 없었다. 에리크는 스페인 독감에 또 걸렸다. 7월 14일 일요일 아침에, 우리 아들이 태어났다. 이내 열이 펄펄 끓고 심한 설사를 했다. 작은 해골에 불타는 듯 빨갛고 커다란 코가 달린 것 같다. 아기가 도무지 눈을 뜨려 하지 않는다. 며칠 앓아서 젖이 나오지 않았다. 병원에서 긴급 세례를 받았다. 이름은 에른스트 잉마르다. 엄마가 보롬스로 데려가 유모를 구했다. 엄마는 현실적 문제를 해결하지 못하는 에리크가 못마땅한 모양이다. 에리크는 장모가 우리 사생활을 간섭한다고 발끈한다. 나는 여기에 무력하고 비참하게 누워 있다. 이따금 혼자 있을 때 울기도 한다. 엄마는 바라건대, 만약 아이가 죽으면 다그를 돌봐 줄 테니 나더러 다시 일하라고, 에리크가 미쳐 날뛰다 또 발광하기 전에 하루바삐 이혼하라고 한다. 나는 에리크를 떠날 권리가 없다고 생각한다. 남편은 과로해서 봄철 내내 신경이 날카로웠다. 엄마는 그게 다 시늉이라지만 내 생각은 다르다. 믿음은 없지만 신에게 기도한다. 되도록 나 스스로 알아서 할 수 있어야 한다.

1986년 9월 25일, 포뢰에서

해설

안 홀름베리

1962년 초, 언론인 마리안 회크는 잉마르 베리만이 그때까지 쌓아 놓은 작품들을 가리켜 단일한 대규모의 자아 드라마라고 불렀다. 그때도 그 주장은 일리가 있었다. 처음부터 베리만의 영화는 그의 삶, 또는 정확히 말하면 해석자들이 안다고 생각하는 삶을 바탕으로 분석되었다. 작가 스스로도 명성을 얻기 시작했을 때부터 그런 해석을 적극적으로 장려해 왔다.(관련된 언급이 상당히 많이 보인다.) 1944년 「고뇌」 개봉 당시, 시나리오 작가 베리만은 《아프톤블라데트》와의 인터뷰에서 그 이야기는 자신의 학창 시절에 대한 직접적인 반응이라고 말했다. "나는 그 시절 느끼고 겪었던 것을 글로 풀어내야만 했다." 다른 자료를 보면 작가가 겪은 학교 생활은 「고뇌」의 주인공과는 좀 달랐지만, 지금도 그렇듯 허구에 진정성과 실제 경험을 입힌 마케팅은 훌륭했다.

몇 년 후, 베리만은 어린 시절에 웁살라로 외할머니를 찾아갔던 일과 특히 장난감에 대한 기억을 담은 글을 《비오그라프블라데트》에 기고했다. "여기서 등장한 환등기는 등유 램프와 렌즈가 달린 작은 판금 상자인데(달궈진 판금 냄새가 아직도 기억난다.), 슬라이드 몇 장 가운데에는 「빨간 모자」도 있었다. 늑대라는 악마에겐 뿔이 없었는데(하지만 꼬리와 벌겋게 달아오른 주둥이가 있었다.) 특이하게도 분명히 보이면서 실체가 없었으며, 사악함과 유혹의 이 무시무시한 상징은 아이 방의 꽃무늬 벽지에 비쳤다."

어린 시절의 환등기 이야기부터, 그 장난감에서 이름을 따온 본격적인 자서전이 1987년에 출간되기까지 40년가량, 베리만은 같은 이야기를 여러 가지 다른 형태로 되풀이하며, 목사관에서 자라고 영화와 연극에 처음 관심을 쏟은 유년 시절을 그린다. 그의 자서전 작업은 경력을 쌓는 내내 쭉 이어진다.

1976년, 이른바 탈세 사건이 정점에 이르자 잉마르 베리만은 결국 조국을 떠나 뮌헨에 정착한다. 망명 경험은 고국과 과거의 삶을 돌아보는 계기가 되곤 한다. 오비디우스에서부터 오늘날의 망명 작가들에 이르기까지, 추방이라는 나락에서 창작의 불꽃을 피운 문학가들의 계보가 이어진다. 물론 자발적으로 이주한 잉마르 베리만과 목숨을 구하려고 도망친 사람을 비교할 수는 없지만, 떠난 이유가 무엇이든 망명 문학의 특징은 종종 향수, 도둑맞은 기회, 재현된 기억들로 나타난다. 어쨌든 베리만의 자전적 글쓰기는 독일에서 더 체계적으로 본격화된다. 먼저 「가을 소나타」에는 성별을 바꿔 대강 위장하긴 했으나 그의 자화상이 담겼다. 그다음은 물론 「화니와 알렉산더」로 이어지는데, 『환등기』와의 명백하지만 복잡한 관계를 여기서 상세히 다룰 수는 없다.

몇 년간 바이에른에서 지내며 베리만은 자서전 쓰기를 진지하게 고민한다. 1980년 5월, 작업 일지에서 그는 이렇게 쓴다. "간단히 말해 내가 알고 싶지 않은 사람을 기억해 내려는 것. 내가 억누르고 밀어냈지만 어딘가에 존재해야 할 그런 인간." 졸업한 뒤 15년 동안 세계 대전, 세 번의 결혼, 자녀 여섯 명, 영화와 연극 여러 편이 있었음에도 그 세월은 거의 잊었다. 남은 것은 "기억의 섬들"뿐이다. 그는 일지에 서둘러 이 섬들의 목록을 작성하고 지도를 그려 마무리하는데, 이는 결국 출판된 회고록의 상당 부분을 차지하게 된다. 그러나 당시에 직접적인 회고록 작업은 더 이상 진전이 없었고, 그 대신에 그는 독백극 「영혼의 문제」, 중단된 영화 프로젝트 「연인 없는 사랑」, 연극 「리허설 후」 등을 통해 다른 식으로 자신의 이야기를 풀어낸다. 특히 마지막 작품은 자전적 색채가 진하다.

달리 말해 잉마르 베리만의 자서전 기획은 구체화된 자서전을 훨씬 넘어선다. 『환등기』 집필 준비, 자료 수집, 초안 작성은 본격적으로 글쓰기에 착수하기 전에 적어도 반평생 동안 진행돼 왔다. 이는 그의 스웨덴 귀국과, 「화니와 알렉산더」 열풍이 일단락된 상황과 맞물렸다. 공식적으로(그냥 공식적으로만) 그는 영화 카메라를 내려놓고 앞으로는 연극과 글쓰기에 집중할 예정이었으니, 시간도 의욕도 분명히 있었다.

시작은 다 허세에서 비롯된 듯싶다. 출판업자 라세 베리스트룀에 따르면 베리만은 미국 대형 출판사에서 파격적인 선인세를 제안받아 드디어 회고록에 손대게 됐다고 중얼거렸다. 베리스트룀은 저자 베리만의 열렬한 후원자였을 텐데, 선뜻 나서지 않던 저자에게 극적인 가공 없이도 그 자체로 문학이 될 만한 글을 써 보라고 1960년대 초부터 격려해 왔다. 그런데 막상 일이 되려니 베리만이 다른 출판사로 간다고? 베리스트룀은 간곡히 부탁했지만 이제 회고록을 써낼지도 모를 저자는 노르스테츠 출판사가 미국 측의 제안만큼 여력이 있겠느냐며, 출판사 이름을 언급하지 않고 능청스럽게 쓱 넘어갔다. 이 얘기는 베리스트룀의 회고록 『책갈피(Bokmärken)』(1998)에 잘 나오니 여기서 상술할 필요는 없다. 어쨌든 노르스테츠 출판사는 결국 자금을 마련해 베리만에게 거액의 선인세를 줬다. 『환등기』가 국제적 히트작이 됐으니 투자는 본전을 뽑고도 남은 셈이다.

1986년 봄, 베리만은 드라마텐 극장에서 네 번째로 「꿈의 연극」

상연을 준비한다. 그는 작업 일지에 이 작품을 연출하며 겪은 싫증과 비운을 토로하면서 자신의 능력에 의심을 품고 거취를 고민한다. 3월에 리허설을 다 마치고는 이렇게 적는다. "연극 때려치워야겠어. 왜 쓸데없이 스스로를 괴롭히나. 더는 재미도 없고." 1986년 4월 25일, 초연은 베리만의 예상대로 미적지근한 평가를 받는다. 이제 지난 영광과 오욕의 세월을 되돌아볼 때가 된 것이다. 작업 일지에 따르면 「꿈의 연극」을 초연한 지 딱 일주일 뒤에 『환등기』 집필을 시작한다. 그는 5월 1일 작업 일지에 "이제 나는 여기 앉아 있다. 어쨌든 쭉 앉아 있을 생각이다."라고 썼는데, 이어서 "누구든 자신의 거짓을, 진실을 확신할 수 있을까? 확신이 들까?"라고 적혀 있다. 그렇다. 우리가 보다시피 그게 문제다. 그는 밑줄 친 '자료'라는 제목 아래에 소재를 모으고 노란 원고지에 슬슬 하나씩 손으로 기억을 적어 나간다. 더 많은 정보를 원하는 사람은 베리만의 『작업 일지(Arbetsboken)』(1975~2001)를 보며 집필 과정을 따라갈 수 있겠지만, 여기서는 진행이 매우 빨랐다는 점만을 언급해도 되겠다. 석 달도 채 안 된 7월 19일, 그는 이렇게 마무리한다. "이제 글감이 동났다. 최종본. 최종본. 최종본이다. 이게 전부다. 내가 나 자신과 어떻게 관계를 맺어 왔는지 썼다. 1986년 5월과 6월, 7월 중순에 걸쳐. 이거면 됐다. 뭔가를 말했을 테지만 이것을 영원불변의 관점이라고 여긴다면 오해다."

책의 맥락에서 '최종본'은 상대적 개념이다. 이 책 『환등기』는 1987년에 출판된 것과 동일하지만 1986년 7월에 베리만이 완성한 원고와는 다르다. 당연하다. 늘 그렇듯 원고에는 대대적인 편집 작업이 뒤따르고, 이에 타자수, 저자, 출판사, 편집자, 교정자, 다시 저자가 차례로 참여하며, 이 과정은 텍스트가 '최종본'으로서 인쇄될 때까지 계속된다. 그사이에 많은 일이 일어난다.

잉마르 베리만의 아카이브에는 원고가 여럿 있다. 먼저 1986년 7월에 마친 903쪽 분량의 육필 원고가 있다. 그다음에 원고를 기계로 타이핑한 첫 출력본이 있는데, 몇 군데만 수정을 거쳤다. 여기서 꽤 많은 수정, 변경, 삭제로 새 초고가 다시 만들어진다. 베리만이 사용한 붉은 펜에서 필체가 드러난다. 이후에 몇 가지 사소한 수정이 추가된 원고를 거쳐 1986년 9월 25일에 인쇄 가능한 최종본이 나온다. 이 과정에서 제목도 수차례 바뀐다. 육필 원고와 첫 타자 원고는 제목 페이지가 없는데, 그때는 아예 제목 생각을 안 했을지도 모른다. 두 번째 원고는 혹시 몰라 제목을 두 쪽에 각각 적어 둔다. 첫 번째는 '양파 까기'인데, 모토로 인용된 『페르 귄트』의 한 장면을 암시한다. 페르가 양파를 까며, 인생은 마치 한 겹인 듯 보이지만 알맹이에 다다르기는 어렵다고, 철학적인 얘기를 하는 장면이다. "알맹이가 언제쯤 보일까!" 또 다른 제목은 자기 참조적인 '광대들의 저녁'으로, 젊은 시절, 즉 1953년에 내놓은 작품 제목과 같은데, 주인공 광대인 베리만은 이미 스웨덴 기준으로 정년을 훌쩍 넘겼다. 결국 둘 다 버리고 자서전에 딱 맞는 제목을 재활용했다. '환등기'는 원래 「화니와 알렉산더」의 가제목이었다.

베리만은 회고록에 착수하며 "자신의 거짓과 진실을 확신할 수 있을까?"라고 질문을 던진다. 『환등기』는 길고 명료하게 '아니다'로 답한다. 여기서 자서전의 진실과 거짓을 완전히 규명할 수 없지만(내 책 『작가 잉마르 베리만』을 참고), 여러 원고를 살펴볼 필요는 있다. 그의 원고에는 예술적 자유가 잘 드러나는데, 작가니까 당연하다.

『환등기』는 어머니가 스페인 독감에 걸리는 바람에 영양실조로 죽을 뻔했던 베리만의 탄생으로부터 시작된다. 하지만 사실은 다르다. 카린 베리만의 독감은 비교적 가벼웠고 잉마르가 허약했다는 기록 역시 어머니의 일기나 병원 기록 어디에도 없다. 하지만 문학 작품인 『환등기』 속엔 사실이 아닌 대목도 많다. 따지고 보면 베리만은 책이든 홍보든 결코 진실을 맹세하지 않는다. 오히려 거짓에 방점을 둔다. 그럼에도 여러 원고에서 보이는 미묘한 변화가 자서전이라는 장르에 내재한 '주장된 진실'에 어떤 영향을 미치는지 살펴보는 일은 흥미롭다. 예컨대 어머니의 젖이 모자라 굶주리던 어린 시절, 할머니가 근처 마을에서 유모를 데려왔다는 이야기가 있다. 처음 묘사는 '착한 빨간 머리 소녀'였다가 금발로 바뀐다. 유모는 실제로 존재하지 않았으므로 머리 색깔은 미적인 문제일 뿐이다. 이어서 베리만은 '첫 기억'을 묘사한다. "햇볕이 잘 드는 방. 갓 칠한 니스 냄새와 광택을 낸 마룻바닥. 아기방은 노란 코르크 장판과 밝은 롤러 블라인드가……"였던 기억이 『환등기』에는 "새로 니스를 칠하고 광택을 낸 마룻바닥 냄새가 났다. 아기방에는 햇살처럼 샛노란 코르크 장판이 깔리고 밝은 롤러 블라인드가……"로 묘사돼 있다. 차이는 미묘하지만 '햇볕이 잘 드는 방'이 '햇살처럼 샛노란 코르크 장판'으로 바뀐다.

　얼마 뒤 흔히 「페르소나」 도입부의 원형으로 인용되는 구절에서, 어린 시절 소피아헴메트 영안실에 갇혔던 경험을 묘사하는데, 처음에는 여덟 살이라 썼다가 나중에는 열 살로 바꾼다. 애당초 잘못 기억했거나 그저 열 살이 더 낫다고 판단했을 수도 있다. 하지만 나는 1926년이든 1928년이든 이 사건 자체가 일어나지 않았다고 생각한다. 그가 붙든 세부 사항이 대수롭지 않아 보일 수도 있지만 중요할 수도 있다. 예컨대 처음엔 1934년 여름에 교환 학생으로 독일에 갔다고 썼다가 1936년으로 정정하는데, 후자가 정확하다. 하지만 출판된 『환등기』에는 "열여섯 살이 되던 해 여름에 나는 교환 학생 자격으로 독일에 보내졌다."라고 적혀 있다. 열여섯 살 때였다면 1934년이었을 텐데, 이는 앞의 경우보다 훨씬 논란의 여지가 있는 에피소드이므로, 베리만의 거짓말에는 분명 이유가 있을 터다. 열여섯 살은 미성년자이지만 1936년이라면 성년에 가까운 나이다. 또한 히틀러가 라인란트에 군대를 보내고 전쟁이 임박한 해이기도 하다. 베리만이 독일 방문 시기를 2년 앞당김으로써 더 결백해 보였을지도 모른다. 이런 가설은 그럴싸하지만, 나는 베리만이 더 좋은 이미지를 만들기 위해 거짓말을 했다곤 생각하지 않는다. 오히려 반대다. 『환등기』에는 그가 과장되게 나치즘에 열광했다는 신뢰할 만한 증거가 많다. 대독일 제국의 약속, 국방군, 히틀러에게 눈이 멀었음은 분명해 보이나, '히틀러를 사랑했고' 오랫동안 편들었다는 주장엔 별로 신빙성이 없다. 그렇다면 그는 왜 인간이 저지를 수 있는 최악의 일 중 하나인 나치스트인 양 행세했을까? 극적 연출 효과를 노린 듯하고, 아마도 죄책감을 극대화하고 싶었을 것이다. 또는 유명한 선례대로 나치를 묵과한 인류의 집단적 죄를 인간의 자격으로 짊어지려 했을 수도 있다. 잉마르 베리만 세대의 스웨덴 중산층은 죄책감 문제를 회피하는 편이었다. 고백 장르의 특성상 작가는 용서를 구하는 것이든, 진솔한 자기 폭로를 통해 좋은 평가를 받으려 하는 것이든, 죄를 고백하고 판결을 기다리게 마련이다. 혹은 베리만이 자서전의 주인공을 더 복잡하고, 문학적으로 더욱 흥미롭게 만들고자 했을 가능성도 있다. 한편으로는 학대의 피해자였고, 다른 한편으로는 가해자이기도 했기 때문이다.

　그가 목격하거나 경험한, 직접 저질렀다고는 믿기 어려울 만큼 수많은 폭행 사건도 이런 극적 과장의 열망이 영향을 미친 듯싶다. 『환등기』에서 찾아볼 수 있는 가장 유명한 예는 자라면서 수없이 당했다는 매질인데, 사실보다 부풀렸을 가능성이 농후하다. 하지만 부모, 특히 아버지가 폭력적이었다는 주장 외에도 폭력을 묘사한 사례는 많다. 이를테면 10대 시절 관계를 맺은 안나(실제 이름은 다르다.)의 어머니를 계부가 때리기에 베리만이 도우러 나섰다가 얻어맞았고, 안나가 칼을 들어 겁박하자 가해자가 도망쳤다는 것이다. 이때 다친 피해자는 이렇게 말한다. "앞니 한 귀퉁이가 부러져 나갔다.(이 글을 쓰는 지금도 혀로 느낄 수 있다.)" 베리만의 치과 기록은 못 봤지만, 이가 안 부러졌더라도 놀랄 일은 아니다. 화자가 진실성을 증명하려고 드러내 보인 흉터는 빈틈없는 증거라기보다는 진정성을 만들어 내는 문학적 기법에 가깝다. 에베르트 토브[33]가 발라드에서 노래하는 프리초프 안데르손의 결투와 비슷하다. "곧 오른손에 상처를 입어/ 지금도 술 마시면 가끔 벌게지네." 베리만이 이어서 쓴 글을 보면 이런 사건들이 꾸며 낸 일화라는 인상은 더욱 두드러진다. "나에게 이 모든 것은 흥미롭지만 비현실적이었다."

『환등기』 속 또 다른 폭력 묘사로는 화자가 어린 시절에 여동생과 형을 죽이려 했던 장면도 들어간다. 첫 사건은 다음의 확언으로 끝난다. "돌이켜 보니 강렬한 쾌감을 동반했던 그 짓은 순식간에 공포로 탈바꿈했다." 첫 원고에는 나중에 삭제된 구절이 있다. "40년 뒤 나는 장난감이 망가져서 울부짖는 다섯 살배기 딸아이를 달래려고 들어 올렸는데, 아이가 부서진 물건으로 내 얼굴을 세게 내리치는 바람에 생각할 겨를도 없이 반사적으로 아이를 바닥에 내던졌고 당시처럼 짧은 쾌감을 느꼈다. 아이는 라디에이터의 뾰족한 모서리에서 불과 몇 센티미터 떨어진 곳에 머리를 부딪쳤고 말없이 바들

33] Evert Taube(1890~1976). 스웨덴의 가수, 작곡가, 작가.

바들 떨다 움츠렸다." 이 이야기를 믿을 수 있을까? 여동생이 1922년에 태어났으니 시간을 정확히 명시했다면 베리만이 마흔다섯 살쯤에 일어난 사건인 셈인데, 당시 자녀 중 누구도 다섯 살이 아니었다. 게다가 베리만은 알려진 바에 따르면 엉엉 우는 애를 달랠 만큼 아이들을 좋아한 적이 없었으니 남의 자식 얘기도 아니다. 특히 목격자가 있을 법한 상황인데 아무도 없으니, 한마디로 허구다. 원본 원고 바로 뒤에 나오는 다음의 폭력 묘사도 마찬가지로 삭제되었다.

> 20년 전쯤 몇 살 연상의 경험 많은 여자와 함께 살았다.
> 좁은 단칸방에 살며 이웃이 짜증을 내거나 어쩌면 재밌어할 만큼 노상 싸웠다. 우리는 둘 다 지치고 질투심에 불타 너덜너덜해졌다. 구타당한 채 햇살이 드리운 좁은 방에 알몸으로 선 그녀는 부엌칼로 나를 찌르려다가 도리어 작은 의자에 얻어맞아 칼을 놓치고 팍 거꾸러졌다. 그러고는 안색이 질리며 잠시 꿈틀대더니 경련을 일으켰다. 강렬한 쾌감 같기도, 자유의 감각 같기도 했다. 알고 보니 나는 그녀의 목을 조르고 머리를 바닥에 내리치며, 내게 관통당하고 죽게 해 달라는 그녀의 바람을 이뤄 가던 중이었다.

나는 베리만이 이 회고적인 사춘기 환상을 쓴(그리고 지운) 까닭은, 일어난 일이라서라기보다 오히려 안 일어났기 때문이라고 생각한다. 의미심장하게도 다음 문단은 또 다른 정신 분석학적 문장으로 시작된다. "나는 어머니를 열렬히 사랑했다."

『환등기』가 증언록으로서 출간되었다면 — 다시 말하건대 그렇지 않다. — 기다란 정오표가 필요할 것이다. 때로는 거짓말들이 인간적이거나 예술적인 이유로 이해받곤 하지만, 단순한 실수가 아니라면 납득하기 어려운 경우도 있다. 명백한 허위보다는 과장과 왜곡이 많다. 문학적 이유에서 비롯됐을 것이다. 일례로 베리만이 탈세 사건 문제로 자살을 고민하는 대목이다. 정말 사실일지도 모르고, 그가 우울증에 시달렸음 또한 분명하다. 다만 감흥에 지나치게 취한 서술 같아 보인다. 1976년 봄, 그는 정신 병원에 입원했을 때를 다음과 같이 묘사한다.

그것 말고는 험난한 고통의 시간이었다. 교수의 지시에 어깃장을 놓으며 발륨과 모가돈을 모두 끊자마자 실감했다. 억눌렸던 불안은 용접 불꽃처럼 터지고, 불면증은 온몸을 감싸고, 악령들은 진노하고, 나는 몸속이 터져서 가리가리 찢길 것 같았다.

아우구스트 스트린드베리는 1897년에 출간한 『지옥(Inferno)』에서 이렇게 쓴다.

삶과 죽음의 경계를 탐험하고자 나는 침대에 기대어 시안화물 병의 마개를 열고 그 파괴적인 향기를 퍼뜨린다. 다정한 사신이 매혹적이고 우아하게 다가온다. 그러나 마지막 순간에는 볼일 있는 집사나 창문으로 들어온 말벌 같은 누군가 혹은 뭔가가 항상 훼방을 놓는다. 신들이 내게 유일한 기쁨을 허락하지 않으니 그 뜻을 따를 수밖에.

차용이라 부를 만큼 비슷한 구절은 아니지만 유사성을 띤다. 그리고 바로 이런 시각으로 베리만을 읽어야 한다고 보는데, 그가 묘사하는 인물은 꼭 '자신'만이 아니고 실제든 꾸며 냈든 다른 인물들의 특징도 지니기 때문이다. 여기 묘사된 1976년의 베리만은 『지옥』에 나오는 스트린드베리와도 닮았다.(물론 스트린드베리도 '자신'이 아니다.)

첫 원고와 완성된 책의 수많은 삭제에 일관성이 있다면, (시간 순서가 뒤섞여 있으므로 앞으로든 뒤로든) 이야기의 진행을 방해하는 요소를 없애려 했다는 점이다. 예컨대 그는 자기가 겪었던 부조리에 울분을 토하거나 적대자를 공격한 내용을 꽤 많이 들어내기로 마음먹었다. 『환등기』 최종판에도 이런 대목이 있지만 출판 전에는 더 많았다. 표적은 당대 연극 예술일 텐데, 그는 '연출가 연극'에 질려서 연기의 근원으로 돌아가기를 바랐다. "연극이 매우 오래된 예술이고 연기의 기본 원칙은 불변한다는 사실을 쉽게들 잊는다. 자유를 주면서 구속하기도 하는 원칙 말이다. 얼마나 무대에서 뛰놀든, 그 위에 모래와 물과 감자 같은 자질구레한 소품들을 아무리 쌓아 놓든 그 구속에서 결코 벗어날 수 없다." 그리고 당연히 가장 혐오하는 대상에 대한 얘기가 나온다.

비평가가 되려면 여러 가지 미심쩍은 기계로 작동해야 한다. 스스로 창작을 시도하는 비평가가 가장 위험하다. 대개 성공과 거리가 멀다. 때때로 창작물도 보내오는데 가급적 부딪치지 말고, 진지하게 관심을 보이며 정중히 편지를 쓰는 게 상책이다. 비평가들은 비판받는 사람들이 성실하지 않다고 종종 타박하며 이른바 '대화'를 원한다. 오직 바보만이 비평가와 의견을 교환할 수 있다.

『환등기』에서 베리만은 자신이 얼마나 형편없는 작가인지, 또는 적대자들(베리만에 따르면 거의 '모두')에게 그런 취급을 받았는지 열정적으로 도취해서 기록한다. 그런데 베리만은 자신이 가지지 못한 문학적 명성을 얻은 동시대 작가 하나를 비난하는 대목을 지운다. "나보다 열성스러운데 더 혹독한 비판을 받은 극작가 비외른 에릭 회이예르가 언젠가 말했다. '자네와 나는 스티그 다게르만이 쓰지 않을 법한 희곡을 써서 무참히 씹히는 거야.' 다게르만은 시대의 작가였고 비평가들의 사랑과 기대에 질식했다. 제대로 실패했더라면 도움이 됐을 텐데, 오늘날 그의 책은 사실상 읽을 수 없고 희곡은 상연할 수 없다. 이 말이 독설처럼 들릴 텐데, 당시엔 그리 생각했지만 지금은 아니다." 베리만의 평가대로 이젠 혹독한 감정 따윈 없다는 말이겠으나⋯⋯. 그럼에도 자살한 다게르만에게 실패를 바랐을까? 돌이켜 보면 거슬리는 말이고, 베리만이 옹졸하고 악랄하게 보이는 이 구절을 굳이 인용하자니 역시 그러하다. 어쨌든 그 스스로도 지나치다고 봤는지 삭제했다. 최종적으로 빠진 구절을 다시 꺼내 드는 까닭은 자서전이 치유 과정의 일부로서 진심이 아닌 말조차 할 수 있는, 일종의 치료적 작업임을 보여 주고 싶기 때문이다. 너무 파렴치한 억지는 대놓고 주장하거나 활자화해서는 안 되며, 기록 보관소에 영구히 초고로 남긴 채 공개하지 말아야 한다.

우리는 『환등기』를 '원본' 그대로 출간할 생각도 왕왕 했다. 삭제된 대목에 매우 흥미롭고 특히나 재미있는 내용이 많기 때문이다. 그는 이런 말도 했다. "난 대체로 한평생 오후 1시 15분부터 2시 반까지만 즉흥적인 것을 허용했다." 다만 그런 재미까지 다 누릴 수는 없다. 작가는 이 책을 '최종본'이라 생각했으므로, 우리가 다른 판본의 『환등기』를 펴낼 일은 없을 것이다. 게다가 이 독보적인 문학 작품보

364

다 더 낫게 만들기도 어렵다. 마지막으로 자서전이라는 장르가 인간 조건에 대한 베리만의 일반적인 태도에 얼마나 잘 부합하는지 말해야겠다. 그의 필생의 작업을 관통하는 주제는 분열된 자아인데, 프로이트처럼 베리만에게도 자아는 결코 자기 집의 주인이 아니다. 회고록에서 저자는 동시에 여러 자아를 지닐 수 있을뿐더러 그러하도록 기대되기에, 베리만은 글을 쓰는 자, 어린이, 젊은이, 지금의 자신 등 거리낌 없이 가면을 바꿀 수 있다. 자서전 형식에는 통제된 정신 분열증적 특성이 나타나는데, 이 같은 점은 스스로 어린 시절에 쭉 머물렀다지만 젊은이로서 노인의 삶 역시 상상할 수 있었던 베리만에게 썩 어울린다.(「산딸기」참조.) 과거와 미래는 존재하지 않으며, 끊임없이 현실을 연출하는 소재일 따름이다.

이렇게 보면 『환등기』의 끊어진 시간 순서는 논리적이다. 여러 원고를 나란히 견주면 끊긴 순서가 애초의 의도임이 드러난다. 이를테면 책은 1918년 베리만의 출생으로 시작하지만 곧바로 1960년대 어머니의 죽음으로 넘어가고 다시 유년 시절로 돌아가는 식이다. 편집 과정에서 인위적으로 구성됐다고 의심할 만한 서술 형식인데, 마치 전혀 다른 순서로 촬영된 영화 장면들을 이어 붙인 듯하다. 하지만 또 그런 것 같지만은 않다. 『환등기』는 기억, 연상, 창작의 흐름으로 쓰였고, 완성된 책도 그런 방식을 따른다. 베리만은 삭제된 부분에서 이렇게 말한다. "예술은 좀 허술해야 한다는 스트린드베리가 옳다고 본다. 완벽은 충동을 대체한다." 베리만 스스로 묘사한 문체적 특성인 셈이다.

'정신 분열증'은 조심스럽게 사용해야 하는 말이지만 베리만의 예술 전반과 특히 작품 세계를 특징짓는다. 이른바 인물을 여러 인격으로 분리하는 습관이 반복된다. 이러한 인격 분열은 자기 자신에게 가장 뚜렷이 적용된다. 『환등기』의 저자는 자신의 젊은 자아를 호기심 어린 의문과 흥미를 가지고 마치 남을 바라보는 듯 대한다. 이러한 태도는 베리만의 문학 유산에서 독자적인 장르를 형성하는데, 가령 그 스스로 짧은 텍스트 10여 편을 모은 문집 『논설, 에세이, 강연』을 '자아소설'이라 불렀다. 베리만은 필명으로 자기 얘기를 쓰고, 자신을 인터뷰하거나 가상의 기자와 대화한다. 후자의 예로는 프랑스 영화 비평가 '에르네스트 리프'가 1965년 《엑스프레센》에서 베리만을 인터뷰한 '내리막길의 잉마르 베리만', 덴마크 영화학자 '마스 만드루프닐센'이 1973년 《방송의 목소리》에서 베리만을 만나 인터뷰한 '차라리 당신을 죽이겠소', 1994년 이탈리아에 사는 스웨덴계 핀란드인 프리랜서 기자 '안나 살란데르'와 베리만이 《드라마트》에서 서로를 능멸한 '잉마르, 언제 관둬요?'라는 글을 들 수 있다. 제목만 봐도 대충 짐작된다. 인터뷰어들의 출신국을 언급한 이유는, 그들이 모두 외국인이기 때문이다. 『논설, 에세이, 강연』에서 제외된 가짜 인터뷰도 마찬가지인데, 결코 발표된 적이 없다.

『환등기』에 들어가려던 글이라 나중에 제목 없이 삭제됐는데 어쩌면 잘된 일인지도 모른다. 이 책은 베리만이 이전에 발표한 글이나 개인적인 일기 등을 다시 엮은 모음집 성격이 강하다. 하지만 다시 수록한 글은 어쨌든 이전에 존재했던 것이다. 반면 텔레비전 기자 '웬디 아웃시스'가 1976년 잉마르 베리만과 진행했다는 미방송 인터뷰는 다르다. 이 글은 10년 뒤에 쓴 듯하고 작가 말고 개입한 사람은 아무도 없는데, 만약 『환등기』 끝부분에 들어갔다면 지금처럼 강렬하게 마무리됐을 리 없다.(참고로 책에 마침표를 찍는 어머니의 일기는 잉마르 베리만이 지어낸 것이다.) 하지만 그 삭제된 부분이 결국 이렇게 해설에 숨은 채로 『환등기』 기념판의 마무리를 장식하게 됐다. 베리만의 창조적 진실성, 자아 인식, 특히 유머를 풍부하게 보여 주는 자서전의 축소판 같은 글이다. 앞선 내 설명보다 잉마르 베리만의 문학 걸작 『환등기』에 담긴 여러 기이한 요소를 더 잘 요약한다.

웬디 아웃시스 여사는 영국의 텔레비전 스타로, 독재자, 테러리스트, 사형수, 금융 거물 들을 인터뷰한다. 그녀는 자기 일행과 함께 어디를 가든 환영받는다.

아웃시스 여사는 나를 인터뷰하기로 결정한 뒤, 정중하면서도 딱 부러지게 요청했다. 「베를린의 밤」을 작업 중이던 나는 수백만 달러가 투입되는 국제 규모의 영화 제작이라는 불문율에 묶여 인터뷰를 고사할 수 없었다.

우리는 대성당과 가까운 바바리아 필름 스튜디오 5호에서 만났다. 아웃시스 여사와 스태프들이 한쪽 구석에 카메라, 마이크, 조명을 설치했다. 흐리고 추운 11월의 오후 5시였다. 우리는 온종일 바바리아 필름의 대형 세트장 '베르크만슈트라세'에서 촬영한 뒤였다. 전차와 자동차, 말, 마차 여럿에 엑스트라 800명까지 정교하게 계획된 동선으로 움직였다. 잿빛 하늘에 강추위였다. 난 가끔 배가 아팠고 우리의 노력이 헛수고 같다고도 생각했지만, 그 이유를 분석할 여유가 없었다. 주연 배우는 호텔에서 쫓겨났는데, 밤이면 노래, 음악, 자극제에 탐닉했다. 또한 늘 함께하는 스승과 가라테를 연습하고, 열여섯 살의 아내랑 감정과 성욕을 분출했다. 낮에는 피곤해서 대화를 하거나 리허설을 하는 중에 잠들곤 했다. 그럼에도 사랑스럽고 다재다능한 사람이었으므로 나는 그를 좋아했다. 좋아했지만 속은 쓰렸다.

그날 작업을 마치고 불편한 가죽 안락의자에 앉아 아웃시스 여사와 정담을 나누는 동안, 촬영진은 카메라와 조명을 조정했다. 나이 지긋한 숙녀는 짧게 자른 회색 머리, 굴곡진 얼굴, 가늘고 흐릿한 눈빛에 턱이 넓었고, 얇은 입술 사이로 드러난 치아는 부자연스럽게 하얬다. 바지 정장 차림이 잘 어울렸고, 유난히 기다란 손은 악수해 보니 메마르고 억셌다. 그녀는 줄담배를 피웠다.

제작부장이 준비가 끝났음을 알리고 쉿 소리가 나자 전자 카메라들이 먹잇감을 삼키듯 작동하기 시작했다. 아웃시스 여사는 카메라 렌즈를 향해 친근한 목소리로 나직이 말했다.

"이분이 바로 지난 수십 년간 「제7의 봉인」, 「산딸기」, 「페르소나」, 「외침과 속삭임」처럼 가장 독특한 대중 영화를 선보인 잉마르 베리만 감독입니다. 현재 고국 스웨덴의 안락한 환경을 떠나 대규모 국제 프로젝트를 진행 중이죠. 이번 영화의 제목은 「베를린의 밤」(원제는 「뱀의 알」)이라고 합니다. 제목이 참 특이하네요."

"제목은 다 관습상 붙일 뿐입니다. 아마 실용적이라 그렇겠죠. 발자크의 소설에서 본 문구입니다."

"그럼 제목은 영화와 관련이 있나요?"

"그럴 수도 있지만 어떻게 연결될지는 모르겠군요."

"줄거리는 왜 비밀로 하는 건가요? 아무도 대본 한 쪽조차 보여 주지 않더군요. 물어보면 다들 모른다고 고개만 젓고요."

"맞습니다. 말이 헤프면 잘립니다."

"감독님은 독재자인가 봐요."

"그래요, 제 작업에서 민주주의는 그림자도 얼씬거리지 않습니다. 인기는 신경 안 써요. 남들한테 아양 떨어 봤자 시간 낭

368

비죠."

"그래도 감독님의 영화 얘기를 조금만 해 주시면 참 좋겠는데요."

"제 작품을 두고 스스로 언급하지 않는다는 원칙이 있습니다. 수용자가 정답에 구애받지 않고 저마다 느끼고 생각할 수 있어야죠. 답변은 넘어갈게요."

"줄거리는 한마디도 안 되나요? 보도 자료에 따르면 영화 배경이 대공황 시절 베를린이라던데요. 이셔우드의 소설을 훌륭하게 각색한 밥 포시의 영화[34]와 비교될까 봐 걱정되시진 않나요?"

"잠깐만요, 성함이 뭐였죠?"

"아웃시스예요. 웬디 아웃시스."

"아, 그래요. 부인이셨군요?"

"예, 저예요."(살짝 웃음)

"영국 해군 장교로 복무하셨다가 수술을 받았다던데 사실인가요? 바로 그 아웃시스 부인이군요. 원래 이름이 뭐였더라. 데이비드 하워드였나?"

"지금 제 얘기를 할 때는 아니고요. 예, 제가 그 아웃시스입니다."

"우리 홍보부에서 '대단한' 분이 중요한 인터뷰를 하러 오신댔어요. 우리는 보자마자 서로가 싫은 상황이니, 하워드-아웃시스 부인, 이제 두 가지 선택지밖에 없어요. 하나는 품위 있게 이 엉터리 만남을 곧장 끝내는 것이고, 다른 하나는 좀 더 창의적

34] 밥 포시가 연출한 「카바레(Cabaret)」(1972)를 가리킨다.

369

으로 계속하되 사회적 연극 따윈 집어치우는 겁니다.”

“어쩔 수 없네요, 우리 친구. 인터뷰를 망쳤다고 하면 의뢰인이 꽤 실망할 텐데, 그럼 어떤 일을 벌일지 모르겠네요. 게다가 저도 돈을 벌어야 먹고사니까요.”

“눈물이 다 나는군요. 하워드 부인.”

“다시 시작하면 어떨까요. 감독님이 민감하고 쉽게 상처받는다는 걸 잘 알았습니다. 경우 없는 질문은 안 할게요. 그럼 다시 시작할까요?”

“그렇다면 알아서 하세요. 전 여차하면 갈 테니까요.”

“좋아요, 해 봅시다! 잉마르 베리만 감독은 지난 수십 년간 여러 편의 독특한 대중 영화로 명성이 높은 작가이자 영화 제작자죠. 지금 「베를린의 밤」이라는 프로젝트를 진행 중인데, 제가 들은 바로는 1920년대 베를린이 배경이지만 우리에게 임박한 파국을 떠올리게 하는 조짐도 보인답니다. 잉마르 베리만과 정치라니, 아예 새롭고 낯선 조합 아닌가요?”

“전혀 아닙니다. 저는 평생 정치적이었어요. 어릴 때부터 제 경계를 끊임없이 침범하려는 실권자들로부터 이익을 챙기고자 꽤 성공적인 정치를 펼쳤습니다. 사민당에서 간판 노릇을 해도 됐을 법한, 제법 닳고 닳은 실용주의자가 됐거든요. 더 듣고 싶으세요? 얘기가 지루해서 왼쪽 속눈썹을 멍하니 만지작거리시나 봐요. 그거 진짜예요, 아니면 붙인 거예요?”

“세간의 관심 좀 끌려고 히틀러 찬양을 자랑하신다면서요. 사실인가요?”

“열다섯 살 때 히틀러를 숭배했고 그의 사진도 제 침대 위에 걸어 놨죠. 다들 국가사회주의가 부패한 서구 세계의 구원이자 공산주의를 막는 방벽이랬어요. 저도 그렇게 믿고 싶었고 진짜로 믿었습니다! 몇 년 뒤 후회와 혼란 속에 정신을 차렸죠. 하지만 혼란스러운 게 싫어서 신에게 기대며 열렬한 신자가 됐어요. 기도하고 크게 번민하자 마음이 편해졌는데, 교활한 신부에게 낚여 하마터면 개종할 뻔했죠. 잠시 케네디도 사랑했는데 세상의 마지막 희망이래서 정말 좋아했어요. 그런데 쿠바를 침공하자 정나미가 떨어졌어요. 잠깐 중국에 가서 우리 모두를 둘러싼 오리무중의 혼돈 속에 깊숙이 자리한 실체를 찾아보려고도 했죠. 마오쩌둥을 찾아가려다 관뒀는데, 어느 이른 아침에 나만의 부르주아 무정부주의가 스스로에게 딱 맞는 옷임을 깨달았거든요. 예, 행복한 시절이었죠, 하워드-아웃시스 부인. 모든 게 딱 들어맞았고 흔들거리는 해먹에 누운 듯 편안했어요. 빈정대는 웃음기군요. 외람되지만 너무 궁금한데, 혹시 매일 면도하시나요? 취했냐고요? 당연히 취했죠. 가끔 너무 취해서 무례할 때가 있습니다. 맞아요, 하워드-아웃시스 부인. 전 일하면서 술을 마십니다. 그런 줄 모르셨나요?"

"이제 더 면도할 필요는 없어요. 여성 호르몬을 계속 맞거든요. 좀 위험할 수 있다지만 신경 안 써요. 말하자면 수술 직후는 힘든 시기였어요. 무례한 사람이 수없이 많아서 자주 울었죠."

"죄송한데 우리가 주제에서 너무 벗어난 것 같네요."

"죄송합니다. 제게 면도를 하느냐고 물으셨잖아요."

"남의 호르몬이 저랑 뭔 상관이겠어요. 질문을 오해하셨네요. 이런, 저 때문에 우시나요? 너무 당황스럽군요."

"카메라 끌 사람 없나요?"

"이제 눈화장이 번져서 정말 처량해 보이네요. 제가 심술궂어서 우시나요, 아니면 아웃시스 부인의 삶이 돌이킬 수 없을 만큼 이상해져서 우시나요? 살인적인 일을 하는 괴물로 나이 드는 것이 영국 공군 대령으로 퇴역한 후 자기 정원에서 장미를 가꾸는 삶보다 나았을까요?"

"그 거울 치우세요. 저한테 주시든가. 누가 좀 와 보세요. 아니, 카메라는 끄지 마세요. 계속합시다. 테이프 돌리세요. 그래서 감독님은 만족하셨단 거죠?"

"만족이라? 중년이 됐으니 지쳤고 이상을 향한 갈망은 쪼그라들었어요. 비전은 희미해지고 적당히 타협하라는 설교를 찬양할 때가 왔죠. 사회민주주의가 탈선한 미치광이들의 안전한 피난처라는 사실을 알게 됐어요. 사민주의의 비밀스러운 변신과 점진적인 쇠퇴를 지켜보는 것도 얼마간 흡족했고요."

"변신과 쇠퇴라니, 베리만 감독님은 표현이 멜로드라마 같네요. 따라가기가 힘들 정도예요."

"(오늘날) 사민주의의 핵심은 진정으로 냉소적이고 당연하며 정교한 인간 경멸이죠. 유물론의 맞춤형 종교고요. 거대한 비전들이 메아리치는 차갑고 축축한 묘소입니다."

"비극적인 결말이네요."

"끝난 게 아닙니다. 아직 바닥까지 안 갔거든요."

"머리끝까지 화나셨나 보군요."

"딱 맞습니다. 스스로 억누르고 있지만 격노한 상태죠. 분노와 곧바로 소통하며 삽니다. 발각돼 처벌받을 위험만 없다면 기꺼이 살인이라도 저지를걸요. 증오의 정도에 따라 몸소 저지르든 남한테 부탁하든."

"꼭 집어서 누구……."

"도대체 어떤 돌연변이나 뒤틀린 본성이 정치인을 만들어 낼까요? 사람들이 매 순간 얼마나 속임수에 넘어가는지 잠시나마 생각이라도 해 본다면⋯⋯.(침묵)"

"감독님의 '무정부주의'를 참 매력적으로 포장하시네요. 진지하게 받아들이긴 좀 어렵습니다만."

"저도 그러길 바라지 않아요. 제 사고력과 감정 표현 능력을 저 역시 그리 높게 평가한 적이 없거든요. 저를 구성하는 동시다발적이고 상반된 감정들은 잘해 봤자 직관으로 조직될 따름입니다. 저는 어수룩하지만 약삭빠르죠. 늘 뭔가가 방해를 하지만요."

"궁금증이 솟아나네요. 무슨 뜻인지요?"

"아웃시스 부인을 좀처럼 신뢰할 수 없지만 말씀드리죠. 제 분노가 만족스러운 지점에 이르고 마침내 오랫동안 계획해 온 단호한 폭력 행위를 저지를 준비가 된 바로 그 순간에, 훼방꾼이 나타나요. 느닷없이 친절한 바보가 튀어나와 장미 다발을 묶습니다. 그럼 맥이 끊기죠. 아니면 뚱뚱한 땀투성이 여자가 크고 부드러운 손으로 손자를 들어 올려요. 그럼 또 맥이 끊기죠. 또는 머리에 땟국이 흐르는 구질구질한 여드름쟁이 불량배들이 음담패설을 외치며, 커다란 코트를 입고 무거운 장바구니를 든 아주머니들을 모욕해 대죠. 그때 결정적으로 맥이 끊깁니다. 아웃시스 부인, 저는 끈적거리는 감상에 더럽혀져 온통 마비된 채 애착으로 녹이 슬었습니다. 하나도 부끄럽지 않아요. 순수한 감정이나 명확한 동기 따윈 없고, 비일관성이 유일하게 일관된 도덕입니다. 이제 부인 얘기가 궁금한데요? 육체적 감각이 어떤지 낱낱이 말해 주세요. 그 외과적 걸작이 뭔가 사랑스럽게 부풀고 촉촉한 접촉면을 남기거나 만들어 냈나요? 당신이 그토록 끔찍하게 역겹지만 않다면 우아한 바지를 내리고 그 기적을 보여 주십사 부탁할 텐데, 정말 궁금해서 미치겠네요. 방금 제 영화의 배경이 어디인지 물으셨는데, 묻지 않으셨나? 아무튼 답할게요. 저도 몰라요. 알 도리가 없어요. 어쩌면 또라이, 강도, 위선적인 살인자가 득시글대는 제 증오 깊숙한 곳에서 펼쳐지겠죠. 어떻게 알겠어요? 저나 아웃시스 부인의 내면 혹은 수용자의 격렬한 감정 상태를. 그게 흥미로운가요? 문서로 만들어 정해 놓을까요? 경계가 있나요? 거짓말, 학대, 도와 달라는 외침은 인류의 공동 재산입니다. 맞으면 비명을 지르고, 불이익을 당하면 맞받아치고, 무관심하면 하품을 하며 딴 얘기를 하죠. 한번은 좀 꾀죄죄한 갈보한테 왜 그런 험한 일을 계속하느냐고 물었더니, 구멍만 벌려 주면 그럭저럭 소박한 사치를 누릴 수 있다고 하더군요. 저도 비슷하게 답할게요. 저는 고객들을 사랑하지 않아요. 그들이 찾아올 뿐이죠. 필요한 것을 주면 쭉 올걸요. 참 간단하죠, 괴상야릇하신 부인. 아, 뭘 말하려고 했더라? 제가 존경하던 옛 스승은 무슨 예술이든 — 궁극적인 모순인데 — 사랑을 제거하거나 소홀히 취급하면 무의미하대요. 그 사랑이란 증오와 부정마저 포함하는 넓은 의미의 사랑이었죠. 그렇게 추측할 수 있겠습니다. 제가 관객을 사랑하지 않는다는 말은 사실이지만 관객을 개별 인간으로 분해하여 생각하면 저는 제 감정을 다스릴 수 없습니다. 믿으시든 말든 저는 장미 가꾸는 사람, 노모, 얼떨떨한 건달, 재단사, 곡예사, 굴뚝 청소부, 관료라는 인간, 유행을 따르는 소녀, 일요일 낚시꾼, 고위 성직자, 부목사, 배우에게 굉장히 정을 느낍니다. 사랑하는 사람을 다 열거하지는 않겠습니다. 솔직히 말해서 가끔 그 사람들을 위해 영화를 만들고 싶다는 꿈을 꾸지만(거만하게 들리겠죠.), 제 애정 표시 없이도 잘들 지낼뿐더러 솔직히 그들이 가슴속 깊이 뭘 원하는지 전혀 모르겠어요. 사랑 이야기, 물론 사랑 이야기겠죠. 어쩌면 동물, 꽃, 음악, 저녁 하늘, 따뜻한 마음, 참된 지혜가 담긴 영상이거나.

　모르겠네요. 모르니까 일단 제 뜻대로 영화를 만들어야겠죠. 인생이라는 멋진 행사에서 저는 아직 의욕적인 파티 주최자이자 배고픈 손님입니다. 세상의 질서는 완벽한 무질서이고 신이 그것을 탁월하게 정돈했지요. 인정하실 겁니다. 경이적인 부인이시라면 특히 동의하실 텐데, 안 그래요? 신은 인간의 개똥철학 따윈 가뿐히 초월하여 이 모든 것을 생각해 냈으니까요. 제가 신을 믿느냐고요? 물론 저는 신, 신들, 신성한 것을 믿습니다. 달리 어쩔 수가 없어요. 비록 소규모지만 저 자신도 신이에요. 아무리 규모가 소소해도 우주를 만드니까요. 예컨대 베를린의 거리나 타락한 영혼의 삶 또는 여러 층위와 단계의 결혼 생활을 만드는데, 저는 마땅한 해명 없이 그저 부수고 세웁니다. 이죽거리고 싶어서 웃으시나 본데 무슨 생각을 하시는지 압니다. '온통 설사 같은 잡설, 공포스러운 낭만, 처음부터 끝까지 허튼소리, 예술가와 작품을 둘러싼 허세 가득한 소품들.' 그렇게 생각하셔도 돼요, 마담 라 포리용! 제가 무슨 말을 하는지도 모르실 텐데, 어떻게 아시겠어요. 하지만 이해하셔야 합니다. 이른바 객관적 진실이라는 현실을 만들어 내시잖아요. 실은 제 현실보다 훨씬 더 위험한데, 저는 결코 진실이라 자처하지 않거든요. 이제 이 대화나 독백이, 아니면 뭐라 부르시든 피곤하군요. 《옵서버》의 시끌벅적할 토요일 칼럼이 벌써 상상되네요. 어떻게 잘근잘근

씹을지 이미 구상하셨을 텐데, 아마 이 녹취를 편집해서 크리스마스 무렵 저녁 방송에 내보내겠죠. 저는 당신 소유물이니 이제부터 제 인생의 몇 시간을 마음대로 주무르시겠군요. 예술가들은 어떤 주제든 입에 올려서는 안 되는데, 자신이 얘깃거리인 경우라면 더더욱 그렇죠. 그런데 이 인터뷰로 제가 사례비라도 받나요? 아니면 제 영화에 도움이 될까요?"

우리는 쌀쌀맞게 작별 인사를 나눈다. 미국 측 홍보 담당자는 이 행사를 마친 뒤 며칠 자취를 감췄는데, 뮌헨의 유명 유흥업소 여러 곳에서 곤드레만드레 취한 채 목격됐다.

몇 달 뒤, 내 책상에 놓인 갈색 봉투 안에는 카세트테이프와 웬디 아웃시스 여사의 편지가 들어 있었다.

베리만 감독님께.

우리의 만남이 이렇게 실패로 끝나서 참 아쉽습니다. 어느 정도 제 불찰이기도 합니다. 고된 창작 과정에 몰두하던 감독님을 자극했습니다. 물론 의도적이었지만요. 저는 감독님의 팬이 아니라서 그동안 연출한 영화들이(사실 다는 안 봤지만) 모호하고 감상적이며 미숙하다고 생각합니다. 하지만 그렇다 한들 제가 모욕할 권리는 없죠. 극구 방어하시다 보니, 저도 잠시 침착성을 잃었습니다. 제가 웬만해서는 안 그러는데, 어쩌면 독감 초기 증상 탓이겠네요.

오해하셨을지 모르지만, 우리 '대화'가 시작은 참 언짢았어도 제가 싸워서 이기려던 건 아닙니다. 오히려 '베리만 현상'을 탐구하고 싶었어요. 감독님 영화를 감탄과 열정으로 지켜보는 사람들이 세계 곳곳에 있습니다. 되도록 방송 시청자들이 가장 핵심적인 메시지에 관심을 집중하도록 하고 싶었는데, 몇 주 전에 포기하기로 마음먹었습니다. 감정 폭발, 논리 부재, 모순, 관심 끌기, 거만함이 나름대로 꽤 재미있고 심야 방송에도 마침맞았을 겁니다. 하지만 불안감을 이용하고 싶진 않아서, 소리를 줄이고 감독님 얼굴을 바라보았습니다. 그러고는 인터뷰를 방송하지 않기로 결정했습니다. 마지막으로 덧붙이자면 제가 드디어 「베를린의 밤」을 봤는데, 감독님 영화 중 최악으로 손꼽히더군요. 저희 회사는 방송이 나가든 말든 사례비는 지급해 드려야 한다는 입장입니다. 금액은 국제 표준 요율을 따르며, 며칠 내로 송금하겠습니다. 우리 노력의 결과물인 원본 테이프도 동봉합니다.

웬디 아웃시스 드림.

환등기

1판 1쇄 찍음 2025년 5월 2일
1판 1쇄 펴냄 2025년 5월 16일

지은이   잉마르 베리만
옮긴이   신건식
발행인   박근섭, 박상준
펴낸곳   (주)민음사

출판등록   1966. 5. 19. (제16-490호)
주소   서울시 강남구 도산대로1길 62
             강남출판문화센터 5층 (06027)
대표전화   02-515-2000 팩시밀리 02-515-2007

www.minumsa.com

ISBN 978-89-374-2854-8 (03680)

* 잘못 만들어진 책은 구입처에서 교환해 드립니다.

inte på det jag förlorat eller aldrig ägt. Jag samlar mina skatter

omkring mig, några lyser med särskild glans.

I ett kort ögonblick ~~kan jag fatta~~ FATTAR JAG hennes smärta inför livsfiaskot.

Hon var inte livslögnare som far, hon var inte troende, hon hade

styrkan att ta skuld även där skuldfördelningen var tveksam. Hennes

hysteri och ögonblick av ~~saligheten~~ begåvad teater, skymde inte insik-

ten och insikten visade PÅ /en livskatastrof. ~~Jag bände aldrig ett hit-~~

~~tert eller cyniskt tonfall. Kyla, distans, förakt men aldrig cynism.~~

Nu satt jag således i hennes stol och anklagade henne för brott hon

aldrig begått. Jag ställde frågor som inte kunde besvaras. Jag satte

mitt sökarljus på detaljer av detaljer, i stället för att med min

omskrutna intuition pröva ett grepp om helheten.

~~Jag fungerade inte en bit bättre än min bror, som vid sjuttioårs~~

~~ålder, men infantil enviselse, ställde frågan om var far hade diskerin-~~

~~nor eller ej.~~ Jag frågade envetet om hur och varför. I mitt gräns-

lösa skrpsinne skymtade jag KANSKE /mormors kyliga styrka bakom mina föräld-

rars drama. Som ung kvinna gifte hon sig med en åldrande man med tre

söner inte mycket yngre än hon. Maken dog efter ett kort äktenskap

och lämnade sin hustru med fem barn. Vad tvingades hon kväva och

förinta?

Gåtan är säkert enkel, likafullt förblir den olöst. Vad jag säkert

ser är att vår familj ~~är~~ VAR /mänskor av god vilja med ett katastrofalt

arv av överkrav, dåligt samvete och ~~ständig~~ skuld.

Jag ~~söker~~ SÖKTE i mors hemliga dagbok för juli nittonhundraarton. Där s

står: Har varit för sjuk för att skriva ——————>